자본의 얼굴

자본주의는 세계를 어떻게 바라보는가

The Face of Capital
How Capitalism Sees the World

김재연 지음

박영story

기본적인 인성과 가치관의 틀을 바로잡고 키워주신 부모님께,

화합과 겸손을 가르치시는 장인어른 장모님께,

그리고 언제나 나와 인생을 함께 걸어주고 있는 사랑하는 아내와

건강하고 씩씩하게 자라주고 있는 사랑하는 우리 딸에게

이 책을 통해 감사의 말을 전합니다.

아빠는 이미 알려진 겨우 이만큼의 세계관을

글로 정리하는 데 40년이나 걸렸지만,

너는 이 책 위에서 더 넓은 세계관을 키울 수 있기를..

머리말

모든 시선은 부분적이고 '관점'을 통하지 않고서는 세상을 해석할 방법이 없기 때문에 우리 모두는 각자의 세계관을 가지고 있다. 세계관은 SF영화를 보거나 게임을 충분히 즐기기 위해서도 필요하고 때론 두 개의 각기 다른 세계관이 중첩될 때 느껴지는 독특한 이질감과 공통점이 작품을 더욱 매력적으로 만들기도 한다.

세상이 그렇다. 인간 사회라는 것이 결국 개개인의 세계관이 충돌하고 교류하는 과정인데 이 세상이 돌아가는 모습 속에서 더 재미를 느끼려면 세계관이 필요하다. 플라톤과 같은 고대의 철학자들 역시 세상 이치를 궁금해했고 백지상태에서 했던 다양한 고민들이 그들을 철학자이자 수학자이고 정치인이자 과학자로 만들었다. 그 이후 문명이 발전하면서 이 각각의 고민들은 서로 다른 학문으로 세분화되어 진화했고, 우리는 대학교 4년 동안 그중 하나의 세계관을 '학습'하게 된다.

이 책은 세상을 금융적인 관점에서 이해해 보려고 노력한 나의 세계관이다. 여전히 부족한 것을 잘 알지만 다양한 생각을 갖고 있는 사람들과 이야기하고 관련된 책들을 보면서 갖게 된 나만의 세계관이요, 내가 세상의 현상들을 해석하고 이해하는 틀이기도 하다. 게임이나 영화에서도 각기 다른 세계관이 중첩되면 재미가 더하듯, 세상도 각기 다른 세계관(혹은 학문)이 얽히면 같은 현상도 더욱 재미있게 이해가 되는 것 같다.

한편 그런 복합적인 세계관들이 뒤섞여 만들어진 것이 결국 인류의 역사인 것 같기도 하다. 내가 직장인이면서 아빠이고, 아들이자 하나의 개인이듯 모든 사람은 저마다의 상황 속에서 다양한 역할을 수행하며 같은 상황에서도 저마다 다르게 반응하게 된다. 그렇기 때문에 그런 난수와 같은 반응들이 모여 만들어진 결과물이 역사가 되는 것이다. 그말인 즉, 단편적인 접근만으로는 과거와 미래, 현재의 사회 현상을 단편적으로밖에 이해하지 못한다는 의미이다.

세상은 더욱 복잡해지고 다양해지고 있다. 그렇기 때문에 세상을 이해하기 위해서는 하나의 전문적이고 깊은 세계관보다는 복합적이고 융합적인 접근이 필요해졌고, 자연스럽게 사회도 개인에게 그러한 지식을 요구하게 된 것 같다. 하지만 인간이 그렇게 빠르게 발전하고 변화할 수 있도록 설계되진 않은 것 같다. 나만 보더라도 나이가 들면서 기존에 가지고 있는 경험과 선입견을 강화하고, 완전히 새로운 것을 있는 그대로 받아들이기가 어렵다. 그래서 사람들은 자신들에게 요구되는 것을 충족시키고자 급한 마음에 1분 혹은 5분으로 '정리된' 정보를 빠르게 '소비'하려는 것 같다.

하지만 지식이라는 것은 쪼개져 있는 퍼즐 같은 것이기에 연결되어 있는 작은 조각들이 모여야만 전체 그림을 볼 수 있는데 파편화된 '정보'만 가지고서는 자칫 잘못된 혹은 편향된 세계관을 갖게 될 수 있어서 주의가 필요하다. 심지어 요즘은 그런 정보가 진실인지 아닌지조차 매우 헷갈리는 시대가 되었기 때문에, 더욱더 현상의 본질과 정보의 출처를 확인하면서 '천천히' 그리고 '차근차근' 지식을 쌓아 올리는 인내심이 필요하다고 생각한다. 그렇지 못한 상태에서 내뱉은 말들은 또 다른 파편적 정보나 '사실이지만 쓸모가 없는'(TBU, true but useless) 무엇이 되어 또 다른 오해를 만들 수도 있기 때문이다.

따라서 지식을 쌓아 올리기 위해서는 물리적인 시간과 노력이 필요한 것이 사실이라 처음에는 초조하겠지만 그런 시간들을 쌓다보면 마치 눈사람을 만드는 것처럼 기하급수적인 지식의 확장으로 연결될 것이라고 믿는다. 세상에는 왕도가 없고, 가치있는 일은 시간을 필요로 한다. 빨리 번 돈은 빨리 사용하게 되는 것처럼 급하게 얻은 지식은 빨리 잊혀진다. 그런 의미에서 '노동의 가치'를 인정한 애덤스미스나 칼 마르크스*의 생각은 내가 들인 노력에 대한 근본적인 가치를 인정한 것이라고 생각된다.

---

* 스미스, 리카도, 마르크스 모두 하나의 상품의 가치는 그 상품을 생산하는 데 투자된 노동의 양에 의해 결정된다는 점을 인정하였다. 자본가들이 노동자들이 만들어낸 가치(이윤)를 독점한다는 생각이 마르크스의 노동가치설(labor theory of value)이다. 한편 마샬은 노동가치설이 노동 외의 생산요소(공장, 자본 등)가 무상으로 지급되는 것을 전제로 하기 때문에 모순이 있다고 반박한다.

개인적으로 생각하기에 융·복합적인 사고를 하는 사람으로 성장하기 위해서 좋은 첫걸음 중 하나는 분명 이공학이다. 그럼에도 불구하고 대학에서 유능하고 잠재력이 있는 학생들에게 융·복합적인 사고를 할 수 있는 충분한 과정과 시간을 제공하기는 현실적으로 어렵다. 왜냐하면 4년이라는 시간은 해당 전공의 세계관을 충분히 배우고 익히는 것만으로 이미 부족하기 때문이다.

그런 의미에서 이 책을 준비하기 시작하였다. 기존의 졸작들이 특정 분야인 '건설금융'만 다루었다고 한다면, 여기서는 (비록 내가 경제학도도 아니고 해당 분야를 전공하지도 못하였지만) 세상과 현상을 해석하는 데 도움이 되는 각종 경제/금융/사회/문화의 기본적인 내용을 다뤄보고 각 세계관이 중첩되는 지점을 연결해보려고 노력하였다. 그리고 그를 통해서 우리의 고민과 세상의 문제가 어디에서 시작하여 어디로 흘러가고 있는지 이해하는 데 도움이 되길 바랐다.

특히 '금융'이라는 관점을 중심에 잡은 이유는 소유 및 화폐의 개념이 발생한 이래 금융은 사실상 세상 모든 것과 연결되어 있고, 생존이라는 인간의 본질적인 목표에 큰 영향을 미치고 있으며 더 나아가 세상이 어떻게 흘러가는지 읽는 데도 많은 도움이 된다고 생각했기 때문이다.

여기에 있는 모든 내용은 참고자료에 있는 책들을 써주신 많은 저자분들 덕분에 얻은 지식들을 정리한 것일 뿐 새로운 내용은 하나도 없다. 따라서 책을 읽는 과정에서 의문이 생기거나 잘못되었다고 판단되는 점이 있다면, 지체 없이 참고자료나 관련된 전문 서적을 찾아볼 것을 강력하게 추천한다. 여전히 세상을 다 알기에는 턱없이 부족한 나이기에 여전히 현상의 단면만을 썼을 수도 있고, 나름 정확하게 이해하려고 노력하였음에도 불구하고 피상적이거나 잘못된 내용만 기술되어 있을 수도 있기 때문이다. 애니메이션 〈인사이드 아웃〉에서 이야기한 것처럼 사실과 의견은 모양이 비슷하기 때문에 내가 이해한 것이 틀릴 수도 있음을 서문을 통해서 밝히는 바이다.

이런 부족함에도 불구하고 이렇게 세상에 내놓을 글을 남기는 이유는 김정운의 〈에디톨로지: 창조는 편집이다〉에서 위안과 용기를 얻었기 때문이다. 그는 그의 책에서 '정보는 넘쳐나기 때문에 더 이상 정보 자체가 권력인 시대는 지나갔고 그런 정보를 엮어내고 그것을 읽는 사람들이 낯설게 느끼게 하면 그것으로도 '창조'라 할 수 있다.'고 말했다. 스티브 잡스가 만들어낸 아이폰과 아이팟 역시 새로운 기술을 만들어냈다기보다는 기존의 기술(정보)를 애플의 철학으로 조합(편집)한 것이다. 따라서 책을 읽는 도중에 낯설게 느껴진다거나 유독 흥미가 가는 부분이 있다면, 그것을 바로 도서관에서 찾아 더 깊고 상세한 정보를 얻음으로써 진정한 공부를 하였으면 좋겠다.

카를로 로벨리가 〈나 없이 존재하지 않는 세상〉에서 말한 것과 같이 인간이 무엇을 이해하려고 할 때 저지르는 가장 큰 실수 중 하나는 확실성을 원하는 것이다. 지식에 대한 탐구는 확실성의 근본적인 부재를 먹고 성장하기 때문에 나도 이 책을 통해 세상을 꿰뚫는 통찰을 (욕심 같아선 주고싶지만!) 주기보다는 그냥 '이렇게 볼 수도 있구나'하는 하나의 세계관을 전달함으로써 어쩌면 독자들이 이미 가지고 있을 '확실성'에 '부재'를 만들고자 할 뿐이다. 결국 이 책은 낯설음에 대한 질문을 생각해보기 위한 것, 그 이상도 이하도 아니다. 세상에 정답이 존재한다면 지금과 같이 정치적으로 양분된 사회가 있을 수 있을까? 〈늙는다는 착각〉의 저자 엘렌 랭어가 말한 것처럼 과학적인 조사가 내놓는 것은 가능성이나 확률인데 교과서나 대중매체, 교사들을 거치면서 보다 쉽고 절대적인 진술로 변환되고, 그렇게 배운 사람들이 일정한 상황에서만 진실일 수 있는 것을 모든 상황에서도 진실인 것처럼 적용한다고 말한다. 따라서 저자는 의학뿐 아니라 모든 분야에서 '연구'라는 것이 해답의 집약체라기보다는 질문을 던지는 방식이며, 사실은 변할 수 있다고 주장한다. 확실성의 부재, 사실의 변화, 확률과 가능성과 같은 접근법은 비단 과학이나 의학에 국한되지 않고 역사나 정치, 경제를 연구하고 해석하고 이해한 데 있어서도 적용된다고 생각한다.

이 책은 총 3부로 구성되어 있다. 1부에서는 자본과 자본주의라는 것이 어떻게 시작하여 어떤 역할을 해오고 있으며, 특히 세상이 변해감에 따라 현재 이 시점까지 자본주의도 어떻게 적응해 가고 있는지를 설명하고자 하였다. 따라서 좀 지루할 수도 있는 역사 이야기들을 많이 할 수밖에 없었다. 하지만 그 이후에 일어나는 일들의 토대로서 역사가 필요했다는 점은 강조하고 싶다.

2부에서는 자본과 금융의 한 부분으로서 '투자'라는 행위의 본질을 설명하고자 하였으며, 그 시작인 이자를 기준으로 설정하였다. 미래의 수익이 발생해야만 자본으로 인정한다는 개념이 각 분야에는 어떻게 적용되고 있는지를 설명하고자 하였으며, 더 나아가 이러한 투자 행위 중 하나인 프로젝트 파이낸싱과 민관협력사업을 설명하고 그에 연결되는 건설 및 법과 관련된 이야기를 추가하였다. 마지막 3부에서는 금융과 자본이 돈이 아닌 다른 형태로 우리의 일상생활에 훨씬 가까이 있음을 설명하고자 자본주의와 함께 발전한 법과 철학의 역사, 식량과 에너지로 대표되는 자원 그리고 역사적으로 세계정치와 자본주의에도 영향을 미치는 종교에 대해서도 정리하였다. 모든 내용은 그대로 인용하기보다는 나 스스로 관련된 내용들을 소화하고 나만의 방식으로 재구성하려고 하였으나 그럼에도 불구하고 꼭 한 번쯤 원문을 봤으면 하는 내용은 각주로 명시하였고, 그 외 참고한 모든 서적도 따로 적어두었다.

나도 학창시절에 그랬지만, 공대생의 학창시절은 전공책과 수업의 내용을 정확히 익혀 과제 혹은 중간, 기말고사의 문제를 잘 푸는 연습을 하는 것만으로도 벅차다. 도서관에 앉아 A4용지에 과제를 풀면서 창 밖의 벚꽃 휘날리는 모습을 바라보았던 기억은 여전하다. 그렇기 때문에 도서관에 앉아 있었음에도 서고에 있던 수많은 책을 통해 세상에 대한 지혜를 엿볼 기회도 적었다. 정말 위대한 지식은 세상 밖에 나가야 알 수 있다고 하나, 그렇게 마주할 위대한 지식이 '지식'인 것을 눈치채기 위해 필요한 기초 지식을 얻기 위해 바로 옆조차 돌아볼 기회가 없으니 (그렇게 믿고 싶진 않지만) 게으른 지난날의 나를 탓해본다. 나의 많은 부족함에도 불구하고 이 책이 어쩌다 금융이나 관련된 업계에 첫발을 내디뎌 (내가 그랬듯) 힘들게 하루하루 보내는 친구들에게, 그리고 아직 어디로 나아가야 할지 모르겠고 걱정만 많은 친구들에게 혹은 뭔가 지금 당장 하나를 정해서 집중해야만 성공할 수 있을 것이라는 막연한 두려움이 있는 친구들에게 작은 도움이라도 되길 바라본다.

끝으로 거친 내용을 다듬어주신 전채린 차장님과 부족하기만 한 원고를 내치지 않으신 노현 대표님과 허승훈 차장님께 감사 말씀 전한다.

차례

PART 2 투자라는 것의 본질은 무엇인가

PART 3 금융과 연결하여 세상을 해석하는 다른 방법들

자본의 얼굴

자본주의는 세계를 어떻게 바라보는가

PART 01

금융이라는 것에 대한 접근

자본주의란 무엇일까?

자본이 움직이는 곳, 은행과 자본시장

현대 금융시장: 금융자본주의와 산업자본주의?

세상을 해석하는 방법은 다양하겠지만, 내가 생각하기에는 '인간과 인간' 그리고 '인간과 자연'의 관계가 가장 큰 분류인 것 같다. 플라톤의 〈이데아론〉과 같이 고대의 철학자들은 세상을 해석하기 위해 자연과 인간을 하나로 묶었고, 그 시대의 사회학자이자 수학자이며 과학자로서 많은 업적을 남겼다. 시대가 흘러 각각의 학문이 세분화 및 고도화되면서 지금은 뉴턴역학이나 만유인력, 아인슈타인의 일반 상대성 이론, 양자역학 등은 '인간과 자연'의 관계를 통해 세상을 해석하는 방법과 심리학, 정치학, 역사학 등 '인간과 인간'의 관계 속에서 세상을 해석하는 방법이 등장했다. 하지만 모든 학문의 뿌리가 철학인 것처럼 여전히 그 둘 사이의 경계가 명확하지 않다. 영화 〈인터스텔라〉에서 나온 것과 같이 상대성 이론이 한 개인과 가정의 삶에 영향을 미칠 수도 있고, 스티븐 솔로몬의 〈물의 세계사〉나 루이스 다트넬의 〈오리진〉, 팀 마샬의 〈지리의 힘〉 등에서 주장하는 바와 같이 현재의 인간세상과 인간 사이 관계는 결국 각자에게 주어진 자연환경에 적응한 과정이자 결과물이기 때문이다.

금융도 인간 세상을 해석하고 교류하기 위한 도구일 뿐이라고 생각한다. '인간－자연' 간의 관계에 보다 관심이 많은 건설회사와 '인간－인간'관계에 더 예민한 금융회사에서 근무를 시작할 때 느낀 것은 그 산업에서 속한 사람들 사이에 공유하는 배경지식이 다르기 때문에 농담조차도 다르다는 것이었는데, 시간이 지나 실무를 알아갈수록 결국은 전공이나 배경지식과 무관하다고 느끼게 된다.[1] 누군가는 언제까지나 실무만 하기보다는 의사결정이 가능한 관리자 영역으로 진출하고 싶을 수도 있기 때문에 회사에서 중요한 의사결정을 해야 하는 관리자는 더 이상은 해당 산업에 국한된 배경지식이 아니

---

1) 건설사의 실무자들은 대부분 해당 분야의 공학을 전공해야만 취업이 가능하지만 금융회사는 그렇지 않다는 점에서 아마도 공학전공이 밥벌이에 있어서는 최소한의 진입장벽을 만드는 것이란 생각을 해본다. 구제도학파의 대표인 베블런은 수익성만 생각하는 비즈니스맨과 다르게 엔지니어야말로 창조, 발전, 생산적이고 엔지니어적인 효율적 접근이 비효율과 낭비로 무장한 상업적인 탐욕보다 낫다고 생각했다고 한다. 2025년 정부효율화(DOGE)의 수장을 맡았던 일론 머스크와 닮은 듯하다. 그렇다고 과연 진리일까?

라 법이나 금융, 경영, 공학 등 융·복합적인 경험과 사고 능력을 필요로 한다. 그리고 그런 역량을 갖춘 사람들과 만나고 소통하고 협업하기 위해서는 나 역시 그들과 같은 것을 가지고 있어야 하기에 현대를 살아가는 우리들을 더욱 어렵고 복잡하게 만드는 것이라고 생각한다. 그런 관점에서 금융도 단지 복합적 사고를 위한 하나의 도구일 뿐이다.

하지만 "말로 쉽게 설명할 수 없으면, 제대로 이해하지 못한 것이다"라는 아인슈타인의 말처럼, 아무리 있어 보이게 이야기한들 나와 상대방이 쉽게 이해하지 못한다고 하면, 그 지식은 아직 성숙하지 못했다고 할 것이다. 따라서 금융적 사고를 다른 지식과 융합하기 위해서는 어느 정도는 성숙된 금융지식이 필요하다. 우선 자본주의가 무엇이고 어떻게 변해왔는지, 이자가 무엇이고 우리가 경험한 금융위기들 뒤에 어떤 내용이 있는지 이야기해보고자 한다.

자본주의란 무엇일까?

자본주의는 무엇인가? 인생이나 죽음과 같이 우리 일상 중 하나이지만 그렇기에 더욱더 생각해보지 않았을 주제라고 생각한다. 아주 짧지만 내가 경험한 금융시장과 자본은 세상 모든 것과 연결되어 있는 끈과 같다. 결국 우리 모두 자본주의 아래에 살고 있다는 뜻이다.

17세기 철학자 존 로크는 '국가의 목적이 개인의 소유권을 보호하는 데 있다.'는 주장도 하였는데, 어쩌면 그때부터 자본주의의 씨앗이 만들어졌다고도 할 수 있겠다. 이 자본주의는 시간이 흐르면서 여러 외부 충격을 받아 진화해 왔는데, 이러한 변화의 흐름을 이해하면 지금 현재의 자본주의가 무엇을 필요로 하는지 혹은 어디서 흘러와 어디로 가는지 이해하는 데 큰 도움이 된다.

자본주의를 나누는 기준이 명확히 있는 것은 아니다. 아날토 칼레츠키의 〈자본주의 4.0〉에서는 애덤 스미스의 〈국부론〉이 출간되고, 미국의 독립선언이 있었던 1776년을 시작으로 1920년대 말~1930년대 초 미국의 대공황까지를 [자본주의 1.0], 그 후 금본위제의 폐지(1971년) 및 1,2차 석유파동(1973년 및 1976년), 그리고 스태그플레이션(1979년)까지를 [자본주의 2.0]. 마지막으로 2008년 금융위기를 [자본주의 3.0]으로 나누고 그 이후를 [자본주의 4.0]으로 제시하였다.[2)]

한편 이근식의 〈애덤 스미스 국부론〉에서는 대항해시대였던 16세기부터 자본주의가 시작했다고 봤다. 새로운 부를 창출하기보다는 무역이나 약탈을 통해 지구상 어딘가에 이미 존재하는 부를 가져오는 제로섬(Zero-sum)의 [상업자본주의]가 시작이라고 말한다. 그 이후 1825년 근대의 시작을 알리며 스톡턴-달링턴을 연결한 증기기관차와 함께 자본의 중요성과 공업의 활성화에 따라 노동자와 자본가가 구분되는 [산업자본주의]가 나타났고 이후 산업자본주의의 고도화에 따라 중소기업이 퇴출되고 소수의 독과점만 살아남은 19세기 말 [독점자본주의]가 등장한다. 생산성 증가에 따라 공급은 크게 늘었으나 소비가 그만큼 따라와주지 못하자 새로운 시장을 개척하기 위해 등장한 제국주의. 제국주의의 결과로 유럽에서는 1차 세계대전을 겪고, 미국은 그 덕분에 경제 활황을 얻었지만 결국 1929년 대공황을 겪으면서, 시장은 정부의 개입이 필요하다고 느꼈고 그로 인해 1936년 발표된 케인즈의 〈일반이론〉으로 대표되는 [복지국가형 수정자본주의]가 그 뒤를 따른다. 1970년대 케인즈의 〈일반이론〉으로는 설명이 어려웠던 스태그플레이션의 등장하자 이를 극복하고자 영국의 대처 및 미국의 레이건에 의한 [신자유주의]. 그리고 그 이후를 [투기자본주의[3)]]로 구분하기도 하였다.

또 한편으론 자본주의를 단순히 시대적 개념보다는 거시경제 학파를 기준으로 구분하기도 한다. 피터 나바로의 〈브라질에 비가 내리면 스타벅스 주식을 사라〉에서는 정권별로 받아들인 거시경제 학파에 따라 자본주의도 달라진다고 이야기하는데, 여기서 언급된 거시경제 학파는 고전주의 경제학, 케인

---

2) 아나톨 칼레츠키의 「자본주의 4.0」은 2010년에 출간되었으며 2008년 금융위기에 의한 양적완화를 통한 수정 자본주의를 4.0으로 지칭하였으나 2019년 코로나 위기에 따라 더욱 급격한 양적완화 후 2022~2023년 미국의 급격한 금리인상이 이루어졌기 때문에, 어쩌면 [자본주의 4.0]은 2022년에 끝나고, 이제는 다음 단계로 넘어왔는지도 모르겠다.

3) 혹은 금융자본주의라고도 부른다. 독점자본주의의 한 종류로 보는 시선도 있다.

즈주의, 통화주의, 공급측 경제학 그리고 신고전주의 경제학이다. 각각의 학파와 이를 추종하는 정권은 동일한 문제에 대해서 서로 다른 정책적 치료법을 제공하였고, 그것이 현재까지의 역사가 된다.

자본주의의 시작이 16세기 대항해시대부터인지 아니면 1776년 경제학의 아버지 애덤 스미스 〈국부론〉과 자본주의의 대표주자인 미국의 건국부터인지 의견차이가 있을지언정, 결국 1929년 미국 대공황과 1979년 스태그플레이션을 중요한 분기점으로 보고 있고, 앞으로 시간이 지나면 2008년 금융위기와 1년 동안 거의 4%의 기준금리를 인상했던 2022년 미국 금리인상 시기를 주요 분기점으로 평가할 수도 있다.

자본주의의 시작: 소유권을 인정하고 자유롭게 놔둬라

대항해시대 혹은 미국 건국부터 미국 대공황까지의 시대는 자유주의(고전주의 경제학)가 지배하던 시대이다. 자본주의의 시작으로 평가되는 이 시대를 이해하기 위해 그 이전의 역사에 대한 간단한 이해가 큰 도움이 된다.

우리가 학창시절 익히 들어 알고 있는 실크로드는 유라시아의 양 끝을 이어주는 동서양의 무역로인데, 기원전부터 기원후 15세기까지 활용된 이 육상 무역로는 상품뿐만 아니라 문화 및 철학이 교류되는 장이었다.

장안(현재의 시안) 역시 실크로드의 끝에 있었는데, 184년 황건적의 난에 의해서 시작된 삼국지의 주된 배경이 기원후 2~3세기이므로, 서량과 천수에 머물던 동탁이 황제의 신변을 확보하고 장안으로 천도했던 190년에는 이 무역로가 이미 가동중이었을 것이다.

그러다 602년 동로마(비잔티움)와 사산조 페르시아가 현재의 이라크, 시리아, 터키 지역에서 전쟁을 하면서 이 실크로드가 막히게 된다. 사산조 페르시아는 고대 페르시아제국(영화 〈300〉에서 나오는 페르시아)의 부활과 동로마제국의 정복이 목적이었다고 한다. 어쨌든 무역상들은 전쟁을 피해야 하니 그 우회로로 찾은 것이 현재의 사우디아라비아가 있는 아라비아 반도 서쪽의 메카이다. 메카와 알렉산드리아(이집트)가 동방의 물건이 유럽으로 넘어가는 새로운 무역로가 된 것이다. 이 무역로에서 할아버지를 따라 성장한 것이 메카의 무함마드이고, 이 예언자가 610년 창시한 종교가 이슬람이 된다.

새로운 무역로가 활성화된 뒤, 이슬람으로 대표되는 중동세력은 무함마드 사망(632년) 후 660년대까지 1대~4대 칼리프[4]들과 그 이후 우마이야 왕조를 통해 11세기까지 이슬람 세력을 확장하여 현재의 튀르키예 및 스페인과 포르투갈의 남부지역까지 진출하게 된다. 2018년 배우 현빈, 박신혜가 출연한 〈알함브라 궁전의 추억〉의 배경이 되는 스페인 그라나다의 알함브라 궁전이 당시 이슬람 문명의 대표적인 건축물이다.

한편 기독교 입장에서는 이교도라는 것 외에도 동방무역을 주도하는 이슬람 세력에 대한 반감이 증가하였고, 이는 11세기에서 13세기 초의 십자군 전쟁으로 이어진다.[5] 십자군 전쟁도 결국 새로운 영토를 원했던 봉건영주와 그 하급기사들, 동방무역에서 경제적 이익을 추구하는 상인들, 봉건사회의 신분 억압에서 벗어나고 싶어했던 농민들의 욕망이 정치 및 종교적으로 잘 포장된 것이지만, 이 전쟁을 통해 생겨난 서방 세계에 대한 이슬람 국가의 반감은 현대까지 이어지고 있다.

십자군 전쟁의 후반기인 1200년대에 포르투갈과 스페인이 있는 이베리아 반도 남부에서는 이슬람 세력을 몰아내는 "레콩키스타" 운동이 벌어지고 있었다. 이 운동으로 13세기 말 이슬람 세력을 몰아내는 데 성공하지만 이러한 소모전으로 인해 유럽 국가들의 재정상태는 악화되고 국제 무역도 쇠퇴하게 된다. 여기에 더하여 14세기 중엽 창궐한 흑사병으로 노동력이 크게 감소하자 노동계층의 영향력이 커지게 되어 봉건제도하의 농노제도가 완화되는

4) 이 시기를 '정통칼리프 시대'라고 부르며 이슬람의 부흥을 원하는 이슬람 근본주의자들의 이상향과 같은 시기이다.

5) 11세기 투르크족 중심의 셀주쿠제국이 동방 무역을 점령하였고, 이에 반대하는 아랍인계 이슬람 근본주의자들이 아프리카와 아라비아 반도를 중심으로 이슬람 재건활동을 펴면서 유대인들을 박해하게 된다. 이 유대인들은 13세기 다시 스페인으로 흘러들어갔고 유럽국가 부흥에 기여하는데, 당시 카스티야 왕국의 알폰소 10세가 이들을 환대하였다고 한다. 하지만 이미 이베리아 반도의 이슬람세력은 11세기부터 파편화되어 이미 그 영향력이 쇠퇴하고 있는 상태이기도 하였다.

한편, 서유럽에서는 노동자들에게 농업 외의 기회를 제공할 수 있는 도시로의 사회적 이동이 촉진되고 상업이 더욱 발달하게 된다.[6] 이러한 상황에서 레콩키스타를 완수한 유럽 국가 사이의 경쟁 분위기가 다시 고조되자, 14세기 새로운 무역로를 개척하는 대항해시대가 열리게 되고 그에 따라 16세기 이후 실크로드의 중요성은 점점 떨어지기 시작한다.

가장 먼저 움직인 것은 포르투갈이었다. 그 시작은 레콩키스타의 연장으로 북아프리카에 있던 이슬람까지 격퇴하고자 하는 시도였으나 포르투갈은 더 나아가 1509년 오스만투르크를 제치고 인도해에 접근하여 인도를 시작으로 동양에 진출하였고, 1511년 현재 말레이시아의 말라카에, 1543년에는 일본에까지 도착한다. 태국에서 중국으로 향하던 배 한 척이 표류하다 일본 다네가섬에 도착하였는데, 그 배에 타고 있던 포르투갈인이 조총의 기원인 철포를 전달해주게 된다.

대항해시대는 인간이 해류와 바람과 같은 전지구적 운영체계를 이해하기 시작하였음을 의미한다. 항해왕 엔히크(1394~1460)[7]가 포르투갈의 라고스에서 시작하여 15세기 중반 해류와 해안선을 따라 아프리카 대륙의 서북쪽인 보자도르곶(cape)(1434), 블랑곶(1441), 베르데곶(1444), 시에라리온(1460)으로 조금씩 남하하며 항해거리를 확장하고, 결국 아프리카 대륙의 서쪽 불룩한 부분을 돌아 기니 해류에 의해 기나만에 들어가는데, 여기서부터는 적도 무풍대여서 기존까지 자신들을 남으로 밀어주던 북동풍에 의지할 수 없었다.

이때 바르톨로메우 디아스(Bartolomeu Dias)라는 탐험가가 1487년 리스본에서 출항하여 보자도르곶을 지나 조금씩 남하하다 해류에 의해 길이 막히자, 볼타 두 마르 경로를 떠올리며 해안선에서 멀어졌고, 남위 38°에서 다행히 편

---

6) 김수행 〈자본론 공부〉에 따르면 흑사병에 의한 노동력 감소뿐만 아니라, 영주가 농노로부터 생산물 대신 화폐로 대가를 지불하게 했던 것이 봉건사회의 기본 구조를 무너뜨리는 요인 중 하나였을 것이라고 추정한다. 16~17세기 유럽에 많이 유입된 식민지의 금·은화는 인플레이션을 유발해 화폐의 가치를 떨어뜨렸기 때문에 농노가 영주에게 지불해야할 화폐의 가치가 하락했고 따라서 농노들이 더 자유로워질 수 있었다는 것이다. 이를 '가격 혁명'이라고 한다.

7) 명성과는 달리 실제로 직접 항해를 한적은 없다고 한다.

포르투갈의 항해

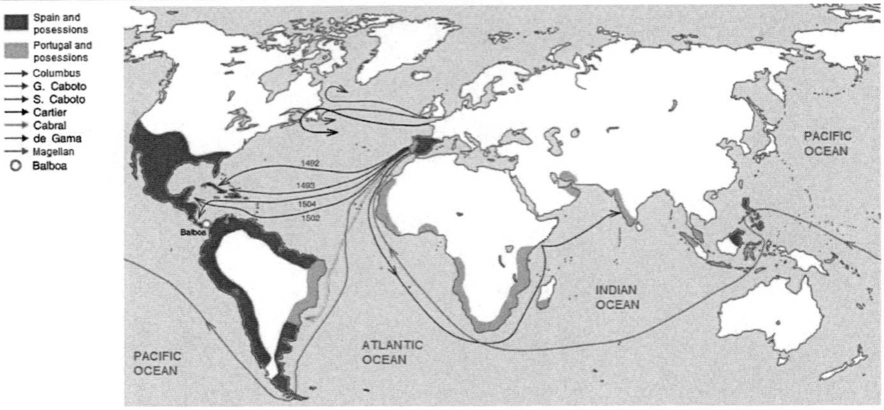

출처: Wikipedia, Universalis

서풍을 만나 동쪽으로 다시 방향을 틀어 1488년 희망봉에 도착한다. 처음에는 인도양과 대서양이 만나 격렬하게 요동치는 바다의 조건을 생각해 폭풍의 곶으로 이름붙였다가, 다른 탐험가들의 사기가 꺾이지 않도록 희망봉으로 바꾸었다고 한다.

그 후 콜롬버스(1451~1506)가 1492년 아메리카 대륙을 발견하였고, 바스쿠 다 가마(1460년대~1524)가 1497년 리스본을 떠나 1498년 인도 캘리컷까지의 항로를 개척하였으며, 이후 마젤란(1480~1521)이 1519년 출항하여 (마젤란은 필리핀에서 1521년 사망하고 남은 승무원들이) 1522년 다시 귀환함으로써 세계일주를 완성한다. 이러한 항해를 통해 인류는 전지구적인 대기 대순환을 이해하게 된다.

대기 대순환은 결국 지구와 태양 사이의 관계이며 인간과 자연과의 관계이다. 적도 부근이 직접적으로 내려오는 태양에너지에 의해서 데워지면 더운 공기가 위로 올라가는 저기압대가 형성되고, 이렇게 올라간 바람들이 남반구 및 북반구 양쪽 위도 30°도 부근에서 다시 차가워져 내려오면서 고기압을 형성한다. 이 바람이 다시 적도의 빈자리(저기압)을 채움으로써 해들리 세포를 만들게 된다.

대기 대순환

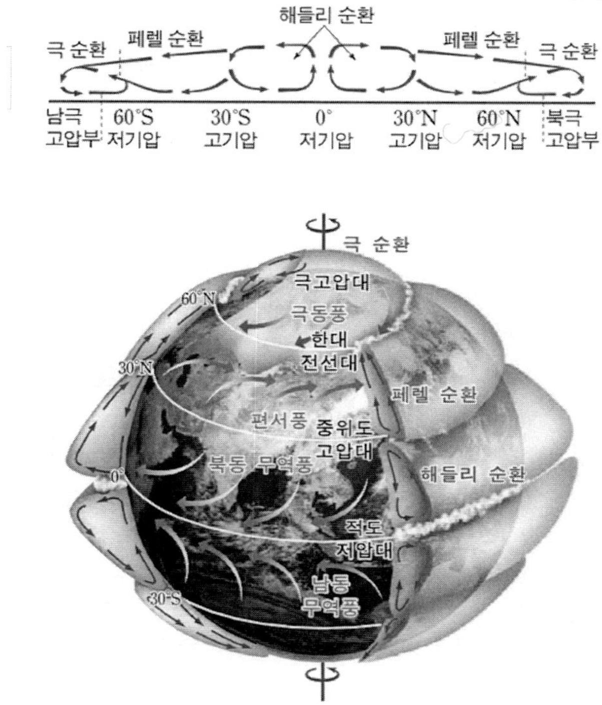

출처: 줌 대백과(고등셀파 지구과학1), CHUNJAE EDUCATION INC.

한편 극지방과 위도 60°의 공기가 동일한 원인으로 극세포를 만들고, 따라서 위도 30°~60°의 바람이 그 가운데에서 균형을 맞추고자 반대 방향의 대기순환인 페렐 세포를 형성하게 되는 것이다. 이렇게 바람이 위아래로 순환하는 와중에 지구가 자전하게 되자, 지구랑 같이 돌고 있는 우리는 마치 바람이 불어오는 것처럼 느끼게 된다.[8] 유럽에서 한국으로 오는 비행시간이 더 짧은 이유도 포르투갈 탐험가들이 해안선을 따라 기니만으로 내려갈 수 있었던 이유도 모두 이러한 자전과 대기 순환 덕분이며, 바르톨로메우 디아스가 운좋게

8) 적도 저압대 중에서 인도양은 히말라야와 인도양이 만들어내는 계절별 온도차에 의해서 계절풍의 영향력이 가장 큰 지역이기 때문에, 인도 주변은 계절에 따라 적도 수렴대가 바뀌게 된다. 따라서 인도양의 무역은 여름과 겨울의 계절풍 방향을 보고 항해를 해야 하는 곳이다.

만난 남반부 페렐 세포의 편서풍을 만나지 못했다면 아마 희망봉을 발견하는 시기는 더욱 늦어졌을 것이다.

포르투갈인이 표류하다 철포를 전달한 시대는 오다 노부나가부터 도요토미 히데요시, 그리고 도쿠가와 이에야스로 이어지는 전국시대였는데, 야마오카 소하치의 소설 〈도쿠가와 이에야스〉의 배경이다.

오다 노부나가는 기존의 일본도를 주무기로 하는 사무라이 위주의 전투에서 일반 병사들에 의해 조총으로 운영되는 총포부대 시대를 열었다. 당시 오사카를 중심으로 일본의 중앙에는 오다 노부나가와 다케다 신켄 가문이 핵심 세력이었고, 도쿠가와 이에야스는 그 사이에 끼어 있는 작은 세력이었다. 전국시대가 오다 노부나가에게 기울기 시작한 시점은 1575년 다케다 신켄 가문(다케다 가쓰요리)과의 나가시노 전투인데, 이때 이미 오다 노부나가는 일본도와 기병으로 공격하는 신켄 세력에 맞서 방책과 조총부대로 대응하여 승리한다.

1582년 오다 노부나가가 사망하고, 그 뒤를 이어 전국을 통일한 도요토미 히데요시는 일자리가 없어진 사무라이 및 지방 영주들의 힘이 자신으로 향하지 못하도록 새로운 길을 터주는데, 그것이 바로 임진왜란이다. 1592년부터 1598년까지 이어진 임진왜란 중 이순신 3대 해전(명량대첩(1597년), 한산도대첩(1592년), 노량해전(1598년))에서 모든 왜군이 조총과 일본도로 무장하여 공격하게 되니, 동로마와 사산조 페르시아 간의 전쟁이 돌고 돌아 우리나라에게도 영향을 미쳤다고 할 수 있다.

유럽인들이 발견한 중미 및 브라질은 사탕수수 및 사탕무 등 설탕 원료를 확보하기 좋은 기후였다. 무역상들은 이 지역에 대규모 사탕수수 농장을 만들고 설탕을 생산하여 유럽에 수출하기위해 아프리카로부터 노예를 수입한다. 노예무역이 시작된 것이다. 이 노예들은 남미 및 중미의 금과 은 광산에

삼각무역로

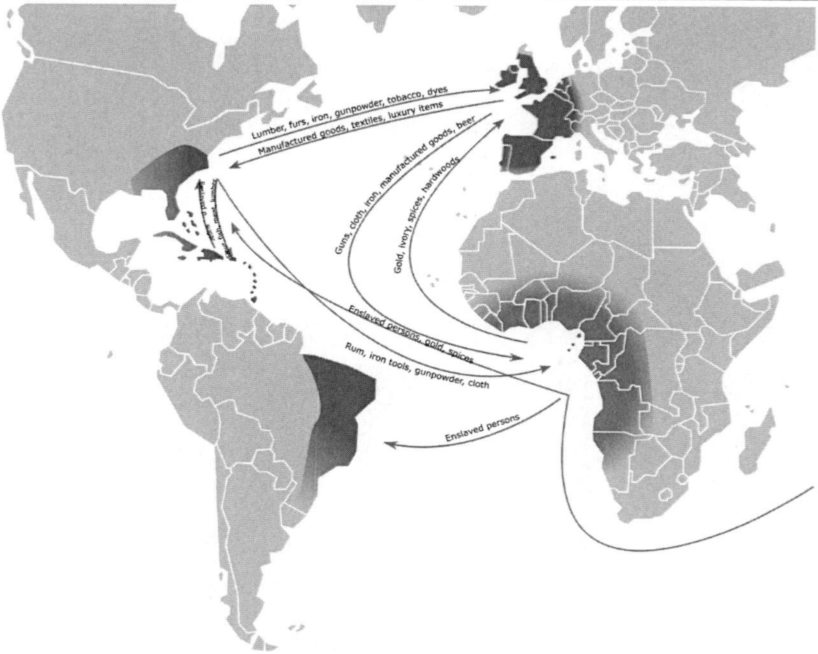

출처: Wikipedia, Isaac Pérez Bolado

도 투입[9]되었고, 설탕과 함께 채굴을 통해 확보된 부(금과 은)가 유럽으로 흘러들어간다.

한편 아프리카에서 인근 부족을 잡아 노예로 내다판 민족은 그 대가로 유럽으로부터 무기나 공산품, 면직물 등 신문물을 들여온다. 베넹을 비롯하여 주요 노예 수출항구는 적도대에 위치하고 있어, 해들리 세포의 무역풍을 타고 서쪽에 위치한 남미 혹은 중·북미로 쉽게 노예를 데리고 항해할 수 있는 적절한 위치에 있었다.

9) 남미 서쪽에서 16세기 정복자들에 의해 멸망한 잉카 및 아즈텍 문명이 있던 지대에서 금과 은 광산이 개발되었다. 이렇게 채굴된 금속은 당시의 파나마 지협(64km)으로 운반된 뒤, 편서풍을 타고 유럽으로 이동하였다. 1914년 이 파나마 지협은 운하가 된다. 이 운하를 지날 수 있는 선박을 파나막스라고 부른다.

십자군 전쟁 등으로 인해 막힌 실크로드 육상 무역로를 대신하여 해상 무역로를 통해 유럽으로 향신료가 공급된다. 신대륙의 발견 및 인도 항로개척에 따라 향신료 무역 및 대서양 삼각무역, 식민지 건설 등을 통해 선발주자인 스페인과 포르투갈이 막대한 금과 은을 확보하여 부유해지자, 후발주자였던 영국, 네덜란드도 국제 해상무역에 뛰어든다.

하지만 식민지 및 해상무역이라는 것이 수익만큼이나 위험(리스크)도 높은 산업이었기 때문에, 이런 리스크를 부담할 수 있는 투자자들과 함께 길드(Guild)를 구성하고, 투자금을 확보하여 먼 항해길에 올랐는데, 네덜란드나 영국의 동인도회사 역시 같은 형태로 투자금을 모아 근대 주식회사의 시초가 된다.

대항해시대를 거치며 많은 부를 축적한 신흥 자본세력이 등장하고 사회적인 힘을 얻게 된다. 포르투갈/스페인에서 네덜란드/영국으로 대항해시대의 주도권이 넘어가게 된 이유 중 하나로 1492년부터 스페인에서 유대인과 무어인[10]에 대한 박해가 시작되자 자본의 순환을 돕던 무역 및 금융인들이 떠나가게 했기 때문이라는 주장도 있다.

더욱이 스페인이 확보한 아메리카의 금광이 17세기까지 점진적으로 고갈되어갔고, 종교적으로 박해받던 무어인들이 떠난 스페인 남부의 넓은 지역은 인클로저가 금지되어 양떼를 위한 공유지로 사용되거나 레콩키스타에서 공을 세운 기사 및 충신들에게 귀속되어 (판매할 수 없이) 세습됨에 따라 토지의 생산성이 급격히 떨어져 불모지가 되어갔다. 국가의 부가 점차 감소하자 당시 왕이었던 필리페 2세(1527–1598)는 면죄부를 팔거나 국채를 강매하고 때로는 개인의 금과 은을 압수함으로써 국가 경제를 유지하였는데, 돈이 있는 사람들은 이를 피해 성직자나 귀족의 지위를 매수함으로써 가난한 농민과 상인에게 더 큰 부담이 가해졌고 결국 쇠퇴하게 된다.

---

10) 이베리아 반도에 거주하는 무슬림. 1605년 출판된 스페인 소설 <돈키호테>에서도 무어인이 요상한 마법을 부린다고 설명하는 내용이 있다.

대영제국은 17세기말 영란전쟁을 통해 네덜란드를 격파하면서 이 대항해시대의 최종 승자로 자리매김하게 된다. 당시 시들어가는 네덜란드의 자리를 차지하고자 대영제국과 프랑스가 맞붙었는데, 투자자들이 프랑스의 금융시장을 믿지 못하였기 때문에 결과적으로 영국이 승리했다는 의견도 있다. 1717년 프랑스로부터 사업승인을 받은 미시시피회사는 미시시피 하류에 식민지를 만들고 뉴올리언스시 건설을 계획하는데, 투자금을 모으고자 프랑스에서 홍보활동을 벌였다. 당시 루이 15세와 좋은 관계를 맺고 있던 회사가 이 주식을 팔았는데 사장이 프랑스의 중앙은행 총재[11])이기도 했다고 한다. 환상에 속은 많은 귀족과 사업가들이 주식을 매입하여 가격이 천정부지로 올랐으나, 결국 사업의 본질적인 가치를 알게 된 투자자들이 투매하면서 가격이 급락한다. 프랑스은행 총재는 이 위기를 극복하고자 신권까지 발행해가며 주식을 매입했고, 결국 프랑스는 가치없는 주식만 대규모로 보유하게 되어 재정을 약화시키는 원인이 되었다고 한다.

이렇게 영국이 세계 바다의 주도권을 가져가던 17세기는 1632년생인 영국 철학자 존 로크가 '개인의 소유권'을 주장하던 때고, 이후 미국의 독립(1776)과 프랑스 혁명(1789~1799)의 시발점이 된 영국의 명예혁명(1688년)과 권리장전(1689년)의 시대이기도 하다. 왕권은 제한되고 개개인의 인권이 주목받게 된 것이다. 그로부터 채 100년이 지나지 않은 1776년 애덤 스미스의 〈국부론〉이 나오게 된다.

1723년에 태어난 애덤 스미스는 대영제국 스코틀랜드의 글래스고 대학에서 '도덕철학' 강의를 하였는데, 이 강의는 신학 및 윤리학, 법학, 경제학을 포함하던 과목이었다고 한다. 따라서 그의 명저인 〈국부론〉을 이해하려면 그

---

11) 스코틀랜드 은행가 가문의 존 로(John Law)이다. 그의 주요 후원자는 루이 14세의 조카이자 루이 15세의 섭정이었던 오를레망 공작이었다. 1717년 미시시피 회사를 사서 주식를 발행하였고 해외 무역 전반에 대한 왕실 독점권을 가지고 있었다고 한다. 그가 루이지애나 식민에 대한 계획과 전망을 대대적으로 퍼트리자 1719년 초부터 1720년 초까지 주가가 30배나 부풀었다. 1720년 1월 그는 재무장관으로 임명되었으나 미시시피 버블이 터지자 그해 해고되었다.

가 더 자랑스럽게 여겼다고 전해지는 〈도덕감정론〉과 〈법학강의록〉 등 다른 저서들도 같이 이해해야 한다고 한다.

애덤 스미스의 〈도덕감정론〉은 인간이 어떻게 스스로를 도덕적으로 통제하고 행동하는지에 대한 고찰을 담은 책이다. 그는 '인간이란 서로에게 낯선 사람이지만 공감적 상상력을 통해서 상대방을 이해하려 노력하는 존재'이고, 그 공감적 상상력을 통해 나의 시각으로 타인의 시각을, 나의 이성으로 타인의 이성을, 나의 사랑으로 타인의 사랑을 판단한다고 주장한다. 더 나아가 타인에 공감하려는 시도는 동시에 타인으로부터 공감받는다는 보상을 얻기 위해서라고 생각했는데 이는 결국 '상호공감'이라는 상태에 도달하는 길이라고 하였다.[12)]

또한 인간의 본성은 미움이나 원한보다는 슬픔을, 슬픔보다는 기쁨에 더욱 공감하기 때문에 부를 추구하고 과시하면서도 동시에 남보다는 자신을 더 챙기는 본능 때문에 부를 추구하는 과정에서 경쟁이 발생할 수 있다고 생각했다. 다만 그 과정에서 편법을 사용하면 이를 지켜보는 사람들로부터의 공감을 얻지 못해 결국 사회적으로 고립될 수도 있다는 두려움이나 수치심이 개인을 도덕적으로 만든다고 설명한다. 그리고 '현재 상황을 보다 개선하고자 하는 욕구'와 '자기가 가지고 있는 것을 남의 것과 바꾸고 싶어하는 내재된 욕구'를 경제 분석의 바탕이 되는 인간의 공통적인 욕구라고 설명하면서 〈도덕감정론〉에 등장하는 '양심(혹은 공명정대한 관찰자)'과 함께 이런 욕구들을 적극 이용함으로써 부에 축적할 수 있다고 주장했다.

이와 같은 '인간에 대한 철학'을 갖게 된 애덤 스미스는 자원과 금은뿐만 아니라 비옥한 토지도 갖지 못했던 대영제국이 어떻게 경제적으로 성장하여 현재에 이를 수 있었는가에 대한 의문[13)]도 가졌는데, 그 고민을 정리한 것이

---

12) 〈초가치〉에서 저자는 쉬운 말로 다른사람을 관찰하고 그들이 내리는 판단을 바라보는 행위를 통해서 사람들은 다른 사람들이 자신의 행동을 어떻게 생각할지 깨닫는다고 말한다. 이런 도덕감정이 현대의 "좋아요"이며 이 "좋아요"가 사회적 규범을 형성하고 시장감정을 만든다는 것이다.

13) 중세 초·중기에는 장원이나 영주와 같이 '토지의 소유'가 생산수단이며 확고한 지위를 갖

바로 〈국부론(The Wealth of Nations)[14]〉이다. 〈국부론〉하면 떠오르는 것이 "보이지 않는 손"이겠지만, 이 책에서 다룬 중요한 요소 중 하나는 가격의 결정요소를 '지주'와 '임금 근로자', '제조업자/상인' 이렇게 세 가지 계층으로 식별했다는 점이다.

애덤 스미스는 제조업자/상인들을 이익만을 추구하는 존재로 인식하고, 그들의 이윤이 커질수록 나라의 부가 줄어든다고 설명했는데, 이는 당시 팽배해있는 중상주의에 대한 비판이기도 하였다. 스미스는 소비와 보급이라는 순환적 과정에 집중하고, 국가의 진정한 부의 기반은 농업뿐만 아니라 소비와 생산 과정에 종사하는 노동력이며, 부는 농업에서 제조업, 그리고 무역으로 넘어가기 때문에 봉건제도를 타파하고 국제 무역 및 분업화[15]를 활성화하며, (중상주의가 한창인 대항해시대에 어울리는) 대규모 상인에 의한 독과점[16]을 없애야 한다고 설명하였다. 그에게 미국 식민지는 개개인이 자유롭게 노동하고 거래하는 이상향 같은 곳이었다.

결국 〈국부론〉의 본질적인 개념을 간단하게 설명하자면 경제의 각 구성원들이 각각의 이익을 추구하며 활발히 거래하고 무역을 하면 자연스럽게 국부(The Wealth of Nations)가 증가한다는 것이었다. 애덤 스미스가 〈국부론〉을

고 있었으나, 무역과 상업이 발달하면서 토지가 없이도 부를 축적하는 상인 계층이 등장하였고, 증기기관의 발명은 이를 보다 더 가속화시켰다. 이들은 지배층의 권력으로부터 자유로워지고 자신이 축적한 부를 지키고 싶어했으며, 이는 근대 철학의 발전 방향이기도 하다.

14) 정식 명칭은 〈An Inquiry into the Nature and Causes of the Wealth of Nations〉이다.

15) 어쩌면 스미스는 개인이 주인이 되는 수공업이 아닌, 노동력이 공장의 부품으로 전락하는 기계식 대공업을 보지 못하였기 때문에 분업을 추천하였는지도 모른다. 수공업일지라도 분업화를 한다면 단위생산량을 높여 국가의 부에 기여할 수 있었을 것이다.

16) 현대의 일부 학자들은 '독과점 절대 금지'라는 것이 근대적인 발상이라고 생각하기도 한다. 왜냐하면 독과점을 금지함으로써 시장의 효율을 도모하겠다는 것 자체가, 대상이 되는 시장을 너무 협소하게 판단한 것이며, 자국 내 경쟁뿐만 아니라 외국기업들과도 경쟁해야 하는 현재 상황에서 과연 독과점을 이유로 대기업을 공격하는 것이 맞냐는 주장이다. 반독점법 소송을 제기하는 사람들은 시장을 임의로 규정하고 그 시장을 지배하는 특정 기업의 '국내매출'을 공격 대상으로 삼지만, 국제자유무역이 활발한 요즘에 그렇게 시장을 '좁은 테두리 안'에서만 정의할 수 없다는 것이다. 이에 대응하는 논리로는 전략적무역정책론이 있는데 국제적으로 경쟁력있는 특정 산업을 지원한다는 개념이다. 주류경제학에서 이야기하는 '자원이 가장 효율적으로 사용되도록 유도'하는 과정일 것이다.

통해 말하고 싶었던 철학은 그의 가장 유명한 단어인 "보이지 않는 손"이 나오는 구절[17]에서 확인할 수 있다. 국부론을 관통하는 아이디어들은 스미스의 법률학 강의를 수강하던 학생들의 강의노트에서도 확인되는데, 노동분석의 초창기 아이디어 중 하나에는 '부(富)라는 것이 금은의 보유량보다는 조직적인 작업능률에 비례하므로 분업은 국부(國富) 증대의 필수요소'라는 내용도 적혀있었다고 한다.[18]

또다른 형태로 중상주의를 반대하는 중농주의가 프랑스에 존재하였다. 이들도 스미스처럼 국부가 단지 금은의 확보에서 나오는 것이 아니라는 것에 동의하였지만, '농업을 통한 생산' 만이 부를 창출하며 노동 생산력의 원천이 '노동'이 아니라 '토지'에 있다는 점에서도 애덤 스미스의 주장과 차이가 있다. 다른 나라보다 식재료가 다양하여 요리문화가 더 발달하고, 지중해와 대서양에 연하는 해안이 있었음에도 불구하고 신대륙보다는 아프리카 북부 지역 위주로 식민지를 형성한 프랑스의 역사를 볼 때 지리적, 환경적 영향력이 적지 않았던 것 같다.

'보이지 않는 손'이 때로는 '모든 것을 시장의 논리에 맡겨두면 해결된다.'는 신자유주의자의 논리 근거로 사용되기도 한다. 하지만 당시의 시대상은 국민 모두가 경제 및 정치적 자유를 누리는 상태라기보다는 소수의 무역상과 정치권 중심의 '중상주의'시대였고, 이에 대항하며 중소형을 포함한 모든 경제 참여자의 자유로운 참여와 사회간접자본 등 일정한 영역에서는 정부의 투자가 필요하다는 주장의 〈국부론〉[19]은 (다른 한편으론 독과점이나 거대정부

---

17) 애덤 스미스. 『국부론(상)』. 김수행(역). 비봉출판사, 2003. p.552(제4편 제2장)

18) 토드 부크홀츠. 『죽은 경제학자의 살아있는 아이디어』. 이승환(역). 김영사, 1994. p.36

19) 〈도덕감정론〉과 〈법학강의록〉 그리고 당대 스코틀랜드 계몽주의에 의하면, 애덤 스미스는 세상 모든 것이 자연의 순리대로 설계되어 흘러간다는 '자연신학'과 인간이란 감정적이고 자기사랑(Self－love)을 우선하나 양심과 도덕 또한 가지고 있는 이중적인 존재이며, 그 둘이 경합할 때는 자기사랑이 우선하기 때문에 이를 중재할 법이 필요하다는 입장을 동시에 견지하였다고 한다. 또한 '소유권'을 인정하면서도 사유재산에 의해 분쟁과 범죄가 일어날 수 있기에 법이 필요하고, 동시에 모든 경제참여자가 대지주나 부호에게 귀속되지 않도록 상공업을 발전시켜 모든 시장참여자가 생업을 가지고 있어야만 범죄가 예방된다는 입장이었다. 따라서 〈국부론〉에 나오는 모든 아이디어는 이러한 신학, 윤리학 및 법학을 기반으로

의 실패 등을 경험해보지 못한 애덤 스미스의 입장을 고려해볼 때도) 단순히 모든 것을 시장논리에 맡기면 된다는 신자유주의자의 생각과는 분명 다른 면이 존재한다고 할 수 있다.

〈국부론〉의 자유경제가 현대의 자본주의와는 다르다는 것을 언급한 사람 중에는 프랑스 역사학자인 페르낭 브로델(1902－1985)이 있다.[20] 그는 〈물질문명과 자본주의〉를 통해서 15~18세기 대항해시대부터 거스르며 자본주의의 뿌리를 탐구하였다. 그는 '물질생활'과 '시장경제', 그리고 '자본주의'로 구성되었다는 '삼층집 모델'을 제시한다. 자급자족의 '물질생활'에서 시작하여 교환이라는 '시장경제'가 만들어지고, 이를 토대로 '자본주의'가 생겨났다는 것이다. 여기서 브로델은 '시장경제'와 '자본주의'는 분명히 다르다고 주장하는데, 개인적으로 이 부분이 〈국부론〉이 고전이라고 하더라도 현실세계에 바로 적용하기 어려운 이유이지 않은가 생각해본다.

그가 분석한 '자본주의'는 15~18세기 원거리 무역에서 시작하는데, 이러한 원거리 무역은 아무나 할 수 없었기에 매우 소수의 (자본력이 있고 정치적 관계가 깊은) 거상들만 참여하였고, 이를 통한 이익 역시 천문학적이어서 쉽게 자본을 축적할 수 있었다. 이 물리적인 '거리'는 판매자와 소비자간의 정보교환을 막을 수 있었기 때문에 '시장경제'였다면 불가능했을 독점이 가능하였고 그 덕분에 더 큰 이익[21]을 얻을 수 있었는데, 이것이 '시장경제'와 '자본주의'가 다른 점이라고 설명한다.

그래서 그는 '자본주의' 안에 있는 사람들은 '시장경제' 영역 안에서 활동하는 사람들과 다르며, 사회 시스템의 꼭대기[22]에 서서, 전문화나 세분화도

한다는 것을 이해하여야 한다.

20) 1979년 출간된 그의 〈물질문명과 자본주의〉는 워낙 방대하고 명료하지 않은 부분들이 있어서 그의 생각을 요약하여 표현한 1976년 미국 존스 홉킨스 대학 강연 원고도 많이 활용되고 있다고 한다.

21) 마르크스도 독점가격에 대해서는 생산가격이나 가치에 의해 결정되는 것이 아니라 구매자의 욕망과 지불 능력에 의해 결정되는 것으로 당연히 독점가격에는 상한이 없다고 생각했다.

22) 〈물질문명과 자본주의 읽기〉의 역자 김홍식은 이를 두고, 마르크스는 하부구조에 경제가 상부구조에는 나머지 정신적 것들이 있으며 독점이 반시장적이고 특수한 형태라고 생각한

필요없이 활동하고 있다고 생각한다. 이러한 독점을 유지하기 위해서는 범세계적인 거래가 존재해야 한다는 점도 '자본주의'의 특징이라고 생각한다. 다만 그가 생각하기에 '자본주의' 스스로 무엇을 할 수 있는 것은 아니고, '시장경제'가 튼튼히 받쳐주어야만 이를 기반으로 '자본주의'가 성장할 수 있기에 맨 꼭대기인 3층에 두었는데, 18세기까지 영국에서 활발하였던 면직물 산업이 무너지지 않고 더 크게 성공한 이유는 증기기관을 이용한 대량생산도 있지만 시장이 전 세계적으로 확대된 이유도 있다는 것이다. '하필 왜 영국에서 산업혁명이 일어났는가'에 대한 그의 해석이다. 이를 통해 자본가는 더욱 큰 자본력을 갖추고 그들만의 리그인 3층 '자본주의'를 공고히 하게 되는데, 이러한 산업의 발전을 '자본주의'가 이룬 것이 아니라 '시장경제', 즉, 그 안에 속한 사람들이 창의적인 아이디어로 자금을 받고 상품을 만들어 내면서 탄탄히 받치고 있었기 때문에 가능했던 것이라고 생각한다. 그래서 그는 '자본주의'가 전체 경제활동의 특수한 일부일 뿐 전체는 아니라고 주장한다. 브로델은 이를 두고 '자본주의는 모든 것이 준비될 때 찾아오는 밤의 손님'이라는 표현을 쓴다.

애덤 스미스의 〈국부론〉에서 언급한 자유경제의 원리를 현대 사회에 맹목적으로 적용하면 위험한 이유가 이것이라고 생각한다. 독점은 반대하면서 시장 내 많은 '거래'가 있어야 국부가 발생한다는 애덤 스미스의 개념은 브로델의 2층에 위치한 '시장경제'상태에서 가능한 것이고, 3층의 존재는 현실이기 때문이다. 우리가 어렴풋이 느끼듯 3층에 있는 '자본주의'는 결코 무너지지 않을 것인데, 이미 정해져있는 2층의 틀 안에서 '분배'나 '성장'을 논한다는 것 자체가 매우 좁은 선택지라는 생각이 들게도 한다. 어쨌든 이제부터 등장하는 자본주의는 어쩌면 이상적인 자유경쟁이나 국부와는 결이 조금은 다른 형태의 무엇이라고 생각할 수 있다.

것과 다르게 브로델은 상부구조에 자본주의가 있고 이는 독점을 기반으로 한다는 점에서 차이가 있다고 설명한다.

산업혁명이 가져온 산업자본주의와 독점자본주의

국부론이 나온지 몇 년 후인 1769년 영국에서는 와트가 증기기관을 발명했고 이어서 조지 스티븐슨이 '여행'이란 뜻을 가진 '로코모션'호 증기기관차를 처음 상업화하여 1825년 스톡턴~달링턴에 등장시킨다. 이때부터의 세상은 다른 나라의 물건을 가져와 팔아서 이익을 남기는 세상에서, 물건을 만들어서 파는 세상으로 바뀐다. 즉 무역 및 상업에서 제조업으로 넘어가게 된 것이며 잘 아는 바와 같이 산업혁명이라고 부른다. 산업혁명은 공장 건설을 위한 '자본'과 공장에서 일할 '노동자'를 필요로 했는데 기존에 무역으로 많은 돈을 모은 자본가들이 '자본'을 공급하였고 대항해시대에 유입된 수많은 노예들과 때마침 발생한 1845년 아일랜드 대기근을 피해온 이주민들이 '노동력'을 공급하였다. 당시 노예무역의 핵심이었던 리버풀과 방적공장이 모여있던 맨체스터[23]를 중심으로 공업이 활성화되었다.

초기 산업자본주의 시대는 물건의 '가격'과 '비용'을 통해 자연스러운 수요-공급이 이루어졌다. 가격과 비용의 차이가 커서 이익이 증가하면 판매자가 증가하여 가격 하락을 유도하고, 반대로 가격이 비용과 가까워져 이익이 감소하면 판매자가 줄어 공급이 감소함에 따라 다시 가격이 오르게 된다. 즉, '보이지 않는 손[24]'이 자연스럽게 수요와 공급을 조절되는 모습이다.

따라서 시장 참여자들은 물건을 만들기 위한 '비용'을 줄이는 것이 중요했다. 각 지역 및 나라마다 생산 비용(혹은 효율적으로 자원을 사용할 수 있는 능력이)이 서로 다르니, 값싸게(혹은 효율적으로) 생산할 수 있는 것들을 교환하면 상호 이익을 얻는다는 개념을 스미스가 주장하는데 이를 절대우위론(Absolute advantage)이라고 한다. 여기서 더 나아가, 한 나라가 모든 면에서 더 유리하다고 가정하더라도 결과적으로는 국제무역이 생산성과 이익을 더 높인다는

---

23) 리버풀에는 노예박물관이, 맨체스터에는 산업혁명 박물관과 1830년에 만들어진 최초의 여객용 기차역이 있다.

24) '보이지 않는 손'이라는 단어는 〈도덕감정론〉과 〈국부론〉에서 겨우 한 번씩 등장하지만, 그의 생각을 대변하는 단어이기도 하다. 자연신학을 믿었던 애덤 스미스에게 '보이지 않는 손'은 신이 만든 자연의 순리대로 흘러간다는 의미의 표현이다.

리카도(1772-1823)의 비교우위론(Comparative advantage)은 한층 더 자유무역과 세계화에 대한 명분을 만들어줬고 이 시대의 자본가에게 중요한 화두를 던져주게 된다.[25] 국립국어원 표준국어대사전 검색되는 자본주의의 정의는 이미 이때 정립되었다고 볼 수도 있겠다.[26]

이제는 애덤 스미스가 생각하기에 이상적인 경제 모델을 가지고 있던 미국 식민지로 넘어가보자. 1600년대 초 대항해시대의 후발주자였던 네덜란드가 지금의 미국에 도착하여 식민지를 만들었다. 뉴욕 맨하튼 남쪽에 있는 배터리공원(Battery Park)는 네덜란드가 원주민으로부터 구입하여 신대륙에 처음 정착한 땅인데, 여기에 뉴암스테르담 항구를 건설하였다.

하지만 17세기 말 영란전쟁의 일환으로 1664년 영국이 이 항구에 도착하여 항복을 얻어냈고,[27] 현재와 같이 뉴욕으로 이름을 변경하였다.[28] 이 공원에는 외부로부터 방어를 위한 포대(Battery)가 있었기 때문에 현재와 같은 이름으로 남아있으며, 뉴욕증권거래소가 있는 월가(Wall street) 역시 북부 맨하튼으로부터 침입하는 인디언들을 막고자 방벽이 세워져 있던 길이라고 한다.

---

25) 1817년 그의 저서인 《정치경제학과 과세 개론》에 등장한다. 〈나쁜 사마리아인들〉에 따르면 현대의 자유무역이론은 리카도의 이론에서 유래한 이른바 HOS(헥셔-올린-새무엘슨)이론에 기초하고 있다고 한다. 둘의 차이점은 비교우위가 어디에서 비롯되었느냐인데, 전자는 나라마다 가진 기술이 달랐기 때문이라고 생각했고 후자는 나라마다 가진 생산요소(자본과 노동 등)간의 비율이 다름에서 비롯되었다고 생각한다.

26) 자본-주의, 資本主義 (명사, 경제): 생산 수단을 자본으로서 소유하는 자본가가 이윤 획득을 위하여 생산 활동을 하도록 보장하는 사회 경제 체제

27) 17세기 후반 영란전쟁 결과에 따라 네덜란드가 맨하튼의 소유권을 포기하였지만, 대신 인도네시아 동쪽 반다 제도의 작은섬 '룬섬'을 차지하기로 합의하였다. 그로 인해 네덜란드는 동인도 제도에서 향신료(육두구) 거래 독점권을 확보하였다. 당시 향신료에 기인한 동방무역이 얼마나 활발했는지를 알려주는 대목이다.

28) https://nahc-mapping.org/에서는 현재 뉴욕과 과거 뉴암스테르담을 비교한 지도를 확인할 수 있다.

1660년 뉴암스테르담 지도

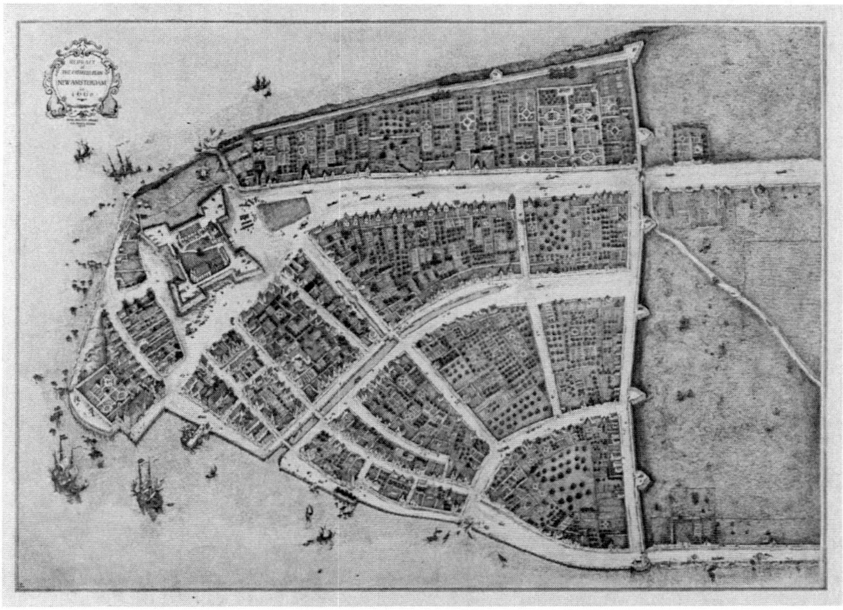

출처: Wikipedia

뉴욕 맨하튼의 고층건물

뉴스에서는 월가에 모든 금융기관이 있는 것처럼 이야기하지만 이제는 미드타운으로 많이 이전하였고, 현재 월가에는 뉴욕증권거래소와 황소동상이 남아있다. 뉴욕에 지금과 같은 스카이라인이 만들어질 수 있었던 것은 세계의 돈이 모이는 곳이기 때문이기도 하지만, 결국 투자 대비 수익이 발생한다는 의미(즉, 기존 건물을 철거하고 새로운 건물을 더 높이 올릴 경제적 이유가 있었다는 의미)일 것이다. 만약 한강변 모래사장이었던 잠실처럼 지반이 약했다면 그렇게 높은 건물을 올리는 것이 (비용적으로나 경제적으로나) 쉽지 않았을 것이다.
뉴욕의 유명한 고층건물들이 월스트리트가 있는 다운타운과 크라이슬러빌딩, 엠파이어스테이트 빌딩, 록펠러 센터가 있는 미드타운에 몰려있는 이유는 암반의 깊이가 깊지 않아 공사비가 그만큼 절감이 가능하였기 때문일 것이다. 뉴욕의 지반은 편암이라는 어두운 색의 단단한 변성암으로 구성되어 있고, 맨하튼 남단에서 지표면에 가까워졌다가 다시 미드타운에서 다시 지표면으로 올라오는 향사 구조를 이루고 있다.

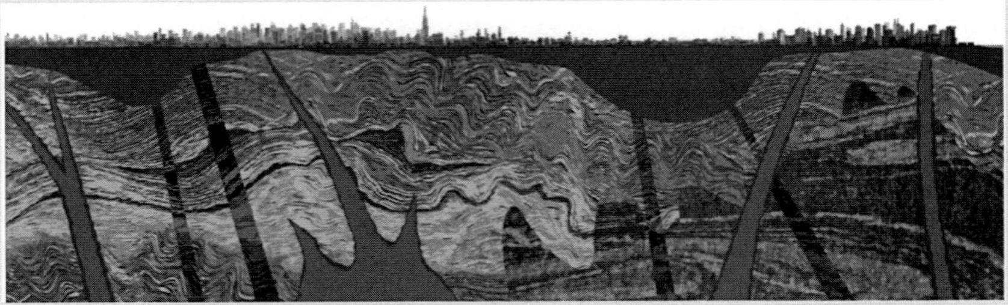

뉴욕의 지질구조(남쪽에서 북쪽으로) (출처: https://imgur.com/)

한편 또 다른 금융중심가였던 런던의 지반은 두꺼운 점토층으로 이루어져 있어서 그만큼 고층건물의 건축이 어려웠다. 하지만 점토층은 당시 터널링 기술이 충분히 발달하지 못한 1863년에 런던에서 처음 지하철을 만들 수 있었던 이유이기도 하다. 현재는 NATM[29]과 같은 발파기술과 TBM을 이용하여 더 어려운 터널 건설도 가능하지만 당시에는 투수성이 낮고 덜 단단하여 단순 기계 굴착이 가능한 점토층에서만 터널 건설이 가능했다. 그후 100년이 지나 1986년 착공하여 1994년 개통한 채널터널(Channel tunnel)은 도버해협을 건너 영국과 프랑스를 연결하는데, 이때는 TBM기술이 활용되었다. 당시 영국병에 걸린 영국을 구하고자 대처 수상에 의한 대규모 인프라 사업이기도 하였다.

이렇게 뉴욕이라는 이름으로 시작된 영국의 지배에 대해 미국은 프랑스의 지원 및 영국 권리장전의 영향을 받아 1775년 조지 워싱턴을 총사령권으로 임명, 대륙군을 결성하여 식민지배에 조직적으로 저항하고 마침내 승리한다. 1776년 독립선언은 현재의 자유민주주의와 자본주의의 대표인 미국 역사상 가장 중요한 장면이다.

유럽의 산업혁명과 마찬가지로 미국에서도 자체개발을 통해, 그리고 영국의 신기술을 모방하여 1830년 증기기관차와 철도가 설치되고 1860년에는 수백 개의 철도회사가 등장하게 된다. 19세기 미국에서 가장 중요한 자연 독점 산업은 단연 철도였는데 이는 1845년도 영국에서 철도버블이 발생한 것과도 맥을 같이 한다. 지금의 런던 지하철 노선[30] 대부분은 19세기 말에 운영을

29) 1960년대 만들어진 터널링 기술로서 New Austrian tunneling method의 줄임말이다. 1800년대 초반에 등장한 TBM(Tunnel Boring Machine)공법과 함께 현재 터널링 기술의 양대 산맥이다.

개시하였으며, 영화 〈해리포터〉의 9와 3/4 승강장이 있는 킹스 크로스 역에는 한국 지하철 노선과는 다르게 수많은 노선이 중복된다. 당시의 철도 투자가 얼마나 비효율적이고 비계획적으로 진행되었는지를 알 수 있는 대목이다.

미국 철도 및 자본주의 역사상 또 하나의 중요한 사건은 미국횡단열차의 건설이다. 1862년 제정되고 링컨 대통령이 서명한 철도법에 따라 1869년 완공된 이 횡단열차는 미국 동부 세크라멘토에서 건설을 시작한 센트럴 퍼시픽社(Central Pacific Railroad of California)와 미국 중부의 오마하에서 시작한 유니온 패시픽社(Union Pacific Railroad)의 경쟁을 통해 건설된다. 당시 연방정부는 1848년 캘리포니아에서 발견된 금광에 의한 골드러쉬에 주목하고 있었다. 횡단열차가 없던 당시엔 동부 뉴욕에서 서부 캘리포니아를 가기 위해서는 배를 타고 남미 끝의 희망봉을 돌아오거나, 파나마에 내려서 지협을 건넌 후, 다시 배를 타고 샌프란시스코에 오는 법, 그리고 마차를 타고 육로로 오는 방법이 있었는데 그 어느 것도 쉽지 않은 길이었다.

따라서 정부는 건설한 길이만큼 보조금도 지원하고, 철도노선 인근의 땅[31]도 주겠다는 약속을 통해 2개 회사가 경쟁적으로 빨리 건설하게끔 유도했다. 유니온 패시픽은 기근을 피해 미국으로 이민 온 아일랜드인[32]과 미국 남북전쟁(1861–1865)에 참전 후 퇴역한 군인들을 주로 고용하였고, 센트럴 퍼시픽은 골드러쉬에 따라 미국땅을 밟은 많은 중국인들을 노동자로 고용하였는데, 정확한 기록은 없지만 많은 인명이 희생되었다고 한다. 당시 미국의 철도회사는 대항해시대의 선박과 유사한 투자 대상 중 하나였기 때문에 시장에는 철도회사 채권이 쏟아졌고, 1909년 존 무디(John Moody)가 철도채권의 등급을 표시하면서 훗날 최초의 신용평가 회사가 등장하는 계기가 된다.

---

30) 런던 남부보다 북부에 지하철노선이 더 많은 이유는 템즈강 남부에는 점토층이 너무 깊고, 훨씬 단단한 사암층과 자갈층이 있어서 북부 노선과 동일한 깊이의 지하철을 뚫기 위해서는 비용과 시간면에서 불리했기 때문이다. 그 어떤 경제활동도 자연의 영향을 무시할 수는 없는 것 같다.

31) 서부의 땅을 개척하면 무상으로 주겠다는 법이 통과되었고, 수많은 목초지들이 '개발'되면서 원주민을 밀어내게 된다.

32) 이들도 결국 자본주의에 의해 희생되어 살아온 토지를 잃고 떠나온 사람들이다.

철도산업의 발전과 함께 초기 산업자본주의를 벗어나 점차 고도화되는 과정에서 자본가와 노동자 계층의 구분은 더욱 명확해졌고 자본가들은 여전히 '생산 비용 절감'이라는 지상과제를 해결해야 했다. 비용은 결국 재료비와 인건비, 경비[33]인 것은 예나 지금이나 동일한데 '경비'인 공장 설비와 부동산에 대한 투자는 쉽게 줄이기 어려웠고 국제무역을 통해 '재료비'도 동일하게 낮아진 상태에서 유일한 절감 방안은 '인건비' 밖에 없었다. 따라서 자본가는 보다 싼 노동자를 구하려고 하였고 이는 아동 노동으로까지 이어지게 된다. 당시의 노동 강도는 현재와 비교할 수 없었는데, 휴일도 없이 하루 16시간씩 노동에 투입되었고, 공장에 투입되는 아동 역시 8~9살에 불과한 경우도 있었다고 한다.

엥겔스는 1845년 〈영국 노동계급의 상황〉을 통해 이러한 상황을 고발하였으며, 그는 이후 1848년 칼 마르크스와 함께 〈공산당 선언〉을 발표한다. 마르크스는 그 후에 1867년 〈자본론〉을 통해 이러한 자본주의의 문제가 결국 공산주의를 통한 노동자의 혁명으로 연결될 것이라고 예측하기도 하였다.

〈공산당 선언〉이 주장하는 아이디어는 단순하고 직관적이다. 기존에는 귀족, 평민, 노예로 나뉘었던 계급구조가 생산수단[34]인 자본을 소유하고 있는 부르주아[35]와 노동력을 제공하는 프롤레타리아의 경쟁구도로 재편되었고, 종래의 봉건적 혹은 동업자 조합 형식의 제조업은 공장제 수공업(매뉴팩처), 더 나아가 산업혁명과 함께 기계제 대공업으로 진화하면서 더 싸게 더 많은 것을 생산하여 판매할 수 있게 된다. 마르크스는 보았지만 스미스는 보지 못한 세상이 온 것이다.

---

33) 재노경은 비용을 재료(Material), 노무비(Labor) 및 경비(Equipment)로 구분하는 방식이다. 건설업에서도 사용하는 대표적인 분리 방법이다.

34) 농작지든 공장이든 생산수단의 진정한 의미는 (자신의 노동력을 대신) 다른 사람의 노동력을 도구로 이용하여 생산할 수 있는 수단이 있음을 의미한다. 산업혁명은 타인의 노동력을 이용해 다수의 사람들을 먹여살릴 수 있는 환경이 만들어졌고, 그로 인해 생산수단을 가진 계급이 그렇지 못한 계급을 착취하면서 자본주의가 시작되었다는 논리이다.

35) 부르주아의 복수형이 부르주아지, 프롤레타리아의 복수형이 프롤레타리아트이다.

이 과정에서 노동자는 단지 공장내 부품으로 전락하게되고, 부르주아의 재산을 보호하기 위해 정부와 법이 만들어졌으며, 생산수단을 소유한 자본가는 더 많은 것을 팔아 더 큰 이윤을 남기지만 노동자에게는 단지 노동을 재생산할 정도의 임금[36)]만 주어지게 된다는 것이다.

그 결과 과거 종교적, 정치적 환상들로 은폐된 착취가 직접적인 금전적 관계로 변화하였을 뿐 본질은 동일하므로 과거 착취당하던 모든 계급이 혁명을 통해 세상을 바꾸었듯, 지금 세상도 결국 프롤레타리아 혁명으로 바뀔 것인데 이를 지식층인 공산주의자가 도울 수 있다[37)]는 주장이다. 또한 자유 경쟁시장에서 자본가들은 필연적으로 생산성 향상을 위해 더 적은 노동력으로 더 많이 생산할 수 있는 기계를 도입할 것이고, 그 과정에서 지속적으로 노동자들은 배제될 것이기 때문에 혁명은 필연적이라고 생각했다. 자동화 비율이 점차 높아지는 현대 공장의 모습을 닮지 않았는가?

물론 세상은 제조업으로만 발전하지 않았고, 다양한 서비스업이 등장했기 때문에 '노동자'라는 호칭을 구시대적인 것으로 생각할 수도 있다. 하지만 마르크스는 자본론 3편에서 말하길 상업 및 금융자본, 지대를 지급하기 위한 이윤의 원천 모두 결국 제조업 노동자가 만들어낸 잉여가치에서 나온다고 주장한다. 그들은 단지 산업자본가들의 이윤을 나눠가질 뿐이라는 것이다. 따라서 산업자본이나 상업자본, 금융자본 혹은 지대자본 중 어느 하나가 과도하게 이익을 추구하기 시작하면 나머지 자본이 그곳으로 이동할 것이기에, 결국 모든 것은 '사회적 평균 이윤'으로 수렴한다고 생각했다. 또한 생산의 3요소인 생산수단과 노동, 토지 중에서 노동이 없다면 생산수단과 토지는 부가가치를 만드는 '자본'의 역할을 하지 못하기 때문에, 이 역시 논리적이지 않다고 생각

---

36) 여기서 '재생산할 정도의 임금'이라는 것은 결국 노동력의 하루 가치를 의미하며 이 돈을 받아서 그 가족들이 정상적인 생활, 혹은 노후준비까지 할 수 있는 수준이어야 한다는 것이다. 최소임금에 대한 가치평가와도 연동된다

37) 칼 마르크스, 프리드리히 엥겔스. 『공산당 선언』. 이진우(역). 책세상, 2002. p.33; 스스로 혁명의 주체가 되는 것이 아니라 그걸 돕는 것이 공산주의자라고 한다면, 전문 시위꾼들도 그런 의미에서 존재하는 것일까 하는 생각이 드는 대목이다.

한다. 결국 마르스크의 경제학에서 '잉여가치(혹은 이윤)'의 원천은 돌려받지 못한 노동자의 잉여노동(가치)이고 이를 마르크스는 '노동자에게서 착취되었다'라고 표현한다.

이를 반대하는 소위 주류경제학자들의 주장은 '자본가도 온갖 욕망을 억제하고 위험을 부담했기 때문에 그에 대한 대가를 받는 것이다.'인데, 마르크스 경제학에서 보기에는 욕망을 억제하고 위험을 부담했다는 것은 인정하나, 그 대가로 얻어가는 이윤의 근간은 결국 노동자의 착취이지 않은가라고 이야기하고 있고, 또한 '생산과정에서 노동력을 관리하여 효율적으로 운영하는 노력이 있다.'라는 주장에 대해서는 감독관이 노예를 관리하면서 새로운 가치를 창출하지 않은 것처럼 노동력을 관리하는 역할 자체가 잉여가치를 창출했다고 말할 수 있느냐 이야기한다. 월급쟁이 사장처럼 '지휘노동'을 하는 경우는 부가가치를 만든다고 볼 수 있으나, 자본가인 주주가 그 역할을 하는지에 대한 의문도 던졌다.

산업의 점진적인 고도화는 더 큰 생산성을 만들어냈고 이는 결과적으로 공급과잉을 가져오게 된다. 이제는 경쟁에서 이기기 위한 '비용'감소보다는 더 많은 것을 팔 수 있는 '시장'의 확보가 중요하게 된 것인데, 리카도의 주장[38)]은 '세계화'라는 이름으로 글로벌 시장 확대의 명분이 되었다. 여기에서 공급과잉 혹은 과잉생산은 '사람들의 필요이상으로 생산되었다.'는 것보다는 현재의 '가격수준 혹은 현재의 이윤수준을 달성하지 못할 정도 규모로 초과 생산했다.'라는 것을 의미한다. 즉 과잉생산은 '물건이 넘쳐나 버려질 정도'보다는 '예상 수준의 이윤을 남기지 못할 정도'를 의미하기 때문에 현대 사회의 과잉생산 규모가 얼마나 큰지 알 수 있는 대목이다.

---

38) 자유무역과 세계화의 관점에서, 최소한 농업분야에 있어서는 생산량 증가에 한계가 있다는 맬서스(1766－1834)와 비교우위론을 통해 윈－윈이 가능하다는 리카도의 대립은 리카도의 승리로 끝난다. 맬서스도 전반적으로 자유무역을 지지하였지만 최소한 식량에 대해서는 수출입을 제한함으로써 자국 내 농수산물 가격을 높이고, 그를 통해 농업 투자가 재활성화될 것이라고 주장했다. 1815년의 곡물법이 대표적인데, 곡물법은 추후 영국 내 자유무역 논리가 힘을 얻는 계기가 되었다고 한다.

故 김수행의 〈자본론 공부〉에서는 실업자도 비슷한 시각으로 해석하는데, 실업자도 결국 '자본가 입장에서 노동자를 착취함으로써 얻을 적정 이윤을 고려할 때 고용 가능한 인구'보다 '시장 내 생산가능인구'가 더 많은 경우 발생한다고 말한다. 단지 자본가의 이윤 욕심에 비해 너무 많은 사람들이 있다는 것이지 결코 경력이나 능력이 모자라는 사람들이 아니라는 것이다. 이직 준비나 개인적인 사유로 쉬는 것을 등을 고려할 때 실업률 5~6%[39]수준을 완전고용상태라고 주장하는 사람들이 있지만, 실제 사회에서는 이와 같은 '구조적'실업[40]도 존재한다는 점을 기억해야 할 것이다. 주 4.5일 근무와 같은 노동시간의 통제는 이러한 사회구조를 고려한 것이다. 〈공산당 선언〉에서 산업자본주의가 만들어 낸 과잉생산과 (계급을 이룰 수밖에 없는) 프롤레타리아 계층에 의해서 붕괴되고 공산주의 사회가 등장하여 평화롭게 살게 될 것이라는 결론에 다다를 수밖에 없는 구조적 문제일 것이다.

이러한 모습은 1936년 찰리채플린의 〈모던타임즈〉의 한 장면을 연상케 하기도 한다. 당시 부르주아의 자산이 프롤레타리아의 자산보다 더 빠르게 성장했던 것처럼, 현재 우리도 임금소득 대비 자본소득 성장률의 차이를 느끼고 있지만 "월급쟁이가 다 그렇지모"라는 말과 함께 동일한 현실을 받아들이고 있는지도 모른다. 하지만 〈공산당 선언〉에서 말하는 것과 같이 노동자들의 단결이 혁명으로 이어지지 못하는 이유는 어쩌면 세상이 더 복잡해지고 일자리가 다양해져 이해관계가 복잡해졌기 때문일 수도 있고, 단지 죄수의 딜레마에 빠진 것일 수도 있다.

---

39) 〈노동의 종말〉에서 저자는 실제 평균실업률 추이와 함께 경제학자들도 완전고용의 전제를 수정해 왔다고 말한다. 1950년대는 3%, 1960년대는 4%, 1980년대는 5~5.5%로 말이다. 현재는 경제가 새로운 인플레 시대를 겪지 않기 위해서는 실업률이 6% 이하로 내려가면 안 된다고 주장한다고 말한다.

40) 이를 두고 "노오오력"이 부족하다고 폄하할 수 있을까? '경제적 자유에 따르는 책임'이란 자신이 남보다 번영할 수도, 뒤쳐질 수도 있다는 것이고 이는 전적으로 개인의 책임이지 사회도 국가도 책임져줄 수는 없다는 '시장자본주의자'의 논리를 설파 및 설득하지 않은 책임이라고 이야기할 수 있을까?

그럼에도 불구하고 〈자본론 공부〉에서 언급한 바와 같은, 능력에 따라 노동하는 것이 개인의 의무이자 윤리이고, 높은 노동생산력을 지닌 사람이 자기의 욕구나 필요 이상으로 일함으로써 어린이나 노인, 장애인들의 필요와 욕구까지 만족시킬 수 있고 그것이 사회를 지탱하고 발달시키는 노동의 올바른 관념이라는, 새로운 사회가 현실적으로 등장할 수는 있을까?[41] 마르크스를 계승하여 민주적 중앙집권제를 원한 레닌의 공산주의에서 권위주의적 중앙집권제, 사실상 독재를 원한 스탈린의 공산주의의 변화는 어쩌면 인간의 본능을 반영한 그 나름의 현실적인 고민과 진화의 결과일 수도 있는데, 우리는 그렇게 진화한 공산주의의 결말을 확인하지 않았는가? 심지어 1930년 전후, 스탈린이 추진한 농업집단화는 심각한 박해와 기근을 불러왔고 그 과정에서 많은 사람들이 희생당했지만, 히틀러가 했던 것만큼 알려지고 비난거리가 되지는 않았으니 어느 정도 평가 절상되었다고 봐야 할 수도 있다. 1932~1933년도 가장 큰 기근의 피해자는 우크라이나였으며, 몇백만 명의 사망자[42]가 발생했다고 한다.

"임금소득과 자본소득"성장의 비대칭에 대한 고민은 2014년 토마 피케티의 〈21세기 자본〉에 잘 표현되어 있다. 다만 그의 논리 전개에는 상당한 오류가 있다는 것이 중론이다. '부' 혹은 '자본(혹은 생산수단)'에 대한 피케티의 정의가 모호하고, 상위 1% 혹은 10%의 계층의 '부'가 계속 증가한다는 통계만 가져올 뿐, 실제 해당 계층의 구성원이 동일한지까지는 살펴보지 못했기 때문이다. 실제 세상은 성장 과정에서 불평등이 발생하지만 또 동시에 성장을 통해 모든 계층의 절대적인 소득 수준과 삶의 질이 향상되어 왔다.[43] 〈자본론 공부〉에서는 〈고타강령 초안 비판〉을 인용하여 소비수단의 분배는 생산조건 자체 분배의 결과일뿐이기에 토마 피케티의 '누진적 소득세를 통해 분배[44]

---

41) 김수행. 『자본론 공부 - 김수행 교수가 들려주는 자본 이야기』. 돌베개, 2014. p.150

42) 이를 홀로도모르(Holodomor)라고 표현한다.

43) 소득 수준과 삶의 질이 전반적으로 개선되었다고 해서 그것이 꼭 동일한 수준의 행복 지수 상승을 의미하진 않는다는 점을 간과해서는 안 될 것이다.

44) 한편에서는 '혁명'이 아니라 '과세'방식으로 불평등을 해소하겠다는 피케티의 생각이 (공산

방식에 대해서도 비판적인 입장을 취하고 있다.[45] 소비수단의 분배는 '언 발에 오줌누기'라는 뜻일 것이다.

피케티가 관찰한 부의 불평등 심화는 단순히 〈금리의 역습〉이나 〈피케티의 21세기자본 바로 읽기〉에서 지적한 바와 같이 1990년대 통화정책에 의한 거품 때문일 수도 있다. 유동성 공급으로 화폐 가치가 떨어지기 전에 자산을 인수한 사람과 그렇지 못한 사람 간의 차이를 만들어 냈다. 이는 노력한 사람이 더 가져가는 생산적인 인간 활동의 결과나 자유주의 덕분이 아니라 단지 시간이나 정보의 차이만으로 소득의 격차를 만들어 낸 것인데 요새 많은 사람들이 이야기하는 투자 공부 역시 결국 정보의 차이로 소득 격차를 만들기 위한 노력 중 하나일 수 있다. 그런 노력이 나쁘다는 것은 아니지만 단순히 유동성 공급만으로 부의 격차가 벌어지는 것만큼은 지적받아 마땅하며 〈21세기 자본〉을 통해 고민해봐야 할 사회현상일 것이다.

이렇게 암울했던 산업혁명시대 노동자들의 현실은 조금씩 개선되어 간다. 영국에서는 아동 노동반대 운동에 따라 아동노동을 제한하거나 금지하는 법이 1830~1840년대 만들어졌고, 미국에서도 1890~1920년 각 주에서 아동노동을 금지하는 법안이 마련된다. 재산권을 통해 시작된 산업혁명과 산업자본주의의 어두운 면은 반대로 노동자의 노동권이나 주택권, 깨끗한 곳에 살 권리[46] 등 인간의 기본적인 권리를 정의하고 개선하게 되는 시발점이 된 것이다. 최저임금법도 19세기말 최초로 등장하여 1928년에 국제노동기구(ILO)에서 채택되었다.

주의보다는) 현실적이지만 동시에 전 세계적 동의를 바탕으로 하는 유토피아적인 접근이라고 스스로 이야기한다.

45) 김수행.『자본론 공부 - 김수행 교수가 들려주는 자본 이야기』. 돌베개, 2014. p.229

46) 산업화에 의해 악성질환이나 암이 발생한다는 것을 처음 깨달은 것도 1875년 이후이다. 19세기 말까지 산업적 발암물질은 비소를 포함한 6~7종만 알려졌다고 한다. 〈침묵의 봄〉을 통해 단순히 정상세포의 활동에 산소공급을 차단하는 것만으로도 암이 발생할 수 있다는 것은 이미 알려져 있는데, 결국 인간 생존을 위한 이 활동을 막는 것이 인간 만들어낸 각종 화학물질이자 공해물질이다.

전국아동노동위원회(미국)의 기록에 있는 만화

출처: Wikipedia

일부에서는 이러한 아동 노동을 반대하였던 여성 중 상당수가 규모의 경제를 갖춘 자본가의 가족이나 아내였다고 이야기한다. 이들이 정말로 노동자를 가엽게 여겨 반대 운동을 했다기보다는, 이미 규모의 경제를 갖춰 운영중인 대형 공장의 경쟁 상대로 부상하는 중소형 공장들을 줄이기 위함이었다는 것이다. 당시 중소형 공장들은 대형 공장 대비 경쟁력을 갖추기 위해서 인건비를 줄일 수밖에 없고 그 대안이 아동 노동이었기 때문이다. 기계식 대공업에 따른 분업화는 아동과 같은 미숙련 노동자로도 충분히 운영 가능했기 때문이다. 따라서 그들은 경쟁 공장들이 문을 닫을 수 있도록 '인권'을 이용하여 아동 노동 반대운동을 폈다는 것이다.

아동노동 반대운동의 실체가 어쨌든 유럽과 미국에서 부흥한 산업자본주의는 점차 고도화되어 결국 소수의 대규모 자본가을 위한 독점자본주의로 이어졌다. 이때까지의 자본주의는 '어떻게 더 경쟁력 있는 가격에 공급을 할 것

곡물법과 아동노동

1815년 지주세력은 곡물 수입을 제안하는 곡물법을 만들어 곡물 가격을 인위적으로 높이고, 그 에 따른 지대 수입을 높이려고 한다. 영국은 석회질 땅이라 곡식 농사는 원활하지 않은데, 거대한 농업국인 프랑스의 값싼 농산물이 수입되면 영국산 곡물은 팔리지 않을 것이고 그에 따라 농민들의 소득이 감소하여 지대도 감소할 것이라고 생각했기 때문이다.

하지만 곡물법으로 높아진 곡물가격은 결국 노동자의 생활비를 증가시켰고, 이는 '노동력의 하루 가치'를 상승시킴으로써 산업자본가들 입장에서는 임금상승의 요인이 된다. 결국 산업자본가들은 곡물법 폐지와 자유무역 실시를 요구하면서 노동자계급의 참가를 호소한다. 그 유인책이 1844년 공장법(아동과 여성의 노동시간을 단축하고 야간 노동을 제한하는 내용)제정을 반대하지 않겠다는 것이었다. 결국 노동자계급의 참여로 1846년 곡물법은 폐지되었고, 공장법은 1844년이 아닌 1847년 최소노동시간 10시간을 보장하도록 제정된다.

곡물법을 지지하면서도 구빈 정책은 반대하였던 맬서스는 확실히 당시 지주계급을 대표하였던 것으로 보이고, 반대로 비교우위론을 통해 국제무역을 주장한 리카도는 산업자본가계급을 대표했던 것으로 보인다. 다만 그 누구도 노동자계급편은 아니었던 것 같다.

인가'에 집중하였고 일단 생산된 물건은 소비된다고 생각했다. 하지만 물건도 살 사람이 있어야 판매가 되는 법, 자본주의가 고도화되며 더욱더 늘어나는 공급량을 감당할 수요처를 확보하는 것이 더욱더 중요해졌으니 결국 시장을 확보하기 위한 제국주의로 변모하게 된다. 결국 1914년 1차 세계대전이 발발한다.

독일(프로이센)을 중심으로 발발한 1차 세계대전은 오스만제국이 독일 및 오스트리아과 연합하고, 미국이 참전하면서 세계전쟁화 되어 결국 1919년 연합군의 승리로 끝난다. 전쟁의 결과로 러시아제국(제정러시아), 오스만제국이 무너지고 해체되었으며, 독일은 엄청난 배상금에 시달리게 된다. 반면 미국은 전쟁비용 충당을 위한 JP모건 등 자본가들의 자금 지원으로 순 채무국에서 순 채권국으로 전환되었고 최대 무역 및 제조국가가 되어 유래 없는 호황기를 보낸다.

1차 세계대전은 본질적으로 산업자본주의에 의한 공급과잉의 결과이기도 하였다. 1차 세계대전의 동맹국이었던 독일과 오스트리아, 이탈리아 3국은 대항해시대 및 산업혁명에 뒤쳐진 국가들이었고, 그들 역시 인접 유럽국가처럼 성장하기 위해서는 더 많이 생산하고 더 많이 내다 팔아야 했는데, 그러기 위해서는 원료 및 수요 시장 즉, 식민지가 필요했다. 반대로 영국 및 프랑스는 자신들의 식민지를 그들로부터 지켜야 하는 입장에 있었다. 공급과잉이라는 초기 자본주의의 문제점에 대해 독일은 전쟁이라는 해결책을 찾은 것이다. 다른 한편에서는 1922년 소비에트 사회주의 공화국 연방(소련)이 만들어지면서 사회주의 및 공산주의[47]에서 그 해결책을 찾기도 하였다.

한편 지리적으로 멀리 떨어진 채 이런 유럽의 문제에서 자유로웠던 미국이 누린 이 호황기가 F.스콧 피츠제럴드의 소설 〈위대한 개츠비〉의 배경이다. 영화 〈위대한 개츠비〉에서 레오나르도 디카프리오가 연기한 개츠비의 화려한 파티장면과 주인공들이 살고 있는 롱아일랜드[48]에서 맨하탄으로 넘어가는 길에 있는 수많은 건설현장들을 보면, 얼마나 많은 돈이 시중에 나와 소비되고 투자되고 있는지 알 수 있다. 영화 속 여자 주인공들의 화려한 패션도 당대에 매우 유행했던 패션이라고 한다. 개츠비가 위대한 이유는 아마도 당대의 부도덕한 물질 만능주의를 대변하는 톰과 데이지에 대비되는, 순수한 노력과 열정, 도덕심을 유지한 채 생을 달리한 모습 때문일 것이다.

1920년의 호황기[49]를 보낸 미국은 3~4%의 기준금리를 유지하였으나 순채권국이 된 이후 국외로부터 들어온 자본이 증가하면서 주식 및 부동산 가격의 급등, 즉 버블이 형성된다. 1929년 연준은 경기과열을 막기 위해 기준금

---

47) 공산주의는 엄연히 생산수단을 국유화하거나 공동소유한다는 것이지, 잉여생산물까지 국유화한다는 개념은 아니다. 즉 공산주의에서도 소유권은 존재한다.

48) 1920년대 부유층들은 복잡한 도심보다 교외 저택을 더 원했고 롱아일랜드에도 인구가 급증한다.

49) 〈노동의 종말〉에서는 1920년 중후반 생산성 증대에 맞춰 경제 유지를 위한 소비 유도 및 재고 소진을 촉진하고자 할부형태의 소비자 금융이 만들어졌다고 설명한다. 그는 소비를 지탱하기 위해서는 임금 상승과 같이 생산성 증대의 과실이 노동자에게 충분히, 광범위하게 분배되어야 했었지만 그 대신 소비자 금융의 방식을 택했다고 설명한다.

소설 <위대한 개츠비>의 배경이 되는 1920년대 롱아일랜드 지도

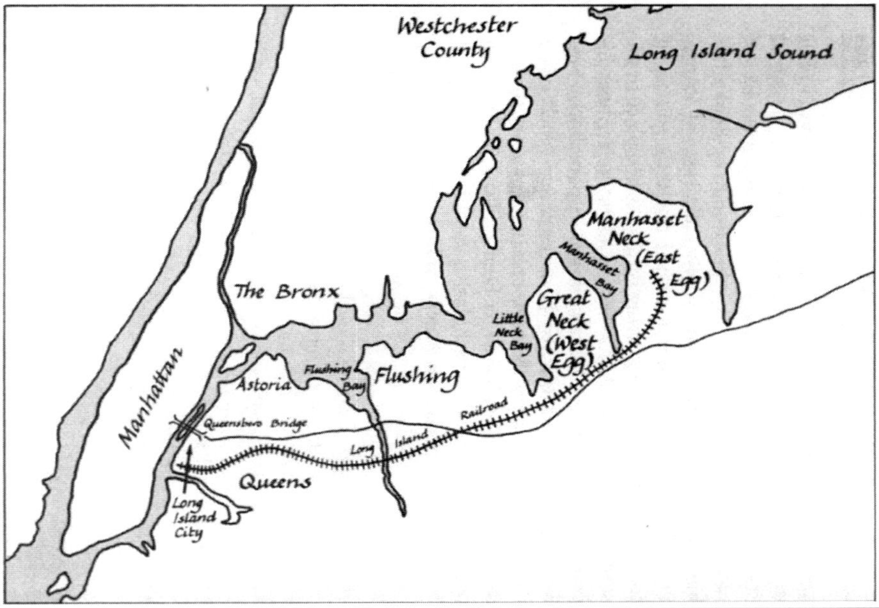

출처: https://www.crocheronpark.org/

리를 높여 긴축정책을 시행하였지만 그 때문에 주가 및 부동산이 폭락하면서 대공황이 시작된다. 연준은 다급하게 1929년 10월경 6% 수준의 기준금리를 1931년 중반 2%까지 내려 대응하지만 금본위제에 묶여 충분한 화폐를 공급하지는 못한다. 2008년 금융위기와 다른 모습이다. 프리드먼과 슈워츠의 〈미국 화폐사〉에 따르면 1929년 8월과 1933년 3월 사이 화폐공급량이 1/3로 감소하였고, 이는 미국 금융시장에 충격을 주었다고 표현한다. 동일한 내용은 버냉키의 〈대공황〉에서도 등장하는데 "총 수요를 억제한 주요 원인은 통화공급의 전 세계적인 위축이었다."라고 말한다.

역시 누군가는 위기에서도 기회를 발견하는 것일까? 우리나라와 마찬가지로 부동산 가격의 상승은 맨하튼의 상업용 부동산시장을 활성화시켰다. 뉴욕의 중요한 건물인 엠파이어스테이트 빌딩, 트럼프 빌딩, 크라이슬러 빌딩, 록펠러 빌딩의 착공시기가 모두 1928년~1930년 사이이고, 실제로 건설되는 동안은 대공황이어서 자재값 및 인건비도 많이 떨어졌다고 한다.

1914~1965년의 기준금리

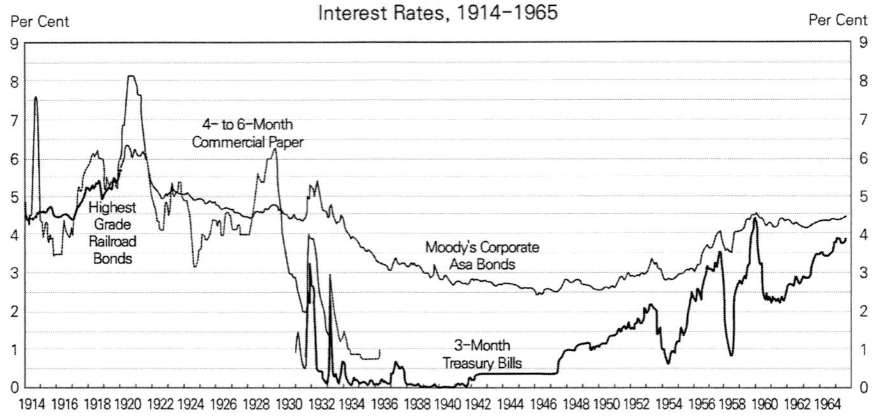

출처: Federal Reserve Bank of St. Louis 1965년 10월 보고서

대공황 전후 통화량 변화

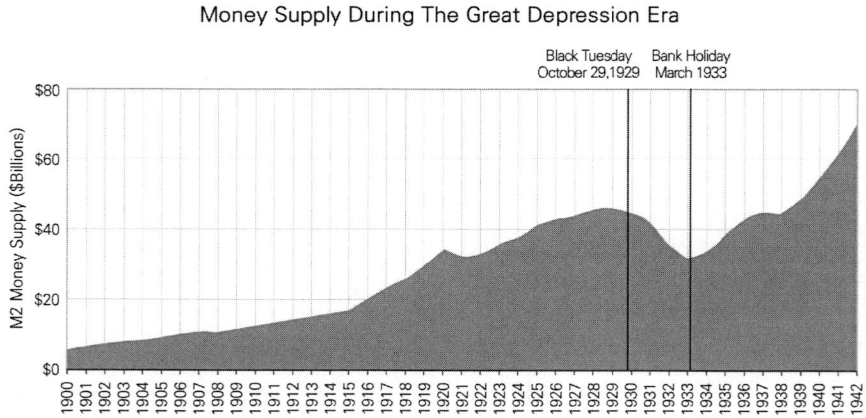

출처: Wikipedia

엠파이어스테이트 빌딩

출처: Wikipedia, Anthony Quintano

록펠러 빌딩 건설 당시의 노동자

출처: Wikipedia

어쨌든 공황을 극복하기 위해 기준금리를 급격하게 낮추는 연준의 통화 정책은 시장에 먹혀들지 않았고 장기간의 공황으로 이어졌다. 대항해시대와 산업혁명을 거쳐, 애덤 스미스의 '보이지 않는 손'으로 대표되는 자유방임주의적 자본주의인 1단계가 이렇게 마무리된다.

고전학파와 신고전학파 그리고 가치

애덤 스미스나 리카도, 혹은 더 넓게 마르크스까지 대공황이전의 경제학을 고전경제학이라고 한다. 반면 고전경제학을 계승하기는 하나 가치평가 방식을 달리한 신고전학파는 그 이후의 윌리엄 제본스, 레옹 발라스, 존 클라크 베이츠, 앨프리드 마셜, 폴 새뮤얼슨과 같은 경제학자들이 만든 학파라고 할 수 있다.

고전경제학자들은 상품의 가치(가격)를 결정하는 주요인자가 '투입된 노동력'이라는 노동가치설을 중심으로 경제를 해석하였다. 즉 일손이 많이 들면 가격이 올라간다는 것이고, 여기에 리카도는 지대효과를 반영한다. 하지만 스미스를 포함한 고전경제학자들은 '시장 가격'과 '노동가치' 사이의 간극이 왜 발생하는지에 대한 명확한 답을 내리지는 못하였다.

신고전경제학자들은 이러한 차이를 두고 시장의 가격 혹은 제품의 가치가 노동 투입량이 아니라 한계효용[50]. 즉, 소비자의 주관적 평가/효용에 따라 결정된다고 생각했다. 이를 두고 마크 카니는 가치라는 것이 '객관적인'이론에서 '주관적인'이론으로 흘러왔다고 표현한다. 신고전주의의 핵심인 윌리엄 제번스는 "가치(Value)는 전적으로 효용(Utility)에 의존한다."라고 단적으로 표현한다. 어쩌면 제러미 벤담의 공리주의(Utilitarianism)와도 맥을 같이한다.

고전경제학자들이 주장하는 노동가치설은 결국 상품의 내재적 가치가 있다는 것을 의미하는데, 이 내재적 가치가 비록 노동에 한정된다는 표현이 구닥다리 같아보이기에, 신고전경제학자들의 "노동이 가치를 만들진 않고, 시장에서 개인들의 효용이 가치를 결정합니다."라는 주장이 설득력을 얻는 듯하다. 따라서 우리는 어떤 상품이 시장에 존재하지 않는다면 아무런 '가치(가격)'가 없는 것으로 인식하기도 하고 때론 너무 도덕적인 영역이나 개인적인 영역까지 상업이 깊숙히 관여하면서 그에 매겨지는 '비용(혹은 가격)'이 그것의 '내재적 가치'인 것처럼 인식한다.

하지만 현대에 우리가 느끼는 것과 같이 시장가치가 곧 내재가치라고 믿어서는 안 된다고 생각한다. 세상의 모든 재화는 (비록 시장가치가 없다고 하더라도) 분명 내재적 가치를 가지고 있기 때문이다.

따라서 출산이나 육아, 교육 등 비시장 규범의 지배를 받는 삶의 여러 영역들이 점점 가격이 매겨지는 것(상품화되는 것) 그리고 비도덕적인 행위가 금전적인 배상금으로 치환되어 가격으로 인식되는 사례 등은 분명 경계해야 할 부분이다. 현재도 철학이 중요한 이유이자 마이클 샌델 교수가 유명해진 이유이기도 할 것이고, 마크 카니가 〈초가치〉에서 밝힌 바와 같이 상업화가 가치관을 잠식하는 것이 문제인 이유이기도 하다.[51]

신고전학파는 고전학파와 함께 19세기 말 득세하다 20세기 초 대공황과 함께 케인즈주의자들에게 자리를 잃게 되었지만 후에 케인즈주의가 힘을 잃어가면서 다시 지지를 받아 신자유주의로 변모하는 주류경제학이 된다.

시장은 실패할 수 있다. 정부의 개입이 필요하다

자본주의가 무엇이냐는 질문에 대한 답이 이미 앞에서 언급한 '자본주의의 정의'와 함께 이해되었다면, 지금부터는 세상의 변화에 어떻게 자본주의와 경제학자들이 적응해갔는지를 볼 수 있다.

대공황을 겪으며 가장 크게 바뀐 인식은 '시장을 있는 그대로 두는 것이 과연 옳은 것인가', '이대로 괜찮은가?' 등 시장 경제체제에 대한 질문이었다. 당연히 자유경쟁시장이 실패할 것이라고 예상하지 못했던 경제학자들은 이 불황을 설명할 방법이 없었다. 그래서 공급과잉이라는 산업자본주의의 본질이 만들어낸 이 문제에 대한 해결책으로 독일이 전쟁을, 러시아가 공산주의를 선택한 것처럼, 미국은 자본주의의 수정을 선택하였고 이때 등장한 것이 1936년 케인즈의 〈일반이론〉[52]이다.

케인즈의 〈일반이론〉에서 주장하는 것은 '유효수요의 창출'이다. 수요보다는 공급에 치중하였던 기존의 자본주의와 대비하여, '수요'를 창출해야 경제가 돌아간다는 주장이다. 공급에 치중되어 있던 전통파의 논리 중 하나인 세이의 법칙(say's law)[53]에 대해 케인즈는 '저축이 항상 투자로 연결되지는 않

---

50) 한계효용은 영국 경제학자 마샬이 주장한 것으로, 수확체감의 법칙과 수요의 탄력/비탄력성 등을 고민하였고, 한계효용 분석을 토대로 수요의 법칙을 발표한다. 19세기 중반은 다윈의 진화론과 함께 유기적이고 진화적인 생물학이 각광받는 때였고 존 스튜어트 밀이 이를 받아들였으며 마샬도 이를 계승/발전시켜 '점진적인 개선(혹은 진화)'을 기초로 하였다고 한다. 개개인의 기업이 어떻게 변화에 대응하냐가 결국 미시경제학의 핵심이라고 할 수 있다.

51) 마크 카니 〈초가치〉에서는 시장 매커니즘의 극단적인 확신이 사회의 가치관을 바꿔놓을 수 있다고 생각한다. 사람들이 부의 획득에만 초점을 맞추게 되고, 전통적인 구속을 약화시키며, 불법행위에 가격이 매겨지고 금전적 배상이 비도덕성을 퍼트리고, 인간이 하는 모든 활동에 가격을 매겨 도덕적·시민적 재화를 훼손할 수 있다고 지적한다.

52) 정식 명칭은 〈고용·이자 및 화폐의 일반이론(The General Theory of Employment, Interest and Money)〉이다.

53) 프랑스 경제학자 장바티스트 세(Jean-Baptiste Say, 1767~1832)에 의해 제시된 주장이다. 단적으로 정리하자면 모든 생산자는 소비자이니 공급을 늘리면 그로써 수요도 창출된다는 개념이다. 사실 이 법칙은 이미 당시의 경제학자인 리카도나 맬서스에 의해 비판받기도 했다. 미시경제학에 집중하였던 (케인즈의 스승이기도한) 마샬은 거시경제학에 있어서는 세이의 법칙과 피셔의 화폐수량설을 신봉하였고 이를 케인즈에게 가르치기도 했다고 한다.

는다.'와 '시장에는 독점기업이나 노조 등이 존재하므로 임금과 물가는 그렇게 유연하게 움직이지 못한다.'는 논리로 대응한다. 즉 경기 불황이 오면 개인과 기업은 미래를 대비하여 저축할 뿐 투자를 하지 않을 수 있다는 것이다. 따라서 그는 '돈을 장롱에 넣어두는 할머니가 악독한 기업가보다 나쁘다.'고 생각했다고 한다.

이는 한계저축성향(marginal propensity to save) 및 승수이론(theory of multiplier)으로 진화한다. 따라서 케인즈의 주장은 민간 투자가 경직된 상황을 타개하기 위해서는 공공사업과 복지사업 등 재정정책을 통해 사람들의 가처분 소득을 늘려주는 것(즉, 통화 확대)이 필요하다는 것이었다. 이 주장을 유럽에서는 "요람에서 무덤까지"라는 구호의 복지정책[54]으로, 미국이나 일본 등은 공공사업을 통한 낙수효과로 구현하고자 하였다.

이런 정부의 강력한 개입은 당연히 시장주의자들의 비판을 받았다. 시장에 맡겨두면 아픈 곳은 도려내지고 자연 치유된다는 그들의 비판에 대해 케인즈는 "The long run is a misleading guide to current affairs – in the long run we are all dead"라는 유명한 말을 남긴다.[55] 언론에서 짧게 인용할 때는 보통 "장기적으로 우리 모두는 죽는다."라고 쓰이는데 그렇게 오래 기다리다가는 숨 넘어가니 그걸 기다릴 시간이 없다는 의미이다.

다만, 민주주의 사회에서 재정정책이라는 이름으로 수행되는 잘못된 포퓰리즘 정책이 오히려 경제를 악화시킬 수 있다는 우려가 생기는 부분이기도

---

54) 〈이기적인 유전자〉에서 저자는 자연상태에 비해 복지국가는 극히 부자연적인 실체이지만 대부분 사람들은 복지 국가를 매우 바람직한 것이고 생각하고 있으며, 따라서 이 부자연스러운 복지국가를 유지하기 위해서 필연적으로 부자연스러운 산아 제한이 되어야만 한다고 이야기한다. 또한 하이에크는 연대 원칙을 기초로 하는 복지국가가 오히려 대규모 사회를 망치고 있다고도 생각한다. 그는 연대 모럴이 소규모 원시사회의 공동 생산, 공동 분배, 공동책임 및 미래 불확실성에 대한 연대적 보호를 기초로 하기 때문에 대규모 사회에는 적합하지 않다고 생각한다. 이는 〈노동의 종말〉에서 이야기하는 사회 경제, 사회적 자본(제3부문)으로의 전환이 정말 현실적인 대안인지, 인간에 대한 과한 신뢰에 의해 공산주의가 실패한 것과 같은 전철을 밟는 접근이 아닌지 혹은 〈21세기 자본〉의 저자의 말처럼 온 지구가 동시에 시행해야만 이루어지는 이상향은 아닌지 우려하게 만드는 부분이기도 하다.

55) 케인즈도 시장주의자의 논리처럼 시간이 지나면 자연치유된다는 것에 동의하였으나 그 기간이 너무 오래걸린다고 생각했다는 점이 시장주의자와 구분되는 부분이다.

하다. 한편 김수행의 〈자본론 공부〉에서는 복지국가가 자본가와 노동자 사이에서 균형을 잡는 선의의 제3자라는 표현은 잘못되었다고 주장한다. 대공황이나 세계대전 직후 등 제한적으로 필요한 시기에 팍팍해진 노동자들의 삶을 달래지 않고서는 유권자의 표를 얻을 수 없는 정치인(혹은 지배계급)들의 (장기적으로 자본주의 체제를 유지하려는) 어쩔 수 없는 노력이라는 것이 그의 생각이다. 그는 '어떻게든 자본주의를 유지하려는 자본가계급과 국가가 궁리해낸 탈출구'라는 표현까지도 사용한다.

어쨌든 초기 케인즈주의자가 믿고 있던 신념을 정책화시킨 것이 바로 루즈벨트 대통령(1933－1945)의 뉴딜정책이다. 침체된 경제를 되살려줄 '최후의 고용주'로서 실업자들에게 일자리와 임금을 '직접' 제공하고 이를 통해 소비를 진작시킴으로써 경기를 살려보겠다는 정부의 강력한 의지였던 것이다. 뉴딜정책[56]하면 떠오르는 대표적인 사업이 바로 후버댐이다. 후버댐 건설계획은 사실 그전부터 있었으나, 고용과 소비를 창출하기 위해 정부가 급진적으로 투자를 결정했다는 점이 유의미하다. 후버댐 건설을 통해서 2만명 이상의 일자리가 창출되었다고 한다. 후버댐 자체의 압도적인 규모를 뒤로 하더라도, 이 후버댐 사업이 성공했던 이유는 당시 재정정책[57]을 통한 낙수효과가 현재보다 더 효과적이었기 때문이다. 즉 세금으로 투입된 돈이 회사의 유보금이나 투자자의 배당금으로 돌아가는 것이 아니라, 하루하루 일상을 살아가는 국민들에게 돌아갈 수 있었다는 것이 중요한 차이점이다.

하지만 이제는 산업이 고도화되면서 같은 건물을 짓는 데에도 효율이 좋은 '장비와 설비'들이 등장하고, 다양한 '회사'들이 참여함으로써, 더 이상은 이런 재정정책으로 공급된 유동성이 과거처럼 국민의 가처분소득으로 직결되

56) 루즈벨트 대통령은 뉴딜정책 외에도 투자자를 보호하고 공정하고 질서정연한 효율적 시장을 유지하며, 자본 형성을 촉진한다는 목적으로 증권거래위원회(SEC)를 설립하였고, 투자자가 표준화된 금융자료를 받을 수 있도록 연방정부 최초의 공동 공시 표준을 마련하고자 1936년 GAAP(Generally Accepted Accounting Principles)를 마련한다.

57) 시장에서 유동성을 조절하는 방법은 크게 통화 정책과 재정정책이 있다. 통화 정책은 중앙은행의 금리나 은행의 지급준비율을 조정하는 방식이고, 재정정책은 대규모 세금을 투입할 사업을 벌이거나 세금을 올리고 내리는 형태로 조절하는 방식이다.

후버댐에 투입된 굴착 장비와 노동자들

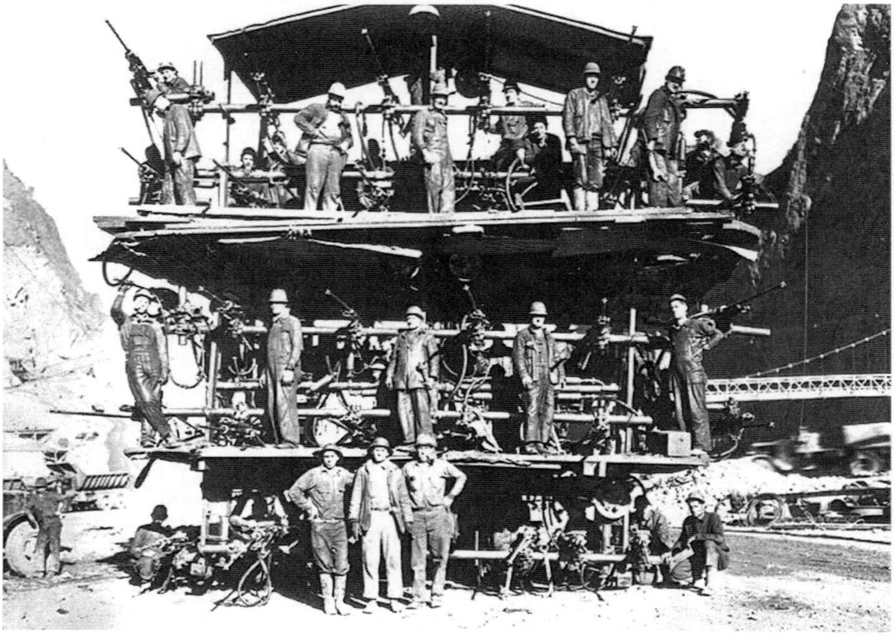

출처: Wikipedia

는 것이 아니라,[58] 장비를 파는 회사나 건설회사의 유보금이나 주주(자본가)의 배당금으로 다시 전환되어 자본시장에 머무르기 때문에 과거와 같은 낙수효과가 발생하지 않는다는 의견[59]도 있다. 미래 사업환경을 걱정하는 산업자본가들(회사)이 투자를 유보하거나 이미 생산성을 높이기 위해 노동자를 대체하여 도입된 기계 때문에 노동자의 가처분 소득으로 직접 연결이 되지 못하게 된 것이다.[60]

---

58) '저금리'보다는 '시장 수요 및 이윤 전망'이 고용 창출 투자에 더 영향을 미친다고 〈노동의 종말〉에서 주장한다. 결국 유효수요를 창출해야 한다는 케인즈주의와 결을 같이 한다고 생각된다.

59) 이미 2014년 OECD, 2015년 IMF에서도 부의 낙수효과가 없음을 지적한다.

60) 당연히 AI와 로봇공학은 과거 러다이트 운동과 같이 인간의 일자리를 줄이면서 회사의 수익성은 높이는 형태로 이용되고 진화한다. 그리고 기업은 주주이익 극대화를 1순위로 두지, 국가 전체 경제나 거시적인 관점에서의 발전을 1순위로 두지 않는다. 주주자본주의이다.

1939년 발발하여 1945년 종전된 2차 세계대전의 씨앗은 1차 세계대전 이후 승전국이 패전국에게 요구한 과도한 배상금이었다. 이는 앞서 케인즈가 우려했던 것이기도 하다. 엄청난 배상금을 요구하는 베르사유 조약(1919)이 체결되고 나서, 독일(바이마르[61])은 배상금을 지급하기 위해 화폐를 새로 발행하였고 이는 결국 초인플레이션을 유발한다.

독일 국민 입장에서는 이러한 고통을 평생 동안 부담한다는 것이 불합리하다고 여겼는데, 그때 화를 표출할 대상이 유대인이 되었고 그런 마음을 노동자 입장에서 대변해주는 것이 나치[62]였다. 사회주의 노동자당을 표방했던 나치는 당연히 노동자들의 큰 지지를 받았다. 나치는 미국의 대공황에 맞춰 더욱 힘을 받으면서 민주적인 절차에 의해서 선출되었는데, 결국은 정부보다 더 강력한 힘을 얻으면서 2차 세계대전까지 이끌게 된다. 나치의 유대인 학살은 미국 우생학의 영향으로 '독일인은 위대한 국가의 위대한 민족'이라는 과학적 정당성뿐만 아니라 자신들의 상황이 경제와 금융에 큰 영향을 미치는 유대인 탓이라는 경제학적 시선, 그리고 전쟁에 필요한 막대한 자금을 유대인계 자금에서 확보하고자 하는 정치적인 행위까지의 복합적인 결과물이라고 할 수 있다. 어쩌면 히틀러라는 역사적인 연설가가 없었더라도 다른 형태의 갈등은 불가피했을 수도 있다. 여기에 독일과 함께 참전한 일본 역시 1868년 메이지유신 이후 산업화에 성공하는데 1929년 대공황에 의해 경제적 타격을 입자, 이를 극복하고자 독일과 함께 전쟁이라는 해결책을 사용하게 된다. 그에 대항한 연합군에는 1차 세계대전을 통해 해체된 러시아 제국 대신 1922년 등장한 소비에트연합(소련)과 미국이 포함되어 있었다. 어니스트 헤밍웨이의 〈누구를 위하여 종을 울리나〉는 2차 세계대전이 일어나기 전 스페인 내전(1936–1939)을 다룬 작품으로 파시스트, 공화주의자, 마르크스주의자들이 섞

---

61) 1차 세계대전 종전 직후인 1919년, 독일 혁명을 통해 바이마르는 현대적인 사회적 인권을 보장하는 바이마르 헌법을 만든다.

62) 정식 약칭은 '엔에스데아페(NSDAP, Nationalsozialistische Deutsche Arbeiterpartei)'로 독일에서는 보통 NSDAP로 줄여서 썼다고 한다. '나치'의 기원은 독일어에서 National이 '나치오날(Nazional)'로 읽히는 데에서 유래한 것이라고 본다.

여있는 시대상에서 과연 누구를 위하여 종을 울리는 것인지를 고민한 소설이 아닐까 싶다. 스페인 내전은 2차 세계대전을 준비하던 히틀러와 무솔리니가 전쟁 실전연습 및 무기 실험의 장으로 활용한 전초전의 성격이 강했다.

HBO 드라마 〈Band of Brothers〉과 같이 2차 세계대전 역시 연합군의 승리로 끝나면서 근대가 저물고 현대가 시작된다. 2차 세계대전을 통해 다시 한 번 미국은 더욱 큰 힘을 얻게 되는데, 1944년 브랜튼우드 체제에 따라 미국 달러가 기축통화가 되고 금 1온스를 미 35달러로 고정시키는 금태환제가 도입된다. 전쟁기간 동안 금태환이 잠시 멈춘 적은 있었지만 기본적으로 화폐는 금을 교환하기 위한 수단이기 때문에, 모든 금전적인 가치는 금을 기준으로 한다는 인식이 지배적이었다. 따라서 금태환의 수단을 미국 달러로 지정했다는 것은 그만큼 미국달러가 안정적인 통화로 인정받고, 따라서 모든 무역거래에서 쉽게 인정되고 쓰일 수 있는 화폐가 되었다는 것을 의미하게 된다.

2차 세계대전이 끝나고, 전쟁영웅인 아이젠하워가 1953년 대통령(부통령은 닉슨)에 취임하여 8년이란 시간을 보낸다. 그는 경기침체에 대응하기 위한 감세보다는 국가 예산을 유지하기 위한 노력을 더 기울였는데, 이 때문에 "나라 경제를 살리자"라는 슬로건과 함께 1961년 케네디가 당선되어 2년의 짧은 임기를 보내고 1963년에는 존슨 대통령이 취임한다.

1961년 영화인 〈티파니에서 아침을〉에서 보이는 화려한 뉴욕의 거리와 같이(큰 틀에서 보면) 1970년까지 미국은 안정적인 호황기를 유지한다. 케네디 대통령 시기부터 정부에서는 '완전고용'을 주요 정책목표로 두었기 때문에 시장에 대한 정부의 개입이 많이 허용되었다. 하지만 1960년대 후반, 케인즈의 완전고용정책은 다시 문제의 씨앗이 되는데, 당시 노동자들은 전후세대와는 다르게 대공황이나 대규모 실업에 대한 경험이 없었고 한편으론 정부의 목표가 완전고용이기 때문에 어떻게든 정부가 기업을 지원해줄 것이라 믿으며 보다 강력한 임금인상을 요구하게 된다.

거기에 더불어 미국과 소련간의 냉전체제는 세계 곳곳에서 대리전을 만들어 내는데, 특히 1954년부터 1975년까지 지속된 베트남 전쟁에 1965년부터 미국이 본격적으로 참전하면서 대규모 전쟁 비용이 발생한다. 그 결과 '자유주의 수호를 위한 비용 충당'이라는 명목으로 1971년 금태환제를 폐지함으로써,[63] 달러와 금의 연결고리가 끊어지게 된다. 존 F. 케네디 대통령(1917-1963, 1961-1963 재임)과 존 레넌이 등장하는 영화 〈포레스트검프〉의 배경이다. 전쟁을 수행하면서도 큰 정부(위대한 사회라는 복지 프로그램[64])를 유지하기 위해 달러를 더 찍어냈던 미국을 바라보며, 많은 유럽국가는 "이렇게 달러를 찍어내다보면, 누군가는 이걸로 금을 먼저 바꿔갈 것이고, 내가 혹시 늦게 가면 돌려받을 금이 없는 것 아냐?" 하는 의심을 하면서 금태환의 요구가 커지자, 닉슨 대통령(1969-1974 재임)이 금 태환제(브레튼우드 체제)를 폐지하게 된 것이다. 하지만 과거 몇십 년 동안 국제 기축통화로서 활약해 온 달러가 순식간에 쓸모 없어질 수는 없는 노릇이기에 기축통화로서의 지위를 유지한 채 현재에 이르고 있다.

어쨌든 전쟁비용 충당 및 재정정책을 위해 보다 많은 통화를 찍어낼 수밖에 없었고 이는 다시 미국의 인플레이션을 유발한다. 거기에 1973년 및 1978년 발생한 1, 2차 오일쇼크는 미국 경기를 침체로 몰아 넣는다.

물론 금태환 폐지와 이후 이어지는 인플레이션에 관련해서는 다른 의견도 존재한다. 벤 버냉키의 〈21세기 통화 정책〉에 따르면 금태환의 폐지는 금본위제도하에서 발생한 '미국 달러의 가치변동에 대한 압박'의 결과물이지, 인플레이션을 유발하기 위해(혹은 단지 통화를 더 찍어내기 위해) 금태환을 폐지한 것은 아니라고 언급한다. 즉 마크 카니가 〈초가치〉에서 기술한 바와 같이 금의 공급이 경제 발전속도보다 느릴 경우, (화폐 공급량이 부족하기 때문에) 구매력의 평형을 유지하기 위해 물가를 떨어뜨려야 하는데(디플레이션 혹은 화폐

---

63) 금본위제 혹은 금태환제는 달러의 공급이 금의 공급량에 의해 제한될 수 있음을 의미하는데, 이 제도가 폐지되었다는 것은 달러 발행에 대한 한계가 없어졌다는 것을 의미하고, 이를 두고 일부는 "달러본위제"라고 돌려서 이야기하기도 한다.

64) 〈노동의 종말〉에서는 월남전과 함께, 이 정책 프로그램이 신기술에 의한 노동력 절감을 통해 해고되었을지 모를 노동자들과 흑인들에게 고용의 기회를 제공하였다고 설명한다. Great Society 프로그램을 통해 대규모 공공 사업을 시행하면서 1950년대 주(州) 간 고속도로가 만들어지고 교외 문화가 성장한다.

가치 상승)[65] 이는 이미 1870년대 금본위제를 채택한 나라에서 나타나는 현상이기도 하였다. 결국 이 문제는 국제 수지라는 외부적인 균형(태환성 및 외환보유고) 및 내부적인 균형(통화제도와 경제) 사이의 갈등이었고 뱅크런 등을 막기 위한 중앙은행의 유동성 공급 압박은 금본위제의 근간을 흔들라는 압박이기도 하였다. 미국은 단지 디플레이션보다는 금본위제를 흔드는 선택을 했을 뿐이라는 것이다.

냉전체제는 본질적으로 자본주의와 공산주의 중 누가 더 나은지에 대한 이데올로기적 싸움이었다. 자본주의를 원하는 자본가 입장에서는 마르크스가 주장했던 '노동자에 의한 혁명'까지는 아니더라도 노동자의 사회적 인권 보장이나 요구는 곧 비용이었기 때문에 이를 저지할 명분을 필요로 하였다. 따라서 어쩌면 미국 입장에선 의도적으로 공산주의와 자본주의간의 대결구도를 만들고 애국주의를 고양시킴으로써 그러한 생각을 하지 못하도록 만들고 싶었을 것이다.

2차 세계대전을 배경으로 만들어진 캡틴아메리카('한국대장'이라고 하면 너무 오글거렸을 것 같다!)가 처음 만화로 등장한 것도 1941년이다. 캡틴아메리카의 주적[66]은 전체주의국가이며 공산주의자이고 세상을 지배하려는 범죄집단으로 설정된다. 매우 명료한 흑백논리이고 '신'에 대한 복종이 '국가'에 대한 충성으로 대체하게 된 것이기도 하다. 냉전시대를 살아온 우리나라 기성세대가 개인이나 가정의 행복이 아닌 '나라를 위해' 아기를 더 낳으라고 말하는 것의 뿌리가 이러한 이데올로기적 배경 때문인지 장담할수는 없지만 과연 현재까지도 유효한 논리인지 한 번쯤 되돌아볼 필요가 있다고 생각되는 부분[67]이다.

---

65) 피셔와 다르게 하이에크는 이런 정상적인 물가하락(좋은 디플레이션)을 피하기 위한 시도는 결국 경기침체 회복을 방해하고 경제를 불균형한 상태로 만들 것이라고 생각했다. 디플레이션에 의해 물가가 하락하면 자본가의 이윤이 떨어질 텐데, 자본가는 그래도 적정 이윤을 유지하기 위해 임금을 낮추는 선택을 해야 하지만 현실에서는 (정치면에서도) 불가능하기 때문에 결국 하이에크의 '좋은 디플레이션'이란 자본가의 이윤만 낮추는 무엇을 말하는 것은 아니었을까?

66) 어쩌면 한때 불었던 우리나라 국군의 '주적'개념에 대한 논란도 여기에 기인한 것일 수도 있다. 하지만 우리나라는 '휴전'상태이기 때문에 상대적으로 신경을 더 써야 할 확실한 상대방이 있다고 보는 것이 더 현실적이라고 생각한다.

1973년 1차 오일파동은 1973년부터 1974년까지 있었던 중동전쟁에 따라 산유국인 아랍국가들이 석유를 무기화하면서 발생한다. 뒤에서도 다루겠지만, 이는 결국 이스라엘 건국과 관련이 있다. 1947년 UN은 팔레스타인 지역을 유대인 국가와 아랍인 국가로 분리하되, 예루살렘은 국제 공동 관할 특별 지역으로 두는 '팔레스타인 분할안'을 통과시킨다. 한편 1차 세계대전 후 팔레스타인 지역을 지배하던 영국이 이 문제를 해결하지 못한 채 철수하자 곧이어 이스라엘이 건국을 선포하고, 주변의 이슬람 세력은 이에 반대하며 전쟁을 일으킨 것이다. 이 문제는 70년이 지난 지금도 현재 진행형이다.

1978년 2차 오일파동은 이란 혁명에 따라 공급이 급감하면서 발생한다. 1979년 이전 이란은 지금과는 다르게 친미성향의 개방적인 국가인 팔레비 왕조였다.[68] 하지만 이슬람 시아파의 대표격인 호메이니와 함께 이슬람으로 돌아가자는 혁명이 성공하면서 이슬람 국가화 되었고, 혼란한 정국에 석유 공급이 급감하면서 발생한 것이다. 이 모든 것의 결과로 1979년 그 유명한 스태그플레이션이 발생하고 케인즈로 대표되었던 수정자본주의가 마무리된다.

정부가 너무 개입해도 안 된다. 다시 시장에 맡기자

스태그플레이션은 당시까지의 자본주의 역사에서 한 번도 등장하지 않은, 기존 케인즈주의로는 해석되지 않는 현상이었다. 1960년 후반 베트남전 비용을 늘리면서도 위대한 사회라는 복지프로그램을 통한 재정투자도 확대하는 존슨 대통령의 완고함 때문에 발생했다는 의견도 있다. 이 때문에 수요 견인 인플레이션(즉 상품이 부족하고, 화폐는 과잉인)이 발생한다.

---

67) 〈이기적인 유전자〉에서 저자는 산아 제한은 제한된 자원의 고갈을 막고 개체군 전체가 절멸하는 것을 피하는 이타적인 행위가 아니라 단지 부모가 확보할 수 있는 자원으로 그들의 새끼 중 살아남는 수를 최적화한 결과라고 이야기한다.

68) 2024년 당선된 이란 대통령 페제시키안이 개혁파인 점이나 이스라엘이 최초로 이란 본토를 공격하였지만 그에 대한 대응은 부족했다는 점들이 향후 중동 정세에 어떤 영향을 미칠지 지켜봐야 하는 이유이다.

1972년 닉슨 대통령이 물가와 임금을 규제하여 잠시 회복시켰지만 1973년 규제가 풀리면서 다시 인플레이션이 발생하는데, 이때의 인플레이션은 공급파동에 따른 비용 인상 인플레이션이었다. 비용 인상 인플레이션이 발생하자, 실업률도 물가도 동시에 상승하는, 기존의 경제학으로는 해석되지 않는 현상이 발생한 것이다. 케인즈주의자는 기본적으로 경기가 침체되었을 때, 소비(유효수요)를 진작시키기 위해서 정부가 돈을 풀어야 한다는, 즉 재정정책을 활발히 해야한다는 논리였는데 그것이 기존의 시장에는 잘 먹혀 들어갔지만 이번만큼은 통하지 않게 된 것이다.

이 틈을 타 밀턴 프리드먼[69]으로 대표되는 통화주의자(신자유주의자)들이 득세를 하였고 1981년 폴 볼커[70]가 통화주의 정책으로 인플레이션을 관리하기 시작한다. 그들은 인플레이션과 불경기가 하나의 원인, 즉 통화 공급량에 의한 것이라고 생각했다. 통화주의자들이 보기엔 경제의 흐름은 정부정책이 아닌 통화량이 핵심이고, 따라서 정부지출이나 세금을 관장하는 국회보다는 통화를 관장하는 중앙은행(연방준비은행)이 중심이 있어야 한다고 주장[71]했다. 연준에 의한 통화관리시대가 본격적으로 시작한 것이다. 그들은 급격한 통화긴축정책을 통해 금리를 거의 20%까지 높인다.

통화주의자들의 주장을 좀 더 포괄적으로 기술하자면, 그들은 적극적인 정책이 오히려 현상을 더욱 불안하게 만들고 악화시키니 단순하고 기계적인 통화 준칙을 만들고 적용하자는 것이다. 단순한 규칙이 만들어지면 경기 순환의 문제가 보다 단순해질 것이라는 생각이다. 물가안정 및 장기적인 성장에

---

69) 대표적인 시카고학파인데 신자유주의 학파로도 불린다. 시카고 학파에 의하면 진화적 경쟁에서 장기적으로 가장 효율적인 해결책이 도출된다고 생각하는데, 이는 진화론적인 관점이며 하이에크의 사회철학과도 닮아 있다.

70) 1979년부터 1987년까지 카터 및 레이건 대통령 행정부와 함께 연방준비제도 이사회의 의장을 지냈다.

71) 중앙은행이 통화량을 조절하는 방법은 지불준비금의 조정, 시중예금은행으로의 자금지원 및 국채의 매매(공개시장조작, Open Market operations) 세 가지 방식을 이용하며 맨 마지막 방법이 가장 중요하고 금융위기 및 코로나 위기 때 우리가 목격한 것이기도 하다. 2025년 현재 연준 의장인 제롬 파월도 통화주의자적 성격이 강하다.

1960년부터 현재까지의 인플레이션

출처: FRED

일치하는 비율로 통화공급(미국의 경우 3%정도)도 서서히 이루어내면서 (완전고용자체가 심각한 인플레이션을 초래할 수 있으니) 현실적으로 6% 수준의 자연실업률을 목표로 하자고 주장한다. 통화주의자들 입장에서 보면 케인즈와 같은 정부의 적극적 대응이 처음에는 시장을 속이며 효과를 발휘하겠지만 반복되다 보면 시장도 이를 알아차리고 그에 맞게 대응하게 되기 때문에 결과적으로 나쁜 방향을 유도할 수 있다는 것[72]이다.

이를 공식으로 표현한 것이 통화주의모형인 피셔의 교환방정식(MV=PQ)인데 매우 단순하다. 통화주의의 고전인 화폐수량설에 따라 설명하자면, 화폐의 유통속도(V)는 일정하니, 통화량(M)을 늘리면 생산량(Q)가 일정한 상태에서 물가(P)가 변동한다는 개념이다. 여기서 P×Q는 실질 GNP로 해석할 수 있다. 다만 케인즈주의자들은 이 유통속도[73]가 일정할지에 대한 의문이 있었

72) 사람들이 무슨 일이 일어나는지 완전히 이해하고 있음에도 불구하고, 경기침체가 계속된다면 통화 공급확대가 예측 가능한 정책일지라도 침체된 경기를 개선할 수 있다는 것이 신케인즈학파의 주장도 있다.

73) 유통속도 및 통화론에 대한 가상실험으로 유명한 것이 '캐피톨 힐 탁아 조합의 위기'이야기이다. 케인즈주의에 가까운 폴 크루그먼의 저서에 종종 등장한다. 마샬은 수요에 공급이 대응할 수 있는 여유가 있는 약간의 기간을 단기(short run)라고 정의하고, 단기에는 생산설비가 한정되기 때문에 수확체감의 법칙의 영향을 받는다고 생각했다. 한편 회사가 원료나 새로운 고용, 기계설비의 투자 등을 실행하는 것을 장기(long run)라고 하였고, 장기적으로 보면 시장경쟁에 따라 자연스럽게 생존기업들만 남아 적정 이윤과 함께 수요와 공급이 맞춰지다고 생각했다. 유통속도와 경제는 결국 수요 증가 및 그에 따른 투자와 신규 고

던 것이다.

1973년 1차 석유파동 및 그때까지 누적되었던 인플레이션 압력이 거세지자, 연준은 통화 정책을 통해 이를 억제하려고 하였고 이는 1975년까지 3년간 최악의 경기침체를 만들었지만 반대급부로 그 이후에는 확실한 경기 회복을 보여준다. 하지만 80년대 들어서 국민들은 다른 답을 원하기 시작하는데, 이 시기에 등장한 '생산성 성장 둔화' 문제는 불균등한 소득분배로 이어지고, 이는 그때까지 눈부신 성장을 경험한 미국인들에게는 심지어 몰락하는 것처럼 비쳐지기도 했다. 현재의 대한민국이 그러하듯, 당시 미국도 아이들 세대가 부모세대보다 가난해질 것이란 의식이 팽배했다고 한다.

이때 미국 레이건 대통령(1980년 당선)의 레이거노믹스와 영국 마가렛 대처(1979년 당선) 수상의 대처리즘으로 대표되는 신자유주의(혹은 공급측 경제학)가 등장한다. 레이건 대통령의 당시 선거 슬로건은 "Let's Make America Great Again"이었다. 시장경제를 다시 시장의 손에 맡기고, 유동성도 재정정책이 아닌 통화 정책으로 선회하여 통화량을 통해 인플레이션을 통제하고자 했다.[74]

또한 이에 더불어 세금감면이 경제 성장을 촉진하고 결과적으로 조세 소득도 늘린다는 생각에 세금과 관련된 재정정책도 도입한다. 이는 과거 1960년대 케인즈주의자들이 경제성장을 위한 재정정책의 일환으로 세금을 감면한 것과는 다르게, '노동의 대가를 확실하게 보장함으로써 민간의 투자를 도모하고 그를 통해 공급량이 확대되어 경제가 성장'할 것이라고 기대하였다. 이를 '공급측 경제학'이라고도 부른다.

폴 크루그먼은 〈경제학의 향연〉에서 이들 공급중시론자들이 정통 경제학자들이 아닌 언론이나 컨설팅회사에서 일하던 사람들이며 학술지보다는 대중

용과 맥을 같이 하기 때문에, (비록 피셔 공식에서 생산량은 고정이지만) 단순히 통화량 증가가 투자로 이어지지는 않을 수 있다.

74) 통화량 감소에 따라 1986년에 유통속도가 급락하자 당시 연준은 프리드먼이 주장한 3~4% 수준을 초과한 15% 수준의 통화량을 급히 공급하여 위기에서 구하는데, 당시 연준의 판단은 옳았다는 평가가 많다.

잡지 기고란에 글을 쓰면서 유명세를 얻었다고 지적한다. 즉 그들은 현안 문제에 대한 배경 지식이나 추상적인 분석에 많은 시간을 들일 생각이 없는 일반 독자들에게 던질 '쉬운 아이디어'를 제시하는 것에 더 특화되어 있지만 '경제에 대한 깊은 이해'는 부족하다는 의미이다. 공급측 경제학의 근본사상은 수요측면에서 통화 정책은 비효율적이고 조세감면은 경제활동을 오히려 활성화하기 때문에 세수가 오히려 늘어난다는 것이었다. 그들은 공급이 수요를 창출한다는 세이의 법칙[75)]을 믿었던 것 같다. 1980년 공화당 예비 선거에서 레이건과 경쟁하던 조지 부시는 이를 두고 "부두교(Voodoo)의 경제학[76)]"이라고 비꼬기도 했다.

결과적으로는 경제와 증시가 살아났지만(이는 단순히 경제순환의 결과라고 보기도 한다.) 재정적자와 무역적자를 심화시키는 결과를 가져온다. 소득세 감세[77)]는 고소득층에 더 큰 혜택을 가져다 주었고, 재정정책감소로 배급과 같은 구빈 프로그램은 위축되는 한편, 줄어든 부유층의 세금 부담은 중산층에게 전가되고 빈곤층은 더 빈곤하게 만들게 된다. 레이건의 공약과는 다르게 공급측 경제학은 거대한 연방 정부 부채를 가져다 준다. 재정적자는 결과적으로 국채의 추가발행을 유도하였고, 국채가 금융시장에 풀리면서 자금을 흡수하자 상대적으로 열위한 회사채의 요구 수익률이 올라가면서 금리가 상승하는 이른바 '구축효과(Crowding out)'가 발생하기도 하였다. 이는 정부재정정책 확대에 대한 대표적인 통화주의자들의 비판이었고, 구축효과는 케인즈의 승수이론을 무력화한다고 생각했다.

---

75) 〈노동의 종말〉에서 저자는 이를 '기술 확산'에 대한 근거라고 설명한다. 새로운 노동 절약 기술이 생산성을 증대시키면, 가격이 하락하고 소비자는 가처분소득이 증가하여 수요가 창출된다는 논리이다.

76) 서인도 제도에서 발생한 종교이다. 신성이 인신에 구현된다는, 간단하게는 좀비를 만드는 제사를 벌였다고 하는데 공급측 경제학은 유사경제학일 뿐 정신이 멀쩡하다면 믿지 않을 것이라는 의미이다.

77) 소득세의 경우, 미국에서는 1942년 88%, 1944년 94%였다가 이 기조로 1980년대 들어 50%까지 낮아진다. 상속세율도 1937~1939년 70% 수준이었다가 레이건 정부 때 60%, 부시 정부 때 35%까지 감소한다. 지금 한국을 생각해보면 레이건 정부의 "부자 감세"는 매우 높은 수준에서부터 내려온 것이긴 하다.

1981년 7월 감세에 대해 설명하는 레이건 대통령

출처: Wikipedia

이 당시 영국의 대처리즘은 인프라 투자에 있어서 중요한 의미가 있다. 2차 세계대전 후 노동당이 집권하고 인프라 자산의 국유화, 복지확대 등 큰 정부가 나타난 것은 영국도 마찬가지였다. 이후 스태그플래이션에 의한 신자유주의가 급부상하자 이렇게 국유화 되었던 사회간접자본 자산의 민영화가 이루어지는데 이 과정에서 특히 영국은 다양한 인프라자산을 민영화한다.

인프라 투자라는 것이 대규모 자금을 요구하기 때문에, 과거 철도 버블과 같이 사회간접자본에 대한 비효율적인 투자는 올바른 방향이 아니었고 또한 철도 및 공항과 같이 경쟁 자산이 없는 자연적인 독점 성격(Natural Monopoly)의 자산을 민영화한다는 것은 자칫 독과점에 의한 시장의 비효율성을 가중시킬 위험도 있었다.[78]

78) 뒤에서도 나오지만, 이런 자산을 유럽에서는 '규제자산(regulated asset)'방식으로 통제한다. 우리나라의 LNG터미널이나 도시가스 사업자도 유사한 개념으로 운영된다. 이 개념은 수요의 탄력성과 비탄력성, 수확체감의 법칙과 수요법칙을 만들어낸 영국의 경제학자 앨프리드 마샬(1842~1924)의 생각이기도 했다. 자연적 독점력이 있는 자산은 수요에 비탄력적이기 때문이다. 탄력성 결정 요인 중 가장 중요한 것은 대체물과 대체물을 찾을 시간적 여

특히 흥미로운 것은 전력이 민영화되었을 때였다. 전력시장을 수평적·수직적[79]으로 민영화하자 송전업체들이 잠재적인 경쟁력 증대의 방안으로 자체적인 전력 생산능력을 키우기 시작하면서 투자를 확대하였고, 투자비가 많이 들고 관리가 어려운 석탄발전소보다는 건설이 간단하고 발전비용이 석탄/원자력 발전소보다 싸며 유연한 가스발전소를 대거 건설하면서 영국의 석탄산업을 고사하게 만든다. 여전히 영국 발전설비의 1/3은 가스발전이 차지하고 있다.[80] 여기에는 정치적인 영향도 존재한다. 기후변화에 이해가 빨랐던 대처는 탄광노조와 정치 생명을 건 대립중이었는데, 노조가 석탄 공급을 중단하면 전국적인 전력공급에 비상이 발생하기 때문이었다. 이때 기후변화는 좋은 명분이 되었고, 국가 에너지 공급 체제를 볼모로 어깃장을 놓는 노조를 수세에 몰아 넣으며 정치적 승리를 만들어 낸다. 이렇게 석탄은 북해산 천연가스로 대체되었다.

노동법과 영국병

석탄 노조를 진압한 대처의 정치적인 활동은 다른 시각으로도 볼 수 있다. 1970년 집권한 보수당 정부(히스 수상)는 기술 도입 및 임금 억제를 반대하는 노동조합 권리를 제한하기 위해 1971년 '노사관계법'을 제정하는데, 이 법은 피켓 숫자도 제한하고 심지어 불법파업으로 손해가 발생하면 노조가 이를 배상하도록 하였다. 1973년 제1차 석유파동 이후 광부노조가 파업을 선언하자 히스 수상은 국가비상사태를 선포하고 주3일 근무를 명령하기도 한다.

하지만 1974년 총선을 통해 다시 노동당이 집권하자 '사회협약'을 통해 노사 대타협을 유도하면서 물가통제 및 해외자산 매각, 긴축중단 등을 실행하는 한편 매우 사회민주주

유인데, 기존의 인프라자산은 이런 면에서 우위에 있다.

79) '수평적'은 경쟁적인 발전회사들 간의, '수직적'은 생산기업부터 도매, 소매기업까지를 의미한다. 인프라 투자시장에서 딜을 취급하다보면 'Vertically integrated'라는 표현을 강점으로 많이 내세운다. 즉 생산부터 도소매까지 모두 총괄하는 자산에 투자한다는 개념이다.

80) 2023년 기준 풍력자원이 뒤를 따르고 있는데, 좋든 싫든 이미 많이 확보하였던 가스발전의 유연성 덕분에 풍력의 간헐성을 보완하고 있는 듯 하다. 이런 가스발전원을 피커(peaker)라고도 한다.

의적인 '대안경제전략(Alternative Economy Strategy, AES)'을 내걸고 영국 100대 기업 중 25개를 공기업화한다.
1975년 노사 대타협으로 석탄 노조의 임금이 30% 이상 오르고, 외적으로는 석유파동이 일자 결국 인플레이션이 크게 발생하게 된다. 결국 영국은 임금상승과 생산성 저하로 경기 침체가 발생하지만 이미 형성된 높은 수준의 복지비용은 재정적 부담이 되었고 소위 "영국병(the british disease)"이 발생하여 1976년 IMF로부터 구제금융을 신청하기에 이른다. IMF는 긴축정책을 요구하면서 AES 정책은 철회되고 임금상승도 제한되자 1978년 전국단위의 파업이 발생한다.
1979년 5월 총선에서 보수당인 대처가 승리하면서 앞서 수행된 '복지국가'해체를 선언하며 신자유주의로 전향하고, 국영화되었던 기업을 다시 민영화한다. 또한 가장 전투적인 광부노조를 저지하기 위해 국영 탄광의 '비능률적 광구'를 폐쇄한다. 1984부터 1년여 파업이 계속되었지만 공권력을 통해 제압하는 한편 노동법을 위반한 불법파업이라는 명목으로 조합장과 노조를 고소하여 거액의 벌금을 부과하기도 한다. 결국 석탄 노조의 활동이 패배한다.
이 일련의 사건들은 단순히 '기후변화' 프레임보다는 노동권과 경기침체, 자본주의의 프레임으로 보아야 할 것이다.
불법파업에 대한 손해배상은 일부 예외를 두고 있기는 하나 우리나라 노동법에도 존재한다. 「노동조합 및 노동관계조정법」 제3조(손해배상 청구의 제한) "사용자는 이 법에 의한 단체교섭 또는 쟁의행위로 인하여 손해를 입은 경우에 노동조합 또는 근로자에 대하여 그 배상을 청구할 수 없다." 제63조(중재시의 쟁의행위의 금지) "노동쟁의가 중재에 회부된 때에는 그 날부터 15일간은 쟁의행위를 할 수 없다." 등이다.
현재 사회적인 논의가 진행중인 노란봉투법도 같은 흐름 속에 있다. 이 법안의 핵심은 크게 3가지인데 적용 대상인 '사용자'의 범위와 '쟁의'의 범위를 늘려 손해배상 예외범위를 늘리고, 손해배상이 발생하더라도 각 개인의 귀책별로 손해배상을 산정하여 증명하도록 하고 있는 것이다. 역사적 맥락과 전후 상황을 고려하여야 하는 결정이라고 생각된다.

이때 등장한 것이 바로 규제자산(Regulated Asset)인데 소유권 자체는 민간에게 넘겨 비용 절감 등 자원의 효율적 이용을 유도하는 한편, 독점자산을 통해 과한 이익을 얻을 수 없도록 수익의 상한선이나 요구조건들을 규제하는 방식이다. 철도나 공항, 파이프라인과 같이 자연적인 독점 성격의 자산에 이 방식을 적용하고 있지만 민간회사는 해당 자산을 사고 팔수는 있도록 되어 있다.

미국 실업률 추이

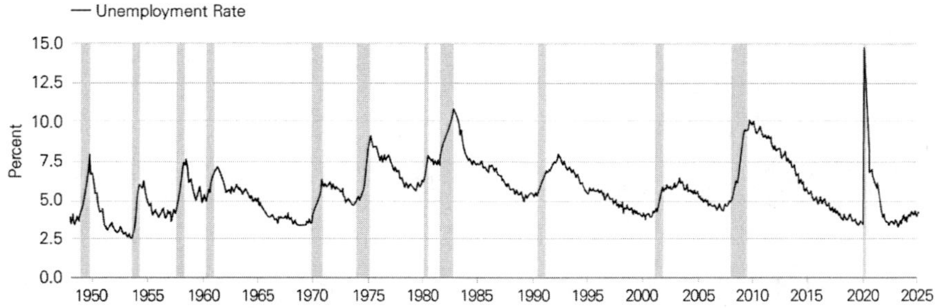

Source: U.S. Bureau of Labor Statistics via FRED®
Shaded areas indicate U.S. recessions.

출처: FRED

영국의 민영화 과정에서 볼 수 있는 또 한 가지 흥미로운 사례는 철도 산업의 경우 철도 차량의 리스, 철도의 운영, 철로의 보수 등을 서로 분할하여 민영화했다는 점이다. 이 부분에 대해서는 현재 우리나라 철도 민영화 반대와 맞물려 논란의 여지가 있는 것은 분명하나, 한편으론 민간 자본을 유치하고 자본의 효율적인 사용을 도모하고자 이러한 시도를 했다는 것 자체가 큰 의미가 있다. 민관협력(PPP) 방식과 같이 민영화와 국유화 사이의 적절한 타협점으로 등장했다고 볼 수 있다.

레이건 대통령 시절, 부통령이었던 조지 부시 대통령이 그 다음으로 1989년 부임하였고, 미국에는 공급측 경제학자들에 이어 신자유주의가 자리를 잡는다. 1990년대는 신자유주의(혹은 통화주의)에 의한 소위 골디락스[81] 경제가 펼쳐지고 적당한 인플레이션과 낮은 실업률,[82] 경제발전이 장기간 지속된다. 상대적으로 경기 변동주기가 길었던, 1980년 중반부터 2008년 금융위기까지의 시기를 대안정기(Great Moderation)라고 표현하기도 한다.

---

81) 골디락스(Goldilocks)는 영국 전래동화에 등장하는 소녀의 이름에서 유래한 것인데, 적당히 덥지도 차갑지도 않은 상태를 의미한다. 천문학에서도 지구가 적당히 차갑지도 뜨겁지도 않아 생명체가 탄생할 수 있었던 영역을 골디락스 지대라고 부른다.

82) 통상 6%까지를 자연실업률로 보기 때문에 6%를 달성하면 사실상 목표치를 달성했다고 판단한다.

이 시기 통화 정책과 정부 재정정책의 목표가 2~3%의 인플레이션 유지하는 데 집중되었고, 규제의 철폐 및 다양한 산업 발전을 위한 정책들이 마련되었다. 또한 이 시대에 많이 등장한 단어가 '세계화'인데, 1995년 WTO(세계무역기구)가 등장한 것과도 맥을 같이 한다. 그 이전 시대에는 큰 정부에 맞게 정부 주도하 국가성장 정책이 이어지는 한편, 석유파동 등 외부요인에 의해 자체 산업을 보호할 필요성이 있어 보호무역주의가 성행하였으나, 신자유주의가 등장하면서 보다 자유로운 국제무역이 활성화되기 시작한다.[83] 우리나라도 전후 한강의 기적을 일으키고 88올림픽까지 유치할 수 있었던 기반에는 이런 국제무역 활성화 기조가 있었다.

1991년에는 소련이 붕괴하고 사실상 공산주의가 저물어가면서 공산주의 국가에도 이념을 넘어선 소비시장이 개방된다. 공산주의의 붕괴 원인은 다양하겠지만 인간 본능에 대한 과도한 신뢰를 차치하고라도 '생산수단을 국가의 이름으로 공동 소유'한다는 개념 자체에 문제가 있기도 하다. 국가라는 개념은 그 자체적으로 관념적이고 추상적이어서 결국에는 생산수단은 특정 누군가가 관리하게 되고 그에 따라 정부주도하 계획 경제가 될 수밖에 없는데, 복잡하고 예민한 경제 및 시장상황에 유연하게 대처하지 못하여 시장의 왜곡과 비효율성이 증대된다는 것이 일반적인 해석이다.

조금 더 구체적으로 보면 이는 마르크스나 레닌보다는 스탈린 공산주의의 성격인데, 자본주의 선진국에 대항하기 위한 공업화가 필요했고, 그 때문에 전국 단위 경제개발계획을 세움으로써 (당초 공산주의에선 생각하지 않았던)

---

83) 1920년대 전까지의 미국, 그 이전의 유럽국가들도 관세 등 보호무역을 통해 자국 산업이 경쟁력을 갖추도록 보호하였지만 이제는 그럴 필요가 없어져서 전 세계적 자유무역을 요구하는 단계이다. 반면 개발도상국은 과거 선진국이 그랬던 것처럼 자국 산업의 경쟁력을 갖출 시간이 필요한데, 이를 보고 경제학자 장하준은 〈나쁜 사마리아인들〉에서 '경쟁력을 갖추기 위해 어린아이에게 일찌감치 일을 시키는 것은 어불성설이며, 어른은 성공했기에 자립한 것이지 자립했기 때문에 성공한 것은 아니라는 것'이라고 표현한다. 자유무역을 통해 경쟁력을 강화해야 한다는 명분으로 개발도상국의 시장개방 요구하는 것은 본질적으로 어린아이에게 어른과 같은 경쟁력을 갖추기 위해서 일찌감치 일을 시키자고 하는 것과 같다고 말한다.

중국 GDP의 성장

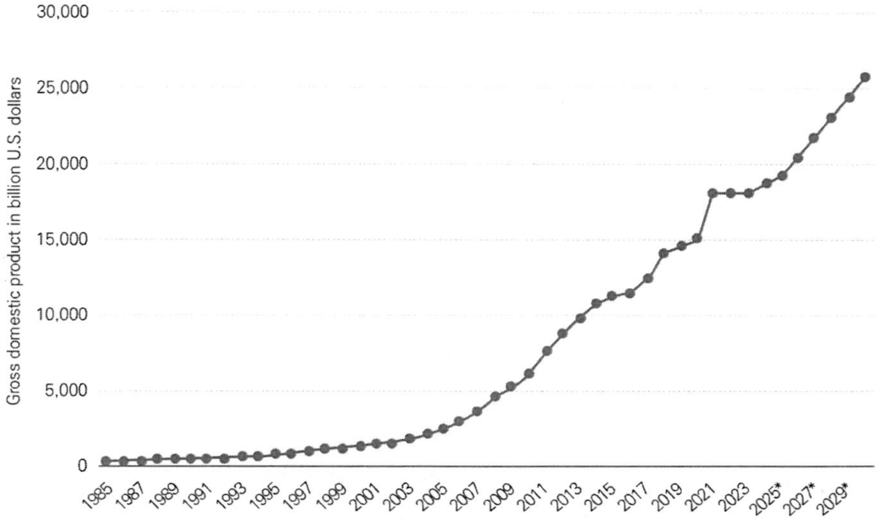

출처: statista

인민들을 사실상 자본주의의 노동자처럼 관리하게 되었고, 그 결과 노동에 있어 자발성 및 창의성, 헌신성을 잃어버리게 된 것이다.

또한 계획경제[84]도 생각해보면 특정 누군가에 의해 계획되는 것이기에 소수 집단이 국가에서 발생하는 모든 변수를 다 알고 통제할 수도 없다는 것도 문제였다.[85] 자본주의의 무정부성(무계획성)이 필연적으로 경쟁을 유발하여 과잉생산 문제를 일으키고, 생산성을 높인다는 명목으로 더 많은 기계를

84) 계획경제의 또다른 문제점은 국가가 너무 깊숙이 개입함으로써, 정치인과 특별한 관계가 있는 사람들의 영향력을 미치는 "정실주의"의 가능성 높다는 것이다. 어떤 대통령 후보의 말처럼 나라에 돈이 없는 게 아니라 도둑이 많다고 느껴지는 이유인 것 같기도 하다. 우리보다 더 부유했던 필리핀이 지금의 한국에 미치지 못하는 이유로 어떤 이는 필리핀의 부자들은 이미 기득권세력이기에 나라가 더 역동적으로 변하길 바라지 않기 때문이라고 설명한다. 정실주의의 대명사 아닐까?

85) 사회가 복잡해지면 복잡해질수록 사회 전반에 존재하고 있는 전체 지식 중에서 개인이 차지하는 비율은 점점 감소할 수밖에 없고, 이 때문에 필연적으로 사회는 자생적인 질서와 진화의 힘에 의존할 수밖에 없다. 하이에크는 이러한 인간 이성의 절대적 한계를 "구조적 무지(Constitutional ignorance)라고 설명하고 이 사실이 그의 사회철학의 출발점이 된다. 진화론적 합리주의도 동일한 관점에서 계획경제가 비효율이 아닌 사실상 불가능하다고 지적한다.

도입하여 그 과정에서 노동자가 배제된다는 문제를 해결하고 싶어서 시작된 '계획경제'의 이상이 현실에서는 다르게 적용된 듯하다.

이런 흐름 속 중요한 변화 중 하나는 1992년 덩샤오핑에 의해 중국이 사회주의 시장경제 형태의 개혁과 개방을 추진했다는 점이다. 마오쩌뚱의 대약진운동(1958–1962)은 2차 세계대전 이후 정부주도하에서 경제성장을 하기 위한 노력이었으나, 결과는 그리 좋지 않았고 덩샤오핑이 집권한 당시 중국은 많이 황폐화되어 있었다. 이 상황에서 덩샤오핑은 소위 '흑묘백묘론[86]'을 주장하며 경제성장을 위한 실리주의를 채택하게 된다. 그에 따라 중국의 생산력과 소비력이 늘어나면서, '세계의 공장'이라는 칭호를 얻으며 세계의 자원을 흡수하고 거대한 '소비 시장'으로 부상한다.

이러한 소비시장의 확대는 (물론 중간중간 침체가 있었음에도 불구하고) 1979년으로부터 2008년까지 이어진 골디락스 경제의 핵심이 되었다. 만약 폐쇄적인 시장이었다면 산업의 발전과 소비의 증가는 돈의 가치를 상승시켜 급격한 인플레이션을 만들고, 그로 인해 소비가 줄어들면 다시 경기가 경색되어 안정을 찾는, 전통적인 수요–공급 곡선에 따라 움직였을 텐데, 중국이라는 새로운 시장이 열리면서 산업과 소비가 증가하면서도 인플레이션은 통제되고 실업률도 떨어지는 세상이 열리게 된 것이다.

다시 미국으로 돌아오면, 금융위기와 코로나 위기시절 우리가 연준을 통해서 많이 들었던 인물들인 그린스펀, 버냉키가 이 시대의 연준 의장들이다. 금태환이 폐지된 이후, 기축통화인 달러의 가치를 조절할 수 있는 기관은 연준이 유일하게 남게 되었다. 폴 볼커 의장 때부터 연준의 방향성은 전 세계의 경제에 본격적인 영향력을 미친다.

---

86) 1979년 미국을 방문하고 돌아온 덩샤오핑은 "흑묘백묘 주노서 취시호묘(黑猫白猫 抓老鼠 就是好猫)", 즉 "검은 고양이든 흰 고양이든 쥐만 잘 잡으면 된다"란 말을 남겼는데 인민들의 생존과 관련된 문제에 대해서는 공산주의든 자본주의 등 이념의 문제가 아니라는 실리적인 입장을 취하였다.

최근 연준 의장

의장	사진	이름	재직기간	선임권자
12대		Paul Volcker (1927-2019)	1979.8.6.~ 1987.8.11(8년)	Jimmy Carter Ronald Reagan
13대		Alan Greenspan (1926생)	1987.8.11.~ 2006.1.31(18년)	Ronald Reagan George H. W. Bush Bill Clinton George W. Bush
14대		Ben Bernanke (1953생)	2006.1.31.~ 2014.1.31(8년)	George W. Bush Barack Obama
15대		Janet Yellen (1946생)	2014.2.3.~ 2018.2.3(4년)	Barack Obama
16대		Jerome Powell (1953생)	2018.2.5.~ 현재(7년)	Donald Trump Joe Biden

1955년부터 현재까지의 미국 기준금리

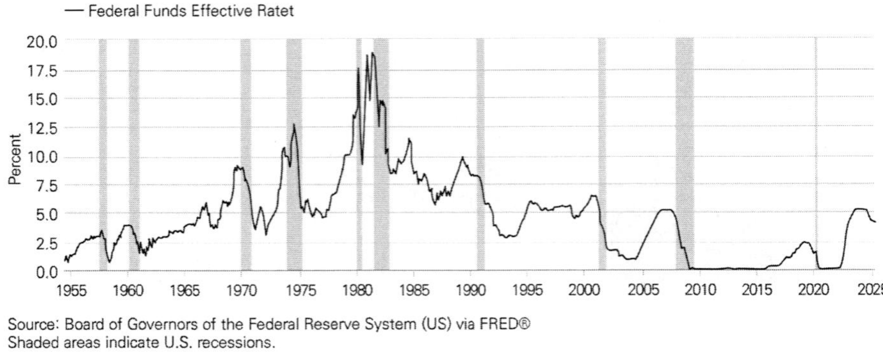

출처: FRED 저작권 확인(오픈소스)

통화주의자인 볼커가 등장한 1979년은 스태그플레이션이 발생한 때로서, 그는 물가안정이라는 목표에 집중하면서 기준금리를 매우 높게 상향한다. 한편 1987년 지명된 그린스펀이 재임한 시기는 국제 무역이 확대되고 골디락스가 펼쳐지던 상황[87]이었기 때문에 현상유지를 하는 것이 매우 중요해서, 위기가 발생하였을 때마다 선제적인 통화 정책을 통해 시장에 유동성을 공급하고 경제를 다시 안정적인 상태로 돌려놓으려는 노력을 많이 했다. 1987년 다우지수가 급락한 블랙먼데이나 1990년 걸프전, 2000년 닷컴버블 때도 연준은 동일한 입장을 견지하였다.

이러한 시장의 달러 유동성 공급은 당연히 아시아지역에도 퍼져나갔다. 세계화[88] 물결 속에서 산업과 무역 증가에 따라 당연한 결과이기도 하였다. 그러던 1997년 7월, 태국의 외화보유고가 바닥이 나면서 바트화가 평가절하

87) 폴 크루그먼은 〈불황의 경제학〉에서 이런 골디락스 경제가 그리스펀의 역량이 아니라 전임자인 폴 볼커의 인플레이션 통제 노력 덕분이라고 설명한다.

88) 아시아지역까지 퍼져나간 세계화는 상대적으로 고등교육을 받은 노동력을 갖춘 선진국에 유리하였다. 비숙련 노동자보다는 교육수준과 숙련도가 높은 노동자원이 상대적으로 부족한 상태에서는 비숙련 노동자간 경쟁이 더 치열하기 때문에 그들의 실질임금이 하락하게 되고, 반면 교육수준이 높은 노동자는 이익을 보기 때문이다. 1940년 폴 새뮤얼슨의 "요소가격의 균등화"라는 논문을 통해 소개된 내용이다. 이것이 한 나라의 교육제도와 수준이 중요한 이유이고 홍콩이나 싱가폴, 한국 등이 아시아에서 살아남은 이유이자, 소위 '헬조선'이라는 단어가 만들어진 근간이기도 하다.

미국 10년물 국채 수익률

Source: Board of Governors of the Federal Reserve System (US) via FRED®
Shaded areas indicate U.S. recessions.

출처: FRED

되자 서양의 투자자들은 두려움 때문에 아시아 지역 전체로부터 자금을 회수하려고 한다. 이런 흐름에서 같은 아시아 국가인 한국도 자유롭지 못하였는데, 그해 11월 대한민국도 IMF의 구제금융을 받으며 어려운 시기를 보내게 된다. 영화 〈국가 부도의 날〉에 등장하는 일련의 모습이 그러하고, WeiJian Shan의 〈Money Games〉의 배경이기도 하다.

그런 아시아 위기에도 불구하고 미국 경제는 1998년 상반기까지 강세를 유지하였기 때문에 그린스펀은 아시아 금융 위기에 큰 관심을 두지 않았으나 1998년 8월 러시아의 채무불이행사태[89] 이후, 세계 경제가 힘든 상황에서 미국만 홀로 번영을 누릴 수 있다는 믿음이 흔들렸다고 한다. 1999년 러시아 디폴트 사태로 잠시 내렸던 기준금리를 다시 상향하자 비이상적 과열로 인지되던 2000년 닷컴버블이 붕괴되면서 시장이 폭락하고, 거기에 2001년 9월 11일 뉴욕 월드트레이드센터 테러가 발생하자 다시 금리를 인하하기에 이른다.

911 사건으로 부시 대통령이 선언한 '테러와의 전쟁'이 어느 정도 정리되자 2004년 기준금리를 올리기 시작하고, 버냉키가 연준 이사회 의장으로 지

89) 러시아의 금융 시장 변동성 증가로 인해 헤지펀드 롱텀캐피털매니지먼트(LTCM)의 피해가 가장 컸다. 1997년 말 기준 LTCM의 자기자본 대비 차입금은 무려 30배였다고 한다. 2000년 결국 청산절차를 밟게 된다. 이 내용은 투자자산운용사 시험에서 리스크관리 실패 사례(평가모형의 맹목적 신뢰)에도 등장하는 주요한 사건 중 하나이다.

명된다. 2006년 연준 이사회 의장으로 지명된 버냉키 역시 통화주의자였는데, 1929년의 대공황이 긴축정책 탓이라는 프리드먼의 의견을 그대로 수용한 듯 보였다. 2000년 닷컴버블 및 911테러의 충격을 흡수하고자 급격히 내렸던 미국의 기준금리를 2004년부터 다시 상승시키자 이는 결국 그때까지 시장에 널리 퍼져있던 서브프라임 모기지론으로부터의 부실을 야기했고 결국 2008년 금융위기가 발생한다. 영화 〈인사이드 잡〉, 〈마진콜〉, 〈빅쇼트〉 등이 이때의 상황을 다룬 영화들이다.

신자유주의의 틀은 그대로 유지할 수 있었지만 2008년 금융위기는 정말 큰 충격이었다. 디플레이션 우려가 거셌던 당시 버냉키는 통화주의자답게 소위 '헬리콥터 머니'라는 이름의 양적완화(QE)를 시행함으로써 무너질 위기에 있던 미국 및 세계 경제를 '유동성'으로 살려놓았다. 물론 어느 정도 피해가 있었던 것은 분명하나 결과론적으로 보면 그의 정책이 성공을 거두었던 것으로 평가된다. 하지만 신의 장난처럼 미국이 2013년 양적완화의 축소, 즉 테이퍼링(QT)을 최초로 언급하면서 점진적인 축소를 추진하고, 2015년부터는 기준금리도 조금씩 올려 그간 급격하게 풀었던 유동성을 회수하려던 찰라, 2019년 코로나 위기가 터지면서 시장에는 상상 이상의 유동성이 또 공급된다. 이 시기의 공급된 본원통화량이 2008년부터 10년간 공급된 유동성만큼 된다.

2018년 연준 이사회 의장이 된 제롬 파월은 1979년 볼커가 그랬던 것처럼 유동성에 따른 인플레이션과 싸워야 할 순간, 코로나 위기가 터지면서 급격한 유동성을 공급하여 또 한번의 디플레이션 위기를 막는다.

하지만 이렇게 시장에 풀린 Easy Money는 전세계로 퍼져 버블을 만들었다. 에드워드 챈슬러의 〈금리의 역습〉에서 지적한 바와 같이 Easy Money의 확대는 전통자산인 주식과 채권의 수익률을 하락시켰고, 역대급 장기 저금리 유동성장(場)을 만들었다.[90] 따라서 돈은 보다 높은 리스크를 부담하면서 보

90) 유동성이 크게 공급되었음에도 가계와 기업이 현금 보유량만 늘릴 뿐이라면 이를 통화 정책의 비효율성에 의한 문제인 유동성 함정(Liquidity trap)에 빠졌다고 표현한다. 코로나 기

미국 본원통화(M0) 그래프

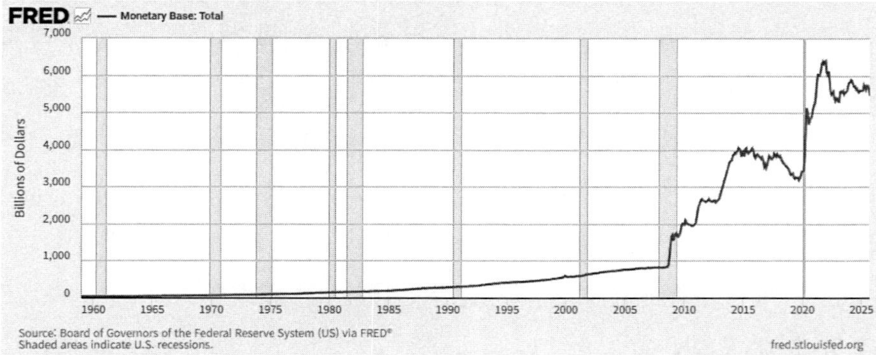

출처: FRED

다 높은 수익률을 얻을 수 있는 곳으로 흘러 들어갔다. 그 대상이 실리콘밸리의 테크기업과 우버와 같은 플랫폼 기업, 개발도상국이다. 2023년 파산한 실리콘밸리 은행 역시, 이렇게 성장한 실리콘밸리의 기업들과 같이 성장하였다. 이더넷(Ethernet)을 개발한 미국의 엔지니어이자 사업가인 로버트 메칼프 역시 현재의 그린테크와 지구온난화는 버블일 수도 있고 이 버블은 언젠가 꺼지겠지만 그 와중에서 신기술개발과 혁신을 가속화시키는 것도 사실이라고 말했다.

이 유동성은 우리의 일상생활에도 영향을 미쳤다. 한끼에 10만원 하는 오마카세 식당이 우후죽순 생겼고, 명품 재태크를 하겠다는 오픈런 기사도 쉽게 보였다. IT 인력들의 몸값은 높아져만 갔고, KOSPI는 3000선을 넘으면서 기염을 토했으며, 시장의 모든 돈들이 공모주 청약에 몰린 듯 모두가 따상, 따따상을 외치고는 했다. 또한 코로나 위기를 겪으면서 많은 사람들은 케인즈주의로 돌아선 듯 했다. 코로나 이후를 전망하는 많은 책들은 포스트 코로나 이후 큰 정부가 들어서고 경제에 대한 정부의 참여가 늘어날 것으로 예상했다. 국가 위기 상태에서는 역시 정부밖에 나서줄 곳이 없었다.

간에 뉴스에서 많이 본 단어일 것이다. 이에 대한 케인즈의 해결책은 정부 재정정책과 공공사업을 통해 마중물이었다.

이제 우리가 마주할 새로운 자본주의는 어떤 모습일까

포스트 코로나를 맞이한 현재 우리 모습은 어떠한가? 큰 정부를 통해 시장에 유동성을 공급하던 각종 재정정책은 포퓰리즘으로 해석되었고, 코로나 기간에 선거가 치뤄진 남미지역에서는 진보세력이 득세했지만 미국은 다시 공화당이 승리하였다. 우리나라는 양 정치세력이 팽팽하게 대립하고 있다. 2024년 전세계 인구의 절반이 참여했다는 '슈퍼 선거의 해'를 거쳤지만 세상 사람들은 어떤 삶을 예상하고 원하는지, 그에 대응하여 정치는 어느 쪽으로 흘러갈지 잘 모르겠다.

하지만 확실한 것은 2022년 3월에 시작된 미국의 급격한 금리인상, 그리고 2024년 하반기의 금리인하는 또 한 번의 시장변화를 의미하는 중요한 역사적 시점이 되지 않을까 생각해본다.[91] 2008년 금융위기를 타개하고자 시행한 양적완화가 마무리되어갈 때쯤 예상치도 못하게 발생한 코로나 위기는 또 한 번 엄청난 유동성을 시장에 공급하였다. 이러한 유동성을 거두기 위해 2022년 한 해만 미국 기준금리를 약 4% 이상 급격히 올리면서 경착륙이니 연착륙이니 '착륙'이 관심사였지만 2024년 내내 미국 경제는 순항하였고 하반기에는 금리인하를 시작하였다. 마치 1997년 아시아의 금융위기 속에서도 미국만큼은 태평했던 것처럼 현재도 미국만이 건재한 듯하다(물론 여전히 미국의 버블이 언젠가는 크게 터질 것이라고 주장하는 경제학자도 존재한다).

금태환제를 폐지했어도, 여전히 미국 달러는 경화(Hard Currency)이자 기축통화로서 인정받고 국제금융에 사용되고 있으며, 미국 연준에 의해 조정되

---

91) 연준의 통화 정책은 시장에서 정부 발행 유가증권을 사들여 통화량을 늘리거나(금리를 낮추거나) 반대로 정부 발행 유가증권을 팔면서 통화량을 줄이는(금리를 높이는) 공개시장조작 방식과, 그보다 더 강력한 재할인율(시중은행이 연준에게 돈을 빌리는 금리)과 연방기금 금리(시중은행끼리 돈을 빌리는 금리)를 조정하는 방식이다. 하지만 코로나 시기와 같이 더 큰 유동성의 공급이 필요할 때는, 그 자금을 증세 혹은 국채 판매로 조달할 수 없는데, 국채가 발행되면 회사채 수요가 감소하는 '구축효과'가 발생하여 민간투자에 부정적 영향이 미치기 때문이다. 따라서, 당시 선택했던 옵션은 화폐의 발행이다. 연준이 화폐를 발행해서 정부 채권을 전부 매입함으로써, 재정정책을 지원하였는데, 이는 화폐공급 증가로 인한 인플레이션의 원인이 된다.

는 기준금리의 영향을 받는 각종 대출과 채권 수익률 때문에 각국의 경제 상황은 연준에 의해 흔들거린다. 마치 미국이 걸어놓은 목줄에 끌려 다니고 있는 기분이다.[92] 1990년대 호황에서 그린스펀이 물가안정(인플레이션)만 신경을 쓰며 자산가격과 주가에 덜 민감했던 것처럼, 이 글로벌 유동성 장세 덕분에 한국의 부동산가격이 폭등하고 부동산PF가 활성화되어 많은 인력이 금융산업으로 옮겼지만, 이제는 회사의 재정상태뿐만 아니라 개인의 신변까지도 걱정을 해야 하는 상황이 되었다.[93] "물이 빠지면 누가 발가벗고 수영을 하고 있었는지 알 수 있다."는 워랜 버핏의 말처럼 이런 위기 속에서도 살아남아 오래가는 기업이 결국 강한 기업이라는 것을 다시 한 번 떠올리게 하는 순간이다.

하지만 큰 틀의 자본주의 관점에서 보면, 여전히 우리는 신자유주의 세상에 살고 있다. 1991년 냉전체제의 붕괴로 인해 그나마 유지되었던 자본주의에 대한 견제마저 없어졌고, 대안으로 활용할 만한 경제체제는 없다. 그렇기 때문에 '생산성 향상'과 '효율성'이라는 화두는 자본주의가 유지되는 한 잊혀지지 않을 것이다. 30년 전 책이지만 〈노동의 종말〉에서 생각했던 미래는 AI와 로봇기술을 통해 더욱 강력하게 다가오고 있다. Chat GPT를 통해서 개개인이 AI를 이용할 수 있게 되었고, 점차 성능이 향상되는 로봇기술까지 더하여 '더 빠르게, 더 효율적으로, 더 많이' 생산할 수 있는 시대가 '더 빠르게'

---

92) 2025년 두 번째 대통령에 당선된 트럼프는 탈달러화를 추진하는 브릭스 국가들을 대상으로 다음과 같이 이야기하면서 관세를 이용한 협박을 하고 있다. "We are going to require a commitment from these seemingly hostile Countries that they will neither create a new BRICS Currency, nor back any other Currency to replace the mighty U.S. Dollar or, they will face 100% Tariffs." 또한 요새 화두가 되는 스테이블코인도 동일한 맥락이라고 해석되고 있다. 달러 기반 스테이블 코인 시장 확대는 장기적으로 미달러화 의존도를 심화시킬 것이라는 예측이 많다.

93) 부동산PF 시장이 활황일 때 증권사 내 부동산PF조직 또한 인센티브를 강화하였는데, 금감원 권고가 이루어진 이후 2024년부터는 증권사도 인센티브 이연제도가 도입되었다. 일부에서 볼멘소리가 있는 것도 사실이지만 마크 카니는 공정한 금융시스템 정착을 위해서 "보상의 상당 부분이 지급되지 않을 수 있는 위험에 노출시키는 것이야말로 보상을 위험과 연동시키는 데 꼭 필요하다"고 주장한다. 그 해의 성과를 판단함에 있어, 그 해 이루어진 의사결정이 장기간에 걸쳐 영향을 미치는 점도 고려되어야 한다는 논리이다.

다가올 것이라는 점은 누구도 공감할 수 있는 부분이 되었다. 자본가는 인건비를 낮추고 생산성을 높이기 위해 (기계)자본의 투자를 늘릴 것이라는 마르크스의 예언은 산업혁명 시기부터 현재까지 이어지고 있으며, 그런 '생산성' 추구는 필연적으로 더 적은 인력으로 더 많은 것을 생산하는 방향이 될 것이 분명하다.[94] 산업화를 통해 미숙련공이 필요해진 시대를 넘어 이제는 서비스업에 종사하는 지식노동자까지도 대체될 위험에 노출된 세상이 된 것이다. 금융이든 법이든 규모와 방식의 차이일 뿐 AI가 침범하고 사람의 일자리를 대체하지 못한 분야가 있던가.

자본주의가 추구하는 생산성 향상은 한편으론 '황혼육아'라는 새로운 사회문제를 야기할 정도로 맞벌이[95]를 일상화시킨 것 같기도 하다. 그 원인이 노동 착취에서 비롯되든 유동성에 의한 급격한 물가상승 때문이든, 결론적으로 미성년 나이의 자녀를 둔 부모 세대는 '생산가능인구'로서 노동시장에 투입되고 최대한 효율적으로 '사용'되고 있다. '아이는 부모가 키워야지', '자녀와의 유대가 중요하지'와 같은 도덕책에 나올 말들이 생산성 추구[96]라는 명분을 이기지 못하고 있고, 국가도 여성의 사회진출 보장이라는 미명 아래 '낳기만 하면 국가가 책임집니다.'와 같은 정치적 표어를 통해 생산성에 기여하도록 유도되고 있는지도 모른다.

심리학 마저도 비슷한 방향으로 진화한 듯 하다. 〈감정 자본주의〉에서는 1880년부터 1920년 사이 대기업이 등장하고 수많은 피고용인들이 생기면서

---

94) 그것이 기업에게는 생존을 위한 경쟁력이기 때문이다. 그래서 그 대안으로 '혁신'을 이야기하지만 '혁신'도 한편으로는 단지 새로운 시장(혹은 수요)을 창출하고 싶다는 뜻일 것이다.

95) 1980년대 미국에서도 생산성을 통해 노동자의 해고가 증가하고 중산층이 감소하면서, 맞벌이하는 가정의 비중이 늘어난다. 우리나라 앞선 세대들은 현재 세대를 보고 '부유해진 나라에서 배부르게 태어났는데 노력하지 않는다.'라고 이야기하지만 현실은 중산층에서 떨어지지 않기 위한 노력이 필요한 상황인 것이다.

96) 폴 크루그먼 〈경제학의 향연〉에서는 '생산성이 무조건 높아야 하는가?'라는 질문을 던진다. 그는 리카도의 비교우위론, 2차 세계 대전 직후 영국과 미국의 예, 제조부문과 서비스부문의 경제 기여도 비율 등을 통해 생산성이 중요하기는 하지만 국제 경쟁력과 생산성은 상관관계가 없다고 주장한다. 만약 그것이 사실이라면 지금과 같은 극단적 생산성 추구는 누구를 위한 것인가.

"복잡한 관료조직과 통합적 위계질서"가 요구되었고, 그 와중에 심리학은 '심리학적 면담법'을 이용해 기업의 생산성을 높이는 접근을 하게 되었다고 설명한다. 감정과 인성을 결합시킨 심리학을 통해 기업은 경영자–노동자 간 비대결적인 방식으로 계급투쟁을 무력화하여 기업의 이윤을 높이고, 노동자들 입장에서 사용자와 평등한 인간관계를 맺고 있다고 느끼게 함으로써 (최소한 겉으로 보기에는) 비교적 민주적이라고 느끼게 만들었다는 것이다. 일부 사회학자들은 이를 보고 더 교묘하고 더 강력한 새로운 통제방식이라고 말하기도 한다. 이러한 심리학적 면담법은 일종의 치료 담론과 맥을 같이 하는데, 후에 페미니즘과 결합하면서 '남녀 평등'으로 진화하고, 더 나아가 여성에게 서로 모순된 '보살핌과 양육'이라는 가치와 '자율 및 자립'의 가치가 양립할 수 있다는 믿음을 주었다고 설명한다.

이 〈감정 자본주의〉에서는 '자기계발서' 역시 같은 맥락에 있다고 설명한다. 근면하지 못한 것을 일종의 병리학적 행동으로 보게 만들었다는 주장이다.[97] 역자는 이를 보고 "성공하지 못한 삶은 치료를 요하는 질병이 되었다. 요컨데 "평범한 삶들이 병리화되었다."고 말한다. 한병철이 〈피로사회〉와 〈투명사회〉를 통해서 이야기하고 싶었던 명제 중 하나는 "자본주의는 성과를 요구하는데, 자기착취는 자유의 감정을 동반하기 때문에 타인에 의한 착취보다 더 효율적이다."일 것이다. 자기계발서를 통해서 '나는 나 자신의 경영자이자 주인이다.'라는 표현이 자유의 감정을 만들어내 더욱더 나 자신을 소진하게 만드는 것인지도 모른다.

여기서 나아가 감정지능이라는 개념이 만들지면서 새로운 계층화/차별화가 일어나는 사이 '감정'이라는 상품이 시장과 결합하여 더욱 사적인 영역까지 '자본'이 파고들게 된다. 성과를 위해 스스로를 소진하면서 오는 우울증이 왜 오는지도 모른 채 우리는 돈을 내고 신경안정제를 먹고 정신과를 다니며

97) 현대적으로 고도화된 칼뱅주의와 자본주의의 결합으로 느껴진다. 실제로 미국 경제학자인 제러미 리프킨도 미국인들은 지구상 어떠한 국민보다 자신과 자신의 일과의 관계를 규정짓고 어릴 때부터 '생산적' 시민이 되어야 한다는 관념이 너무 강력하게 각인되어 있어서, 갑작스러운 실업은 그들의 자존심 추락과 동일시하는 것 같다고 말한다.

전세계 불평등

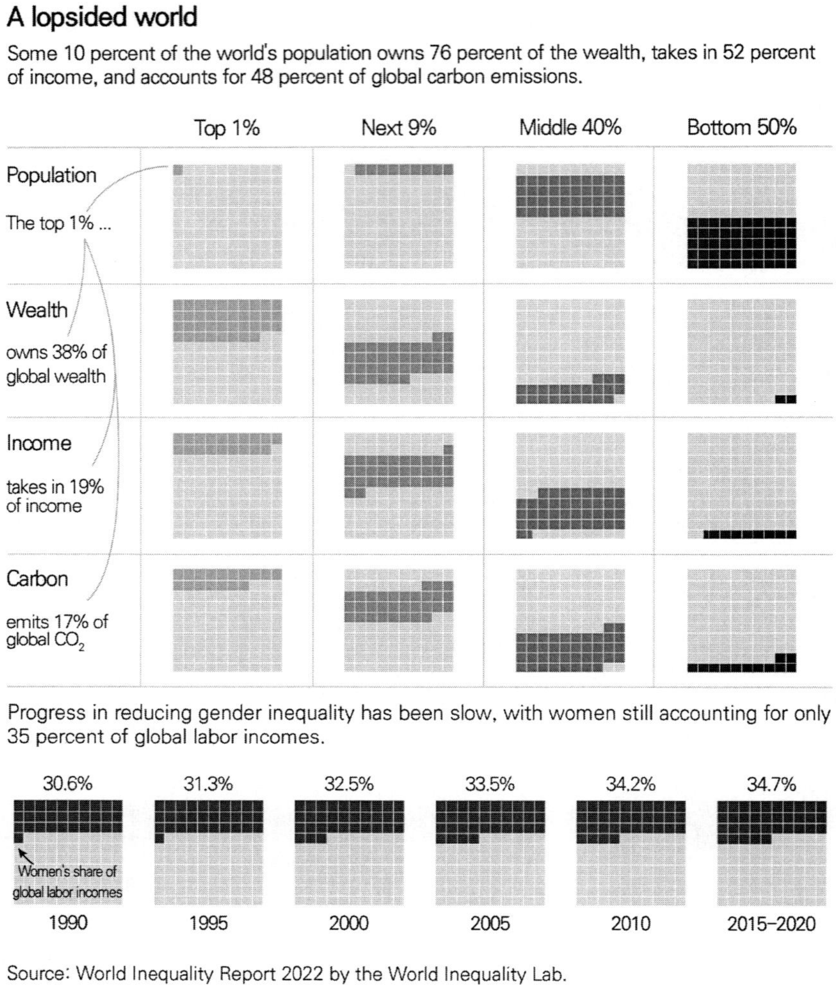

출처: IMF, World Inequality Report

자신에 대한 보상이란 명목의 마케팅에 속아 명품을 사고 해외 여행을 다니고 있는 모르겠다.

다른 한편에선 극단적인 생산성 추구는 성장뿐만 아니라 더욱더 심한 소득불균형도 가져왔다. 특히 미국 자본주의 모델을 추구하는 전 세계의 많은 나라에서 점차 소득불균형은 심화되고 있는 추세이다. 어쩌면 '미국'이라는 나라의 특수성을 이해하지 못한 채 성장만을 추구하는 미국식 자본주의 경제체제 모델을 추종하다 발생한 부작용일 수도 있다.

제러미 리프킨의 〈유러피언 드림〉에서 그리는 것과 같이[98] 그나마 유럽에서는 여전히 사회민주주의에 기인한 경제체제를 유지하고 있는 국가들이 존재하고 우리나라도 헌법상 일부 사회주의적 요소가 가미되어 있어서, 노동시장이 미국만큼 유연하지는 않다.[99]

어떻든 경제성장은 필요하다. 이것은 자본주의가 변해온 이유이고, 심지어 공산주의도 '빈곤하게 살기 위해' 만들어진 것도 아니다. 하지만 '성장'에 대한 부작용은 충분히 이해하고 있어야 한다. 중동의 많은 국가들처럼 소득의 불균형은 결국 사회적 불안으로 연결될 수 있기 때문이다. 이러한 사회적 불안은 곧 갈등으로 이어지고, 필연적으로 갈등은 사회적 비용을 야기한다. 원하든 원치 않든 사회적 불안은 국가의 경쟁력을 저하시킨다. 〈더 나은 세계화를 말한다〉의 저자인 대니 로드릭이 말한대로 "사회적 갈등은 불확실성을 높이고 생산적 경제행위를 억제하며, 경제행위에 써야할 자원을 분산"시키기 때문이다.[100]

세상의 자원은 항상 제한적이기 때문에 이러한 사회적 불안은 결코 경제적인 장치만으로는 해소가 어렵고 그렇기 때문에 정치가 중요하다. 정치라는

---

98) 저자는 유러피언 드림이 아메리칸 드림과 다르게 개인의 자유보다 공동체 내의 관계를, 동화보다는 문화적 다양성을, 부의 축적보다 삶의 질을, 무제한적 발전보다 환경 보존을 염두에 둔 지속 가능한 개발을, 재산권보다 보편적 인권과 자연의 권리를 강조한다고 말한다. 출판 이후 20년이 지난 현재 유럽의 상황은 그리 낙관적으로 보이진 않지만 그럼에도 불구하고 생각해볼 만한 가치를 전달한다.

99) 노동시장의 유연화는 항상 산업구조개편 및 기술혁신과 맥을 같이하는 듯하다. 산업구조의 개편은 항상 고통이 따르고, 경쟁력이 약한 산업분야는 문을 닫아 실업자를 만든다. 기술혁신은 더 적은 노동력으로도 동급 이상의 생산성을 갖출 수 있다는 것을 의미한다. 산업혁명이 시작되던 19세기 초반의 러다이트 운동은 이러한 변화에 대한 대표적인 저항활동이었다. 인류 역사상 새로운 산업의 발전과 발명은 항상 피해자를 만들어왔지만 그렇다고 해서 보호무역을 하듯 그 유연성의 문을 닫는다면 장기적인 피해는 더 커질 수 있다. 국가가 해야 할 일은 문을 닫는 것이 아니라 변화에 적응할 수 있는 기회와 안전장치를 마련하는 것이다.

100) 2016년을 기준으로 조사하여 전경련이 발표한 2021년 자료에서는 우리나라의 갈등지수가 OECD 국가 중 3위이다. 1, 2위는 멕시코와 이스라엘이다.

것은 '사회적 가치의 권위적 분배'이고, 모두의 뜻을 모아 공공의 자산을 관리하고 분배하는 행위이다. 그리고 이런 행위는 입법을 통해 구현이 된다. '정치에 관심을 가져야 한다.'라는 것은 단순히 정치인 팬덤을 구성하고 피켓시위를 하라는 의미가 아닐 것이다. 현재의 '사회적 가치'가 무엇인지, 어떻게 개인에게 분배하는 것이 옳은 것인지[101]를 고민하고 현재까지의 역사가 어떻게 흘러와 정착하고 있는지 공부한 뒤, 이를 어떻게 현실세계에 구현하는 것이 올바른지를 고민하고 표현하라는 것이다. 그것이 없이는 결코 지금과 같은 사회적 불안을 해소할 수 없다고 생각한다.

경제도 자본주의도 분명 정치의 영향력아래에 있다. 자본주의가 현재까지 살아남기 위해 진화한 순간순간 모두 정치적인 영향력 아래 있었다. 하지만 미래는 과거와 같지 않을 것이고 항상 새로운 도전을 요구할 것이다. 우리나라는 이미 초고령사회에 막 진입하였고, 매해 100만 명 이상씩 태어났던 베이비부머세대는 은퇴를 앞두거나 은퇴하고 있다. 한편 2024년에는 25만 명만 태어났다. 고도의 산업화와 생산성 추구는 양질의 일자리수를 줄이는 방향으로 발전하는데 경제마저 위축되고 혁신적인 회사는 나오지 않고 있다. AI와 로봇과학의 발전은 '고용이 없는 성장'[102]을 말하고 있는데 출산률을 높이는 것만으로는 고령화 문제를 해결할 수 없도록 평균수명은 증가하고 있고 따라서 은퇴한 사람들을 위한 새로운 일자리가 필요하게 된다. 그래서 시니어 고용문제

---

101) 〈모든 것의 가격〉에서 저자는 "결국 성장의 자극제로서 불평등의 힘은 그것이 공정하다고 인식되는가, 아니면 적어도 완전 불합리하다고 인식되지는 않는가에 달려있다"라고 말한다.

102) 고용없는 성장은 어쩌면 마르크스가 주장한 이론과도 결부되는 것 같다. 자본가는 필연적으로 생산비용을 낮추기 위해 노력하고, 그 과정에서 인력은 기계로 교체된다. AI와 로봇이 발전하는 이유는 생산성을 높이기 위함이다. 하지만 이렇게 만들어진 물건의 소비는 누가 하는가? 과연 애니메이션 〈월－E〉에 나오는 인간들처럼 기계가 다 해주기에 먹고 놀고 소비만 하며 걷는 것도 잘 못하는 세상이 올까? 〈프로테스탄트 윤리와 자본주의 정신〉에서 언급한 것과 같이 "노동, 곧 일을 한다는 것은 인간의 가장 고귀한 윤리적 목표이며, 노동은 내적 의무감과 관련있다." 정도는 아니지만, '일' 자체가 없어지는 세상이 과연 올까? 〈노동의 종말〉에서 저자는 향후 유일하게 일자리가 늘어나는 분야를 사회적 경제 영역, 비영리분야이며 이를 활성화시키기 위해서는 생산성 향상을 통해 얻은 과실을 노동자와 나누어야 하고, 그 방법으로 세금전가나 최저임금을 이야기한다. 사회적 자본의 생산은 로봇이 대체하지 못하기 때문이다. 현재와 같은 대규모 집단에서 '연대'를 통한 상생이 정말 가능한 것일까? 게임이론과 죄수의 딜레마를 극복할 수 있는 것일까?

는 단순하지 않다. 양질의 일자리 감소는 베이비부머의 은퇴를 가속시키고 준비되지 않은 은퇴는 자영업의 확대로 이어진다. 이는 다시 돌아 가계경제와 노후준비에 영향을 미쳐 이를 보고 자라는 세대의 출산률을 더욱 악화시킨다.

이런 상황에서 과연 보수냐 진보냐, 신자유주의냐 사회주의냐, 포퓰리즘이냐 먹고사니즘이냐가 하는 이분법적 접근이 중요한 것일까? 〈돈의 속성〉의 저자는 정치적 신념 때문에 경제를 해석하는 데 있어 편견을 갖지 말라고 말한다. 과학철학자인 칼 포퍼가 말한 대로 '유토피아적 사회공학[103]을 추구하며 추상적인 선의 실현'을 위해 노력하는 것보다 '구체적인 악을 제거하는 것'이 더 필요하다고 생각한다. 현재 고도화되고 있는 자본주의 아래 우리는 신체적·정신적으로 생산성에 기여해야만 하는 세상에 살고 있더라도 미래의 세대에게는 더 나은 삶의 희망을 전달해야 할 것이다. 그렇게 하기 위해서는 불평등이 공정하다고 느끼고 노력하는 만큼 돌아온다고 믿을 수 있는 세상, 불평등이 있더라도 사회적 갈등은 적은 세상이 필요하다. 이런 세상을 만들려면 단순히 정치 및 자본주의를 추종 혹은 비판하기보다는 '구체적인 장애물을 제거'하는 공동의 노력이 더 중요하다. 모든 사람이 앞으로의 경제모델과 정책이 추구해야 할 방향에 대해 '흥분 및 분노'하기에 앞서 진지한 '공부와 고민'이 필요한 것이다.

'생산성'이라는 미명아래 국가와 기업에 의해서 신체뿐만 아니라 감정까지 '사용'당하고 있는 것일지도 모른다는 의심은 들지만 이미 쇄뇌당한 우리는 그마저도 병리학적 행동으로 보고 다시 앞만 보고 달려가고있는 것은 아닐까? 그렇게 많은 것을 갖지 않고 그렇게 특별하지 않아도 보다 여유로웠던, 그래서 가족 및 이웃 간의 유대를 느낄 수 있었던 드라마 〈응답하라 1988〉의 쌍문동 골목 세상으로 다시 돌아올 수 없는 모양이다.

---

103) 유토피아적 사회공학은 사회의 근본적 변화를 도모하는 혁명에 플라톤식 접근법을 더한 것을 말한다. 여기서 플라톤식 접근법은 '행위를 위한, 목적의 우선 설정'을 필요로 하며, 유토피아주의는 사회악을 근절하기 위한 급진주의와 맞닿아 있다. 이 둘이 합쳐지면 자칫 이상국가 실현을 위한 독재로 이어질 수 있다. 따라서 포퍼는 유토피아적 사회공학의 반대되는 점진적 공학을 통해 사회를 개량해나가는 것을 이야기한다.

자본이 움직이는 곳, 은행과 자본시장

은행의 시작과 역할

가깝게는 애덤스미스의 〈국부론〉부터, 멀게는 실크로드 및 대항해시대로부터 본 자본주의는 결국 돈을 매개로 하는 경제체제 중 하나이다. 우리는 생산과 분배방식이나 소유권의 개념이 다른 공산주의를 경제체제로 선택하지 않고 자본주의[104]를 채택하였으며, 따라서 돈이 매개가 되는 '금융'이 사회에서 중요한 역할을 차지하게 되었다. 금융의 정의를 국립국어원 표준국어대사전에서 찾아보면 "금전을 융통하는 일. 특히 이자를 붙여서 자금을 대차하는 일과 그 수급 관계를 이른다."고 되어 있다. 또한 '융통'은 "금전, 물품 따위를 돌려씀"이라고 되어 있다. 즉 금융은 금전을 돌려쓰면서 이자를 붙여 서로 주고받고 하는 것을 의미한다. 따라서 자본주의는 '금전'과 그 금전이 오고가는 '장(場)', 즉 '금융시장'이 있어야만 가능한 체제이다.

은행은 이러한 장으로서 중요하면서도 기본적인 역할을 한다. 2023년 9월 기준으로 국내 6개의 시중은행이 가지고 있는 총 자산은 2,000조에 육박하며 6개의 지방은행 및 4개의 특수은행, 3개의 인터넷은행까지 합치면 총 19개의 국내 은행에서 3,500조 원의 자산을 보유하고 있다.[105] '자산'을 보유하고 있다는 의미는 그만큼 대출이나 채권, 즉 돈을 받을 권리를 보유하고 있다는 뜻이며, 이 자산들을 매입하기 위해서 필요한 돈은 은행이 발행한 채권(은행채, 금융채)이나 일반 사람들의 예금(즉 돈을 지급해야 할 의무)으로 확보한다. 은행이 돈을 받을 권리를 여신(與信, 신용을 준다)이라고 하며, 반대로 은행

---

104) 자유주의 혹은 자유민주주의가 자본주의를 위해 중요한 요소이기는 하나 이는 서로 다른 개념이다. 다만 한편으론 자유와 민주주의가 보장된 공산주의 계획경제가 가능한지도 의문이기는 하지만, 북한만 봐도 공식 명칭은 인민'민주주의'공화국이다.

105) 우리가 아는 대표적인 은행 및 SC제일은행과 한국시티은행까지 6개의 시중은행이 있고, 지역별로 위치한 경남, 광주 은행 등 지방은행과, 산업은행, 기업은행 등 정책금융을 담당하는 국책은행(여기서는 수출입은행은 제외하였다) 및 농협 수협 등 특수은행 마지막으로 케이뱅크나 카카오뱅크와 같은 인터넷 은행 등 국내에서 원화자산을 보유하는 주요 은행들을 의미한다. 최근 대구은행이 시중은행에 포함되었다.

이 돈을 지급해야 할 의무를 수신(受信, 신용을 받는다)이라고 한다. 흔히 이야기하는 예대마진은 수신과 여신의 금리차를 의미한다.

여기에서 알 수 있듯, 은행의 가장 본질적인 역할은 누군가 저축한 돈을 모아서, 사업을 하기 위해 큰 돈을 필요로 하는 사람에게 전달하는 중개인이고, 이 과정에서 '신용'이라는 것이 필요하다(신용중개, Credit intermediation이라고도 한다).[106] 사람들이 자기 계좌에 남겨둔 예금(혹은 저축)을 은행이 십시일반 모아서 목돈으로 만든 뒤, 큰 사업을 하고자 하는 기업이나 개인에게 대출(혹은 투자)해주는 역할을 하는 것이다. 이를 다른 말로 만기전환(Maturity Transformation) 즉, 자산(대출)과 부채(예금)의 만기를 전환하는 것이며 이는 본질적으로 '만기불일치'라는 위험을 내재하고 있다.[107] 만약 은행이 없었다고 한다면, 누군가 좋은 아이디어로 큰 사업을 하려고 할 때 필요한 돈을 조달하기 위해서 가가호호 방문하여 설명을 해야 할 것이고, 그에 드는 시간과 노력 대비 자본을 확보하기는 상당히 어려웠을 것이다. 따라서 금융시장의 존재는 투자와 혁신, 성장을 촉진하는 필수 요소이다.

이러한 '중개인'의 역할을 고려할 때, 대규모 자본을 필요로 했던 대항해시대의 상인들에게는 은행이라는 존재가 필수불가결이었을 것이다. 1879년 에디슨도 충분히 부유하였지만 그래도 소수의 전구만 만들 수 있었기 때문에, 대량 생산을 위해 필요한 공장설립과 노동자 고용, 전구의 대중화를 위해 필요한 발전소와 송전선 건설에는 대규모 자본이 필요했고 이때 등장하는 사람

---

106) 신용 거래의 확대는 다른 한편으론 그런 거래를 통해 새로 얻을 것이 있다는 것을 의미한다. 유발 하라리의 〈호모데우스〉에서는 근대 이후 사람들 사이에서 '경제 성장에 대한 믿음'이 생겼다고 설명한다. 16세기의 부는 남의 것을 빼앗아야 하는 제로섬 게임이었다면, 17세기 근대의 부는 경제성장을 통해 상호 윈-윈하는 게임이 된 것이다. 저자는 이를 두고 종교보다 세계 화합에 더 도움이 되었다고 표현한다.

107) 이런 위험을 관리하기 위해 은행은 예금보험을 통해 예금자를 보호하며, 동시에 중앙은행이 최종 대부자로서 일시적인 유동성도 보완한다. 대신 이런 지원 매커니즘을 토대로 은행이 부적절한 위험을 무릅쓰지 못하도록 강력한 규제가 필요하며, 은행은 지원받는 대가로 늘 규제받겠다는 사회적 계약을 수용한다. '은행은 공공재'라는 표현은 아마도 이러한 개념에서 시작했을 것이다.

이 J.P. 모건이다. 1882년 9월 에디슨은 J.P모건의 사무실에 앉아서, 몇 블록 떨어진 펄스트리트의 석탄발전소에서 생산된 전기로 실내를 밝혔다.108)

J.P. 모건은 재산이 많다기보다는, 보유재산보다 더 많은 돈을 조달할 수 있는 능력이 있었다고 한다. 즉 금융시장내에서 수개의 은행 신디케이션(Syndication)을 통해 막대한 자본을 조달할 수 있는 리더십이 있었다는 것이다. 1907년 미국에 금융위기가 왔을 당시, 많은 은행들을 모아놓고 채무조정을 할 만큼 입지전적인 인물이었는데 1913년은 연방준비제도 시스템이 만들어진 때이기도 하지만 동시에 J.P 모건이 사망한 해이기도 해서, 그의 리더십이 연방준비제도로 대체된 것 같은 느낌이 들기도 하다.

금융시장의 '규모'가 중요한 이유가 바로 여기 있다. 아무리 J.P 모건의 리더십이 훌륭하다고 하더라도 돈을 모아줄 은행의 숫자나 은행이 가지고 있는 자산이 적다면 대규모 자금을 공급하는 것은 상당히 어려웠을 것이다. 1873년 주요 금융시장이었던 런던, 파리, 뉴욕을 비교해보면 런던은 뉴욕보다 3배, 파리보다 10배가 큰, 약 120백만 파운드 규모의 시장이었다고 한다. 경제규모만 놓고 보면 영국이 프랑스보다 28% 정도만 컸다고 하니,109) 경제규모와 자본시장의 규모가 꼭 비례하지는 않는다는 것을 알 수 있다.

십시일반 모을 수 있는 돈이 많다는 것은 그 목돈으로 새로운 산업과 기술에 투자할 기회가 많아진다는 것을 의미하는데, 중요한 것은 아무리 국가에 부가 많다고 하더라도 그 부(富)가 자본시장에서 사용(재투자)되는 것이 아니라 침대 밑에 깔려 있다면 의미가 없다는 점이다. 이는 '이자'가 자본가로 하여금 돈을 자본시장에 내놓을 수 있게 하는 유인책이 된다는 것과 일맥상통한다. 따라서 우리나라에서 최근 시도했던 '금융혁신지원 특별법'의 제1조 목적인 "이 법은 혁신적인 금융서비스의 개발과 발전을 촉진함으로써 금융소비

---

108) 이때 에디슨은 직류전기를 도입하였고, 나중에 피츠버그의 발명가이자 사업가인 조지 웨스팅하우스(George Westinghouse)가 세르비아 출신 발명가 니콜라 테슬라의 교류전기 아이디어를 사들이면서 전기 전쟁으로 진화한다.

109) Paul Schmelzing, 『Staff Working paper No. 845, Eight Centuries of global real interest rates, R−G, and the 'suprasecular' decline, 1311−2018』, Bank of England, 2020.1

자의 편익을 증대시키고, 금융서비스 관련 일자리 창출을 도모하여 국민경제에 이바지함을 목적으로 한다."에서 언급한 바와 같이 자본시장에 유입되는 자금이 늘어나고, 금융산업이 확장되면 새로운 일자리가 창출되어 국민경제에 이바지한다는 것도 일견 타당한 논리이기도 하다.

어쨌든 은행에 속한 전문중개인들은 자신들의 전문성을 기초로 하여, 개인들에게 받은 현금을 모아 수익성이 있는 사업에 대출해주고 그 마진을 취하는 것이 기본적인 은행의 비즈니스모델이다. 이를 통해서 천연자원이 개발되거나 우리가 편하게 사용하는 도로 및 항만이나 인터넷 플랫폼 등이 개발되어 왔다.

이러한 과정을 거치면서 등장한 것이 바로 지급준비제도라는 것이다. 지급준비제도와 은행 및 통화 제도를 이야기할 때 항상 등장하는 것이 바로 금세공인 이야기이다. 과거 사람들이 금과 은 자체를 부(Wealth)라고 생각하였고,[110] 이를 보관해둘 곳이 마땅치 않아 각자의 저장고에 저장하는 대신 금세공인들에게 자신의 금 보관을 부탁했다고 한다. 그리고 금세공인은 금을 맡긴 사람들에게 언제든 오면 금을 돌려 주겠다는 영수증을 끊어주면 이 영수증은 사실상 금과 같은 가치를 갖게 된다(고 사람들이 믿는다). 한편 금세공인 입장에서는 모든 사람이 동시에 금을 찾으러 오는 경우가 없다보니, 정말 근시일내에 찾아올 것으로 예상되는 양(예를 들어 전체의 1/3)을 제외한 나머지 금을 필요한 사람에게 이자를 받고 빌려주게 된다. 그 과정에서 실제로는 없던 '2/3의 금'이 생기고 그에 부수적으로 이자까지 늘어나면서 전체 통화량이 증가한다는 개념이다. 여기서 '1/3의 금'이 바로 지급준비금이며, 중앙은행은 지

110) 이는 애덤 스미스가 갖게 된 의문이고. 무엇이 국부(Wealth of nation)인가에 대한 내용이 〈국부론〉에 담긴다. 유발 하라리가 〈사피엔스〉에서 말하길 자본은 '생산에 투자되는 돈과 재화, 자원'을 이야기하며, 단순한 부는 땅에 묻혀 있거나 비생산적인 활동으로 낭비되기 때문에 자본과 구별이 가능하다고 이야기한다. 즉, 금은보화를 무인도에 쌓아 놓은 해적은 부는 있지만 자본주의자가 아니고 작더라도 월급으로 주식투자에 성공한 노동자는 그것을 생산 활동에 다시 투자하였기 때문에 자본주의자라고 설명한다. 즉 생산에 따른 이윤을 생산 증대에 재투자 한다는 것이 자본주의자의 핵심이라고 설명한다. 그렇기 때문에 돈의 순환을 부라고 명명한 애덤 스미스가 자본주의 개념의 시초가 되는 것이다.

급준비율을 조정함으로써 시중의 통화량이나 금리에 간접적인 영향을 미칠 수 있다.

만약 어떤 이유에서든 사람들이 너도나도 은행에 가서 돈을 달라는 요구가 발생하면(Run on Bank, Bank run) 은행은 수신한 예금을 돌려줘야 하는데, 그럴 돈이 부족하다면 은행도 망하게 된다. 만약 은행이 당장 금고에서 꺼내어 줄 현금 외에 충분한 자산(여신, 대출, 채권 등)이 있다고 하더라도, 이 자산을 쉽게 팔 수 있는지(현금화) 여부가 중요하다. 일반적으로 이렇게 현금화를 빨리 할 수 있는지, 즉 거래가 활발한지 여부를 '유동성'의 유무라고 표현한다. 하루 만기 어음이나 만기가 얼마 남지 않은 채권, 국채와 같이 정형화되고 신용도가 우수하여 금융시장에 널리 알려져 있는 자산은 유동성이 높다고 판단할 수 있으나, 인프라에 투자된 대출이나 부동산 PF에 들어간 유동화 증권 등은 상대적으로 유동성이 떨어져서 쉽게 현금화하지 못한다.

따라서 은행이 어떤 자산을 보유하고 있는지도 중요하다. 심리적인 요인이든 실제적인 요인이든 일단 뱅크런 때문에 은행이 파산하게 되면 금융시장에 미치는 영향이 크기 때문에, 이러한 연쇄반응을 제어하기 위해서 정부는 지급준비율 외에도 예금보험을 통해 예금자들을 안심시키려고 한다. 즉 예금자 입장에서 은행이 불안해서 돈을 얼른 찾으러 가기보다는, 예금보험[111]을 통해 본인의 예금이 안전하다고 인식하게 함으로써 뱅크런에 참여하지 않게 하려는 목적이고 이는 전체적인 금융시장의 안정에 있어서 유리하게 작용하게 된다. 우리나라도 예금보험공사(KDIC, Korea Deposit Insurance Corp)를 통해 1억 원까지 예금을 보호하는 이유이기도 하다.

2023년 3월 파산한 실리콘밸리 은행을 보면 더욱 쉽게 이해할 수 있다. 스타트업 위주의 고객군을 가지고 있던 실리콘밸리 은행은 스타트업 회사로부터 많은 현금을 예치받는다. 당시는 시장의 유동성 덕에 스타트업 투자 붐

111) 예금보험이 순기능만 있는 것은 아니다. 금융전문가들 중에는 은행입자에서는 예금보험에 의해 보호를 받는 수신(즉 채무)에 대해서는 정부가 보호를 하고 있다고 생각하고, 해당 자금을 투기하는 데 사용할 수 있는 도덕적 위험이 있다고 지적한다. 그렇기 때문에 은행 규제가 필요하다.

이 불고 있었고, 따라서 스타트업 회사는 안정적인 매출원 없이도 많은 투자금을 받을 수 있었다. 스타트업 회사들은 이 투자금을 한 번에 다 쓸 수 없기 때문에 은행에 예치해두고 알뜰하게 사용하게 된다. 실리콘밸리 은행 입장에서는 고객에게 예금 이자를 지급해야하기 때문에 이 돈으로 '이자가 발생하는 자산'을 확보해야 하는데, 실리콘밸리은행의 경우 대부분의 자금을 미국 장기 국채에 투자해놨다. 국채로부터 받은 이자 중 일부를 예금 이자로 지급하기 위해서이다.

하지만 미국의 금리 상승이 본격화되자 실리콘밸리 은행은 치명상을 입게 된다. 금리의 상승은 곧 유동성 경색의 시작이었고, 스타트업에 대한 투자도 과거와 같이 넉넉하지 않게 되었다. 한편 금리가 상승에 따라 장기 국채 가격이 하락하여 재무제표상 손실이 발생하자 실리콘밸리 은행의 주가도 하락하였고, 여기서 또 한 번 위기를 느낀 스타트업들은 너도나도 예금을 서둘러 인출하려고 한다. 인터넷 뱅킹은 이러한 속도를 더욱 가속화하여 하루 만에 56조 원이 인출되었다고 한다. 결국 실리콘밸리 은행은 파산하고 연방예금보험공사(FDIC)가 파산관재인으로 선임되어 예금자 보호 절차에 들어가면서 모든 지점이 폐쇄된다. 현금을 보관하고 틈틈이 아껴서 써야 했던 스타트업의 투자금과 유동성 경색에 따라 이들 자금의 인출이 더욱 필요했다는 점 그리고 정작 예금 인출이 필요해진 시점에는 은행이 들고 있던 자산(국채)의 가치는 하락할 수밖에 없었던 상황(혹은 그러한 자산군 위주로 보유하고 있었던 점), 마지막으로 2008년 금융위기를 통해 학습한 시장의 성급한 우려가 종합된 결과라고 할 수 있겠다.

은행의 역할은 크게 예금 및 대출, 환전, 송금 등 전통적인 은행 업무와 지불준비, 화폐의 발행과 같은 현대의 은행 업무로 나눌 수 있는데, 이를 기준으로 볼 때 최초의 은행은 1776년 애덤 스미스의 〈국부론〉이 나오기 약 200년 전인 1609년에 설립된 The exchange bank of Amsterdam[112]이라고 이야

112) 애덤 스미스도 은행의 시초를 Bank of Amsterdam이라고 하였는데, The exchange bank

18세기 암스테르담 은행의 자산 현황

Figure 3. The Bank of Amsterdam's Loans Outstanding

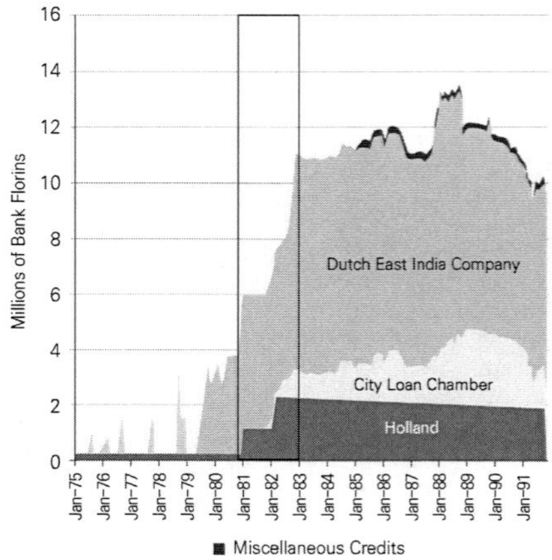

Figure 2. Reserve Ratios (precious metal to monetary liabilities)

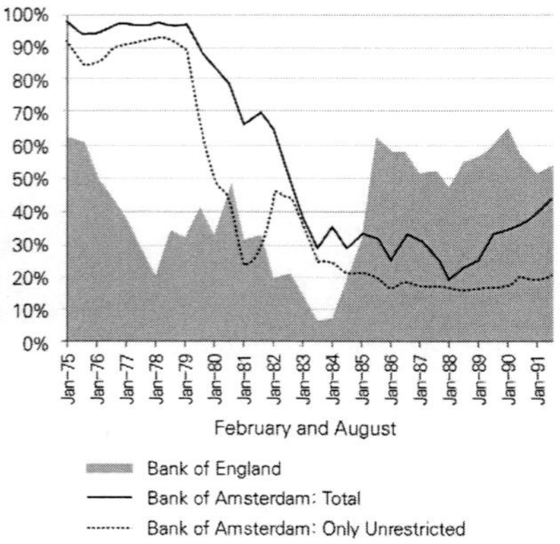

출처: death of a Reserve Currency, Stephen Quinn and Williams Roberds, Dec 2016

기 한다. 17세기 초는 네덜란드가 스페인을 상대로 한 독립전쟁을 통해 실질적인 독립을 이끌어내고 그 이후로 최대 상업국가로 발전하는 시기이기도 하다. 가장 상업이 활발한 시기인 만큼 중개인 역할을 담당할 은행이 필요했던 것이다. 이 은행은 전 세계에서 들어오는 각종 금·은 주화를 받아 자국내의 표준 통화 기준의 실질 가치로 수납하고, 여기서 주화를 녹여 재처리하고 관리하는 비용을 차감한 후에, 은행의 대차대조표상 '부채'로 기입하였다. 그리고 동일한 금액만큼 '신용'으로 기입하여 은행 화폐로 활용하게 된다. 이 과정에서 금과 은을 암스테르담 은행에 안전하게 보관하고 있다는 것을 암스테르담시(市)에서 보증하게 된다. 암스테르담 은행에서 발행한 은행 화폐는 실제 금·은 주화를 계량하거나 운반할 필요가 없었고, 단순히 은행의 장부상 이체를 통해 사업자 간의 결제가 가능하였기 때문에 시장에서 쓰임이 많아졌다고 한다. 암스테르담 은행은 이 역할을 150년 넘게 유지하지만 1770년대 말이 되면 더 많은 돈을 네덜란드 동인도회사에게 빌려주고, 1790년대에는 이 은

---

of Amsterdam이 Bank of Amsterdam의 전신이다.

행의 신용도가 하락하여 계좌를 기반으로 한 암스테르담은행의 화폐 신용도도 추락한다. 결국 예금인출사태(뱅크런)가 발생하여 망하게 된다.

전통적인 금융 강국인 영국의 중앙은행(Bank of England)은 1694년 의회가 제정한 특별법에 따라 국왕 허가 아래 만들어졌다. 17세기 후반은 1652년부터 시작된 네 차례의 영란전쟁을 통해서 영국이 빛을 보기 시작한 때이기도 한데, 기존의 암스테르담 은행이 하던 역할을 참고하였다고 한다.

이 은행은 도시의 금융인과 암스테르담의 투자자, 그리고 유대인 및 해외 거주 영국인 등 민간 주주들이 결성하고 설립한 유한책임 법인이었다. 당시 영국은 1688년부터 9년간 벌인 프랑스와의 전쟁에 따른 전후 복구를 위해 1.2백만 파운드가 필요하였고 이 은행은 민간 주주들의 출자금을 받아 왕실에 영구적 대출을 해주었으며 연간 8%의 이자를 받기로 하였다. 당시 시장금리가 5% 수준이었다고 하니 영국 정부가 급했던 모양이다. 그 이후에도 증자를 통해 최종적으로는 21백만 파운드 상당의 자금을 정부에게 대출해주었다. 그 사이 영국 정부의 신용이 회복되면서 3% 정도로 이자가 하락되었다고 한다.

이러한 리스크를 부담하는 대가로 Bank of England는 다른 은행이 얻지 못한 특권을 얻었는데, 의회법을 통해 다른 경쟁 은행들이 설립되지 못하게 막고 1826년 관련법이 제정되기 전까지 6인 이상의 주주를 구성하지도 못하게 하여 대규모 자금을 모으는 것도 불가능하게 만듦으로써 사실상 독점력을 확보한 것이다. 또한 이 은행은 정부에게 대출시 취득한 채권을 담보로 은행권(Bank Note)를 발행하고 민간에 대출해주는 등 일반 은행 업무도 겸업하게 되었다.[113] 1833년 이후에 Bank of England가 발행한 은행권은 법화(Legal Tender)로 지위가 승격되었다. 애덤 스미스의 국부론이 1776년에 나왔으니, 이때는 이미 Bank of England가 독점적인 영향력을 행사하며 은행권(Bank Note)을 발생하던 시기인데, 스코틀랜드에서 주로 활동하던 애덤 스미스는

113) 2025년 7월에 통과된 GENIUS 법(Guiding and Establishing National Innovation for U.S. Stable Coins Act)에 따라 발행회사는 달러나 단기국채로 발행규모 100% 이상 준비금을 마련해야 한다. 비록 이자수취는 불가능하지만 17세기 Bank of England가 발행한 은행채와도 닮아있다.

1772년 스코틀랜드의 은행 시스템 위기[114]를 겪으면서 은행과 금융에 대한 규제가 필요하다고 믿었다고 한다. 자유방임주의의 표상처럼 여겨지지만 앞서 이야기한 것과 같이 애덤 스미스가 말하는 자유에는 일정부분의 규제와 조건, 그리고 정부의 지원이 포함되어 있었다.

이렇게 은행이란 제도는 상업이 활성화되면서 통화의 안정성과 신뢰성 및 결제의 용이성 등을 이유로 만들어졌지만, 개인 금융 이상의 영역으로 확대되면서 중개인으로서 시장에 미치는 영향력이 더욱 강해진다. 앞서 이야기한 바와 같이 십시일반으로 모인 대규모 자본을 개인과 기업에게 지급하여 투자하게 함으로써 경제성장에 기여하는 한편 은행 입장에서는 단기의 자금을 장기의 대출로 바꿔 관리할 수 있게 된 것이다. 이러한 역할은 기업에 대한 투자뿐만 아니라 더 큰 경제 발전을 위한 사회간접자본(철도, 도로, 발전소 등)투자에도 활용되었다. 사회간접자본을 건설하기 위해서는 대규모 자본과 자원(인력, 장비 등)을 몇 년간 계획적으로 집중하여 소비해야 하며, 이러한 투자와 자원의 활용이 장기적으로 더 나은 선택이라는 것을 증명해야 한다. 분명 결과적으로 경제발전에 기여한다고 하더라도 전문성이 상대적으로 부족한 일반 개인투자자들의 집합이었다면 큰 돈을 모을 수도, 회수기간이 긴 투자에 대한 의사결정도 어려웠을 것이다. 따라서 은행과 같은 전문적인 중개인이 이 역할을 대신함으로써 나라 경제를 발전시키고 부를 증대시키는데 있어 큰 역할을 했다는 점은 분명하다.

---

114) 이 사건은 런던, 암스테르담, 함부르크, 스톡홀름 및 러시아, 미국까지 영향을 미친 현대 은행 역사상 최초의 금융 공황으로 실물 경제에서 투기 과열로 발생되었다. 당시 프로젝터(Projector)들은 막연히 막대한 이익을 만들 수 있을 것이라는 환상에 따라 대형 사업을 계획하고 추진하였고 그 과정에서 3개월 만기 융통 어음을 발행하고 만기에 재발행하는, 즉 수년간의 자본금 회수기간 내내 3개월 단위의 단기차입을 반복(roll－over)하는 방식으로 조달하는 자금조달 방식을 취하였다. 은행은 이 단기 어음을 할인 매입하고 대출해주는 역할로 참여하게 되었다고 한다. 그 과정에서 신설된 민간 은행인 Ayr Bank가 기존 은행보다 더 공격적인 영업활동을 통해 더 많은 은행권이 시장에 발행되었는데, 시장이 소화할 수 없을 만큼의 은행권이 남발되자, 대차상 이를 맞출 현금이 필요해서 다른 은행으로부터 이자율 8% 수준의 대출을 받아 채웠다고 한다. 하지만 Ayr Bank의 자산인 어음 수익률은 5%여서 그 차이만큼 손실이 누적되어 파산하게 된다. Ayr Bank의 파산은 이 은행에 대출을 해준 다른 은행의 손실로 퍼져나갔다.

은행의 재무제표

은행도 회사여서 재무제표가 존재하는데 일반 회사는 자기자본(Equity)와 타인자본(Liability)를 통해서 공장이나 재고와 같은 자산(Asset)을 구입하는 것과는 다르게, 은행은 일반인에게 받은 예금(Deposit)과 제3기관을 통한 차입으로 구성된 부채(Liability)가 대부분이고 여기에 일부 자기자본(Equity)을 더하여, 각종 대출 및 채권을 자산(Asset)으로 보유한다.

Bank of America 대차대조표

		December 31		
(Dollars in millions)		2022		2021
Assets				
Cash and cash quilvalents	$	230,203	$	348,221
Federal funds sold and securities borrowed or purchased under agreements to resell		267,574		250,720
Trading account assets		296,108		247,080
Debt securities		862,819		982,627
Loans and leases		1,045,747		979,124
Allowance for loan and lease losses		(12,682)		(12,387)
All other assets		361,606		374,110
Total assets	$	3,051,375	$	3,169,495
Liabilities				
Deposits	$	1,930,341	$	2,064,446
Federal funds purchased and securities loaned or sold under agreements to repurchase		195,635		192,329
Trading account liabilities		80,399		100,690
Short-term borrowings		26,932		23,753
Long-term debt		275,982		280,117
All other liabilities		268,889		238,094
Total liabilities		2,778,178		2,899,429
Shareholders' equity		273,197		270,066
Total liabilities and shareholders' quity	$	3,051,375	$	3,169,495

출처: BoA Annual report 2022

JPMorgan Chase 대차대조표

Selected Consolidated balance sheets data

December 31. (in millions)		2022		2021
Assets				
Cash and due from banks	$	27,697	$	26,438
Deposits with banks		539,537		714,396
Federal funds sold and securities purchased under resale agreements		315,592		261,698
Securities borrowed		185,369		206,071
Trading assets		453,799		433,575
Available-for-sale-securities		205,857		308,525
Held-to-maturity-securities		425,305		363,707
Investment securities, net of allowance for credit losses		631,162		672,232
Loans		1,135,647		1,077,714
Allowance for loan losses		(19,726)		(16,386)
Loans, net of allowance for loan losses		1,115,921		1,061,328
Accrued interest and accounts receivable		125,189		102,570
Premises and equipment		27,734		27,070
Goodwill, MSRs and other intangible assets		60,859		56,691
Other assets		182,884		181,498
Total assets	$	3,665,743	$	3,743,567

Selected Consolidated balance sheets data

December 31. (in millions)		2022		2021
Liabilities				
Deposits	$	2,340,179	$	2,462,303
Federal funds purchased and securities loaned or sold under repurchase agreements		202,613		194,340
Short-term borrowings		44,027		53,594
Trading liabilities		177,976		164,693
Accounts payable and other liabilities		300,141		262,755
Beneficial interests issued by consolidated variable interest entities ("VIEs")		12,610		10,750
Long-term debt		295,865		301,005
Total liabilities		3,373,411		3,449,440
Stockholders' equity		292,332		294,127
Total assets	$	3,665,743	$	3,743,567

출처: JPM Annual report

한편 손익계산서(Income statement)를 보면, 일반 기업은 물건을 팔아서 얻은 매출에서 비용을 제외하고 이익을 계산하는 것에 비해, 은행은 이자마진(예대마진)이 주요 수익원이다. 따라서 은행이 가지고 있는 자산은 일반인의 예금이기 때문에 은행이 무너지면 일반인의 경제적 손실이 어마어마하므로 이를 예방하기 위해 정부는 무분별하고 무리한 영업활동을 하지 못하도록 제도적인 통제를 가하게 되는 것이다.

2024년 1월 한국은행이 발표한 금융시장 동향을 보면, 우리나라 은행도 미국 은행과 동일하게 개인과 기업을 대상으로 한 대출의 비중이 많다. 자산으로 보유중인 대출의 절반은 가계대출이고 그 중 80%는 주택담보 대출임을 알 수 있다. 그래서 가계 대출 비중의 증가가 중요한 지표가 되는 것이다. 기업대출도 은행 자산의 중요한 부분 중 하나인데, 중소기업의 비중이 대기업에 비해 월등히 높다. 자산의 부실은 은행의 부실로 이어지기 때문에 금융감독원이나 금융위원회에서는 이러한 대출(자산)의 부실이 우려되는 사건[115]이 발생하면 이를 섬세하게 관리하려고 노력한다.

Bank of America 손익계산서

(In millions, except per share information)	2022	2021	2020
Income statement			
Net interest income	$ 52,462	$ 42,934	$ 43,360
Noninterest income	42,488	46,179	42,168
Total revenue, net of interest expense	94,950	89,113	85,528
Provision for credit losses	2,543	(4,594)	11,320
Noninterest expense	61,438	59,731	55,213
Income before income taxes	30,969	33,976	18,995
Income tax expense	3,441	1,998	1,101
Net income	27,528	31,978	17,894
Net income applicable to common shareholders	26,015	30,557	16,473
Average common shares issued and outstanding	8,113.7	8,493.3	8,753.2
Average diluted common shares issued and outstanding	8,167.5	8,558.4	8,796.9

출처: BoA Annual report 2022

115) 국내 PF부동산 부실이나 해외 실물 부동산 자산의 가치하락 등의 사건도 여기에 해당한다.

JPMorgan Chase 대차대조표

Segment Results – Managed Basis

The following tables summarize the Firm' s results by segment for the periods indicated

Year ended December 31, (in millions, except ratios)	Consumer Community Banking			Corporate & Investment Bank			Commercial Banking		
	2022	2021	2020	**2022**	2021	2020	**2022**	2021	2020
Total net revenue	**$ 55,017**	$ 50,073	$ 51,268	**$ 47,899**	$ 51,749	$ 49,284	**$ 11,533**	$ 10,008	$ 9,313
Total noninterest expense	**31,471**	29,256	27,990	**27,087**	25,325	23,538	**4,719**	4,041	3,798
Pre-provision profit/(loss)	**23,546**	20,817	23,278	**20,812**	26,424	25,746	**6,814**	5,967	5,515
Provision for credit losses	**3,813**	(6,989)	12,312	**1,158**	(1,174)	2,726	**1,268**	(947)	2,113
Net income/(loss)	**14,871**	20,930	8,217	**14,970**	21,134	17,094	**4,213**	5,246	2,578
Return on equity ("ROE")	**29%**	41%	15%	**14%**	25%	20%	**16%**	21%	11%

Year ended December 31, (in millions, except ratios)	Asset & Wealth Management			Corporate			Total		
	2022	2021	2020	**2022**	2021	2020	**2022**	2021	2020
Total net revenue	**$ 17,748**	$ 16,957	$ 14,240	**$ 80**	$ (3,483)	$ (1,176)	**$ 132,277**	$ 125,304	$ 122,929
Total noninterest expense	**11,829**	10,919	9,957	**1,034**	1,802	1,373	**76,140**	71,343	66,656
Pre-provision profit/(loss)	**5,919**	6,038	4,283	**(954)**	(5,285)	(2,549)	**56,137**	53,961	56,273
Provision for credit losses	**128**	(227)	263	**22**	81	66	**6,389**	(9,256)	17,480
Net income/(loss)	**4,365**	4,737	2,992	**(743)**	(3,713)	(1,750)	**37,676**	48,334	29,131
Return on equity ("ROE")	**25%**	33%	28%	**NM**	NM	NM	**14%**	19%	12%

출처: JPM Annual report

2024년 1월 한국 금융시장 동향 – 은행 대출 동향

은행 가계대출 및 기업 자금조달

(기간중 잔액 증감, 억원)

	23.8월	9월	10월	11월	12월	24.1월	24.1월말 잔액
은행 가계대출[1) (정책모기지론 포함)]	68,734	48,185	67,442	53,550	31,069	33,829	10,983,543
주택담보대출[2) (정책모기지론 포함)]	69,923	61,045	57,267	57,127	51,112	48,983	8,552,890
은행 기업대출[1)]	81,749	113,198	81,487	72,767	−59,253	66,828	12,544,272
대기업	29,364	48,966	43,358	14,725	−20,318	51,723	2,529,815
중소기업	52,384	64,232	38,129	58,043	−38,936	15,105	10,014,456
회사채 순발행[3)]	−11,273	−8,395	−22,918	−9,454	2,712	45,158	…
CP·단기사채 순발행[4)]	−17,799	19,527	24,818	−21,092	−45,852	65,527	620,484

주: 1) 예금은행(은행신탁 포함) 기분

2) 은행 신탁계정 제외. 전세자금대출, 이주비·중도금대출 등 주택담보로 취급되지 않은 주택관련대출을 포함

3) 공모회사채 기준(ABS 제외, P–CBO 포함)

4) 일반기업 기준

출처: 한국은행

한편, 앞서 보았던 일반 상업은행(Commercial bank)과는 다르게 투자은행(Investment bank)은 다른 대차대조표와 손익계산서를 보여준다. JPM의 투자은행 역할을 하는 Morgan Stanley를 보면 일부 고객 및 기업으로부터의 자금을 부채로 보유하고 있기는 하나 그보다는 Trading portfolio를 통한 부채가 더 많고, 여기에 자기자본을 더한 돈으로 일부 대출 및 Trading portfolio를 자산으로 가지고 있다. 여기서 의미하는 Trading portfolio는 채권의 발행 및 인수 등 일반적인 투자은행업무 과정에서 발생하는 각종 채권들이다.

Morgan Stanley 대차대조표

Balance sheet

€ in millions	31 December 2022	31 December 2021	Increase/ (decrease)	Variance in %
ASSETS				
Cast	14,744	0	14,744	100%
Amounts due from credit institutions and customers	17,576	21,636	(4,060)	(19%)
Trading portfolio	35,486	17,521	17,965	103%
Investments in affiliated companies	603	603	0	0%
Other assets	505	700	(195)	(28%)
TOTAL ASSETS	**68,914**	**40,460**	**28,454**	**70%**
LIABILITIES				
Amounts due to credit institutions and customers	28,063	18,262	9,801	54%
Trading portfolio	33,448	16,926	16,522	98%
Subordinated debt	1,006	1,002	4	0%
Instruments for Additional Tier 1 Regulatory Capital	1,000	600	400	67%
Provisions	157	135	22	16%
Other liabilities	316	273	43	16%
Fund for general banking risks	26	1	25	>100%
TOTAL LIABILITIES	**64,016**	**37,199**	**26,817**	**72%**
EQUITY				
TOTAL EQUITY	**4,898**	**3,261**	**1,637**	**50%**
TOTAL LIABILITIES AND EQUITY	**68,914**	**40,460**	**28,454**	**70%**

출처: Morgan Stanley Annual report 저작권확인 대상아님

손익계산서도 일반 상업은행과는 다른 형태이다. 대부분의 영업이익은 금융상품 거래에서 발생하고, 일부 매출은 주요 투자은행업무인 M&A나 회사의 재구조화, 채권이나 자기자본의 총액인수 등의 업무 과정에서 발생하는 자문 혹은 인수 수수료를 통해서 발생한다.

우리나라에서도 2016년 한국형 골드만삭스를 목표로 자기자본 4조 원 이상, 재무 건전성 확보, 내부 통제시스템 등의 요건을 마련한 증권사를 대상으로 대형 증권사 육성 취지의 '초대형IB'를 도입하였고, 미래에셋증권 및 한국투자증권, NH투자증권, KB증권, 삼성증권 등 5개의 증권사를 지정하였다. 은

Morgan Stanley 손익계산서				
€ in millions	2022	2021	Increase/ (decrease)	Variance in %
Sales and trading	495	391	104	27%
Investment banking	125	140	(15)	(11%)
Other	31	(2)	33	〉100%
Net revenues	**651**	**529**	**122**	**23%**
Staff related expenses	(251)	(217)	(34)	16%
Non-staff related expenses	(335)	(251)	(84)	33%
Operating expenses	**(586)**	**(468)**	**(118)**	**25%**
Profit before tax	**65**	**61**	**5**	**7%**
Extraordinary income	37	–	37	〉100%
Income taxes	(60)	(39)	(21)	54%
Profit after tax	**42**	**22**	**20**	**91%**

출처: Morgan Stanley Annual report)

행보다 수신기능이 약한 이들 초대형 증권사에게 자기자본의 2배까지 1년 미만의 어음 발행을 허락함으로써, 자기자본 외 운용할 수 있는 자금(Liability)의 확대를 허용한 것이다. 자기자본에 발행어음을 더하여 더 큰 자금을 운용할 수 있게 된 초대형 증권사들은 채권발행(DCM)이나 IPO등에서 더 많은 자금을 인수 확약(Underwriting)할 수 있게 되었고, 더 나아가 부동산 PF대출시장에서 유동화증권의 유동성지원 혹은 신용보강을 통해 발행어음 이자와 부동산PF대출의 이자 차이, 즉, 이자 마진으로 새로운 수익을 창출할 수 있게 되었다. 또한 인프라사업의 대출 및 채권을 직접 인수하거나 혹은 투자예정인 펀드에 자금을 우선 지원(총액인수, Underwriting)한 다음 이 채권이나 펀드 수익증권을 보험사와 같은 최종 투자자들에게 판매함으로써(Sell-down) 수수료를 취하는 비즈니스 모델을 만들어냈다.

미국 연방준비은행

미국은 금융시장뿐만 아니라 모든 측면에서 전 세계에 미치는 영향력이 막대하니, 은행 중에서도 연방준비제도(Federal Reserve System) 및 연방준비은행(FRB, Federal Reserve Bank)에 대해 이해하는 것은 역시 좋다. 미국의 중앙은행인 연방준비은행은 다른 나라에 비해서 늦은 1913년에 설립되었다.

1776년 독립선언을 통해 영국 식민지로부터 독립하였으나, 미국 금융시장은 아직 금본위제를 기본으로 한 영국의 영향력 아래에 있었다. 1900년 초까지의 미국에는 별도의 중앙은행은 없었고[116] 전국은행법을 근거로 전국에 다양한 은행들이 존재하였는데, 규모가 큰 은행일수록 파산 시 영향력이 컸기 때문에 더 많은 준비금을 확보하도록 요구하였다고 한다. 준비금은 많게는 25%였다고 하니, 단적으로 이야기하면 은행이 예금을 통해 가지고 있는 돈의 75%만 다른 곳에 투자하여 수익을 만들어낼 수 있어서, 작은 은행들에 비해서 오히려 경쟁력이 떨어지게 되었다고 한다.

이를 극복하고자 대규모 은행들을 중심으로 보다 수익률이 높은 위험자산(주식 등)에 투자하였는데, 1900년 초 유럽에서 여러 가지 이유로 금이 지속적으로 유출되자, 이를 막고자 영국[117]을 중심으로 금리를 인상시켰고, 외국에 투자되었던 자금이 회수되면서 1907년 미국에서도 금융위기가 발생한다. 미국 주식에 투자되었던 돈이 회수되자 주식시장이 붕괴되었고, 그에 따라 주식을 자산으로 갖고 있던 미국 대형은행들은 손실을 피할 수 없었다.[118] 이러한 상황에서 미국의 금융위기를 부채질한 것은 신탁회사(Trust)라고 알려진 금융기관이었다. 당시 미국에는 중앙은행 성격의 연방준비은행이 없었고 단지 연방정부의 인가를 받은 상업은행인 국법은행(National bank)이라는 제도만 존재하였는데, 신탁회사는 국법은행만큼 규제를 받고 있지 않은 상태였다. 이들은 지불준비금도 넉넉하게 갖고 있지 않은 상태에서 (국법은행에게는 금지된) 부동산과 주식시장에 투자하며 자산을 늘리는데, 주식시장이 붕괴하자 대형

116) 1791년을 포함하여 중앙은행을 만들려는 시도가 몇 차례 있었으나 실패하였다.

117) 당시 세계에서 가장 중요한 중앙은행은 영란은행이었는데, 대영제국의 통화를 금본위제에 부합하게 공급하는 역할과 뱅크런 등이 닥쳤을 때 최종대부자로서의 역할을 수행하였다.

118) 영란은행과 같은 중앙은행이 미국 금융시장에서도 최종 대부자(Lender of Last Resort) 역할을 수행할 수 있었다면, 은행들은 뱅크런이나 보유한 자산 급격한 하락등의 상황에서 자산(주식/채권)을 시장에 급하게 매각함으로써 시장의 혼란을 주거나, 은행 자체적으로도 손실을 확정하지 않고도 중앙은행으로부터 대출을 받아 위기를 넘길 수 있었을 것이다.

신탁회사였던 니커보커트러스트(Knickerbocker Trust)가 손실을 입고 문을 닫으면서 신탁회사들 앞으로 뱅크런이 발생한 것이다.

항상 패닉이라는 것은 자기입증형이기 때문에 재무적으로 건전한 신탁회사 및 은행들조차 영향을 받을 것을 알고 JP모건이 록펠러와 같은 부유한 자산자들과 협력하여 건전한 은행들에게 준비금을 지원하는 한편 강제 채무조정을 시킴으로써, 이런 패닉의 순환고리를 끊고 금융위기를 통제한다. 미국 의회는 금융체계의 변화가 필요하다고 느껴 1913년 연방준비법을 통해서 중앙은행을 설립하고 금융기관에게 지급준비금의무를 부과한다.

모든 나라의 중앙은행이 그러하듯 연방준비은행도 본원통화(Monetary base)의 공급을 조절하는 역할[119]을 하는데, 연방준비은행은 한국의 중앙은행과는 다르게 민간금융기관이다.[120] 미국 연준은 다른 나라의 중앙은행은 하지 못하는, 연방준비이사회를 통해 더 많은 돈을 찍어내거나 그 돈으로 국채를 매입하는 고유 업무를 통해 본원통화를 임의로 늘릴 수 있어서 이를 근거로 음모론과 연결하는 시도가 있기는 하나, 현재의 연방준비제도는 의회가 정한 법을 통해 연방준비은행의 목표 및 목적을 설정하게하고, 12개의 연방준비은행장[121]과 7명의 이사[122]로 구성된 연방준비제도이사회(FRB, Federal

119) 현대의 돈은 더이상 금으로 지급보증되지 않기 때문에, 본원통화의 공급보다 본질적으로 더 중요한 중앙은행의 역할은 가치저장고로서의 화폐 자체에 대한 신뢰를 유지하는 것이다. 그런 의미에서 아직까진 암호화화폐가 기존의 화폐를 대체하지 못하는 것 같다.

120) 연방준비제도의 지분을 가진 민간 은행들은 매년 총 배당금의 6%를 가져가며, 나머지는 재무부에 귀속된다. 배당재원은 미국 정부가 연방준비제도로부터 돈을 빌려서 화폐를 발행한 것에 대한 이자이다.

121) 클리블랜드, 리츠먼드, 애틀란타, 시카고, 세인트루이스, 미니애폴리스, 캔자스시티, 댈러스, 샌프란시스코, 뉴욕, 보스턴, 필라델피아에 설립되었고, 오늘날에는 샌프란시스코 연방준비지역이 미국 경제활동의 1/5 정도를 감당한다고 한다. 각 연방준비은행은 자체 이사회를 통해 지역 은행과 지역 사회을 관할한다.

122) 최초에는 대통령이 임명하는 5명의 이사와 당연직으로 재무장관 및 전직 통화감독관으로 구성되었으나, 연방준비은행의 독립성을 위해 1953년 법이 개정되어 재무장관과 전직 통화감독관은 배제되었다. 현재 5명의 이사는 임기 14년, 2명은 의장, 부의장은 임기 4년이며 대통령이 임명하고 상원의 인준을 거친다.

Reserve Board)가 연방공개시장위원회(FOMC, Federal Open Market Committee)를 통해 물가와 실업률의 안정화를 위한 의사결정[123])을 하게끔 한다.

연방공개시장위원회(FOMC)는 중요한 통화 정책인 단기금리 등을 결정하는데, 총 19명의 정책 결정위원(이사 7명과 12명의 연방준비은행총재)으로 구성되며, 그 중 12명이 투표에 참석한다. 12명 중 8명(7명의 이사와 뉴욕 연방준비은행 총재)은 정해져 있고 4명은 뉴욕을 제외한 나머지 11개의 연방준비은행 총재들에게 해마다 돌아간다. 연방준비제도의 독립성을 유지하기 위해 구성원을 변경하였고 대통령과의 정책방향 차이가 있다고 해서 해명되지는 않지만[124]) 주요 의사결정을 담당하는 7명의 이사는 대통령이 지명하고 상원의 인준을 거치고 있다. 연방준비은행의 목표도 의회를 통해 "최대 고용과 물가 안정"을 양대 책무로 정하였다. 따라서 FOMC는 공식적으로 최대고용과 물가 안정이라는 경제적 목표를 추구하여야 하고 다만 그 방법은 연준의 정책결정자들에게 있다.

연준도 다른 은행의 대차대조표와 동일하게 자산과 부채, 자본으로 구성된다. 자본은 연준에 출자한 시중은행들의 자본금이고 부채는 크게 화폐(Federal Reserve notes, 연방준비은행권)와 은행지급준비금(Deposit)으로 구성된다. 은행지급준비금은 각 시중은행들이 연준에 만들어놓은 계좌의 잔고로서, 은행간 거래를 할 때, 실제로 돈을 송금하는 것이 아니라 연준 내 각 은행들의 계좌상 이체를 하는 것으로 간편하게 처리할 수 있어 유용하다. 또한 필요시 각 은행들은 서로 지급준비금을 빌릴 수도 있는데, 이때 서로 부과하는 이자를 연방기금 금리(Federal Fund Rate)라고 한다. 자산은 연방준비은행이 보유하고 있는 각종 증권이나 채권인데, 대표적인 것이 정부가 발행한 국채(U.S. Treasury Securities, 미국재무부증권)이며, 모기지 담보증권(MBS)도 상당부분을 차지한다.

---

123) 주로 중앙은행과 시중은행간의 여신금리, 재무부 채권의 매입과 발행규모, 지급준비율 등 유동성과 관련된 의사결정을 한다.

124) 2025년 9월 트럼프 대통령은 연방준비제도 이사 중 하나인 리사 쿡 해임을 통보하는데, 많은 언론들은 이 시도가 정부에 의한 연준 통제력 강화 시도라고 생각한다.

연방준비은행의 대차대조표

5. Consolidated Statement of Condition of All Fedaral Reserve Banks

Millions of dollars

Assets, liabilities, and capital	Eliminations from consolidation	Wednesday Feb 7, 2024	Change since	
			Wednesday Jan 31, 2024	Wednesday Feb 8, 2023
Assets				
Gold certificate account		11,037	0	0
Special drawing rights certificate account		5,200	0	0
Coin		1,517	+ 17	+ 230
Securities, unamortized premiums and discounts, repurchase agreements, and loans		7,532,645	− 1,905	− 789,391
Securities held outright[1]		7,112,112	− 112	− 911,992
U.S Treasury securities		4,692,608	− 113	− 704,414
Bills[2]		210,353	0	− 74,668
Notes and bonds, nominal[2]		4,010,894	0	− 624,843
Notes and bonds, inflation-indexed[2]		360,222	0	− 14,757
Inflation compensations[3]		111,138	− 113	+ 9,853
Federal agency debt securities[2]		2,347	0	0
Mortgage-backed securities[4]		2,417,156	0	− 207,579
Unamortized premiums on securities held outright[5]		275,555	− 500	− 34,361
Unamortized discounts on securities held outright[5]		− 25,523	− 47	+ 1,938
Repurchase agreements[6]		0	0	− 1
Loans		170,501	− 1,246	+ 155,025
Net portfolio holdings of MS Facilities LLC(Main Street Lending Program)[8]		15,103	+ 20	− 7,519
Net portfolio holdings of Municipal Liquidity Facility LLC[8]		1	0	− 5,583
Net portfolio holdings of TALF II LLC[8]		0	0	− 1,950
Items in process of collection	(0)	56	+ 6	+ 3
Bank premises		446	− 14	− 27
Central bank liquidity swaps[9]		230	+ 11	− 208
Foreign currency denominated assets[10]		18,067	− 180	− 631
Other assets[11]		46,998	+ 3,222	+ 1,005
Total assets	(0)	7,631,300	+ 1,176	− 804,069

5. Consolidated Statement of Condition of All Fedaral Reserve Banks(continued)

Millions of dollars

Assets, liabilities, and capital	Eliminations from consolidation	Wednesday Feb 7, 2024	Change since	
			Wednesday Jan 31, 2024	Wednesday Feb 8, 2023
Liabilities				
Federal Reserve notes, net of F.R. Bank holdings		2,276,628	+ 441	+ 28,319
Reverse repurchase agreements[12]		890,179	− 87,424	− 1,528,752
Deposits	(0)	4,549,137	+ 86,864	+ 817,897
Term deposits held by depository institutions		0	0	0
Other deposits held by depository institutions		3,555,738	+ 144,021	+ 522,178
U.S. Treasury, General Account		821,575	− 43,906	+ 325,737
Foreign official		9,691	+ 3	+ 257
Other[13]	(0)	162 134	− 13,253	− 30,274
Deferred availability cash items	(0)	377	− 681	+ 114
Treasury contributions to credit facilities[14]		7,438	0	− 7,909
Other liabilites and accruedn dividends[15]		− 135,599	+ 1,687	− 114,346
Total liabilities	(0)	7,588,161	+ 888	− 804,676
Capital accounts				
Capital paid in		36,354	+ 288	+ 606
Surplus		6,785	0	0
Other capital accounts		0	0	0
Total capital		43,139	+ 288	+ 606

출처: 연방준비은행

연준은 미국 재무부가 발행한 국채를 자산(차변)으로 매입하고, 그에 상당하는 금액을 부채(대변)인 화폐로 구성하기 때문에, 국채를 현금화하는 것과 같다. 연준은 보유 자산인 국채를 시장에 팔면서 자산을 줄이면, 그 상당금액을 부채인 은행지급준비금을 줄이는 데 씀으로써 시장의 유동성을 감소시키고, 반대로 민간금융회사가 보유하고 있는 국채를 매입하면, 그에 상당한 금액을 은행지급준비금으로 부채에 계상하여 시장에 유동성을 공급하는 방식을 통해 통화 정책을 구현한다. 은행의 지급준비금이 줄어들면, 지급준비금이

귀해지니 지급준비금을 빌리는 이자율인 연방기금 금리가 상승하게 되고, 반대 상황에서는 연방기금 금리가 하락하게 되는 것이다. 2008년 금융위기시 있었던 양적완화는 이렇게 시중의 채권을 대량으로 매입함으로써 시장에 유동성을 공급하는 행위를 의미한다.

은행 외 금융회사의 세상

한편 금융시장에는 은행이나 증권사만 있는 것은 아니다. 보험회사 및 자산운용사도 금융시장에서 중요한 역할을 수행하고 있다. 일반인들의 자금을 모아 보다 효율적인 곳에 투자한다는 금융시장의 중개인 역할을 고려할 때 일정 자금은 자산운용사나 종금사(발행어음, CMA)에 들어가 전체 금융 시장에 기여하고 있다. 우리가 은행이나 증권사 판매 창구에서 가입하는 펀드를 통해 모여진 자금은 펀드매니저의 전문성을 활용하여 채권이나 주식, 혹은 특별자산에 투자하게 되는데, 이런 펀드들이 내세우는 수익률은 당연히 은행 예금금리나 국채 수익률보다 높고, 또 그래야만 투자금이 모이게 되므로 보다 효율적인 곳에 자금이 활용되게 만드는 금융의 순기능에 포함된다고 할 수 있다.

보험회사 역시 금융시장에서 중요한 역할을 수행한다. 보험회사는 은행과 같은 수신기능이 없지만 우리가 보험료로 매달 지급하는 돈이 이 역할을 대신한다. 보험은 이미 아는 바와 같이 위험을 전가받는 대가로 보험료를 수취하며, 약정한 보험사고가 발생하였을 때 보험금을 지급하는 구조를 가지고 있고 크게 생명보험과 손해보험으로 나뉜다. 우리나라에는 22개의 생명보험사가 있는데 자산 규모에서 삼성생명이 200조 원으로 가장 크고 그 뒤를 100조 원대의 교보생명, 한화생명이 따르고 있다. 웬만한 시중은행의 자산규모가 400조 원인 것을 생각할 때 상당히 큰 규모이다. 손해보험사도 22개가 있는데, 자산규모순으로 약 80조 원 규모의 삼성화재를 필두로 약 40조 원대의 현대해상, DB손보, KB손보, 메리츠화재가 뒤를 따르고 있다.

2024년 1월 한국 금융시장 동향

주요 금융기관 수신

(기간중 잔액 증감, 억원)

	23.8월	9월	10월	11월	12월	24.1월	24.1월말 잔액
은행계정[1)]	279,031	271,188	− 30,219	284,115	140,995	− 287,886	22,940,914
실세요구불예금	− 12,553	68,082	− 109,055	57,996	90,873	− 129,619	2,916,598
저축성예금	180,567	149,135	− 25,559	144,196	107,130	− 252,361	16,060,748
(정기예금)	139,601	− 36,570	101,798	136,756	− 228,197	165,671	9,855,796
(수시입출식)	23,555	163,083	− 136,185	2,178	332,118	− 422,370	5,515,726
CD + RP + 표지어음	66,568	− 16,152	70,549	− 32,914	− 79,275	88,629	824,699
은행채	44,560	70,123	33,846	114,836	22,268	5,464	3,138,869
자산운용사[2)]	23,623	1,170	247,602	142,670	− 168,918	352,475	9,610,856
MMF	− 40,270	− 79,205	224,971	− 25,280	− 205,574	260,981	1,959,291
채권형펀드	27,397	28,359	3,778	37,572	− 912	49,544	1,414,459
주식형펀드	− 4,285	− 7,618	− 20,394	48,926	11,083	− 661	1,034,161
혼합형펀드	1,976	− 1,856	− 3,029	− 3,269	− 3,786	5,917	243,213
가타 펀드[3)]	38,806	61,489	42,276	84,721	30,271	46,693	4,959,379
은행신탁	− 11,307	− 99,147	245,334	− 129,737	− 114,726	303,232	4,020,379
특정금전신탁	− 12,993	− 104,588	238,728	− 151,577	− 235,220	311,812	2,067,243
종금사	− 2,737	− 492	1,817	4,106	− 2,151	8,767	219,426
발행어음	3,769	− 4,147	2,982	8,498	− 10,294	17,505	162,344
CMA	− 6,506	3,655	− 1,165	− 4,392	8,143	− 8,738	57,082
(매출어음)	2,971	− 2,334	10,290	− 4,325	− 8,736	8,811	225,515
우체국 예금	− 4,146	− 3,959	7,450	− 416	4,419	19,517	856,743
증권사 투자자예탁금	− 44,077	− 15,889	− 39,330	24,240	42,727	− 20,103	507,434

주: 1) 은행·중앙정부·비거주자예금 제외 기준
2) 증권사 사모펀드 포함
3) 파생상품·부동산·재간접·특별자산·혼합자산 펀드

출처: 한국은행

생명보험사의 경우 투자위험을 누가 부담하느냐에 따라 보험회사가 위험을 부담하는 일반계정(general account) 자산과 보험계약자가 위험을 감수하는

2021년 기준 생명보험사 주요 계정 비율

(단위: %)

구분	2000	2004	2009	2014	2019	2020.9
운용자산	83.4	79.9	74.3	79.4	79.7	79.7
비운용자산	10.2	10.4	7.0	4.1	3.0	2.7
특별계정자산	6.4	11.3	18.7	16.4	17.3	17.6
총자산(조 원)	117	209	358	657	918	954

자료: 금융감독원 금융통계정보시스템

출처: 보험연구원

특별계정(separate account or special account) 자산으로 구분되는데, 2021년 보험연구원 자료에 따르면 상당부분이 일반계정이다. 이 계정 자금을 통해서 일반적으로 은행들이 수행하는 것처럼 대출이나 채권, 주식 등에 투자를 하게 된다.

또한 MG새마을금고, 신협중앙회, 농협중앙회 및 경찰공제회, 대한소방공제회, 교직원 공제회, 군인공제회 등 다수의 협동조합 및 공제회가 있어, 여기에 모인 자금도 금융시장을 이루는 한 축이 된다. 중앙회의 경우, 사람들이 각 지역 금고에 예금을 맡기면 그중 일부 자금이 중앙회로 집중되어 투자 집행이 된다. 공제회의 경우 해당 직군이나 직종에 종사하는 사람들의 월급 중 일부를 모아 투자한 다음 나중에 목돈으로 돌려주는 역할을 한다. 2금융권으로서 예금이자가 높거나 공제회를 통해 일반 예·적금보다 쉽게 목돈을 만든다는 것은 동일한 자금으로 (은행 예금이자보다) 더 큰 수익을 창출해야 한다는 의미이기 때문에 일반적으로 이런 기관의 요구수익률은 1금융권에 비해서 높은 편이다. 즉 이들의 조달비용(Funding Cost)이 높다는 의미이다.

공제회나 중앙회 자금은 주로 자산운용사가 설정하는 펀드의 유한책임투자자(LP, Limited Partner)로 투자되는데, 따라서 무한책임투자자(GP, General Partner)인 자산운용사는 투자 대상을 물색하고 투자 적정성을 검토하는 한편 이 펀드에 투자할 투자자를 유치하기 위해서도 노력해야 한다. 우리가 뉴스에서 본 라임펀드 사태와 같은 사고는 대부분 일반 고객을 대상으로 한 '공모'펀드이고, 기관투자자를 대상으로 하는 펀드는 '사모'펀드로 분류되는데, 일반 및 전문투자자 기준으로 각각 49인 및 100인을 기준으로 하고 있다. 아무래도 공모펀드의 경우 일반 고객을 대상으로 하고, 손실이 발생하면 그 타격이 개인에게 더 치명적이기 때문에 공모펀드를 만들기 위해서는 금감원의 더욱 엄격한 기준을 따르도록 되어 있다.

우리가 잘 아는 블랙록이나 블랙스톤, 브룩필드 역시 자산운용사이다. 블랙록은 블랙스톤의 계열사였지만 당시 펀드를 운용하던 래리 핑크가 워낙 특출나서, 후에 블랙스톤으로부터 분리되어 현재 10조 원 규모의 운용자산(AUM, Asset under management)을 보유하고 있다. 블랙스톤의 창업자인 스티븐 슈워즈먼은 Donaldson, Lufkin & Jenrette(DLJ) 및 리먼 브라더스 등 투자은행 출신이었는데, 그의 책 〈투자의 모험〉에는 초창기 이름도 실적도 없는 자산운용사인 블랙스톤 이름으로 펀드의 투자자를 모집하기 위해 돌아다니다 헛걸음하여 우산도 없이 비를 맞고 돌아오는 이야기도 나온다. 이렇게 아직 명성을 얻지 못하거나 능력이 검증되지 않은 운용사가 신규 펀드를 조성하는 것은 매우 어려운 일이다.

과거에는 펀드매니저에 의한 능동적인 투자인 액티브 펀드(active fund)가 유행했었고 따라서 스타 펀드매니저들도 많았다. 당시에는 펀드매니저라는 직업 자체가 선망의 대상이었으나 이제는 ETF와 같은 패시브 펀드(Passive fund)가 대세로 자리잡으면서 스타 펀드매니저들도 많이 사라졌고 펀드매니저의 이직도 잦아지는 세상이 되었다.

현대 금융시장: 금융자본주의와 산업자본주의?

이자를 발생시키는 자본과 금융자본(Banking Capital/Financial Capital)

은행의 재무제표에서도 알 수 있듯, 예금과 대출의 마진차이는 은행의 영업활동의 핵심이다. 즉 이자를 발생시키는 자본이 핵심이라는 것이다. 마르크스의 〈자본론〉과 이갑현의 〈자본과 은행업〉에서 설명된 내용을 빌리자면 누군

마르크스의 잉여가치

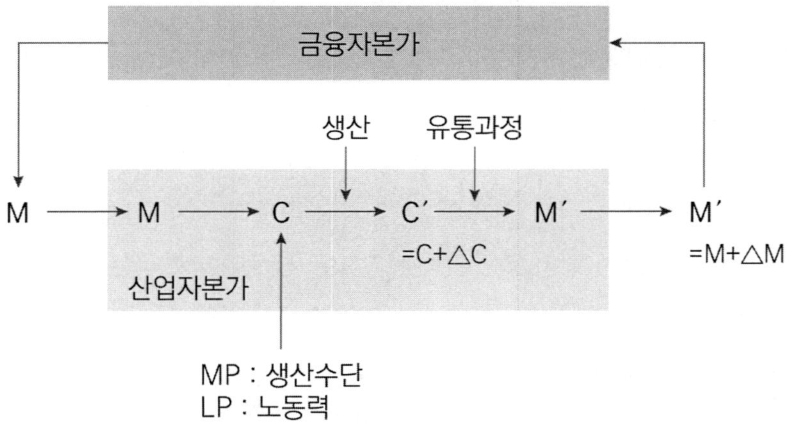

가 저축한 돈을 가져다가, 사업을 하기 위해 빌리고자 하는 사람에게 전달하는 중개를 통해 자본(돈)을 효율적으로 활용하게끔 한다는 은행의 핵심적인 역할은 아래의 공식으로 설명된다. 이 공식 하나만으로도 생각할 거리를 상당히 많이 던져준다.

우선 간단히 설명하자면 금융자본가(은행 등)는 산업자본가(회사)에게 자본(돈)을 대출해준다(M → M). 돈을 받은 산업자본가는 이 돈에 상당하는 생산수단(재료 혹은 기계, 토지 등)과 노동력을 구매한다(M → C). 그리고 산업자본가의 아이디어와 노력으로 잉여가치가 붙은 새로운 상품이 만들어진다(C → C').[125] 잉여가치가 붙은 생산품은 유통과정을 통해 시장에서 판매되고(C' → M'), 이렇게 증가된 자본(돈)중 일부가 금융자본가에게 이자로 돌아가고, 나머지는 산업자본가의 수익으로 남게 된다. 뒤에서 더 다루겠지만, 잉여가치 ΔC 혹은 잉여가치가 돈으로 환산된 ΔM이 많이 남는 산업으로 자금이 몰리게 되고,

125) 그렇기 때문에 자본주의에서 자본가 및 기업가는 시장에서 저평가된 생산요소를 발견하고 이를 효율적으로 활용함으로써 미래의 불확실성을 성공적으로 통찰한 것에 대한 보상을 받는 것이다. 따라서 단순히 '노동력'만 있다고 자본이 소득을 만들어내지 못하며 경제도 성장할 수는 없다고 생각해 볼 수 있다. 해외 투자를 충분히 받아온 동남아시아가 우리나라처럼 압축성장하지 못한 이유이기도 하다.

따라서 자본주의 경제체제 아래 비로소 자본이 효율적으로 이용된다는 개념이다. 크고 작은 수많은 경제 활동 사이클로 현대 사회가 이루어진 것이고, 스미스가 〈국부론〉에서 이야기하고 싶었던 것도 이러한 활동을 통해서 모두가 윈-윈하는, 점점 먹을 파이가 커지고 나라의 부가 쌓이는 그런 건전한 자본주의 사회를 꿈꾸었던 것이라고 할 수 있다.

국가에 이러한 크고 작은 자본의 순환 과정이 수도 없이 반복되고 그 와중에서 새로운 부가가치들이 생산되어야 그것이 진정한 국부라는 것이 애덤 스미스의 생각이었다. 따라서 그에게는 상업자본주의처럼 단지 식민지에서 뺏어와 창고에 저장해놓은 금은보화는 진정한 국부가 아니었다. 또한 이러한 순환과정을 많이 만들어야 하기 때문에 몇몇 대기업에 의한 독점자본주의 역시 옳지 않다고 생각하였다. 하지만 여기에는 마르크스가 지적한 핵심적인 약점도 내재되어 있다. 산업자본가는 필연적으로 잉여가치 (Δ)를 많이 남기기 위한 고민을 할 텐데 재료나 기계, 토지의 비용 등 생산수단의 절감은 현실적으로 제한적이기 때문에 본인이 고용하는 노동력(LP)에 드는 비용을 줄이기 위해 노력할 것[126]이고, 이상적인 상황이었다면 산업자본가의 착취 때문에 노동자의 복지나 임금과 같은 처우가 나빠지면 노동력이 다른 곳으로 이동해야 하지만, 현실에서 노동자는 마땅히 갈 곳이 없기 때문에 결국 착취를 당하게 될 것이라는 점이었다.[127] 이렇게 반복되다 보면 결국 노동자에 의한 혁명에 따라 자본주의가 망하고 사회주의가 등장한다는 것이 마르크스가 전개한 논리의 핵심이었다.

---

126) 마르크스는 이를 두고 노동자들이 기업이 기여한 만큼 보수를 받는 것이 아니라 삶을 연명하고 재충전하여 다시 일할 수 있을 정도 수준의 생계임금(subsistence wage)만 줄 수밖에 없다고 표현하였다. 시쳇말로 월급쟁이로는 부자가 될 수 없는 이유이기도 하다.

127) 물론 마르크스는 이 잉여가치를 높이기 위해 끊임없이 임금을 쥐어짜기보다는 기계 등으로 대체하는 재투자를 하는데, 이 재투자는 본질적으로 인건비(가변자본 variable capital)를 기계비(고정자본 혹은 불변자본 contant capital)로 바꾸는 행위여서 종국에는 이윤율이 떨어져 자멸하게 될 것이라고 생각하기도 했다. 또한 그는 이 불변자본도 결국 기계를 생산하는 데 들어간 노동력의 가치이기 때문에 "모든 상품의 가치는 단지 일정한 크기의 응결된 노동시간에 불과하다"고 생각했다.

물론 마르크스의 생각에는 비약이 존재하여 현상을 왜곡한 점도 있다. 마르크스의 유물론(materialism)은 세상의 현상들이 관념론적인 것보다는 유물론적인 것에 기초한다는 것이고 그의 노동가치설은 (분명 고려해봄직한 생각이기는 하나, 동시에) 이윤증대를 위해서 필요한 경영기법이나 인적 자본[128]은 간과되었고, 또한 자본가가 감수하는 위험이나 기다림에 대한 가치 혹은 번뜩이는 아이디어 등은 노동에 비해 저평가한 부분이 분명 존재한다. 분명한 것은 단순한 생산활동만으로는 세상이 발전하기는 어렵다는 점이고 이는 길고 길었던 중세 및 근대 이전의 인류의 역사과정에서 문명의 발전속도가 그 이후와 크게 차이가 나는 이유이기도 하다. 그래서인지 마르크스조차도 〈공산당 선언〉에서 〈자본론〉으로 넘어온 10여 년의 시간을 거치며 '절대'빈곤을 '상대' 빈곤으로 바꾸었고, '빈자는 더욱 거지가 된다.'는 표현도 '빈자도 부유해지지만 부자는 더 빨리 더 많이 부유해진다.'라고 바뀌었다고 한다. 그조차도 실제적인 사회변화를 인정할 수밖에 없었던 것 같다.

한때 우리나라에서도 유행했던 '노동시장의 유연성'에 대해서도 생각해보면, 인간은 로봇이 아니기 때문에 새로운 일을 하기 위해서는 재교육 시간이 필요한데, 특히 현대 지식산업에서 요구되는 고도의 능력은 사실상 노동시장에서 이탈하는 인력의 재훈련이나 재교육을 통해 확보하기 어렵다. 심지어 지식산업 노동시장에서 필요로 하는 숫자도 점점 줄어들고 있는 상황이기도 하다.[129] 또한 나이가 들면 자연스럽게 생산성이 떨어져 노동시장에서 도태되는데,[130] 그런 현실에도 불구하고 노동시장의 유연화가 정말 파이를 키울 수

---

128) '자본'의 정의가 자가 증식할 수 있는 가치라고 한다면, 인적 자본은 결국 인건비 대비 결과물이 크다는 의미가 아닐까? 유능한 인적 자본은 '월급' 대비 생산성이 높다는 의미일 것이다.

129) 노동시장의 분리도 주목할 만하다. 드러커는 정보 사회의 중대한 사회적 도전으로 노동시장의 상층부과 하층부의 분리와 새로운 계급 갈등을 지적한다. 사회역사학자들이 말하는 '하층 계급'은 비숙련 노동이 더 이상 필요 없고, 하루 벌어먹는, 또한 이러한 상황이 세대에서 세대로 전승되는 계속적인 실업상태의 사람들을 말하는데, 상당수 하층부 노동자들의 공통적인 기능이 상층부 노동자를 보조하는 것이다.

130) 근대로부터 이어져오는 공교육 시스템은 평균적인 노동력을 대량생산하기 위해 만들어졌고, 특히 우리나라의 교육 시스템은 Fast follower로서 빠른 경제성장을 위한 산업전사 육

있는 것인지 고민해볼 필요가 있다. 노동시장의 유연화에 대응하는 논리는 아마도 노동시간의 단축을 통해 일자리 숫자를 늘리는 것인데, 〈노동의 종말〉에서 언급한 바와 같이 노동시간만 단축되고 일자리가 늘지 않으면 정치적 안정성을 위협하는 경제적·사회적 문제가 더 강해질 것이다.

산업혁명시대 열악했던 노동자의 처우를 고민하고 최소한 인간적인 삶을 보장하는 (그리고 우리나라 헌법 전문에서도 확인할 수 있는) 기본적인 사회주의적 사상은 자본가 그룹에 포함되지 못한 대다수 인간에 대한 최소한의 안전장치일 수 있다는 점 또한 같이 생각해볼 문제다. 과연 이러한 요구를 무작정 '공산주의자다!'라고 이야기할 수 있는 것인가?

이런 현실적인 문제를 더 큰 그림에서 본다면 '산업혁명 당시의 노동자의 처우'를 아프리카 노예무역이나 각종 환경, 생태계 파괴와도 연결될 수 있다. 자본가는 비용을 줄이려 노력하고, 소비자로서 우리는 같은 품질이면 더 낮은 가격을 자연스럽게 선호한다. 투자자들도 회사의 매출대비 비용이 감소하면 배당이 늘어나니 더 좋아할 수밖에 없다. 하지만 이들은 대부분 노예무역이나 생태계와 자연이 파괴되는 현장에 있지 않다. 알고 있는 것과 실제로 경험하는 것에는 큰 차이가 존재한다.

유럽인이 아메리카에 도착하고 대규모 사탕수수 농장을 만들어 유럽에 설탕을 팔아 폭발적인 수익을 얻자, 그 농장의 일자리를 채우기 위해 값싼 노예 무역이 활성화되었고, 그 과정에서는 주변 부족을 잡아다 서양인에게 파는 아프리카인들도 생겨났다. 이것은 (최소한 단순 투자자입장에서) 서양인들이 아프리카인들을 (무시할지언정) 혐오해서 생긴 일은 아니다. 미국횡단열차를 만들기 위해 수많은 중국인들이 시에라 네바다 산맥에서 폭약으로 철길을 뚫으

성에 집중되어 왔는데, 과연 그러한 교육시스템에서 키워진 세대를 대상으로 '노동시장 유연화'가 현실적으로 가능했을지 의문이다. 은퇴자와 신규직원의 능력이 서로 다르기 때문에 일자리를 구분하고 경쟁하지 않게 하는 접근법도 유효해보인다. 일반적으로 젊은 사람은 창의적이거나 신체능력이 필요한 일(유동지능)에, 은퇴자는 연륜과 판단력을 요하는 일(결정지능)에 유용할 수 있다고 한다. 같은 자리를 두고 세대가 경쟁하도록 해서는 답이 없다.

며 죽어갈 때도 철도회사에 투자한 투자자들에게는 먼 나라 이야기였을 뿐이고, 동인도회사가 주변 동남아시아 국가를 상대로 한 폭력 역시 동인도회사에 투자한 사람들에게는 지구 반대편에서 일어나는 작은 소식일 뿐이었다.

자본주의의 이면에는 '잉여가치 극대화'를 위해 지구 저 먼 곳 어딘가에서 나와 같은 어느 인간 혹은 생명체가 고통받고 있을 수도 있고 만약 그렇다면 그 가치는 지금 내가 누리는 편리함이나 경제적 효익에 의해 상쇄되거나 무시될 수 없을 것이다. 하지만 지금 이 순간 여기있는 나에게는 그 불편한 진실이 너무나도 멀리 있어 보일 뿐이다.

또 한 가지 생각해볼 점은 산업자본가와 금융자본가가 일치하면 어떻게 되는지이다. 이를 마르크스는 '산업의 금융화'라고 하였으며 일부에서는 금융자본주의라고도 한다. 〈문명의 운명〉에서 마이클 허드슨은 19세기 산업 자본주의 시대에서는 노동자의 생활환경이나 복지에 대한 기업의 의무가 실제로 법제화되었지만 1979년 스태그플레이션의 여파로 신자유주의가 득세하면서 다시 모든 것을 시장에 맡기게 되었고, 그 과정에서 금융자본가의 영역이 점차 넓어지면서 현재의 금융자본주의가 완성되었다고 주장한다.

저자가 지적한 중요한 점 중 하나는 바로 토지비용과 금융비용인데, 애덤 스미스가 언급한 '국부'입장에서는 이는 간접적인 비용[131]일 뿐이라고 생각했다. 고대 아테네부터 고리금리에 대한 비판의식이 있었는데, 돈이라는 것은 교환을 위한 물건일 뿐 그 스스로 증식하는 것은 말도 안 되고, 순수한 노

131) 이를 '지대'라고 표현하는데, 경제학에서 일컫는 '지대'란 리카도가 정의한 지대를 일반적으로 말하며 단순히 토지 임대료뿐 아니라 임대자가 현재의 용도대로 쓰기 위해 소유주에게 지불하는 모든 간접 비용으로 토지, 노동, 자본 등을 의미한다. 경제학적 지대(Economic rent)라고도 한다. 리카도는 각 토지의 생산성에 따른 차액지대론(Differential Rent)을 이야기했는데, 마치 회사채 발행시에 낮은 금리를 써낸 매수자부터 물량을 배정하여 발행목표물량까지 들어오는 매수자의 금리가 최종 발행금리가 되는 북빌딩(Book building)방식처럼, 비옥도와 위치에 따라 생산량은 다르지만 결국 최종 수요량에 도달하는 가장 열등한 토지에서 생산되는 농산물 가격이 시장가격이 된다는 논리이다. 하지만 생산성이 낮은 토지를 소유한 지주 역시 무상임대는 하지 않을 것이기에 마르크스는 '소유 독점'으로 일정한 지대는 무조건 발생한다는 절대지대론(Absolute ground-rent)을 주장한다.

동이나 국가의 발전에 의한 것이 아니라면 이는 불로소득이라는 인식이 있었다고 설명한다. 생산수단(MP)에는 토지비용도 들어가는데, 이 토지라는 것이 혁명에 의한 토지개혁이나 몰수가 아닌 이상 세습되는 재산이고 산업자본가와 노동자가 만드는 진정한 잉여가치의 일부를 가져가는 추가적인 비용일 뿐이라는 것이다. 이런 불로소득이 발생하는 자본인 토지 역시 부동산 담보대출이라는 금융의 힘을 빌리기도 한다. 따라서 결국 토지비용도 부동산담보대출의 연장선에 놓여 결국 잉여가치의 일부가 가만히 있어도 얻어지는 부동산대출의 이자로 유출되어 결국 아무 노력도 하지 않는 자본가의 소득으로 환원된다는 것이다.

이는 은행 자산의 상당부분이 부동산담보대출이고, 상업은행의 주요 비즈니스 중 하나가 실물부동산금융 및 부동산PF대출 자금이라는 점에서도 확인할 수 있다. 이 과정에서 산업자본가는 결국 금융자본가와 밀접한 관계로 진화하였고, 금융자본가가 산업자본가에게 지대한 영향을 미치게 되는 금융자본주의가 완성되었다는 것이다. 이갑현의 〈자본과 은행업〉에서 저자는 서문을 통해 책의 내용이 같이 일하는 은행 동료들을 위한 것이라 말하였는데, 책의 후반에는 위의 금융자본[132]의 생리와 중개인으로서 은행의 역할 및 사명에 대한 진지한 고민이 필요하다고 하였다.

안타깝게도 현재의 금융시장은 (금융)자본이 새로운 산업에 투자되어 보다 나은 삶을 위한 잉여가치를 창출하는 것보다는 부동산 담보대출을 통한 사회의 간접비용으로서 일반 서민들의 의식주에 영향을 미치는 것 같다. 금리인상은 결국 임대료를 높여 서민들을 힘들게 하는 것이라는 주장, 혹은 임대차 3법에 의해 임대인들에게 불리한 제도가 만들어지면 이는 곧 비용화하여 임차인에게 전가되기 때문에 서민들이 힘들어질 것이라는 말.[133] 모두 맞는

132) 저자는 이를 Banking Capital이라고 언급하고 은행의 실제 '자산(Asset)'인 Bank Capital과 구분하였으나, 그 용도상 큰 틀에서는 Financial Capital이라고 해석되어도 무방할 듯하다.

133) 제도학파 입장에서 보면, 제도/법과 경제학은 연관성이 크다. 1979년 캘리포니아주(州) 산타모니카시(市) 정치인들은 민심을 위해 주택임대료 통제법이 통과시켰는데, 결과적으

가계 원리금비율 및 소비판매 경향

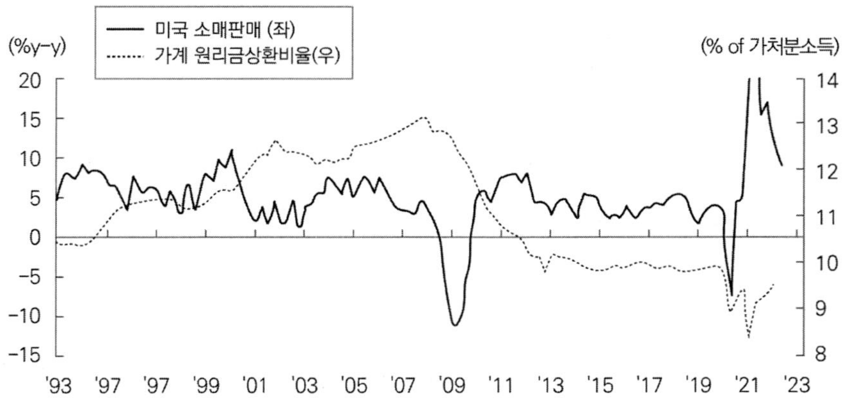

출처: 이데일리, FRED

말이다. 그만큼 이미 금융회사에 의한 '지대'는 개개인의 삶에 깊숙히 들어와 있다는 의미이다.[134)]

기업금융도 동일하다. '검증되지 않은 기술에 대한 위험'이라는 명목으로 금융회사는 산업에서 추진하는 신기술에 투자하기를 꺼리는데, 그럼에도 불구하고 (기업의 생존이나 새로운 비즈니스 모델을 만들기 위해) 신기술에 투자해야 한다면 회사가 갖고 있는 부동산을 담보로 내놓으라고 한다. 아주 우량한 소수의 대기업들만 담보 없이 신용으로 대출을 받을 수 있다. 회사채도 결국 근본적으로 동일하다. 결과적으로 은행은 부동산담보대출을 하는 것이지 잉여

로 우리나라와 같이 주택난이 벌어졌다고 한다. 많은 집들이 관리되지 않은 채 버려지거나 용도가 변경되고, 혹은 우회적인 방법으로 임차인에게 비용을 전가했다고 한다. 이 법을 통해 이득을 본 사람은 법이 시행되기 전에 임차를 하던 사람들 뿐이어서 새로운 인구 유입에도 부정적인 영향을 미쳤다고 한다. 〈죽은 경제학자의 살아있는 아이디어〉에서 언급한 것처럼 경제학 원리가 고려되지 않은 '도덕적'정책은 위험할 수 있다.

134) 〈명견만리 새로운 사회 편〉에서 언급된 것처럼, 금융회사에 의한 지대는 또 한편으로 건물주의 임대료로 환산되어 자영업자의 부담이 되곤 한다. 저자는 우리나라 임대료가 뉴욕만큼 높지만 소비 수준은 그렇지 못하고, 결국 젠트리피케이션으로 연결되거나 자영업자의 파산으로 이어진다고 지적한다. 2001년 제정된 상가건물임대차보호법도 한계가 있다고 말이다(2017년 출판 당시 5년이었던 유효기간은 2018년 10년으로 연장되었다). 1981년 제정된 주택임대차보호법의 개정안인 2020년 소위 '임대차3법'도 동일 선상에 있겠지만, 최소한 5년이 지난 현재까지는 그 효과에 대한 의문이 있는 듯하다.

가치 창출을 위한 신산업에 투자하는 것은 아니다. 이를 보고 오죽하면 마이클 허드슨의 〈문명의 운명〉에서 "금융자본은 허구다!"라고 직접썼겠는가. 그에게 현대 금융시장과 금융자본은 실물 경기를 위한 것보다는 이자와 배당으로 귀결되는 '부의 금융화'라는 입장이다. 〈자본론 공부〉에서도 저자는 "1980년대 이래 금융적 자본이 산업자본보다 더욱 강력한 자본 분파가 되어, 각국 경제의 '세계화'와 '금융화'를 추진하고 '새로운 가치의 창조'보다는 '이미 생산된 가치의 분배'에 몰두하여 금융적 투기를 치부의 일상적 수단으로 삼았습니다."라고 하고 있다.

여기에서의 금융자본은 단지 은행만을 말하는 것이 아니라 보험회사나 증권사 등 모든 금융기관도 포함된다. 담보대출을 하되 사고가 나면 안 되니 화재보험에 가입하라고 하고, 또 증권사는 개인의 잉여자금 관리를 위해 금융상품투자를 유도하여 수수료를 얻어낸다. 이렇게 개인의 소득은 다양한 형태의 금융간접비로 지출된다. '오마하 현인'이라 부르는 워렌 버핏 역시 투자자금의 대부분은 보험 자회사에서 거둬들이는 보험료에서 나오고, 이렇게 모인 보험료로 투자하여 큰 수익을 창출한다. 그 투자수익은 주주에게 배당된다.[135)]

산업의 금융화에 따라서 이제 회사들은 '주주가치 제고'를 위한 노력을 더 기울일 뿐 정말 국가의 산업과 신산업 개척을 위한 노력을 기울이는, 산업보국(事業保國) 정신을 계승하는 기업가는 줄어드는 듯하다. 이를 보고 우리는 창업주의 특별함이고 기업가 정신이라고 하지만 우리나라에서 그것이 통했던 시대는 1940년대 삼성과 현대가 창업을 하던 때에 끝난 것은 아닌가 생각된다. 아직도 세상은 기업가 정신을 통한 새로운 산업을 기대하고 있고, 금융과 산업의 조화도 앞서 언급한 것과 같이 이루어져야 하지만, 현실은 그렇게 녹록하지 않아 보인다. 〈문명의 운명〉에서는 '파이어(금융 Finance, 보험 Insurance, 부동산 Real estate) 부분이 국내 경제에서 수행하는 역할'이라는 그림을 통해 개인과 기업의 소득을 편취하는 현황을 정리하여 보여준다.

---

135) 회사 방식이기에 워렌 버핏과 같은 투자가 가능하지 펀드였으면 이미 환매당했을지 모른다.

금융, 보험, 부동산 부분이 국내 경제에서 수행하는 역할

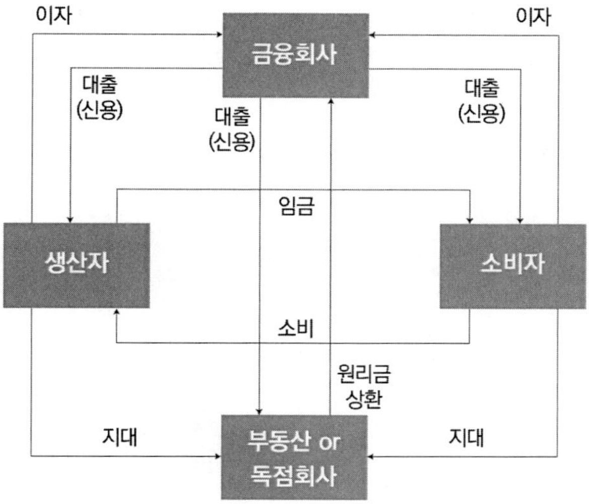

잉여가치와 대출약정

잉여가치는 법과도 관련이 있다. 금융자본가와 산업자본가 사이의 일만 보자면 금융자본가는 산업자본가에게 돈을 빌려주고, 후에 잉여가치의 일부(즉 이자)를 더한 돈을 돌려 받는 것 뿐이고 이 관계는 결국 대출약정서라는 '서면' 약속을 통해서만 증명된다. 이 대출약정에 의해서 실제로 돈의 소유권이 이전되려면(M → M) 대출약정서가 유효하고 신뢰할 수 있어야 하며 문제가 발생하였을 때 금융자본가를 구제할 수단이 필요하다. 이 문제는 결국 개인의 소유권을 인정하는 것과 개인과 개인 간(私人間)의 문제를 다루는 민법의 상세한 정립을 필요로 했다. 재미있는 점은 실제로 사업을 만들어가는 핵심인 각종 사업계약서(건설공사 계약이나 운영관리 계약 등등)에는 불가항력 조항이 있어서, 상호 합의한 불가항력 조건을 충족하는 경우, 누구의 잘못도 아니기 때문에 서로 양보하게 되지만 돈을 빌려주는 계약인 금융약정서에는 이러한 내용이 없다는 것이다. 민법에서 설명하기로 (다른 채무와 다르게) 금전채무의 경우는 자본주의와 화폐가 사라지지 않는 이상 어떤 형태로든 의무 이행(상환)이 가능하기 때문에, 일반적인 경우 금전채무가 면책되기 어렵다고 설명한다. 유일한 방법은 개인/회사의 파산선고를 통해 빚잔치를 하고 털어내는 수밖에...

누가 이 잉여가치가 붙은 C'을 M'으로 바꿔주는가'도 생각해볼 주제이다. 결국 우리가 살면서 소비하는 모든 것들이 여기에 해당될 것이다. 대다수의 소비자는 동시에 결국 임금노동자이기 때문에 과거 '공급' 위주의 자본주의가 현재의 '소비' 위주의 자본주의로 변경되면서, 신규 시장을 어떻게 개척할 것인가가 중요해졌다. 아마도 이 고민의 결과가 '기본소득'일 것이다. 임금노동자가 소비자인 세상에서 무작정 임금을 줄일 수는 없기 때문이다. 기본 소득에 대한 논의는 하루아침에 혹은 포퓰리즘으로만 만들어진 것이 아니라 이미 1960년대 프리스턴 대학의 첨단 학문 연구소 소장인 오펜하이머가 국가적인 토론을 요구하면서 시작되었다. "삼중 혁명에 관한 임시 위원회(Triple Revolution Ad Hoc Committee)"는 노동 절약 기술 때문에 유휴 인력이 된 많은 이들에게 기금을 나누어 주는 방법으로 '권리의 문제로서 적정 수입'을 모든 시민에게 보장하는 것에 대해 논의한다. 그들도 기술이 '일'이 아니라 '일자리'를 없앤다고 생각했던 것이다.

사람이 몸을 뉘이고 다음 날을 위한 재충전을 하기위한 최소한의 거처를 마련하기 위해 현재 우리는 월·전세 대출이 담보 대출이든 결국 금융의 힘을 빌릴 수밖에 없고, 그 과정에서 임금의 일부는 반드시 금융자본가에게 이자로 지급된다. 금융자본가 입장에서 산업자본가의 그리고 소비자의 부동산을 모두 쥐고 있다는 우려가 마이클 허드슨이 하고 싶었던 이야기일 것이고 어쩌면 미국뿐만 아니라 우리나라에서 첨예하게 대립되는 정쟁의 핵심 중 하나일 것이다.

식민지 개척처럼 소비시장을 확대할 수도 없는 현대사회에서 새로운 소비시장을 만들기 위해서는 전쟁을 통한 파괴로 발생하는 새로운 소비의 창출(즉 전후복구)이나, '유행' 혹은 '트렌드'라는 이름으로 불필요한 소비 심리를 자극해야 하는데, 결국 소비가 미덕인 이유는 그래야만 현재 수준의 경제성장이 유지될 수 있기 때문일 것이다.[136] 금리나 이윤 등 일반적으로 경제학자들이

---

136) 1920년에서 1927년 사이 생산성이 40%가량 성장하면서 더 많은 노동자가 해고되자 과잉 생산과 과소 소비에 당면한 기업들은 마케팅을 연구하게 되고 근검절약정신으로 무장하

쓰는 범주에서 벗어나 법이나 제도에도 관심을 보였던 경제학풍을 제도학파라 하는데, 제도학파 중에서 19세기 후반 구제도학파의 대표격인 토스타인 베블런(1857~1929)은 존 케네스 갤브레이스(1908~2006)라는 학자를 배출하였고 그는 대표적인 케인즈주의자로도 알려져있다.[137)]

그 역시 기업은 수요에 맞춰 공급을 조절하기 보다는 오히려 수요를 늘리기 위해 고민할 것이고, 마샬의 '수요의 한계 효용'은 필수적인 수요(즉, 생리적 욕망)에만 적용되지 심리적 욕망에는 해당되지 않는다고 생각했다. 그는 이 심리적 욕망을 현시적 소비나 전시효과를 부추기는 광고 때문이라고 생각했고, "의존효과"라고 불렀다고 한다. 넷플릭스 〈지금 구매하세요: 쇼핑의 음모〉에도 자세히 나오지만 칠레의 옷 쓰레기산에는 과연 정말 입지 못할 수준의 헤진 옷들만 있을까? 슈퍼마켓에 있는 모든 상품은 언젠가 모두 소비되기는 하는 걸까? 2~3년 쓰다가 망가진 전자제품은 정말 재활용될 수 있는 것인가? 비록 덩샤오핑이 1979년 미국에 방문하고 물건들로 가득찬 슈퍼마켓을 보면 '그래 이것이 부국이지!'라고 외치며 중국에 돌아가 경제 개방을 외쳤다고는 하나, 과하면 넘쳐흐르게 되어 있는 것 같다.

'신용 확대'와 버블도 중요한 문제다. '지급준비제도'에서 설명한 것과 같이, 은행이 받은 100원이라는 예금 중 90%는 다시 시장에게 대출의 형태로 풀리고, 그 90원이라는 돈의 일부는 다시 은행에 예금으로 들어와서, 이 돈의 90%는 또 시장에 대출의 형태로 풀린다. 이 시스템이 가능한 이유는 모두가 동시에 은행에 돈을 찾으러 오지 않을 것이라는 경험과 은행에 돈을 맡기면 언제든 찾을 수 있다는 믿음에서 비롯된 것인데, 이것이 바로 신용이다. 잘

여 미국으로 이민온 다수의 프로테스탄트들의 인식도 변화한다. '뒤로 처진다'는 공포는 구매력을 촉진하는 강력한 힘이 되었다. 당시 마르크스주의의 정치경제학자이자 운동가였던 해리 브레이버만은 "지위의 원천은 물건 생산 능력이 아니라, 구매 능력이다."라고 이야기한다. 1920년대 부유하고 저명한 사람들의 한가로운 교외생활이 등장하는데, 개츠비는 그 중 하나였을 것이다.

137) 따라서, 경제학에서 제도와 법의 영향력이 크다는 제도주의의 생각도 유지하였다고 한다.

알다시피 이러한 신용의 확대는 실제 화폐를 발생하지 않아도 끊임없이 경제를 움직이게 한 원동력이다.

문제는 금융자본주의가 확대되면서 금융자본가들에 의한 신용공급도 확대되는데, 그것이 반복되면 어디선가 자연스럽게 버블이 생기기 마련이니, 현대의 금융시장에서 버블은 필연적이고 아마도 그때가 되면 다들 '이번은 다르다'라고 이야기할 것이다.[138] 어딘가 쌓이고 쌓이던 것이 터져나가지 않으면 오히려 위험해지는 세상이 된 것이다. 애덤 스미스가 꿈꾸던 것처럼 단지 자본의 융통 및 잉여가치를 만드는 선순환에 의해 국가의 부가 증가하는 수준을 넘어서, 금융자본가가 모든 것에 영향을 미치며, 이들이 보유한 돈이 일정량의 잉여가치(Δ)를 남기면서 별 탈 없이 유지되기 위해서는 지속적인 인플레이션이 필요하고 그 과정에서 돈이 집중되는 곳에 자연스럽게 버블이 발생하여 한 번씩 터지게 되는 것이다. 그래서 우리는 연준에서 주장해온 '2%의 인플레이션은 가장 좋은 것'이라는 말에 세뇌되어 왔던 것일 수도 있다. 그린스펀도 인정하였듯, 아마도 그들은 실물경기의 버블이 발생할 수 있다는 사실도 알고, 그것이 누군가에게 해가 되는 것도 알았지만 2%의 인플레이션만 잘 유지한다면 터져나갈 곳이 터져나가도 큰 틀에서 금융자본주의는 유지될 것이라는 생각을 하고 있을지도 모른다.

언제까지나 버블이 유지될수는 없고, 누군가 파산하여 빚잔치를 통해 청산을 하게되는데, 그 과정에서 돌려받지 못하는 돈이 있다면 금융회사는 단지 재무제표상 상각을 통해서 만들어졌던 신용을 삭제한다. 이는 어쩌면 나중에 발생할 신용 확대(버블)를 위한 여유공간일지도 모른다. 세상을 구원하기 위해 세상의 모든 것을 절반으로 줄이겠다는 타노스의 모습이지 않을까? 금융시장의 붕괴는 누군가에겐 절망과 같은 시간이 되더라도[139] 희생은 필연적이라

---

138) 실물경제는 반드시 등락이 있고 무한정 꾸준하게 성장할 수 없지만, 이자와 금융비용은 항상 정해져 있고, 어떤 경우에도 없어지지 않기 때문에 실물경제와 금융시장의 갭은 항상 존재할 수밖에 없다.

139) 마크 카니의 〈초가치〉에서 저자는 그린스펀이 잠재적 버블이 나타나기전에 바람을 빼기보다는 거품이 완전히 터진 후 깨끗하게 청소하는 것이 더 효율적이라는 견해였었고, 또

는 것이 통화주의자들이 보여준 모습이고 우리가 살고 있는 세상의 진실이니깐 말이다.

현대 금융시장의 단편
: 1997년 IMF와 2008년 서브프라임 모기지론 사태

자본주의 및 은행의 역사에서 볼 수 있듯 전통적인 금융시장은 금전적 가치가 있는 물건이나 화폐를 안전하게 보관하며, 이를 모아 더 효율적인 곳에 투자하는 단순한 역할을 수행하였다. 하지만 세상이 복잡해지면서 금융도 같이 복잡하게 성장해온 것이 현대 금융시장의 모습이다.

영국의 경우 대항해시대가 끝나가고 산업혁명이 본격화되던 19세기에 줄기찬 인수 및 합병을 통해 Barclays, Lloyd 등 5개의 대형은행으로 재편되었고 미국의 경우는 JPM과 같은 월가의 대형은행들이 철강, 철도 및 석유 등 미국의 기간 산업에 자금을 조달하는 역할을 하는 한편 개인 고객을 대상으로 하는 은행업무(Retail Banking)는 각 주에 존재하는 중소형 은행들이 담당하는 형태로 나뉘었다.

미국은 각각의 주(州)가 연합한 연방국가이기 때문에 은행도 그렇게 나뉘었지만 실리콘밸리은행과 같이 각 지역별로 산업의 특성에 따라 여·수신과 관련된 취약점도 다르게 존재하였다고 한다. 이러한 취약점은 결국 1929년 대공황 초기 각 주에 있는 중소형 은행들의 파산이 결국 월가(Wall street)에까지 영향을 미치게 되는 원인이 되었다. 급작스런 금융시장의 혼란을 막기 위해 1933년 루즈벨트 대통령은 모든 은행의 잠정적 폐쇄명령을 내리기까지 한다. 심리적 불안감에 따른 뱅크런을 막기 위해서였다. 그리고 나서 사후대책으로 글래스-스티갈(Glass-Steagall)법을 입법하여 일반 상업은행과 투자은행 업무 겸업을 금지시킴으로써 The house of Morgan은 상업은행 역할을 하는 JP Morgan과 투자은행인 Morgan Stanley로 분리되고, 연방예금보험공사

한편으로 시장 참여자들의 이기심이 과도한 위험을 스스로 자제할 것이라고 믿었다고 말한다.

글래스-스티걸법을 만든 카터 글래스와 헨리 스티걸

출처: Wikipedia

(FDIC, Federal Deposit Insurance Corporation)를 만들어 예금자의 심리적인 불안감을 덜어내는 조치를 취한다. 한편 유럽 대륙의 은행들은 여전히 상업은행업무와 투자은행업무를 하나로 묶은 통합주의를 유지하고 있었다.

글래스-스티걸법(Glass-Steagall Act), 공식명칭 Banking Act of 1933의 폐지

미국은 상업은행(CB, Commercial Bank)과 투자은행(IB, Investment Bank)으로 은행 사이에서도 영역이 나뉘어 있다. 이는 1933년 제정된 이 법은 미국에서 발생한 대공황의 원인이 은행의 고객 자산을 무분별하게 투자함으로써 발생했다고 판단했기 때문이다. 이 법안은 1999년 폐지되었으나 워낙 해당 법이 유지되어온 기간이 길고 그 나름대로 특화되어 왔기 때문에 여전히 이러한 구분이 남아있기는 하다.

2000년 상업은행인 체이스 맨해트 뱅크가 투자은행인 JP모건을 인수하면서 상업투자은행(CIB, Commercial Investment Bank)이 되었고, 상업은행의 여·수신업무를 통한 안정적인 수익 창출 및 적극적인 투자를 통해 높은 수익률을 창출하는 투자은행의 영역까지 아우르게 된다.

우리나라 대부분의 시중은행에는 투자은행(IB)의 기능을 갖는 부서가 존재하기는 하나, 본질적으로는 상업은행에 가까운 성격을 지니고 있다. 왜냐하면 IMF 이전에 공격적인 투자를 하던 은행들이 IMF때 재무상태가 약화되면서 상업은행으로 안정적으로 운영되었던 은행들에 의해 인수합병되었고, 그 상태로 현재에 와있기 때문이다. 대표적인 경우가 국민은행이 한국주택은행을 인수한 것이다.
금융당국은 이러한 상황하에서 금융시장을 넓히고 소위 '한국판 골드만삭스' 육성을 목표로 2017년 5개 증권사를 '초대형 IB'로 지정하였다. 자기자본 4조 원 이상이 되는 이런 대형 증권사는 단기금융업 인가를 받아 발행어음 사업이 가능해졌는데, 발행어음이란 회사가 1년 이내의 만기 및 약정이율로 발행한 채권으로 이를 통해 자기자본의 2배까지 자금을 더 확보할 수 있게 된 것이다.
최근 이슈가 되었던 부동산PF 및 2018~2020년 동안 활발했던 인프라사업 총액인수시장 역시 대형 증권사가 자기자본을 활용하여 부동산 PF의 토지대금이나 대출에 참여하고 발행어음을 통한 조달비용과의 차이만큼 수익을 창출하거나, 펀드 등 금융상품을 총액인수(Underwriting)한 뒤, 보험사 등 투자자들에게 (채권이나 펀드의 수익증권을) 셀다운하는 형태로 자본시장에 금융상품을 공급한 것이다.
현재의 대형시중은행이나 초대형증권사가 해외의 투자은행과 유사한 수준의 역량이나 활동을 기대하기에는 제한적인 부분이 많다. 자기자본이나 양질의 대형 딜을 다뤄본 경험이 아직 부족하다는 입장도 있고 실무적으로는 익숙하지 않거나 새로운 시장에 대한 거부감 때문에 과도하게 보수적으로 평가하는 경향이 문제라고 이야기할 수도 있지만 그보다 근본적으로는 우리나라의 금융시장이 아직 충분히 성숙하지 못했고, 언어 및 통화, 인접국가와의 교류 등 참여 가능한 시장의 규모 자체가 커지는 데도 제한적이기 때문일 것이다. 또한 상업은행의 DNA를 통해 IMF를 극복한 현재의 대형 시중은행의 영향력이 여전히 국내 자본시장에 큰 영향을 미치고 있기 때문일 수도 있다.

1980년대의 자유화 열기는 당연히 금융시장에도 영향을 미쳤는데, 이러한 영향은 대출받는 사람과 예금하는 사람을 연결하는 중개인으로서의 전통적인 은행업무 위주의 금융시장에 다양한 유가증권(주식, 채권 등)의 활용 기능을 더하였다. 기업이 더 이상 투자에 필요한 돈을 은행 대출에만 의존하지 않게 되었고 유가증권 발행시장을 통해서 직접 조달하는 비중이 늘어나게 된다.

또한 뱅킹의 많은 업무를 비은행 금융기관(신용카드사나 우체국, 펀드)에서도 하게 되는 변화도 불러온다. 스티븐 슈워츠먼이 세계적인 자산운용사 블랙스톤을 설립하고 첫 번째 펀드의 투자금을 모집하러 다닌 때가 1985년부터 1987년이다. 당시 스티븐 슈워츠먼은 이미 리먼브라더스에서 M&A업무를 경험한 상태였다. 또한 세계적인 헤지펀드인 브릿지워터의 레이 달리오가 그전

1980년대 일본 거품경제 – 니케이지수

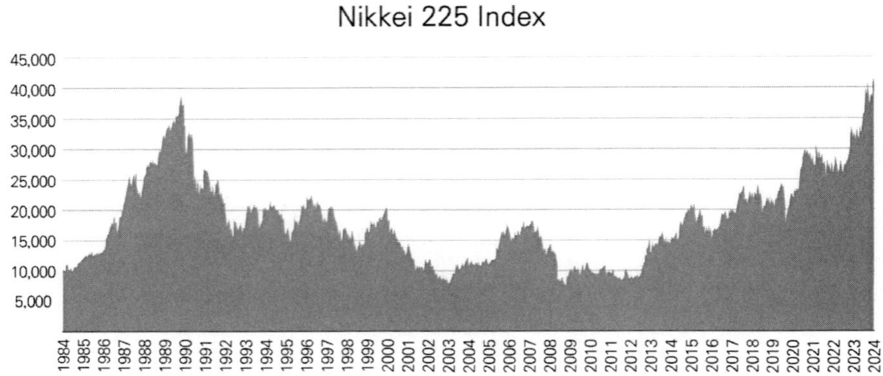

출처: Wikipedia

까지 자문이나 연구보고서 판매 등의 비즈니스에서 탈피하여 세계은행으로부터 500만 달러 규모의 미국 채권 운영 계좌를 담당하게 된 것도 이때이다.

한편 영국에서는 마가렛 대처가 금융시스템을 강화하고 무역을 활성화시키며 향후 세계 금융계를 주도하기 위해서 각종 규제를 철폐하는 정책을 폈고, 그에 따라 은행은 소매 예금뿐만 아니라 신용카드, 보험, 리스 등 다양한 금융자회사를 거느리는 대기업군으로 커져갔다. 이 시기를 금융자본주의의 시작으로 보는 견해도 존재한다.

금융 자유화 물결은 전 세계로 퍼져나갔고, 영국 및 미국계 은행들뿐만 아니라 통합주의를 유지하던 유럽계은행(DB, BNP Paribas, UBS 등)도 1980~1990년대 신시장 개척활동과 새로운 사업 발굴을 위해 각국에 지사 및 법인 등을 설치하였다. 이때 일본계 은행들도 글로벌하게 활동하기 시작한다.

이 당시 주목할 점 중 하나는 1980년 이후의 신흥시장 투자열기이다. 이미 일본[140]에 투자가 집중되고 있던 시기이기도 하지만, '세계화'라는 이름 아

140) 일본은 1950년부터 기존의 포드식 경영법을 개량한 린 생산 방식을 만들어서 미국 생산 공장의 노동자들보다 '생산성'을 높여 효율성을 확보한다. 제러미 리프킨은 이를 보고 '완전한 착취를 목적으로 노동자들의 참여를 결정하였으며, 노동자들은 회사를 자신의 안식처나 가정과 일체화시키고, 회사는 그런 충성심의 대가로 평생 고용을 보장했다.'고 설명한다.

래 홍콩, 싱가포르 및 태국, 인도네시아, 필리핀 등에서 공업이 발달하면서 신흥시장에 포함되었고, 1994년 멕시코를 포함한 남미위기가 잠잠해지자 북미와 유럽의 투자금들이 다시 신흥시장(emerging market)인 아시아지역을 검토할 수 있었던 것 그리고 1979년부터 시작된 등소평의 개방정책과 공산주의의 붕괴 역시 이러한 아시아 지역 투자 열기에 한 몫 하였다. 당시 서방 금융시장으로부터 많은 해외자본이 아시아에 유입되었지만 대부분 출자금 형식의 직접투자(FDI, Foreign Direct Investment)가 아닌 대출의 형태였고, 그것도 장기대출이 아닌 단기 대출 위주였다고 한다.[141] 그럼에도 불구하고 아시아 지역 특히 아시아 금융위기의 시작이 된 태국의 부동산가격과 주식시장은 정점을 찍게 된다.

그러던 1997년 7월 어느 정도의 거품이 걷히고 부동산가격과 주식시장이 고점에서 내려오던 시기에 일부 투기꾼과 금융회사들의 도산이 일어나면서 서방 금융기관들이 추가적인 대출을 꺼리기 시작한다. 외국으로부터 차입이 줄어든다는 것은 엔화와 달러를 바트화로 바꾸는 수요도 감소함을 의미한다. 반면 수입대금결제를 위해 바트화를 외화로 바꾸는 수요는 여전했는데, 이때 태국 은행은 바트화의 가치를 지키고자 외환보유고를 통해 시장에서 바트화를 사들였고, 얼마 못가 외환보유고가 바닥이 난다. 바트화의 수요를 높이기 위해서는 기준금리를 높여야 하는데 경기침체가 보이는 시점에서 그러기는 쉽지 않았고 외환보유고 유지를 위해 정부의 시장 개입을 줄이자니 국제적인 신뢰도에 부정적인 영향을 미쳐 바트화의 가치가 더 하락함에 따라 자국기업의 외화채무 부담이 더 늘어날 수 있어서 결국 태국 정부는 이러지

141) 물론 외국인직접투자(FDI)방식도 한계가 있다. 〈나쁜 사라마리아인들〉에서는 자본시장이 같이 개방되면서 외국인직접투자로 들어온 자금이 오히려 '유동화'형태로 다시 빠져나가 결국 외환보유고에는 부정적 영향을 줄 수도 있고, 새로운 생산설비를 추가 없이 기존 회사를 인수하는 '브라운 필드' 투자를 통해 선진 기술이나 경영기법이 도입 없이 다음 매수자에게 부풀려 팔기위해 잠시 보유만 하거나, 오히려 자산약탈의 도구로 활용할 수도 있다고 말한다. 1990년대 이루어진 외국인직접투자의 절반은 브라운 필드였고 2001년에는 그 규모가 80%에 이르렀다고 한다.

도 저러지도 못한 채 관망하는 사이 바트화는 폭락한다. 아시아 외환위기의 시작이었다.

태국의 외환위기가 가시화되자 서방의 금융기관들은 지급된 해외자금을 더 빨리 회수하려고 하였고 이는 바트화의 가치를 더욱 떨어트리면서 외환보유고를 더 빠르게 소진시켜 더 이상 지급할 수 없는 상황에 이른다. 이러한 분위기는 이는 한국을 포함한 신흥국가 전역으로 퍼져나갔다. 서방의 투자자들도 각국의 상황이 다르다는 것을 알고 있었지만 그들에게 아시아지역은 단지 '신흥시장'이라는 하나의 투자군일 뿐이라서, 이 투자군에 대한 노출(Exposure) 자체를 제한하는 방식을 택한 것이다.[142] 패닉이 무서운 이유는 자기입증형[143]이기 때문이다. 패닉은 패닉을 정당화하면서 악순환에 한 번 빠지면 헤어나오기가 쉽지 않다. 영화 〈국가 부도의 날〉이나 웹툰 〈재벌집 막내아들〉 초반에서 다루고 있는 우리나라 외환위기는 이렇게 시작되었다. 이러한 패닉에 취약해진 이유는 본질적으로 태국을 포함하여 아시아국가 정부의 안일한 태도뿐만 아니라 투자를 원하는 외국자본을 마다하지 않고 시장을 개방했기 때문이다.

IMF는 해외 금융기관의 채권을 7년 정도의 중기대출로 대환(Refinancing)을 해주고 그러한 금융지원의 대가로 해당국에 긴축재정 및 고금리정책, 노동시장 개혁 및 국영기업의 민영화나 지분매각 등을 주문하였다. 국가 간의 이야기라 뭔가 거대해보이지만, 2024년 부동산 PF의 부실 여파로 인해 건설사가 부담하고 있는 채무를 상환할 능력이 되지 않자, 산업은행을 비롯한 주요 채권단이 모여서, 기존 대출의 조건을 조정하고 회생할 기회를 제공하는 '워크아웃'과 본질적으로 동일한 개념이다. 주요 채권단이 해당 기업에게 자구책과 뼈를 깎는 노력을 주문하는 것과 같다. 우리나라는 금모으기 운동 등을 통해

---

142) 이는 1994년 남미위기때 서방의 금융기관이 택한 방식이기도 하다. 멕시코와 아르헨티나는 물리적으로도 경제적으로도 다른 곳이었으나, 금융기관에게는 모두 '남미'라는 하나의 투자군일 뿐이었다.

143) 이말인즉슨 항상 모든 위기에서 합리적인 정책만이 시장의 신뢰회복을 담보하지는 않는다는 것을 의미한다.

IMF 위기를 극복했지만 기업의 임직원이 회사를 위해 그렇게 할리는 없을 것 같다.

일반적으로 경기가 침체되면 케인즈주의든 통화주의이든 금리를 낮추거나 자금을 더 공급함으로써 위기를 극복하려고 한다. 이는 1930년과 1994년 등 각종 위기 때 써먹은 방법이다. 비록 미국 대공황시, 대규모 공공정책의 역할을 2차 세계대전이 대신해주었지만 말이다. 일본도 1990년 대규모 버블이 꺼지면서 이를 극복하고자 경기부양책을 사용하였다. 하지만 IMF는 외환위기의 국가들을 지원하는 대가로 우선 긴축재정을 통한 재정적자 개선과 매우 강력한 사회 구조조정을 요구하였고 그로 인해 경기는 더욱 침체되었으며, 이를 따르지 않는 국가에게는 더 큰 불안감을 주었다. 또한 호주처럼 환율이 자동적으로 변동하게 지원하는 방식이 아닌 이자율을 매우 높여 외국 자본이 나가지 못하게하는 방법을 요구하였다. IMF는 이를 '국제적인 신뢰도 개선'이라고 말했지만 이 모든 요구사항은 아시아 국가들을 더욱 힘들게 하였다. 당시 뉴스에서 얼마나 많은 비보가 전해졌는지 기억할 것이다. 자기입증형인 패닉을 극복하기 위해 '신뢰도 개선'이 필요했지만 이를 위해 많은 개인들이 희생당했다.

글로벌 금융이 확대양상을 보이던 1992년에 이미 외국인의 직접투자를 허용하면서 외국 자본의 진출이 시작되었지만 본격적인 외국자본의 국내 진출은 미국의 글래스-스티갈법이 사실상 폐지가 된 1999년 M&A를 통해 시작된다. 어쨌든 이런 금융세계화 물결은 그리 만만치 않은 파도인 것은 분명하다. 공짜 점심은 없다는 밀 프리드먼의 말처럼 돈을 빌려주겠다는 사람의 의도를 항상 신중하게 살펴봐야 하는데, 1990년대의 아시아는 그러지 못했던 것 같다. 현재도 이러한 국제적 금융위기에 대해서 일시적인 통제가 필요하다는 이야기가 나오고 있지만, 국제거래가 그렇게 누군가에 의한 통제가 가능하던가. 고작 한 국가가 할 수 있는 일은 외환보유고 확보뿐인 상황이다.

2007년 8월 9일 BNP 파리바가 자사펀드 3개에 대한 환매 중단을 선언하면서 시작된 2008년 금융위기도 현대 금융의 단면을 보여주는 사건이다. 많

외국계 자본의 국내 진출

기업	주요 내용
SC 제일은행	– 1999년말 정부는 미국 투자펀드인 뉴브리지 캐피탈에 정부소유 제일은행 지분 51%를 5천 억원에 매각함. – 뉴브리지의 인수거부 자산 3조 5천 억원은 예금보험공사가 매입하였고 뉴브리지가 인수하는 여신에 대해 최대 3년간 풋백옵션 부여함. – 예금보험공사는 뉴브리지에 대한 경영권 이관의 대가로 제일은행 발행주식 총수의 5%에 해당하는 신주인수권부사채 911억원을 매입함.
외환은행	– 2003년 10월 미국계 투자펀드인 론스타는 신주인수 및 코메르츠은행과 수출입은행의 지분매입을 통해 51%의 지분을 확보하여 외환은행을 인수함.
한미은행	– 2000년 11월 JP모건과 칼라일은 한미은행을 인수함. 이후 2004년 씨티그룹에 다시 매각했는데, 이 거래로 칼라일은 3년 만에 7,000억 원을 벌어들여 128%의 수익률을 올림.
기타	– Atlantis, CSFB, Morgan Stanley, Japan LS 등 다수의 외국계 기관들이 국내기업 지분을 일시 매입 후 전량 처분한 사례 다수 발생.

출처: 한국은행, 국제금융센터

은 사람들이 2000년 초반의 닷컴버블을 극복하기 위해 필요했던 저금리 기조가 부동산의 버블을 야기하였고, 여기에 금융기관의 도덕적 해이가 얹어진 결과가 2008년 금융위기라고 이야기하지만 몇몇 사실들을 교차해서 볼 필요가 있다.

2006년 연준 의장으로 취임한 벤 버냉키의 〈21세기 통화 정책〉에서 당시의 이야기가 나오는데, 2000년 당시는 이미 1990년대와 같은 열기를 잃었고 2000년 닷컴버블 및 2001년 911테러, 그리고 2003년 미국의 이라크 침공까지 많은 것이 경제에 불리하게 작용하였다. 당시의 연준 의장인 그리스펀은 선제적인 통화 정책을 통해 시장 재건에 앞장섰으나 2003년까지 미국의 경기는 나아지기는커녕 디플레이션 우려가 가중되고 있었다. 이때 연준은 향후의 정책 방향을 보다 명시적으로 담는 성명서를 발표하기 시작하고 이를 포워드 가이던스(forward guidance)라고 부르게 된다. 어쨌든 이러한 연준의 의도가 시장에 반영되기 시작하자, 2004년 초부터는 기조를 변경하여 다시 금리를 조금씩 상향하였고, 2006년이 되었을 때, 과거의 금리인 5%로 돌아왔다. 실업률[144]도 사실상 완전고용으로 불리는 5%대, 근원인플레이션도 2%라는 목표치에 도달하게 된다. 숫자만 보면 연준이 성공한 것으로 보였다.

하지만 그 와중에 연준이 놓치고 있었던 것이 있으니, 바로 실물가격 즉, 주택가격 버블이 커지고 있었다는 점이다. 일부 학자는 이를 두고 통화 완화 정책에 의해서 부동산 버블이 커졌다고 주장하지만 벤 버냉키는 오히려 주택 버블은 1990년대부터 지속적으로 커져왔고, 부동산은 안전한 자산이라는 대중의 낙관주의와 느슨한 규제가 이런 버블을 키웠다고 주장한다. 특히 안전자산을 찾는 투자자들에게 부동산은 적당한 수익률과 실물을 보장해주는 자산으로 비춰졌고, 대출채권이나 회사채, 주택담보대출 등을 묶어 다시 등급을 나누어 금융상품화시킨 CDO[145]와 같은 금융 상품 중 높은 등급을 받은 상품은 또다시 안전자산으로 인식되어 많은 투자자를 유치하면서 위기가 고조되고 있었지만, 정치권에서는 소수인종을 비롯해 주택 소유 기회가 박탈된 계층에게 기회를 준다는 명목으로 주택담보대출의 규제를 오히려 느슨하게 만들었기 때문이라고 생각한다.

폴 크루그먼 역시 당시의 부동산이 투자에 적합한 자산이 될 수 있도록 2000년 초반 금리가 낮았고 대출의 질보다는 '집값이 지속 상승할 것이기 때문에 담보실행을 하면 충분히 상환이 가능할 것'이라는 낙관주의가 부동산에 대한 대출을 활발하게 만들었다고 생각한다. 그는 서브프라임 대출이 가능했던 이유가 대부(貸付)자 관점에서 '실제 대출 상환능력'을 문제삼기보다는 '집값이 계속 오르면 대출받은 사람은 재융자를 받거나 집을 팔아 상환하면 된다'는 믿음 때문이라고 주장한다. 심지어 2006년부터 부동산시장의 약세가 느껴지기 시작했음에도 불구하고 말이다. 이는 코로나기간 우리나라에서도 부동산 가격이 상승하면서 실물 및 부동산 PF시장에서 실무자들이 보여준 태도

---

144) 실제로 실업률은 경제 성장과 상관관계가 크며 이를 오쿤의 법칙(Okun's law)이라고 한다.

145) CDO(Collateralized Debt Obligations)는 부채담보부채권을 총칭하는 것으로, 담보자산이 대출채권이면 CLO(Collateralized Loan Obligation), 채권인 경우에는 CBO(Collateralized Bond Obligation), 주택담보대출인 경우에는 MBS(Mortgage backed securities)라고 불린다.

와도 크게 다르지 않다. 그래서인지 그 이후의 부동산관련 대출 정책은 실제 대출을 받는 사람이 상환능력이 충분한지를 검증하는 방식[146]으로 진화하였다.

벤 버냉키의 주장은 네이트 실버의 〈소음과 신호〉를 통해서도 이해할 수 있다. 결국 본질적으로 신용평가사들이 CDO에 높은 등급을 매기고 안전자산으로 '인정'해줌으로써 대중의 낙관주의가 퍼졌으며, 문제가 있었다면 신용평가기관에서 먼저 눈치를 채고 대응했어야 했지만, 금융시장에 존재하는 위험을 측정하는 것이 본연의 업무인 신용평가기관 역시 그들의 예측시스템에 오류가 있었다는 것이다. 저자에 따르면 신용평가기관도 예측에 있어서 수익성과 관련있는 위험(Risk)과 미지의 영역인 불확실성(Uncertainty)의 차이에 관심이 없었고, 불확실성을 위험으로 둔갑하여 신용등급을 내줬다는 것이다. 신용평가사는 CDO에 연계된 신용등급 부여를 위해 각각 주택담보대출들의 위험이 서로 관련이 없다는 근거했고 결국 이 부분이 문제가 된다. 부동산시장 전체가 하락할 불확실성이 발현되자, 위험의 정량적 평가인 신용등급은 무용지물이 된 것이다. 벤 버냉키의 주장대로 이는 단순히 유동성의 문제라기보다는 느슨한 규제의 헛점이었다고 볼 수도 있다.

어쨌든 당시 연준에서도 이러한 움직임을 인지하고 있었으나 시장의 자정능력을 신뢰하였다고 하고, 몇몇 부실 발생에 대해서도 이해하고 있었으며 미국 전체의 미상환 담보대출에서 서브프라임 대출이 차지하는 비중이 약 8%정도였기 때문에 혹여 손실이 크게 발생하여도 전체 금융시장에 미치는 영향은 제한적일 것으로 예측하였다고 한다. 하지만 2007년 8월 BNP파리바은행이 서브프라임 모기지 담보증권에 대한 투자자 상환을 중단(정확히는 자사펀드의 환매중단)하면서, 급격하게 투자자 신뢰가 무너졌고 이어서 주택가격이

146) LTV(Loan to Value, 자산의 가치대비 차입금액비율), DTI(Debt to Income, 소득대비 원리금상환액 비율), DSR(Debt Service Ratio, 개인이 부담하는 모든 부채에 대한 상환능력으로 현재는 금리상승을 추가 고려한 스트레스 DSR을 적용) 등이 있는데 이미 인프라 PF 시장에서는 일반적으로 사용되는 지표이다. 이런 지표들이 대출을 받기 힘든 사람을 더욱 힘들게 한다고 주장하는 사람도 존재한다.

2008년 하락하는 미국 주택가격

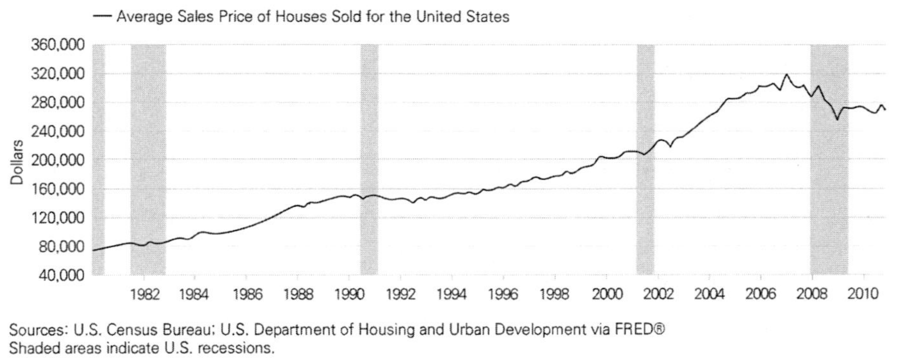

출처: FRED

하락하자 이를 기초자산으로 한 증권들의 가치도 하락하였고, 이는 금융시장에 전반에 영향을 미쳐 경제상황도 악화일로에 접어든다.

우리나라와 마찬가지로 주택가격이 상승하면, 주택에 대한 가치도 상승한다. 대출자입장에서도 담보로 잡을 부동산의 가치가 충분하니 신용등급이 보다 낮은 서브프라임 대출이 미상환되더라도 결국 담보인 주택을 처분하여 상환을 받으면 되었고, 대출을 받는 사람도 가격이 상승할 테니 '정 원리금 상환이 안 되면 주택을 팔아 대출금을 상환하겠다'는 생각을 갖고 있었던 것이다. 하지만 주택가격이 하락하자 이러한 가정은 모두 붕괴되었고, 실행하려고 했던 담보들도 그 가치가 하락하자 대출채권의 가치도 하락하게 되어 금융시장에 악영향을 미친 것이다. 〈모든 것의 가격〉의 저자는 에필로그에서 리먼사태를 통해 우리는 "통제되지 않은 시장에 의해서 정해진 가격은 무조건 옳다는 생각을 다시는 무비판적으로 받아들이지 말아야 한다는 것"을 배웠다고 말한다. 보통 이런 상황에서는 패닉이 발생하여 다들 겁을 먹고 도망치게 된다. 도망가는 방식이 주식을 매도하여 현금을 보유하고자 한다면 주식시장 폭락이요, 은행에 가서 현금을 찾고자 한다면 뱅크런이다.

앞에서 언급하였지만, 은행은 고객들이 맡긴 예금과 은행이름으로 조달한 채권을 자본으로 하여, CDO든 회사채든 주식이든 자산을 매입하고 여기서 나온 수익으로 예금금리와 채권이자도 지급한다. 만약 부동산 붕괴로 인해 CDO의 가치가 하락하게 되어 자산이 감소하면 은행 재무제표상 동일하게 자본도 줄여야 한다. 또 예금이나 은행채와 같이 줘야 할 부채는 있는데, 줄 돈이 없어졌다면 은행도 망할 수밖에 없기 때문에 더 큰 손실이 발생하기 전에 들고 있던 자산을 매도하여 현금화시켜야 해서 시장에 CDO를 급매떨이하고 시장은 더욱 폭락하게 된 것이다. 특히 부동산담보대출을 기초자산으로 했던 MBS는 만기가 긴 '비유동성'상품이었기 때문에 매력도가 낮아서 가격은 더욱 쉽게 떨어지게 되었다.

2022년 9월 소위 '레고랜드 사태'가 벌어졌을 때 우리나라도 동일하였다. 부동산 PF와 관련된 유동화증권 시장이 한창 활발하여 많은 증권사가 참여하였는데, 이 시장이 급격히 경색되자 사람들은 안전자산을 찾게 되었고, 현금이 아니면 보다 빨리 현금화시킬 수 있는 자산들에 집중하였는데, 동일한 신용등급의 유동화증권도 1,2년 만기는 인기가 없었고 3개월 미만의 상품만 그나마 거래가 되었다고 한다. 기간물 채권도 불안한 사람들은 현금으로 눈을 돌렸고, 그렇게 시장에 채권 매물이 늘어나자 가격이 하락하고 수익률(금리)은 올라갔다. 또한 같은 돈이라도 채권에 넣어야 한다면 보다 안전한 곳에 넣고자 회사채보다 국고채에 더 수요가 몰려서, 레고랜드 사태가 벌어진 9월부터 다음해 1월까지 회사채와 국고채의 스프레드(Spread)가 크게 벌어지기도 하였다.

물론 그 와중에도 영화 〈빅쇼트〉의 실제 주인공인 마이클 버리와 같이 큰 돈을 번 사람도 있을 것이고, 패닉에 의해서 시장에 떨이로 나왔지만 실제로는 우량했던 상품을 싸게 사들여서 돈을 번 NPL(Non-Performing Loan) 투자자들도 있었을 것이다.[147] 그에 앞서 위기 전에 이미 CDO상품을 만들어서 여러 투자자들에게 팔아 돈을 번 증권인들도 있을 것이다.

---

147) 자산 자체는 안전한데 시장의 급격한 경색으로 인해 싼값에 팔리거나, 특정한 사유에 의해 급격한 스트레스를 받는 자산을 싼값에 매입하는 자금을 Special Situation Fund라고도 부른다.

연준은 이 상황에서 그 유명한 '양적완화(Quantitative Easing)'를 통한 경기 방어에 나서게 되는데, 이는 과거 유래가 없는 규모의 조치였다. 벤 버냉키는 그런 의미에서 큰 의사결정을 한 연준 의장이 되었다. 그 이후는 여러분이 아는 바와 같이 장기간의 저금리시대가 이어졌고, 유럽에서는 이론적으로나 존재하던 마이너스 금리조차 등장하였다. 실제로 내가 옆에서 본 사례도 은행에서 인출이 늦어지자 해당 기간 동안의 이자를 받기보다는 내야 하는, 한번도 생각해본 적 없는 상황도 벌어졌다.

현대의 금융시장은 은행에 의한 전통적인 은행의 업무, 그리고 일부 투자은행의 업무를 넘어서, 비은행 금융기관과 대출이 아닌 형태의 다양한 유가증권을 통해 복잡하게 운영되는 곳이며, 그렇게 된 지 채 50년이 되지 않았다. 그럼에도 불구하고 그 사이에 '10년 주기설'이라는 이름으로 2000년 2008년 금융위기가 있어 왔고 많은 사람들이 힘들어 했다. 하지만 그 와중에 누군가는 큰 돈을 벌기도 하였다. 그것이 현대의 금융시장이다. 금융시장은 이렇게 폭락과 상승을 반복하는데, 그 이유는 금융시장의 전망을 모두가 다 다르게 하고 있기 때문이다. 누군가는 낮은 가격이라도 팔고 싶고, 누군가는 그 가격보다 높은 가격에 살 의향이 있어야지만 거래가 형성되고 시장 가격이 만들어진다. 그것이 바로 현대 시장 거래의 핵심이다.

2008년 금융위기와 관련하여 또 다른 중요한 점은 '비은행 금융기관'의 자산규모가 확대된다는 점이다. 역사적인 이유에서 건전성에 대한 규제[148]를 받는 은행과 다르게, 규제에서 보다 자유로운 자금[149]이 CDO나 MBS자산에

---

148) 대표적인 건전성 관련 규제는 BIS자기자본비율로 은행이 갖추어야 할 최저 자기자본 비율을 의미한다. 1980년대 남미 국가 부도사태에 따른 은행 파산을 경험하면서 1988년 바젤I(신용 및 시장리스크)이 도입되었고, 2004년 바젤II(운영리스크)를 거쳐, 2008년 글로벌 금융위기를 계기로 2010년 이후 바젤III(자본의 질과 양, 규제비율 강화) 적용중이다. 최저 자기자본비율은 금융위기가 발생할 경우에도 은행이 충격을 흡수함으로써 부도로 이어지지 않게 하는 안전장치로 인식되지만, 한편으로는 성장이 필요한 개발도상국 입장에서는 '성장을 위한 투자'를 막는 기준으로 해석되기도 한다.

149) 폴 크루그먼이나 마크 카니 모두 이를 "그림자 금융"이라고 표현하였다. 즉, 예금자보호법에 의해 보호를 받으면서(그리고 그에 대한 대가로 규제를 받으면서) 패닉이 일어나지 않게 관리받는 금융기관이 아니지만 사실상 은행과 같은 역할을 하는 기관들을 의미한다.

투자하였다. CDO나 MBS라는 상품을 만들어서 판매하는 방식의 경우, 이 자산을 최종적으로 매입한 투자자는 기초자산에 문제가 발생하였을 때 (자체적으로 투자를 결정하고 직접 관리하는 은행과 다르게) 현실적인 대응능력이 떨어질 수밖에 없다(그래서 신용평가기관에서 등급을 받음으로써 사실상 회사채와 같은 느낌으로 투자하려고 한 것이지만 말이다).

전통적인 경제학인 애덤 스미스가 말하는 '보이지 않는 손'은 비용과 가격, 효용이 서로 맞물려 돌아가는 시장을 의미한다. 특정 물건의 가격 대비 그것을 사고자 하는 사람의 효용이 크면 큰 마진을 남길 수 있을 것이고, 그러다 보면 너도나도 시장에 진입하여 공급이 늘어서, 사는 사람에겐 효용이 떨어지고 따라서 가격도 떨어지고, 그러면 또 시장에서 퇴출되는 '산업과 금융의 순환'을 의미하였다. 하지만 현대는 금융의 영향이 더 강해지면서 (물건의 가격만큼이나) 유가증권(금융상품)에 대한 가격이 중요한데 이 가격의 결정은 (투자의) 효용보다는 '시장을 어떻게 전망하는지' 즉, 누군가는 낙관적으로 전망하여 높은 가격에 사고자 할 것이고, 누군가는 회의적으로 보고 시장가보다 낮게 판매하려고 하기 때문에 시장이 만들어지면서 이런 전망을 추정·예측함에 기초하게 된다.

이런 관점에서 보면 벤저민 그레이엄의 투자철학을 따르는 찰리 멍거나 워렌 버핏의 투자 원칙은 매우 클래식하게 멋있다는 생각도 든다. 비록 벤저민 그레이엄이 활동하던 1920~1930년대는 고전적인 금융시장으로 대공황에 따른 심리적 위축에 따라 소위 제값을 못받는 주식들이 많이 있었던 반면, 현대 시장은 보다 효율적으로 운영되고 있고 정보도 더 많아서 곧이곧대로 벤저민 그레이엄의 투자원칙만을 따를 수는 없을 것이다. 그럼에도 불구하고 그러한 정신을 따르는 찰리멍거나 워렌 버핏은 주식을 산다는 것은 곧 회사의 일부를 소유한다고 생각한 점, 그냥 거래가격이 있는 무엇이라기보다는 본질

한편 전통적인 은행들도 그 외의 금융서비스를 제공하고 자산을 인수함으로써 모든 금융기관이 서로 연결된 것이 2008년 금융위기에 드러나게 된 것이며, 그 이후부터는 그림자금융의 유독한 형태들이 제거하기위한 제도들이 갖춰지고 있다.

적인 내재 가치를 산다는 점, 미래 시장을 예측하기보다는 현재를 기준으로 혹은 청산가치를 기준으로 저평가되어 있는 주식을 크게 사서 오래 기다린다는 점에서 단순히 시장전망을 기준으로 거래가 형성되는 '현대의 유가증권시장'과 효용을 기준으로 보이지 않는 손에 의한 시장 거래를 생각했던 '전통적인 경제학' 사이의 무엇이 아닌가 생각해본다.

또한, 단순히 많은 유동성과 투자과열로 인해 일본 니케이 지수 폭등이나 급한 자본 회수에 의해 발생한 97년도 아시아 금융위기, 정책과 유동성이 만나 폭발한 2008년 금융위기를 보면, 대항해시대 시절 식민지로부터 얻은 금과 은을 창고에 넣고 국부(國富)라고 여기던 것과 주식이든 채권이든 부동산이든 시장에서 거래되는 가격 및 그에 따른 시가총액을 부(富)라고 여기는 것이 본질적으로 어떤 차이가 있는지 의문이 든다. 버블이라는 것은 결국 부가 아닌 것을 부라고 믿기 때문에 생기는 것이 아닐까? 버블이 자본주의적 구조의 기본적인 특징이자 인정해야 할 명백한 한계일지라도 오히려 그렇기 때문에 '진정한 국부는 자원을 효율적으로 쓰고 경제와 무역을 활성화시키는 것'이라는 애덤 스미스의 믿음이 더 중요하게 느껴진다.

PART 02

투자라는 것의 본질은 무엇인가

금리 이야기

주식과 재무제표. 투자 대상을 이해하는 기초

기업의 가치는 얼마인가?

프로젝트 파이낸싱을 통한 자금조달

금리 이야기

서점에 즐비한 투자 관련 서적을 보면 돈을 엄청나게 벌 수 있는 비법이 들어가 있는 듯하다. 투자 대상도 투자 기법이나 철학도 다양하다. 그것이 운이든 실력이든 실제로 많은 돈을 벌어본 사람들이 자신의 경험을 정리한 것이니 그 자체만으로도 유의미하다고 생각한다. 이코노미스트에서는 투자를 "오늘 지출해서 미래에 소득을 얻을 수 있는 것"이라고 정의하였다. 〈자본론〉의 내용을 따르자면 '자본이란 자기 가치의 증식이 가능한 화폐'라고 하니 자본은 증식이 가능한 무엇이요, 그 무엇을 가지고 지출하여 미래 소득을 얻는 것이 투자라는 뜻이겠다. 그런 의미에서 나는 다양한 투자 방식중에서도 금리(이자)가 투자의 본질이요 자본을 활용하는 기준선이라고 생각한다. 결국 자본주의의 핵심 매개체인 돈이 점차 불려지고 커져야 그것이 진정한 투자라면 금리야 말로 돈이 얼마나 잘 불어나는지를 판단할 기준선[1)]이 된다.

이자의 본질은 무엇인가

그러면 투자의 기준선이 된다는 금리 혹은 이자라는 것이 무엇일까? 이자는 기원전 8세기부터 존재했다고한다. 애드워드 챈슬러 〈금리의 역습〉에서는 최초의 이자 형태는 씨앗이나 동물을 생산적인 목적으로 빌려주고, 수확기가 되면 씨앗과 함께 혹은 동물이 낳은 새끼와 함께 돌려받는 것에서 시작되었다고 말한다.

예나 지금이나 대출업자의 평판은 그리 썩 좋지만은 않은 것 같다. '고리대금업자'의 명에와 함께 (구약성서에도 이자를 받지 말라는 내용이 있어서 그런 것인지, 예수를 처형하는 데 동조했다는 이유이기 때문인진 모르겠지만 어쨌든) 세상을 떠돌며 (혹은 떠돌 수밖에 없으면서) 무역과 금융업에 종사한 유대인들의 평가도

1) 일부에서는 인플레이션 덕분에 통화가치는 지속적으로 하락할 수밖에 없어서 이자수취는 투자'수익'이 아니라 단지 기준의 실질 가치를 '유지'하는 것이라고 말한다. 이런 의미에서라도 이자는 기준선이라고 할 만하다.

나쁘기만 했다. 상업과 금융업은 당시 사회적 지위가 높은 직업도 아니었고 삶의 터전을 잃고 방황해야만 했던 그들 입장에서는 유일한 생존 수단이었겠지만 말이다.

고대 그리스 학자들 역시 이자가 발생하는 부채의 목적을 '채무자를 노예로 만드는 것[2)]'이라고 하기도 했다. 아리스토텔레스는 돈이라는 것이 교환을 위해 필요한 것일 뿐 그 자체만으로 이자를 통해 늘어나서는 안 된다고 했으며, 그의 철학을 다시 계승, 집대성한 중세시대의 신학자 토마스 아퀴나스 역시 같은 주장을 폈다.

다만 그들의 주장에서 빠진 부분이 있다면, 돈은 교환을 위한 수단이기도 하지만 그 자체로도 가치가 있고 이 '저장된 가치'를 누군가에게 일정기간 빌려주면, 그 기간 동안 원래 주인은 아무것도 못하기 때문에 그에 대한 대가를 받아야 한다는 점, 즉 대출이 시간과의 거래라는 점이다. '시간에 가치가 있다'는 것은 중세시대에 등장하였다고 하는데, 그 뒤로는 시간 절약에 대한 많은 성인들의 명언이 남게 되었고, 그 중에서도 아마 가장 유명한 말은 "시간은 돈이다"라는 벤자민 프랭클린의 말일 것이다. 그는 1748년 〈늙은 상인이 젊은 상인에게의 충고(Advice to a Young Tradesman, Written by an Old One)〉에서 다음과 같은 말을 하였다.

"Remember that TIME is money. He that can earn 10 shillings a day by his labour, and goes abroad, or sits idle one half of that day, though he spends but sixpence during his diversion or idleness, ought not to reckon that the only expence; he has really spent or rather thrown away 5 shillings besides. Remember that CREDIT is money. If a man lets his money lie in my hands after it is due, he gives me the interest, or so

---

2) 미국 건국의 주역인 토마스 제퍼슨의 정적이었던 제2대 미국 대통령 존 애덤스 역시 "한 나라를 정복해 예속시키는 방법은 두 가지다. 하나는 칼(무력)로 하는 것이고, 다른 하나는 빚(debt)으로 하는 것이다."라고 했다 하니, 그 말은 현대사회에서도 어느 정도 유효한 것 같다.

much as I can make of it during that time. This amounts to a considerable sum where a man has good and large credit, and makes good use of it."[3]

역사적으로 보면 그 형태가 어떻게 되든 교환의 수단이 되는 어떤 것이 시장에 많이 공급되면 그 가치가 하락하고, 반대로 상업과 무역의 발달 등으로 쓸 곳이 많아지면 가치가 상승하였다. 이는 즉 이자의 상승을 의미했다.

1960년대 후반 스탠퍼드의 월터 미셸은 '지연된 만족'을 주제로 그 유명한 마시멜로 테스트를 통한 연구[4]를 진행했다. 기다림을 통해 추가로 얻게 되는 마시멜로우가 곧 이자인데 이 연구의 본질은 '적어도 취학 전 아이들은 그다지 참을성이 없다는 것'이었다. 어디 취학 전 아이들뿐이겠는가. 이유는 다양하지만 일반적으로 사람은 미래의 만족보다는 현재의 충족을 선호하는 경향이 있다고 한다.[5] 아마도 인간은 선천적으로 근시안적이어서 미래 욕구를 과소평가하기 때문일 수도 있고, 인간의 인지적 한계상 미래를 예측할 수 없음에 대한 불안감 때문일 수도 있다. 미국의 경제학자인 어빙 피셔는 '조급함이야 말로 인간의 근본적인 속성'이라고 주장하였다고 한다. 이를 '시간 선호'라고 하는데, 그는 "이자는 인간의 조급함이 결정화된 것이 시장 이율"이라고 하기도 하였다.[6] 그는 대표적인 통화주의자(monetarism)였던 밀턴 프리

---

3) "Advice to a Young Tradesman, [21 July 1748]," Founders Online, National Archives, https://founders.archives.gov/documents/Franklin/01–03–02–0130. [Original source: The Papers of Benjamin Franklin, vol. 3, January 1, 1745, through June 30, 1750, ed. Leonard W. Labaree. New Haven: Yale University Press, 1961, pp. 304-308.]

4) 이 연구의 원래 이름은 '지연되지만, 더 가치 있는 보상 패러다임을 위해 취학 전 아동이 스스로 부과한 즉각적 만족의 지연'이라고 한다.

5) 현재 당면한 것은 중요하게 여기고 미래에 일어날 일은 중요하지 않게 여기는 가치폄하 효과와도 같다. 몰입 편향과 가용성 편향과 같이 자신의 경험이나 익숙한 것들만 가지고 세상을 바라보는 편향들처럼 인간은 결코 이성적이지 않다는 근거이기도 하다.

6) 이 내용의 논의를 확장하다면 〈문명의 운명〉에서는 '부'라는 것이 사람들을 중독시키는 성질이 있어서 채권자든 채무자든 인내심이 없기는 마찬가지인데, 마치 채무자만 (정말 필요해서 쓰는 것이 아니라) 인내심 없이 필요하지도 않는 것을 '지금 써버리자'는 선택을 한 것마냥 비난하는 것은 옳지 않다고 하였다. 생각해볼 부분이기도 하다.

드먼에게 영향을 주었고, 그 후 연준의 앨런 그린스펀, 벤 버넹키과 같은 역사적인 금융정책자들에게 영향을 미친다.

이자의 특징은 크게 두 가지이다. 하나는 돈의 '시간 가치'라는 점이고 나머지 하나는 보다 많은 대출을 장려(혹은 자본시장의 확대)하기 위한 '유인책'이라는 점이다. 우선 돈의 '시간 가치'인 '이자'는 가치평가의 핵심이다. 인간의 조급함, 즉 당장 무엇인가를 얻고자 하는 욕망의 결정체인 이자는 주식이나 채권, 혹은 부동산에서 얻을 수 있는 미래 수익(미래 현금흐름)의 가치를 깎음으로써 미래가치를 현재가치로 환산해주는 역할을 한다. 이말인 즉슨, 자본가치와 이자는 반비례한다는 것을 의미하고, 현대의 언어로는 '할인율'이라고 한다. 단순하게 생각하여 출퇴근 시간을 줄여줄 대형 대중교통 사업에 투자되는 몇 조 원은 당장 그 돈으로 할 수 있는 무엇인가를 포기함으로써 확보되는 것이고, 사업을 통해 예상되는 효익인 '통근하는 시민들의 편의성'은 시간이 흘러야 얻어지는 미래 이익이다.

따라서 (실제로 그 이익을 얻을 수 있을지에 대한 가능성, 즉 리스크 혹은 변동성을 배제하더라도) 일단 현재의 이익을 포기하고 시간을 흘려 보내야 한다는 사실 때문에, 미래 이익을 할인율로 깎아 현재가치로 환산해야 한다. 이 환산된 현재가치가 다른 무엇인가에 당장 쓸 때보다 더 나은 선택지이어야지 투자의 정당성이 확보된다. 다른 말로는 현재의 이익을 포기하고 기다리는 대가로 얻어지는 미래의 예상 이득이 커야 된다는 의미이고 이는 곧 '자본의 효율적 이용'이라고 할 수 있다. 사업을 완공하고 원금 이상의 수익을 창출하는 데 필요한 시간을 10년이라고 가정한다면, 여기에 내 돈 1억원을 넣을 것인지 아니면 이 1억원을 10년 동안 은행에 예치하고 예금이자를 받는 것이 나은 것인지 판단하면 되는 단순한 문제이다.

신자유주의의 핵심인 하이에크는 "모든 경제활동은 시간을 거쳐 이루어진다."는 (사람들로부터 쉽게 잊혀지는) 명제를 제시하고 동일한 고민하였다. 따라서 그가 보기에는 금리가 하락할 때 기업들은 더 먼 미래 성과를 약속하는 프로젝트에 쉽게 돈을 투자한다고 생각했다. 이를 하이에크는 '생산 구조'가

길어진다고 표현했다. 단순하게 생각해봐도 금리가 너무 낮아서 1억 원을 넣어서 10년간 얻을 수 있는 이자는 현저히 적다면, 10년간 대형 사업에서 예상되는 미래 현금흐름을 할인율로 할인한 현재 값이 1억 원보다 클 확률이 보다 높아진다.[7] 따라서 하이에크는 금리가 자연 수준 이하로 떨어지면 잘못된 투자가 발생할 수 있는데, 그 이유는 생산에 지나치게 긴 시간이 사용되기 때문이라고 말했다. 당장 내일도 모르는데 사업기간(즉 생산 구조)이 길수록 어떤 일이 발생할지 모르는 변동성은 더 크게 작용한다.

이런 경향이 반드시 나쁘다고 할 수는 없다. 금리가 하락하고 사람들이 보다 먼 미래의 무엇에 투자할 유인이 생김으로써, 보다 위험[8]하고 공격적인 사업에 투자할 수 있고 그 와중에서 무역과 상업, 기술이 발달하기 때문이다. 역사적으로 보면 유럽 사람들이 전 세계로 퍼져나가며 자본주의의 토대가 마련되고 상업이 발달한 시기에는 금리, 즉 시간 가치가 더 하락하였다. 수익이 실현될 때까지 더욱 오래 기다릴 수 있는 마음의 여유가 있었던 것이다. 동인도회사의 총독을 지낸 조시아 차일드(1630~1699)도 당시 다른 나라에 비해 높은 금리로 인해 충분한 상업활동이 제한되던 시기의 해법으로 금리인하를 주장하기도 하였다. 그는 1668년 〈무역과 화폐 이자에 관한 간단한 관찰〉이라는 책을 통해 상당한 유명세를 얻었지만, 이미 그 당시에 유사한 주장을 하는 학자들이 많아서 그리 독창적인 아이디어는 아니었다고 한다.

---

7) 이 개념이 바로 내부수익률 IRR(Internal rate of return)이기도 하다. 1년차에 1억 원을 넣어 1,000만 원을 받고 다시 예금에 넣어 또 이자를 받는 현금흐름을 10%로 할인한 현재가치는 1억 원이다. 이 10%라는 할인율(혹은 은행예금금리)로 사업의 미래 현금흐름을 할인하여 현재의 가치 1억 원은 넘는지 비교할 수도 있지만, 이 할인된 현재가치(NPV)가 1억 원이 되는 어떤 할인율을 찾아낼 수도 있는데, 후자가 IRR의 개념이고, 동일한 할인율로 재투자가 된다는 가정이 들어가 있는 개념이다.

8) 잘 아는 바와 같이 위험(Risk)은 위기(Crisis)가 아니다. 위험은 목표한 결과값을 얻을 수 있는지에 대한 확률이며 변동성이다. 다만 위험은 불확실성(Uncertainty)과도 구분하여 생각해봐야 한다. 1920년대 경제학자인 프랑크 나이트는 확률 분석의 대상이 되는 '위험'과 그렇지 않은 '불확실성'을 구분하고 후자를 이윤 발생의 원천으로 보는 동시에 기회비용 개념을 확립하여 한계수익균등의 법칙을 수립했다.

거의 같은 시기를 살며 근대 자유민주주의의 토대를 제시한 영국의 존 로크(1632~1704)는 이러한 차일드의 의견에 반대하였다. 로크는 돈의 흐름이란 계속 변하기 때문에 명시 이자율을 결정하기 어렵고, 이자율이 너무 낮으면 오히려 상인들이 얼마 되지 않는 수익에 목을 매느니 차라리 상거래에 참여하지 않을 것이라고 주장했다. 그가 생각하는 적정 자연 이자율을 4~6%[9]이었지만 차일드는 4% 이하로 내려가야 한다고 생각했다. 로크는 〈금리 인하와 화폐 가치 인상의 결과에 대한 몇 가지 고찰〉에서 지나치게 낮은 이자율은 채권자들로 하여금 리스크 대비 충분한 보상을 제공하지 못하기 때문에 은행가는 돈을 빌려주는 것보다 쌓아둘 것을 택할 것이고, 따라서 화폐의 유통속도가 감소하여 물가가 떨어지는 한편 더 높은 수익을 찾아 해외로 돈이 유출될 것이라고 생각했다고 한다.

어쨌든 대항해시대에 참여한 많은 국가들은 저금리 정책에 동참하였다. 당시 금융업의 중심이었던 현재 벨기에의 안트베르펜 등 남부지역이 1578년 스페인(에스파냐)에 의해서 점령되자, 많은 금융인(유대인 등)이 종교적인 박해를 피해 1568년 스페인으로부터 독립한 네덜란드 암스테르담에 와서 금융업을 활성화시켰고 1609년에는 세계 최초의 증권거래소까지 설립된다. 국부론에서 언급된 세계 최초의 은행인 The exchange bank of Amsterdam 역시 1609년에 설립된다. 그만큼 신용거래 및 금융시장의 급속한 확대가 이루어진 것이다. 17세기 전반은 네덜란드의 전성기지만 17세기 후반에는 영란전쟁과 함께 대항해시대의 패권이 영국으로 넘어간다. 영국도 그 시기에 금리를 낮추고 있었고, 보다 먼 미래 수익을 기다리는 힘도 늘어났다.

이자는 자금의 흐름을 유도하기 위해서도 필요하다. 상인에게 보다 유리한 정책 방향을 모색했던 차일드의 (이자에 관한) 의견에는 반대하였지만 존 로크가 주장한 '소유권 인정'은 금융의 발전에 있어서 매우 중요한 역할을 하였다. 비록 '소유'라는 개념은 '농업혁명' 및 잉여 농산물에서 시작한 것으로

---

9) Paul Schmelzing, 『Staff Working paper No. 845, Eight Centuries of global real interest rates, R−G, and the 'suprasecular' decline, 1311−2018』, Bank of England, 2020.1

보이지만 어쨌든 소유는 재산을 의미했고, 시간이 지나면서 소유 재산의 격차가 벌어졌으며 재산은 화폐로 전환되었다. 따라서 누군가는 많은 화폐(돈)를 가지고 있었지만 누군가는 그러지 못하였다. 이때 돈의 시간가치인 이자는 자신의 재산을 더 불릴 수 있는 기회로 여겨졌다. 집안에 쌀과 가축이 많은 것도 재산이었지만 화폐로 전환된 시점에 명목적인 이자율은 부자들로 하여금 투자를 유도하는 유인책이 되기에 충분했던 것이다.

이러한 유인책은 현대에서도 작동한다. 비록 로크는 금리가 낮으면 충분한 리스크 대비 수익을 얻을 수 없어 은행이 돈을 빌려주지 않을 것이라고 하였으나 실제로 현대 은행의 역할과 기능을 생각해 볼 때, 은행도 누군가에게는 돈을 빌려줘야만 하는 입장이다. 부자들도 가지고 있는 것을 썩히거나 마냥 적은 이자 수익을 기대하기보다는 더 높은 수익을 만들어낼 수 있는 새로운 것에 대한 투자를 갈망하게 된다. 이런 경향은 2008년 금융위기 이후 10년간 지속된 저금리 기조와 함께 유동성과 신용 확대로 이어졌고, 2023년에 시작된 돈의 가치 상승은 투자자들로 하여금 돈을 다시 보다 안전한 곳(선진국 혹은 안전자산)에 묶어 두고자 하는 원인이 된다.

이자율이 투자 시장에 미치는 형태

금융회사의 직원으로서 금융시장과 사회의 급격한 변화를 들여다볼 기회가 주어진다는 것은 큰 의미가 있다고 생각한다. 현재 금융시장에서 일하는 실무자 중 IMF를 직접 경험한 사람도 몇 되지 않을 것이기 때문에 2019년 코로나로 인한 거대한 유동성 확대와 2024년 미국 연준의 급격한 금리 상승을 단 몇 년 안에 목도한 것은 큰 의미이다. 하지만 몇 년이 지나면 또다시 이때를 기억하는 실무자들이 없을 것이기에 그들은 또 다른 원인과 형태의 금융위기를 만나게 될 것이다.

한국과 미국의 기준금리 차이에 의한 환율 변동은 차치하더라도, 기준금리는 한국 금융시장, 특히 투자 시장에 미치는 영향력은 크다. 대체투자 시장만 본다면 우리나라의 대규모 인프라 투자는 민관협력사업 중심의 은행 대출

해외 대체투자의 유형(2021 기준)

생명보험회사 운용자산이익률과 보험료 적립금의 평균금리 추이

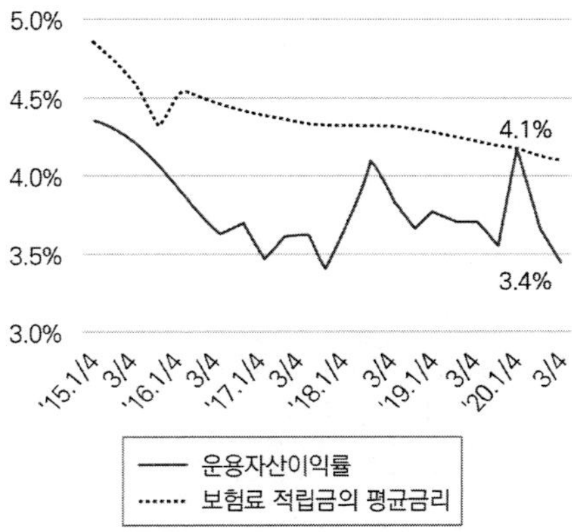

주: 운용자산이익률=운용자산손익/기중운용자산
평균 금리=(적용 금리수준의 보험료 지급금×적용 금리수준의 중간값)/총보험료 적립금

미국 보험회사 대체투자 추이

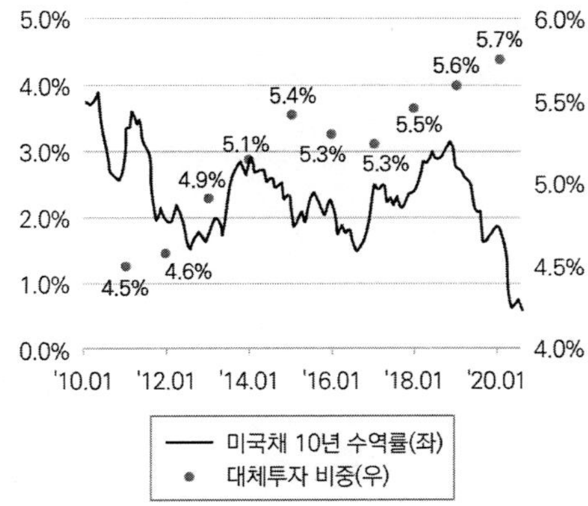

주: 대체투자 비중은 미국 보험회사의 운용자산 중 대체 투자(Schedule BA) 비중임

출처 : 보험연구원 2021 이슈보고서

시장이었다. 현재까지도 대체투자의 1세대라 불리는 분들 대부분은 당시 은행에서/은행과 활동하셨던 분들이고, 그때 그 담당자들이 현재 주요 회계법인 및 법무법인의 파트너이고 조직의 장이 되었다.

이후 국내의 투자 환경이 활성화되면서 보험사 등 은행 외 금융기관의 자산도 대체투자/인프라 투자에 꾸준히 유입되었다. 보험회사는 자산부채관리(ALM, Asset Liability Management)를 위한 장기자산 투자, 저금리로 인한 수익률 제고, 포트폴리오 분산 효과 등을 위해 대체투자를 확대해 왔는데, 장기화된 저금리 환경에서 채권 투자만으로는 보험사의 자산운용 수익률 개선에 한계가 있었기 때문이다. 다른말로는 운용자산의 이익률이 보험료 적립금의 평균금리보다 낮은 상황이 지속되면 보험사는 손해를 볼 수밖에 없고, 보험료로 들어올 돈도 언젠가는 보험금으로 나갈 예정이기 때문에, 보험회사는 모아둔 돈을 최대한 잘 운용해야 할 필요가 있던 것이다. 이는 미국 보험회사라고 해서 크게 다르지 않다.

우리나라 보험회사의 해외대체투자 유형별 구성비

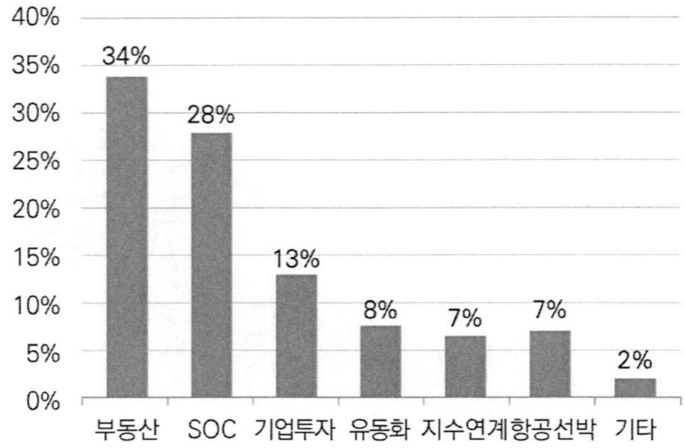

출처 : 보험연구원 2021 이슈보고서

이러한 간극을 메우고자 보험회사들은 해외투자도 활발하게 진행하였다. 코로나가 한창인 2021년도를 기준으로 하더라도 보험회사의 해외대체투자의 상당부분은 부동산 및 인프라가 차지하고 있었다. 부동산 자산은 투자기간이 3~5년인 경우도 많이 있지만, 인프라 사업 대출 자산은 10~15년 혹은 20년이 넘기도 하기 때문에 2025년에도 그 내용이 크게 다르지 않을 것이다.

인프라 사업의 경우 그 내용이 복잡하고 필요 자금의 규모가 크기 때문에 선순위 대출 위주로 참여하였지만 부동산의 경우는 실사도 용이하고 소재지역이나 입주자들의 현황 등 국내 부동산과 비교하여 이해하기가 훨씬 단순하였으며, 특히 감정평가서가 존재하기 때문에 선순위뿐만 아니라 중·후순위 및 지분투자도 많이 진행되었다.

2023년말 기준 투자 규모로 보면 보험회사의 해외 부동산 투자규모가 은행보다 더 크다. 이렇게 보험회사가 국내를 넘어 해외까지 진출하고 보다 리스크가 높은 투자를 진행한 이유는 결국 금리 때문이다. 특히 미국과 유럽의 기준금리가 한국의 기준금리보다 낮았던 시기에는 환스왑을 통해 추가 수익률까지 기대할 수 있었던 것도 작용하였다. 일반적으로 보험회사가 투자하는 데 쓰는 자금은 국내에 소재하는 사람들의 보험료(즉 원화 자금)인데, 보험료로 들어와 보험금으로 나가는 데 걸리는 시간이 장기이고 확률에 따라 예측이

해외부동산/인프라 투자 현황(2019 기준)

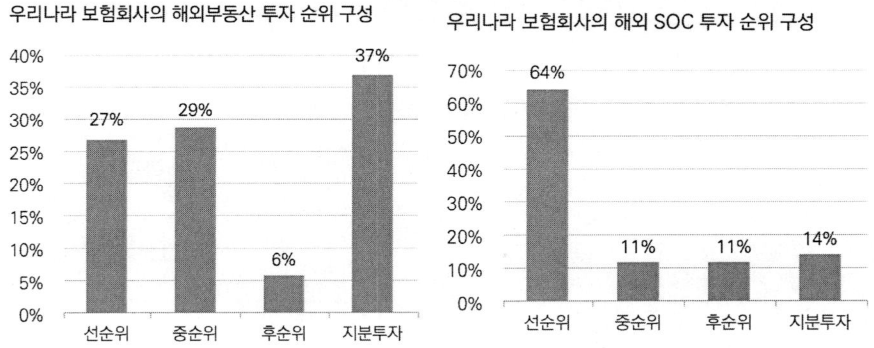

출처: 보험연구원 2021

가능하였기 때문에 은행과 다르게 장기 고정금리 대출을 선호하였다. 이를 '장기부채와의 듀레이션 매칭을 위해 만기가 긴 자산에 대한 투자'이라고 표현한다.

미국의 금리상승에 따라 부동산의 임차인이 줄고 감정평가액도 감소하게 되자 해외 부동산 투자자산 부실이 발생하는데, 그 원인도 결국에는 선순위 대출보다 리스크가 큰 자산에 투자해야만 했던 상황 탓이기도 하다. 즉 국내 전통 및 대체 자산만으로는 자산부채관리를 할 수 없었던 보험회사들이 해외로 눈을 돌렸으나, 해외에서도 안정적인 자산은 역시 금리가 낮아서 목표하는

해외 부동산 대체투자 현황(2023년 9월 기준)

(단위: 조원, %)

구분	합계		북미		유럽		아시아		기타*	
합계	**56.4**	**(100)**	**34.5**	(61.1)	**10.8**	(19.2)	**4.4**	(7.9)	**6.6**	(11.8)
은행	10.1	(100)	5.4	(53.9)	2.2	(22.0)	1.6	(16.0)	**0.8**	(8.1)
보험	31.9	(100)	20.5	(64.2)	4.5	(14.2)	1.3	(4.1)	5.6	(17.6)
증권	8.4	(100)	4.2	(50.4)	3.0	(35.6)	1.1	(13.0)	0.1	(0.9)
상호	3.7	(100)	3.2	(85.1)	0.4	(11.8)	0.0	(0.7)	0.1	(2.4)
여전	2.2	(100)	1.1	(52.4)	0.6	(29.3)	0.4	(16.7)	0.03	(1.6)
저축은행	0.1	(100)	0.03	(29.8)	0.0	(24.2)	0.0	(46.0)	–	(–)

*오세아니아, 남미, 아프리카 및 복수 지역 투자

출처: 금융감독원 보도자료

증권사의 해외 대체자산 투자 구조

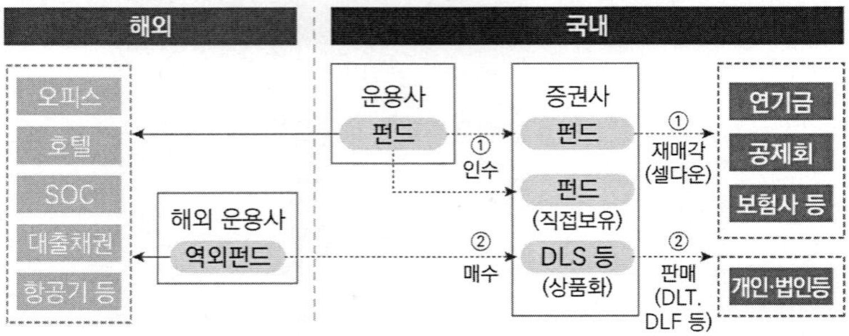

출처: 금융감독원 보도자료 저작권 확인 오픈소스

수익률을 달성할 수 없었고, 따라서 자산관리 차원에서 보다 수익률이 높은 쪽을 공략해야 했는데 그 대상이 상대적으로 이해하기가 쉬웠던 부동산, 그 중에서도 선순위 대출보다 리스크가 높은 투자군이 될 수밖에 없었던 것이다. '이럴 줄 알았으면 위험한 자산에 투자하면 안 되는 것 아니었나!'라고 하기에는 국외 통화 정책의 예측이 어렵고, 그렇다고 마냥 손 놓고 있기에는 수취되는 보험료를 어떻게든 운영해야만 하는 보험회사 비즈니스 모델의 숙명이 존재하고 있었다.

증권사에 의한 해외대체투자가 활성화 된 시기가 2018년부터인데, 주로 증권사의 자기자본으로 펀드의 수익증권을 인수하고 이후에 이 수익증권 쪼개서 보험회사에 판매하는 형태의 비즈니스 모델을 많이 활용하였다. 초대형증권사는 자기자본뿐만 아니라 발행어음을 통해 인수 자금을 확보하기도 하였다.

증권사의 투자는 본질적으로 보험회사의 투자와 동일하다. 다만 보험회사가 리스크 관리 차원에서 건별 투자금액의 한도가 있기 때문에 증권사가 펀드 전체금액을 총액인수하여 자금력을 보여주고 협상력을 강화하는 동시에 보험회사의 투자 승인기간이나 투자한도에 유연성을 가져다 준 것이다. 증권사는 그 대가로 총액인수 수수료를 수취했다. 회사채나 증권 발행시에 발행금액을 증권사가 총액인수하는 것과 유사한 개념이다.

리츠(REITs, Real Estate Investment Trusts)[10]의 투자도 눈부셨다. 리츠는 부동산투자회사법을 통해 다수의 자금을 모아 부동산에 투자하는 회사로서 주

2020년 당시 증권회사의 해외 대체투자 현황

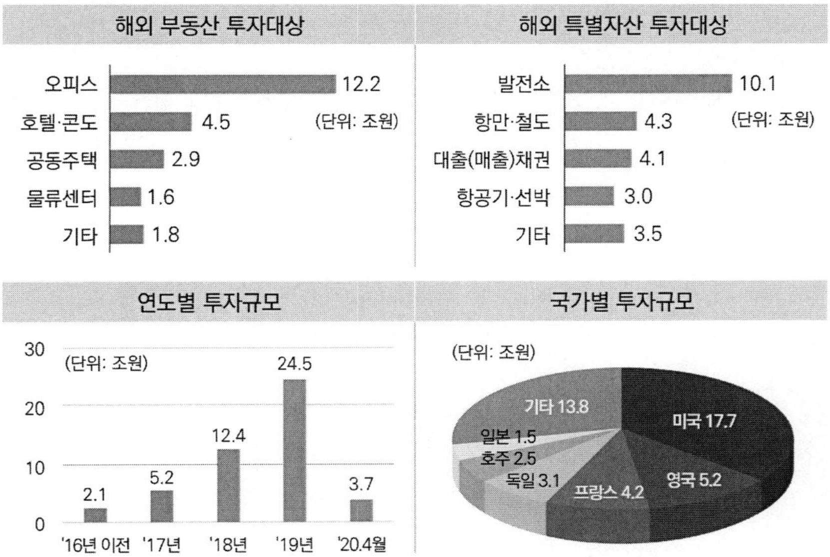

출처 : 금융감독원 보도자료

식시장에 상장되어 거래할 수 있다. 주요 대기업이 가지고 있는 건물을 리츠펀드에 매각하고 대신 장기 임대차 계약을 체결함으로써, 건물 매입자금 용도로 돈을 넣은 펀드 투자자들에게 임대차계약상 임대료로 수익을 환원하는 구조였다. 금리가 낮은 시기 대기업과의 장기 임대차 계약의 안정성 및 서울 도심지에서 쉽게 볼 수 있다는 편안함을 기초로 많은 리츠 상품들이 출시되었고, 기관투자자 및 개인투자자로부터 최초 청약금을 받는 증권사 입장에서는 IPO만큼이나 좋은 비즈니스 모델이 되었다.

그러다 2023년 금리가 상승하면서 보험회사들의 투자 방향성은 대체투자시장보다 전통자산시장으로 옮겨진다. 금리가 상승함에 따라 채권수익률도 상승하게 된 것이다. 따라서 그만큼 대체투자에 쓸 돈이 감소하였고, 결론적

10) 리츠는 본질적으로 사회기반시설에대한민간투자법에 의한 '사회간접자본투융자회사'와 본질적으로 동일하다. 그 역사에도 불구하고 국내에 상장되어 있는 사회간접자본투융자회사는 맥쿼리의 맥쿼리한국인프라투융자회사(MKIF)와 발해인프라펀드가 유일하다. 투자자산은 인천대교나 서울춘천고속도로 등 많은 사람들이 사용하고 있는 인프라 자산들이다.

리츠 기본구조

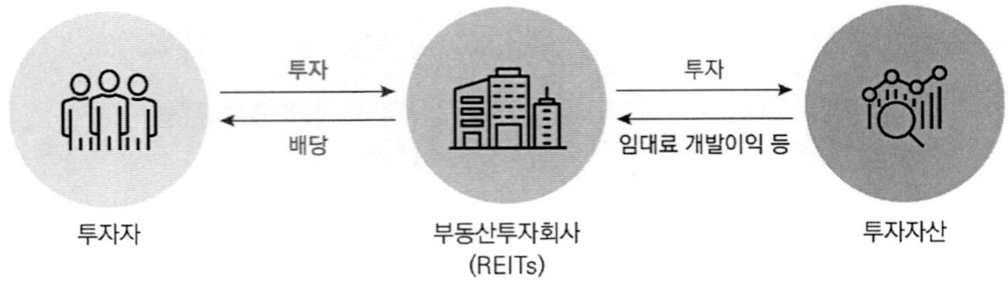

출처: 한국 리츠 협회

으로 국내외 대체투자 시장이 감소하면서 증권회사의 총액인수 사업모델도 예전 같지 않게 되었다. 또한 해외 부동산 시장에서의 손실 및 국내 운용역의 관리 한계는 결국 최종 투자자인 보험사로서 자산 관리에 대한 우려를 만들어 냈고, 이는 (국내 자산운용사를 통한 프로젝트 단위의 투자가 아닌) 해외 자산운용사가 운용하는 블라인드 펀드의 재간접투자로 이어지게 된다. 그 과정에서 프로젝트 단위의 펀드에 투자함으로써 사업의 분석이나 각종 법률/금융 자문을 수행하던 법무법인 및 회계법인들의 일거리도 감소하게 되었다.

금리는 단순하게 예금 금리나 부동산 담보대출 금리를 변화시키는 것만은 아니다. 이는 곧 기관 투자자로 하여금 자신의 자산을 어디에 분배하여 투자할지에 영향을 미치고, 그에 따라서 그 과정에 속한 다양한 사람들의 삶도 변화시키게 된다.

주식과 재무제표. 투자 대상을 이해하는 기초

영속기업이든 특수목적법인이든 회사를 설립하고 운영하기 위해서는 자기자본과 타인자본이 필요하고, 이 둘을 합쳐서 자산(Asset)이라고 부르는데, 자기자본은 회사를 설립하는 최초의 자본이자 회사의 소유권을 의미하며, 타인자본은 회사를 채무자로하여 제3자가 빌려주는 돈이라고 할 수 있다. 타인자본은 증권회사 등을 통해서 발행하는 회사채뿐만 아니라 은행을 통해 대출로 조달할 수 있는데, 모두 재무제표상에는 이자부 부채로 표시되고 부채비율 등을 통해서 기업의 안정성을 측정하는 데 쓰이게 된다. M&A는 결국 회사의 소유권을 매매하는 과정인데, M&A를 위해 필요한 자금은 100% 매수자의 자기자본일 수도 있고, 일부는 '인수금융'이라는 형태의 타인자본으로 조달할 수도 있다.

현대 자본시장에서 대부분의 회사는 출자한 금액만큼만 책임을 부담하는 유한회사인데 이 '유한회사'의 발견은 금융시장 발전에 있어 큰 역할을 한다. 고대에 채무자는 자신의 빚을 제때 상환하지 못할 경우 노예가 되기도 했고, 로마시대에는 인적담보만 존재하였기 때문에 만약 채무불이행이 발생하면 채무자나 보증인은 모든 재산을 몰수당하거나 빚을 다 갚을 때까지 감옥에 갇히는 등 현재보다 더욱 가혹한 환경이었다고 한다. 이러한 가혹함은 대출을 받아 새로운 사업을 시도하려는 도전에 큰 걸림돌로 작용하였다. 에디슨의 전구를 쓰기 위해서는 발전소 및 송전선부터 만들어야 했고, 1825년에는 철도가 마차보다 느렸으며, 먼 바다로 떠나 막연히 금을 가지고 돌아오기만을 기다려야 했던 대항해시대 출정단에 관련된 모든 투자는 당시에도 매우 새로웠고 높은 위험이 집중된 투자였다. 따라서 투자자 입장에서의 손실위험뿐만 아니라, 사업주(채무자) 입장에서도 실패할 경우 인생을 송두리째 빼앗길 위험 때문에 새로운 도전을 주저하게 되는 것이다. 따라서 투자금까지만 손실을 인정하는 유한회사 개념은 새로운 시도를 하고자 하는 사람들에게 실패할 기회를 주는 좋은 제도였으며 자본시장의 도움을 받아 문명이 발전하게 된 계기가 되었다.

역사적으로 기록된 최초의 주식회사는 농장으로부터 세금을 징수하러 다니던 민간사업자였다고 한다. 2세기경 정복활동이 국가의 부이자 주수입원이었던 로마의 기세가 꺾이자 재정위기를 겪기 시작했고, 이를 극복하고자 농민 및 농장에 점점 더 많은 세금을 부과하기 시작하는데 그 세금을 징수하는 역할을 민간사업자에게 맡겼다고 한다. 이 민간사업자가 대규모 계약을 맺기 위해 필요한 초기 투자금을 마련하고자 현재 주식회사의 개념인 소사이어타테스 퍼블릭캐노럼(Societates Publicanorum)을 만들어 로마의 부자들이 자본을 공급하였다고 한다. 그리고 그 회사의 주식을 카스토르 신전에서 거래했다고 한다. 로마는 주주와 경영인을 구분하였으며 로마의 상원 의원은 주식을 소유할 수는 있지만 경영에 참여하지는 못했다고 한다.

이후 13세기, 저지대 국가인 네덜란드에서는 바다와 습지에 농경지를 만들고 땅을 개간하기 위해서 제방과 풍차를 만드는 데 많은 비용이 들었는데, 이 비용을 충당하고자 지역 교회나 의회가 주민들로부터 돈을 모았고, 새로 개간된 땅에서 농사를 지어 발생한 이익을 투자자에게 돌려주는 방식을 사용하였다고 한다. 이는 각 투자자의 잉여자금을 활용한 채권 투자로 발전하여 신용 대출 시장의 활성화로 이어졌으며, 이러한 방식은 17세기 교역선을 이용한 국제통상에서 활용된다. 교역선에 필요한 자본금 지분을 작게 쪼개서 투자할 수 있게 함으로써 투자자의 위험도 분산시켜주게 된다.

이는 최초의 근대적인 주식회사가 대항해시대 네덜란드와 영국의 동인도 회사였다는 점으로 연결된다. 이 두 회사가 갖는 본질적인 위험은 (주식회사라는 시스템 자체에 대한 불확실성을 포함하여) 극도로 새롭고 위험한 장거리 무역이었으며, 이에 대한 반대급부로 높은 수익률을 제안했다. 네덜란드의 동인도회사(VOC)는 영구적인 배당금을 지급하는 주식을 발행하여 대규모 자본을 조달한 최초의 기업인데, 한세기가 넘도록 22%의 배당금을 지급했다고 한다. 영국의 동인도 회사(EIC)의 경우, 영국과 인도(면화), 인도네시아(후추, 정향 등)를 연결하는 삼각무역을 통해 막대한 수익을 예상하였지만 질병 및 난파, 해적 및 해군의 약탈 등의 위험에 노출되어 있어서 VOC와 EIC 모두 실제 무역은 아시아 지역에서 하고, 결과물인 금과 은만 유럽으로 실어 보내는 방법으로 진화하였다고 한다. 이러한 형태는 결국 금과 은이 곧 부라는 중상주의 정신과 연결된다.

1662년 처음 만들어진 유한회사라는 개념은 주주의 부담이 채권자에게 일부 전가되는 것을 의미하는데, 1830년 미국에서, 그리고 1856년 영국에서 회사법이 정립되고 주주의 유한 책임이 정착하여 주주를 보호함으로써, 더 많은 시장과 산업이 열리는 토대가 마련된다. 이렇게 주식회사의 짧은 역사는 효율적인 자본시장을 확립/유지하는 데 정부의 역할(제도)이 중요하다는 것을 다시 한 번 보여준다. 주식회사가 없었다면 1825년 증기기관열차로 시작된 철도산업이 (비록 버블이 있었지만) 그렇게까지 커지지 않았을 것이고, 파나마운하와 같은 대형 인프라 사업도 성공하지 못했을 것이다.

회사는 무엇인가?

이러한 역사적인 배경을 기초로, 그럼 현대에 '회사'라 일컬어지는 것을 정의한다면 무엇일까? 회사라고 하면 일반적으로 직원들과 사무실로 구성되어 있는 물리적인 영업체라고 생각하지만, 상법상 회사는 '상행위나 그 밖의 영리를 목적으로 하여 설립한 법인'을 말한다. 즉 회사는 영리성과 법인성을 가지고 있는 조직이라고 할 수 있으며, 여기서 법인이라 함은 법률에 의해서 권리능력이 인정되는 단체라는 의미이다. 법인으로서 권리능력이 인정된다는 것은 자연인과 마찬가지로 권리와 의무의 주체가 되고 법률효과에 직접 귀속되며, 책임재산을 가질 수 있고, 소송의 당사자가 될 수 있다는 것을 의미한다.

우리가 일반적으로 아는 회사의 형태는 대부분 주식회사인데, 주식회사는 물적회사[11]로서 사원인 주주가 출자하여 자본금을 구성하고, 각자가 인수한 주식의 인수가액을 한도로 회사의 채무에 대하여 책임을 부담한다. 즉 주식회사의 본질은 역사적으로도 그러한 것처럼 자본금, 주식, 주주의 유한책임이라고 할 수 있다.

---

11) 사원과 회사의 결합 정도가 높고, 사원의 개성이 중요한 의미를 갖는 인적회사(조합적 실체, 합명회사가 전형적)와 대비되는 개념으로 사원과 회사의 결합 정도가 약하고 회사의 자본에 기초를 두는 형태의 회사

상법상 회사의 구분

구분	특징
합명회사	– 사원이 회사의 채무에 대해서 무한 · 직접 · 연대책임을 부담(즉, 모든 사원이 무한책임사원인 형태) – 사원은 회사채권에 대하여 무거운 책임을 부담하지만, 회사의 업무집행권 및 대표권을 가짐 – 회사의 기본적인 사항의 결정에 있어 모든 사원의 동의가 필요하고 다른 사원의 동의 없이 지분이나 지위의 양도가 어렵기 때문에 서로 신뢰가 두터운 소수의 사람과 공동 경영에 사용됨
합자회사	– 합명회사의 사원과 동일한 책임의 무한책임사원과 출자액을 한도로 하는 유한책임사원이 공존 – 유한책임사원은 자본금만 제공하고 사업으로부터 생기는 분배만 받을 뿐, 회사의 업무집행권과 대표권을 갖지는 못함. (단 회사의 기본적인 사항 결정을 위한 총사원 동의가 필요한 경우에는 참여)
주식회사	– 사원인 주주가 회사의 채권자에 대해서 직접적인 책임을 부담하지 않음 – 회사에 대해서는 자기가 인수한 주식의 대금을 한도로 출자의무만 부담하는, 간접 · 유한책임을 부담하는 회사형태로 오늘날 회사조직의 일반적인 형태 – 회사의 업무집행은 이사회와 대표이사 등의 기관이 담당하기 때문에 소유와 경영이 분리된 형태이며, 주주는 감사를 선임하여 업무를 감독할 수 있음 – 회사의 주주 사이에 신뢰관계가 없고 다수인의 결합이 가능하기 때문에 대중자본을 모아 대기업을 경영하는 데 적합
유한회사	– 소규모이고 폐쇄적이며 비공개적 성격을 가짐 – 주식회사의 주주처럼 회사채권자에 대하여 아무런 직접 책임을 부담하지 않고 다만 일정한 출자 의무만 부담하는 간접 · 유한책임을 부담하는 사원으로 구성된 형태 – 유한책임회사의 사원 총수는 50인으로 제한되어 있었으나 현재는 제한이 없으며, 사원이 그 지분의 전부/일부를 양도 및 상속할 수 있음 – 설립절차가 간편하고 이사회와 대표이사가 분화되어있지 않으며, 감사도 임의기관으로 간소화되어 있기 때문에 중소 규모의 회사에 적합
유한책임회사	– 미국의 유한책임회사(LLC, Limited Liability Company) 제도를 참고하여 도입된 공공기업형태 – 출자금액을 한도로 유한 책임을 부담하는 유한책임사원으로 구성

여기서 또 한 가지 중요한 부분은 바로 주식회사의 소유가 경영과 철저히 분리된다는 점이다. 비록 회사의 주요 결정에 대해서 주주총회를 거치기도 하지만 일상적인 회사의 경영 대부분은 대표이사 등 이사회를 거쳐서 이루어지고, 주주는 회사의 경영 결과로서의 배당을 수취하는 구조이다. 따라서 기업 경영자의 관심사는 주가와 배당금이 오르기만을 바라는 주주의 관심사와 다를 수 있는데, 이런 비효율성을 '대리인 비용(Agency Cost)'이라고도 한다. 주주는 이러한 대리인 비용을 줄이고 경영진이 올바른 의사결정을 하는지, 주주의 권리를 침해하거나 옳지 못한 결정을 내리지는 않는지 등을 감시하기 위해서 '감사'를 두게 된다. 이는 곧 행동주의 펀드나 주주이익환원[12] 등 과도 연결이 된다.

이러한 투명성은 잉여 자본으로 추가 수익을 창출하고자 하는 투자자를 유인하며 새로운 사업에 자본을 공급하게끔 하는 데 지대한 영향을 미쳤다. 또 한편으로 정부는 투자와 자본시장의 활성화를 위해 주주가 정보 비대칭에 의한 피해를 입지 않도록 (즉, 회사 경영진에 속지 않도록) 통제 기관과 절차를 마련한다. 주식시장 상장요건이라든지 금융감독원 혹은 공정거래위원회 등이 대리인 비용을 낮추고 투명성을 보장함으로써 자본의 순환을 돕는 역할을 하고 있다. 또한 같은 맥락에서 주식회사에는 주주와 경영진뿐만 아니라 노동자나 채권자, 소비자 등 다양한 이해관계자가 있기 때문에 정관을 통해 회사의 공고 방법을 정하고 등기하도록 하는 철저한 공시주의, 다양한 이해관계자간의 충돌을 예방하기 위해 사적 자치를 매우 제한하고 대부분 강행규정으로 법률에서 명시하는 강행법규성, 이해관계자들간의 충돌을 국가기관이 관여하여 조정하는 법원의 관여 및 법률관계의 집단·획일적 처리 등의 특징을 (상법을 통해) 갖는다.

---

12) 마크 카니는 그의 저서에서 "오늘날 기업 지배구조의 주된 흐름은, 주주가 위험을 가장 많이 무릅쓰는 사람"으로 묘사하는 한편, "노동자들이 자신의 경력이나 공적이고 사회적인 인프라의 편익과 관련해서 무릅쓰는 위험은 평가절하하고 있고, 따라서 오늘날 흐름은 주주가치를 높이는 쪽으로만 진행되고 있다"고 언급하기도 한다.

주주총회와 이사회

구분	내용
주주총회	– 주주들로 구성되며 이사 및 감사의 선임, 정관의 변경 등 회사의 기본적인 사항에 대해서 회사의 의사를 결정하는 필요적 기관 – 회사의 업무집행에 관한 일상적인 사항에 대한 결정권은 이사회로 집중되고 주주총회는 기본적인 사항으로 축소되지만, 이사 및 감사의 선임이나 해임, 정관변경권을 가지고 있어 주식회사의 최고 기관의 지위를 가짐 – 주주총회는 보통결의사항(발행주식총수의 1/2출석, 1/4 동의), 특별결의사항(2/3출석, 1/3동의), 특수결의사항(전원동의)으로 구분하여 의결
이사회	– 회사의 업무집행에 관한 중요사항을 결정하는 의사결정기관으로 주주총회의 권한으로 되어있는 것을 제외하고 회사의 업무집행에 관한 모든 의사결정 권한 보유 – 이사 과반수의 출석과 출석이사의 과반수로 하여 결의 – 주주가 세분화되면서, 소수의 대주주를 보유하고도 주주총회를 통해 주요 이사의 선임에 영향을 미치고, 결국 선임된 이사가 특정 소수의 대주주 이해관계를 위해 활동하는 경향과 대표기관인 대표이사를 두고 주요한 내용을 이사회가 아닌 대표이사에게 일임하게 함으로써, 이사회보다는 대표이사(전문 경영인)의 역량이 중요해지는 경향이 있음

후에 다루는 (특히 인프라, 발전 영역의) 프로젝트 파이낸싱 사업뿐만 아니라 일반적인 인프라, 발전 영역의 영속회사들은 주로 주식회사의 형태를 띠고 있기 때문에 이사회나 주주총회의 구성 및 의사결정 사항, 그리고 누가 주주로 참여하여 몇 명의 이사 선임권이 있는지 등 정관의 내용을 확인해야 하며, 이를 거버넌스(Governance)라고 하는데 그 근간에는 앞서 언급한 '회사'라는 조직의 형태와 목적/한계성 등이 존재한다.

주식과 그 밖의 유가증권

사법(私法)상 재산권을 의미하는 증권을 유가증권이라고 하는데, 대표적인 유가증권은 주식이다. 주식은 자본금의 구성단위이면서 주주의 지위(주주권)의 의미를 갖는다. 회사 설립시에 주주는 '액면가 × 주식수 = 인수가액' 만큼 자본금을 납입하고 그 대가로 주식(주권)을 증서로 받는다.

주식에 대해 깊게 생각해보지 않는 사람들은 아마도 KOSPI나 NASDAQ에 상장되어 있는 상장주식(Public 혹은 Listed라고 표현한다)을 주로 떠올리겠지만 반드시 주식시장에 상장되어 있을 필요는 없다. ENR ranking에서 항상 상위권을 유지하고 있는 Bechtel 역시 엄청 유명한 엔지니어링 회사지만 비상장회사이다.

여기서 액면가는 주식이 처음 발행되었을 때 1주당 책정된 가격일 뿐, IPO나 주식시장에서 거래되고 있는 가격과는 다른 개념이다. IPO(기업공개, Initial Public Offering)는 비상장회사가 정해진 절차(혹은 각 주식거래시장에서 요구하는 수준을 달성함으로써)를 통해 주식시장에 상장(listed)함으로써 불특정 다수 투자자들에게 새로 주식을 발행하거나 기존주식을 거래할 수 있도록 하는 것을 의미한다. 주주입장에서는 액면가(예를 들어 5,000원)로 주식을 인수하고 인수대금 납입을 통해 설립된 회사가 몇 년간 잘 성장하여 주식시장에 상장하게 되면, '상장 시 형성되는 주가 × 보유하고 있는 주식수'로 재산이 결정이 되기 때문에, 상장 시 형성되는 주가가 중요하다. 코로나 시절 시장의 유동성이 주식시장에 모였던 때엔 상장만 하면 소위 따상, 따따상과 같은 높은 주가를 형성하였는데, 많은 회사들이 이때 상장을 시도했던 이유도 상장 시 공모가격을 높게 설정할 수 있을 만큼의 시장 유동성이 풍부했기 때문이었다. 2020~2021년 코스피가 급격하게 상승하던 때 상장한 카카오게임즈, 카카오뱅크 주식이 하루이틀 만에 2배, 3배가 되는 것을 본 기업들은 너도나도 이때다 싶어 빠른 상장을 위해 증권회사와 협업하였고, 당시 증권회사의 IPO팀도 매우 바쁘게 움직였었다.

일반적으로 상장하고자 하는 회사는 증권회사의 IPO팀을 대상으로 한 입찰공고를 통해 상장을 위한 조건을 갖추기 위한 자문 및 상장할 주식의 인수, 공모가격 등을 제안받는데, 다양한 전망과 분석을 바탕으로 보다 높은 공모가격을 제안하고자 노력한다. 증권사는 회사가 제안한 공모가격에다가 증권사가 인수할 주식의 수를 곱하여 이를 총액인수(Underwriting)하는 것이 일반적인데, 때문에 1개의 증권회사가 인수하기에 규모가 너무 커서 부담이 되면 이를 여러 증권회사가 나누어서 인수하기도 한다. 상장하는 회사 입장에서는 공모가격과 인수물량 확정을 통해 상장이 확정된 상태이고, 증권회사는 우선적으로 기업고객(보험회사 등)을 상대로 인수할 물량을 판매하거나 인수대금 납부시점에 동시 참여할 것을 확정한 뒤, 해당 기관물량 제외한 나머지를 일반 고객인 우리가 참여할 수 있도록 한다. 증권회사는 기업고객뿐만 아니라 일반고객을 상대로도 영업활동을 해야 하기 때문에, 시장에서 이미 좋다고 소문난 공모주 투자건을 모두 기업고객에게 양보할 수는 없고, 일정 물량은 일반고객에게 배정함으로써 우리가 각 증권회사의 HTS를 통해서 공모청약을 할 수 있도록 한 것이다.

KOSDAQ이든 KOSPI든 상장을 했다는 것은 소유와 경영[13]이 잘 분리되어 있고 다양한 공시의 의무를 준수하며 회사를 투명하게 운영하겠다는 것을 의미한다. 따라서 주식시장에 상장되어 있다는 이유만으로 회사가 제시하는 정보에 틀림이 없다고 믿고 불특정 다수가 거래에 참여하게끔 유도하는 것이 주식시장 상장의 본질중 하나일 것이다.

회사는 최초 설립 이후로 엔젤투자(시드투자) → 시리즈 A → 시리즈 B → 시리즈 C → 시리즈 D → Pre－IPO → IPO 등의 순서로 점차 기업을 키워나가는데, 신문에서 쉽게 보는 벤처투자(VC) 등이 이 영역에서 활동하는 투자자들이라고 할 수 있다. 최초 설립자가 100% 보유한 기업의 최초 기업가치

13) 하지만 자신의 '지휘관리'노동을 통해 임금을 받는 월급쟁이 사장이 대주주로부터 자유로울 수 있을까? 오너로부터 자유로운 월급쟁이 사장은 없고, 사장의 임금도 이사회에 의해 결정되며 이사의 선임은 주주총회를 통해서만 할 수 있다.

(EV, Enterprise Value)는 액면가격 × 발행주식수로 결정되는데, 회사가 차입을 하거나 경영을 잘하여 회사가 커져가면 투자자들은 해당기업의 기업가치를 재평가하고 평가금액의 일부를 투자함으로써 그만큼의 주식을 새로 보유하게 되고 이 과정에서 최초 설립자의 소유권은 점차 희석된다. 설립자 및 벤처투자자들은 다음 시리즈에서 기업가치를 더 크게 평가받아 새로운 투자자의 투자금을 받으면서 Exit하거나, 보유한 주식의 새로운 평가이익을 수익으로 반영하는데 결과적으로 IPO시점이 되어 공모가격으로 불특정 다수의 투자금이 들어오면, 기존의 주식을 매도하여 Exit하는 것이 최종적인 투자의 결과라고 할 수 있다. 벤처투자가 마무리되면 경영참여형 사모펀드(PEF)가 등장하여 보다 높은 가치를 창출하며 투자를 이어가기도 한다.[14)]

2023년 초 실리콘밸리 은행의 부도는 이러한 스타트업 투자와 관련이 있다. 일반적으로 스타트업은 회사의 신용이 부족하고 영업성과가 명확하지 않기 때문에 은행으로부터의 대출이 쉽지 않다. 실리콘밸리은행은 그 특성상 스타트업의 지분을 담보로 한 대출을 해줬고, 반대로 스타트업들은 투자자로부터 받은 돈을 예금으로 실리콘밸리 은행에 넣어두었다. 실리콘밸리 은행은 이 예금을 다시 국채에 투자하여 밸런스를 맞춰 은행을 운영하고 있는 중이었다. 하지만 시장 유동성 감축을 위해 미국 연준이 금리를 급하게 올리면서, 시장이 경색되자 가장 먼저 타격을 받는 것이 스타트업 기업이었다. 신규투자가 감소하자 회사들은 저축해 놓은 예금을 예상보다 빨리 인출하기 시작했고, 실리콘밸리 은행은 이 예금으로 투자하였던 미국 국채를 급하게 팔아야 했다. 다만, 문제는 금리가 상승함에 따라 채권의 가격이 하락한 상태였기 때문에 국채를 판다는 것은 손실도 확정해야 한다는 점이었다. 은행의 자산은 크게 '자본금'과 남으로부터 빌린 '차입금 및 예금'으로 되어 있고, 이 자산만큼 투자를 하여 차입금이나 예금의 이자를 지급하게 된다. 실리콘밸리 은행이 투자

14) 결국 경영참여형 사모펀드 투자는 EV/EBITDA를 기준으로 할 때가 많아 EBITDA(즉 영업활동 현금흐름)을 최대한 단기간에 높이고자 노력하게 되는데, 그 과정에서 기업의 임직원에게 경영효율화라는 미명 아래 희생을 강요할 수도 있고, 기업의 본질적·장기적 경쟁력을 훼손시킬 수도 있다.

NASA의 Technology Readiness Level 구분

TRL 9	• Actual system "flight proven" through successful mission operations
TRL 8	• Actual system completed and "flight qualified" through test and demonstration (ground or space)
TRL 7	• System prototype demonstration in a space environment
TRL 6	• System/subsystem model or prototype demonstration in a relevant environment (ground or space)
TRL 5	• Component and/or breadboard validation in relevant environment
TRL 4	• Component and/or breadboard validation in laboratory environment
TRL 3	• Analytical and experimental critical function and/or characteristic proof-of-concept
TRL 2	• Technology concept and/or application formulated
TRL 1	• Basic principles observed and reported

출처: NASA

한 국채의 가격이 하락한 상태에서 이를 매도함으로써 확정된 손실은 결국 자본금에서 차감할 수밖에 없었다. 줄어든 자본금을 충당하고자 유상증자를 시도하였지만 실패함에 따라 은행의 신용등급이 하락하고, 보다 더 많은 사람이 불안에 떨면 더 많은 예금을 인출하게 되는 뱅크런이 발생하면서 부도가 나게 된 것이다.

다시 벤처투자로 돌아가면, 각 시리즈를 구분하는 것은 크게 사업의 진행경과(상품의 출시나 유의미한 매출 발생)나 투자금의 규모 등으로 나누어지며, 그 외 기업이 가지고 있는 기술의 상용화 정도를 의미하는 TRL(Technology Readiness Level)를 참고하기도 한다.

전환사채, 신주인수권부사채 및 교환사채

구분	내용
전환사채 (Convertible Bond, CB)	– 주식과 회사채의 성격을 결합해 투자의 안정성과 수익성을 동시에 추구하는 상품 – 전환사채보유자는 전환청구에 따라 발행기업의 신주를 인수받을 수 있고, 전환청구 전에는 사채로서 이자를 받을 수 있다. 따라서 전환사채를 매매하고자 한다면, 그 가격은 일반사채의 가치에다 전환청구권의 가치가 더해져 있다고 볼 수 있다. – 보통주주 입장에서 전환사채보유자가 특수관계인에게 염가로 판매한 다음, 이를 주식으로 전환하게 되면 주식 희석효과(Dilution effect)가 발생할 수 있다.
신주인수권부사채 (Bond With warrant, BW)	– 신주인수권부 사채는 일반사채에 신주인수권리를 추가한 것이다. – 전환사채가 사채금액만큼 주식으로 전환할 수 있는 것이라면, 신주인수권부사채는 일반사채를 계속 보유하면서, 행사가격에 따른 신주인수대금을 지불하여 신주도 매입할 수 있다.
교환사채 (Exchangeable bond, EB)	– 교환사채는 전환사채와 거의 유사하지만, 전환사채가 전환청구 시 발행한 회사의 주식을 주는 것과 다르게 교환사채는 사전에 약속한 다른 회사의 주식을 교환하여 지급한다.

주식에는 보통주나 우선주 등 다양한 형태가 있다. 보통주가 일반적으로 주주총회에 참석하여 의사결정에 영향을 미칠 수 있는 주식이고, 우선주는 보통주보다는 배당의 우선순위가 앞서지만 (일반적으로) 회사와 관련된 의사결정에는 영향을 미칠 수가 없다. 벤처투자자들은 투자하려고 하는 회사가 어떻게 성장할지 모르는 리스크에 배팅하는 것이기 때문에, 보통주보다는 다른 옵션이 있는 유가증권으로 투자를 하게 되는데, 대표적인 것이 전환사채나 교환사채 등이다.

이렇게 다양한 유가증권의 형태는 단순히 영속기업의 투자뿐만 아니라 재무적 투자자(FI, Financial Investor)로서 특수목적법인(SPC)에 투자할 때도 활용된다. 보통주나 우선주뿐 아니라 전환사채 등도 고려가 가능하고, 보통주로 투자한다고 하더라도 기존 주주에게 자신이 보유한 주식의 매수/매도를 청구할 수 있는 매수청구권(Put Option) 혹은 매도청구권(Call Option)을 요구할 수 있다. 또한 내가 주식을 매매할 때 다른 주주의 주식까지 같이 묶어서 팔 수 있는 동반매도요구권(Drag-along, 동반매각청구권)[15]이나, 다른 주주가 주식을 매매할 때 같이 팔겠다는 동반매도참여권(Tag-along, 동반매도권),[16] 그리고 다른 주주가 주식을 매매하려고 할 때, 협상된 매매 가격으로 우선적인 매매 권리를 갖는 우선거절의 권리(ROFR, Right of First Refusal) 등의 옵션과 조건들도 주주 간 협의를 통해 이끌어낼 수 있다.

재무제표 이해하기

기업가치(Enterprise Value) 혹은 지분가치(Equity Value)평가가 미래현금흐름을 기준으로 한 평가라고 한다면, 재무제표는 현재까지의 재무상태를 정리해 놓은 것이다. 크게 대차대조표(Balance Sheet)와 손익계산서(Income Statement) 그리고 현금흐름표(cash flow statement)로 구성되는데, 전자공시시스템(Dart.fss.or.kr)을 통해서 대부분의 회사 정보를 얻을 수 있다.

현금흐름표(Cash flow statement)는 특정 기간(분기, 반기 연간) 동안 회사에 들어오고 나간 현금을 정리한 것인데, 회사에 현금이 부족하면 흑자부도[17]가 날 수도 있기 때문에 현금흐름 중심의 기업경영이 한때 주요 화두가 되기도

---

15) 사모펀드 투자자들이 소수지분으로 투자하면서 투자금 회수 기회를 확보하기 위해 동반매도요구권을 갖는 경우가 있는데, 이 경우 의도치 않게 대주주가 자신의 회사 지분을 잃지 않도록 대주주에게는 콜옵션을 부여한다(Drag and call).

16) 대주주가 아닌 소수주주만 동반매도참여권을 갖는 경우도 있는데, 대주주의 경우 경영권에 대한 프리미엄이 있을 수 있지만, 소수주주는 그렇지 못하기 때문에 동반매도에 참여함으로써 그 프리미엄을 향유할 수 있다. 대주주의 일정 지분율이나 경영권 변동이 가능한 지분율의 매매일 때만 동반매도참여권을 행사하게 할 수도 있고, 무조건적으로 행사하게 할 수도 있다.

17) 기업자체는 영업활동을 통해 돈을 벌고 있으나, 대금의 수취가 늦거나 지급해야 할 돈을 미리 지급하는 등, 회사의 계좌 내에 현금이 부족하여 채권(대출, 회사채 등)의 원리금을 상환하지 못하는 경우 발생한다. 일반적으로 단기운영자금을 조달하여 급한 불을 끄기는 하지만 금융시장 경색 등의 사유로 단기운영자금조달이 어려워지는 경우, 회사가 돈을 벌고 있음에도 부도(상환불능)가 발생할 수 있다.

하였다. 따라서 공장의 증설을 위한 대규모 투자 등 이해가 되는 상황을 제외하고 현금흐름표가 음수가 되는 경우는 특별히 확인이 필요하다고 할 수 있다.

현금흐름은 크게 3개의 현금흐름(영업활동, 투자활동, 재무활동)으로 구성된다. 영업활동을 통한 현금흐름은 앞서 본 것과 같이 당기순이익에서 감가상각비를 더한 값으로 추정할 수도 있는데, 일반적인 기업은 회사가 영위하는 영업활동만으로도 현금을 창출할 수 있어야 하겠다. 만약 그렇지 못하고 재무활동으로 현금을 창출하고 있다면, 이는 추가적인 차입을 일으키고 있는 상황일 수 있고, 투자활동으로 인한 현금 유출이 많다면 공장증설 등의 행위가 유독 많은 기간의 재무제표일 수도 있다.

개인적으로는 재무모델에서도 재무제표를 볼 때도 그렇고, 손익계산서(Income statement)를 먼저 보는 것이 가장 직관적이고 쉽다고 생각한다. 손익계산서는 현금흐름표와 마찬가지로 '기간동안의 변화'를 보여주는 지표인데 현금흐름표가 현금의 입출입만 보여준다면, 손익계산서는 매출로부터 순차적으로 돈이 빠져나가는 것을 보여준다. 손익계산서와 현금흐름의 차이를 만드는 요인 중 하나는 '무엇인가 행위(계약)가 발생하였으나, 현금의 이동이 아직 없는 경우'이다. 즉 매출계약 이후에 생산중인 재고(Inventory)나 계약에 따른 대금 수취가 되지 않거나(Receivables), 하도급으로부터 물품은 받았으나 계약상 아직 대금을 지불할 때가 아닌 경우(Payables) 등이 해당한다. 손익계산서는 '매출 - 제조 원가 - 기타 비용 - 세금 = 순이익'의 순서를 따라 발생주의(accrual basis)로 작성되는데, 현금의 입출을 기록하는 것이 아니라 실제로 상거래 행위가 발생하는 시점을 기준으로 작성되므로 대금이 오가는 시점과는 차이가 생기게 되는 것이다. 대금이 오가는 시점으로 정리하는 것을 현금주의(Cash basis)라고 한다.

유·무형 자산의 감가상각도 현금흐름표와 손익계산서의 차이를 발생시키는 요인이다. 감가상각은 이미 지출한 거액의 비용을 이연하여 비용으로 처리하는 개념인데, 감가상각은 사내규정이나 법에서 규정하는 기간 동안 정률 혹은 정액법의 방식으로 손익계산서에 반영된다. 법인세는 전년도 당기순이익을 기준으로 계산되기 때문에 투자 활성화를 유도할 목적으로 감가상각 기간을 짧게(가속하여) 적용하는 방식(가속상각, Accelerated Depreciation)은 자산취득에 들어간 비용을 조기에 회수하게 하고(가속상각된 비용이 초기에 크게 산정되기 때문에) 당기순이익이 발생하지 않아 세금을 내지 않도록 하는(혹은 이연시켜주는) '세제' 측면의 혜택이기도 하다. 우리나라를 포함하여 많은 나라에서도 활용하는 제도이고 미국 내 신재생 발전 투자의 활성화를 위해 활용되기도 하였다. 미국에서는 그 외에도 최초 사업비의 일정부분만큼 세금감면을 해주는 투자세액공제(ITC, Investment Tax Credit)와 발전량에 비례한 세금감면액을 반영해주는 생산세액공제(PTC, Production Tax Credit)와 같은 세제혜택들도 도입되어 활용중이다.

자본적 지출과 수익적 지출

회사가 유형자산을 취득하거나 완성함으로써 미래의 경제적 효익을 증가시키는 경우 이를 자본적 지출(Capital Expenditure, CAPEX)이라고 하고, 취득원가를 기준으로 감가상각하여 회계적으로 처리한다. 기계부품의 성능개선을 통해 생산능력이 늘어나거나 내용연수의 연장, 품질의 향상 등 미래 경제적 효익을 증가시키는 경우가 해당되며, 건설중인 구조물이나 내용연수가 다 된 발전소의 리파워링(Repowering)도 완공 시 미래의 경제적 효익을 추가로 발생시키기 때문에 CAPEX로 분류된다.
반면 유형자산의 수선이나 현상유지를 위한 지출은 수익적 지출(Revenue Expenditure, 혹은 Operational Expenditure, OPEX)로 분류하고 유지보수용 비용으로 회계처리한다. 예를 들어 건물의 청결상태를 유지하거나 공장설비의 정기적인 유지보수 비용이 여기에 해당한다.

대차대조표(Balance Sheet)는 현금흐름표나 손익계산서와는 다르게 '특정 시점'의 재무상태를 찍어놓은 정보이다. 대변에는 부채 및 자기자본과 같이 회사에 들어온 자금원이 기술되고, 차변에는 자금원과 같은 금액으로 투자나 보유하고 있는 내역들이 기술된다.

매해 운영을 통해 발생한 이익은 그것이 현금이든 외상매출이든 형태에 맞춰서 자산(차변)에 반영되고, 같은 금액만큼 자기자본(대변)의 이익잉여금으로 쌓임으로써 회사가 점차 커지게 된다. 만약 대출을 영구적으로 상환한다고 하면, 차변의 현금이 감소하고 같은 금액으로 부채도 감소하게 될 것이다. 만약 작년에 회사가 손실이 났다면, 차변에는 이익잉여금, 자기자본금의 차감 등 그에 대응한 손실이 기록된다. 손실이 누적되면 자기자본 잠식으로 이어지게 될 것이다.

재무제표를 통해서 우리가 얻고자 하는 것은 결국 재무비율인데, 재무비율은 성장성, 안정성, 활동성, 수익성 및 생산성 등을 보여주는 여러 지표들의 종합이라고 할 수 있다. 다양한 측면에서 기업의 경영 상태를 알려주는 많은 지표들이 있지만 통상적인 인프라/대체투자 영역이나 PF에서 다루는 기업들은 안정적인 배당이나 원리금 상환을 기대하는 경우가 많으므로 안정성과 수익성을 위주로 검토하게 되고, EV충전소 등 앞으로의 성장을 기대하며 투자하는 경우에는 성장성이나 활동성, 생산성 등을 중점적으로 검토하게 된다.

각종 재무비용

<table>
<tr><th>구분</th><th colspan="2">내용 및 주요 지표</th></tr>
<tr><td rowspan="6">성장성</td><td colspan="2">회사의 규모나 경영성과가 전년에 비해 어느정도 증가하였는지를 측정하는 지표</td></tr>
<tr><th>구분</th><th>공식</th></tr>
<tr><td>총자산 증가율</td><td>$\frac{\text{당기말 총자산}}{\text{전기말 총자산}} \times 100-100$</td></tr>
<tr><td>유형자산 증가율</td><td>$\frac{\text{당기말 유형자산}}{\text{전기말 유형자산}} \times 100-100$</td></tr>
<tr><td>유동자산 증가율</td><td>$\frac{\text{당기말 유동자산}}{\text{전기말 유동자산}} \times 100-100$</td></tr>
<tr><td>자기자본 증가율</td><td>$\frac{\text{당기말 자기자산}}{\text{전기말 자기자산}} \times 100-100$</td></tr>
</table>

구분	내용 및 주요 지표	
	매출액증가율	$\frac{\text{당기말 매출액}}{\text{전기말 매출액}} \times 100 - 100$
안정성	회사가 어느 정도 안정되어 있는가를 측정하는 지표	
	구분	**공식**
	자기자본비율	자기자본 / 총자본 x 100
	유동비율	유동자산 / 유동부채 x 100
	당좌비율	당좌자산 / 유동부채 x 100
	비유동비율	비유동자산 / 자기자본 x 100
	부채비율	$\frac{\text{유동부채 + 비유동부채}}{\text{자기자본}} \times 100$
	유동부채비율	유동부채 / 자기자본 x 100
	비유동부채비율	비유동부채 / 자기자본 x 100
	차입금의존도	차입금 / 총자본 x 100
활동성	기업의 영업활동이 어느 정도 활발한지 측정하는 지표	
	구분	**공식**
	총자산회전율	$\frac{\text{매출액}}{\text{(기초총자산 + 기말총자산)/2}}$
	자기자본회전율	$\frac{\text{매출액}}{\text{(기초자기자본 + 기말자기자본)/2}}$
	경영자산회전율	$\frac{\text{매출액}}{\text{(기초경영자산 + 기말경영자산)/2}}$
	유형자산회전율	$\frac{\text{매출액}}{\text{(기초유형자산 + 기말유형자산)/2}}$
	재고자산회전율	$\frac{\text{매출액}}{\text{(기초재고자산 + 기말재고자산)/2}}$
	매출채권회전율	$\frac{\text{매출액}}{\text{(기초매출채권 + 기말매출채권)/2}}$

<table>
<tr><th>구분</th><th colspan="2">내용 및 주요 지표</th></tr>
<tr><td rowspan="2"></td><td>매입채무회전율</td><td>$\frac{\text{매출액}}{(\text{기초매입채무} + \text{기말매입채무})/2}$</td></tr>
<tr><td>순영업자본회전율</td><td>$\frac{\text{매출액}}{(\text{기초순영업자본} + \text{기말순영업자본})/2}$</td></tr>
<tr><td rowspan="10">수익성</td><td colspan="2">회사가 벌어들이는 수익능력을 측정하는 지표</td></tr>
<tr><th>구분</th><th>공식</th></tr>
<tr><td>총자산세전이익률</td><td>$\frac{\text{세전이익}}{(\text{기초총자산} + \text{기말총자산})/2} \times 100$</td></tr>
<tr><td>자기자본순이익률</td><td>$\frac{\text{당기순이익}}{(\text{기초자기자본} + \text{기말자기자본})/2} \times 100$</td></tr>
<tr><td>매출액총이익률</td><td>매출총이익 / 매출액 x 100</td></tr>
<tr><td>매출액영업이익률</td><td>영업이익 / 매출액 x 100</td></tr>
<tr><td>매출액순이익률</td><td>당기순이익 / 매출액 x 100</td></tr>
<tr><td>사내유보율</td><td>$\frac{\text{당기순이익} - \text{배당금}}{\text{당기순이익}} \times 100$</td></tr>
<tr><td>부채상환계수</td><td>$\frac{\text{영업현금} + \text{금융비용}}{\text{당기차입금} + \text{금융비용}} \times 100$</td></tr>
<tr><td>이자보상비율</td><td>영업이익 / 이자비용</td></tr>
<tr><td rowspan="8">생산성</td><td colspan="2">기업활동의 성과 및 효율을 측정하고 개별 생산요소의 기여도 및 성과분배의 합리성 여부를 규명하기 위한 지표</td></tr>
<tr><th>구분</th><th>공식</th></tr>
<tr><td>노동장비율</td><td>(유형자산-건설중인자산) / 종업원 수</td></tr>
<tr><td>기계장비율</td><td>기계장치 / 종업원 수</td></tr>
<tr><td>자본집약도</td><td>총자본 / 종업원 수</td></tr>
<tr><td>총자본투자효율</td><td>부가가치 / 총자본 x 100</td></tr>
<tr><td>설비투자효율</td><td>부가가치/(유형자산-건설중인자산) x 100</td></tr>
<tr><td>기계투자효율</td><td>부가가치 / 기계장치 x 100</td></tr>
</table>

기업의 가치는 얼마인가?

기업 가치평가 방법과 M&A

M&A는 간단하게 말하면 회사 주식을 대규모로 거래하는 것이다. 어쩌면 우리가 HTS를 통해서 매일하고 있는 거래가 M&A의 매우 작은 형태라고 해도 되지 않을까 생각해본다. M&A라는 것은 결국 회사를 사고파는 것이기 때문에, 앞서 언급한 정관상의 다양한 의사결정 기구들, 그리고 회사의 재무상태, 사업모델 및 전망, 산업의 전망 등 다양한 것을 고민하여야 한다. 일반적인 인프라/발전산업의 M&A는 태양광 발전소를 인수하거나, 철도회사의 지분을 인수하는 형태들이기 때문에 대기업 계열사를 다른 그룹사에게 팔거나 UBS가 주말 동안 크레딧스위스(CS)의 인수합병을 결정하는 등 뉴스에 나올 법한 거대한 M&A이야기는 아닐 것이다. 그럼에도 불구하고, 회사의 주식을 매매하는 것은 동일하기 때문에, 기업의 가치를 평가하여 얼마에 인수할 것인지에 대한 분석은 철저히 해야 한다.

내가 주식시장에 상장된 어떤 기업을 인수하고 싶다고 하면, 발행된 주식 전부를 주식시장에서 현재 주가로 인수하면 된다. 이를 지분가치(Equity value)라고 하고, 주식시장에서는 시가총액(Market Capitalization)이라고 한다. 만약 이 회사가 어딘가에서 100만 원의 돈을 빌린 상태이고, 회사의 계좌에 50만 원만 있는 상태라면, 나머지 50만 원은 순부채인데 기업가치(EV, Enterprise Value)는 지분가치에서 순부채를 더한 숫자이다.

주식가치(Equity Value) = 주당가격 x 발행주식 총수

기업가치(Enterprise Value) = 주식가치 + 순부채(Net debt)

순부채 = 이자부담차입금(IBD, Interest bearing debt) - 현금자산

보다 간단하게 이야기하자면, 6억 담보대출을 받아 10억짜리 집을 A가 구매했다고 하면, 기업가치는 10억이지만 지분가치는 4억이 된다. 이는 간단하

재무제표의 구성

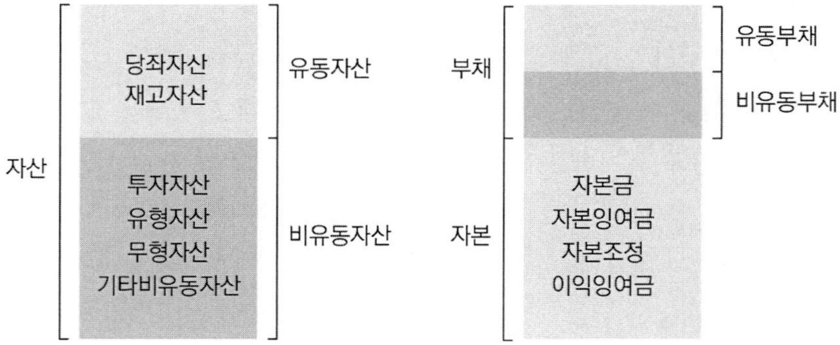

게 재무제표를 통해서도 이해할 수 있는데, 회사가 가지고 있는 총 자산(Asset)의 구성은 자기자본(Equity)와 부채(Liability)로 구성되어 있기 때문이다.

실제 투자 검토시 회사를 분석하기 위해 시가총액을 비교할 수도 있고, 자산규모나 매출액, 영업이익 등을 검토할 수도 있지만 신용등급도 중요한 지표가 된다. 회사는 타인자본(부채)를 조달하기 위해 은행 대출뿐만 아니라 자본시장에 채권(Bond)을 발행할 수도 있는데, 자본 시장에서 채권투자자들로 하여금 발행된 채권이 적정한 가격(이자율 및 기간)인지 신속하게 판단하고 거래를 활성화하고자, 신용평가기관을 통해 신용등급평가를 받는데,[18] 이때 평가를 받는 채권이 1년 미만이면 단기(어음)신용등급이라고 하고 1년 이상이면 장기(회사채)신용등급이라고 부른다.

우리나라에서는 한국신용평가(KIS), 한국기업평가(KR, Korea Ratings) 및 NICE신용평가가 대표적이고, 글로벌하게는 S&P, Moody's 및 Fitch 등 3대 신용평가기관이 있다. 또한 D&B(dun&bradstreet)이나 Tris 같이 국가나 지역별 다수의 신용평가기관들이 존재한다. 투자자 입장에서 빠른 검토를 위해 한국신용평가기관의 평가등급과 글로벌 신용평가기관의 평가등급을 상호 매칭시키는 기준(Mapping)이 쓰이기도 한다.

18) 모든 채권이 모든 신용평가 기관으로부터 신용등급을 받을 필요는 없으나, 통상 채권시장에서 원활하게 거래하기 위해서는 1~2개 이상의 신용등급 평가를 필요로 한다.

신용평가기관이 꼭 회사채 및 어음에만 신용평가를 하는 것은 아니고, 펀드나 대출, 유동화증권 및 기업 자체에 대해서도 평가를 수행한다. 국내 부동산 시장의 활성화와 함께 급성장한 부동산PF 관련 유동화증권(ABCP, ABS, STB) 역시 보증하는 시공사/시행사의 신용등급이나 해당 증권을 발행하는 증권회사의 신용등급을 기반으로 발행된 채권이다. 기업평가는 대표적으로 삼성전자를 들 수 있는데, 삼성전자의 경우 회사채를 발행하지 않는 것으로 유명하지만 그럼에도 불구하고 S&P는 삼성전자에게 2024년 기준 AA−의 신용등급을 부여하고 있다.

회사채 신용등급은 회사의 장기적인 성장성보다는 회사채 만기 시 부채 상환의 안정성에 중점을 둔 평가이다. 따라서 기업의 향후 성장성과 활동성을 더 고려한다면 신용등급만 볼 것이 아니라 회사의 주식가치(지분가치)를 평가하는 것이 당연히 옳은 접근이다. 즉 향후 성장을 기반으로 한 배당이익 및 주가차익이 목적인 '주식 투자'와 안정적인 원리금을 받을 목적의 '회사채(채권) 투자'는 검토 단계에서 중점적으로 고려해야 할 요소가 다를 수밖에 없다.

향후 회사의 성장성에 투자를 하고 싶다면 당연히 주식에 투자해야 하고, 이는 곧 M&A와 크게 다르지 않다고 생각할 수 있다.[19] 이때 회사를 인수하기 위한 적정한 가격이 얼마인지를 평가해야 하는데, 이를 기업가치평가라고 부른다. 기업가치를 평가한다는 것은 특정 기업이 안고 있는 경영상의 위험이나 산업의 위험뿐 아니라 다양한 재무지표를 상세하게 분석하고, 이를 토대로 향후의 발전가능성과 대외적인 채무 지급 능력을 판단하는 종합적이고 복잡한 행위이다.

기업의 가치평가 방식은 크게 자산가치평가, 현금흐름할인 및 상대가치비교법이 있다.

장부가치평가법은 평가시점에 해당기업의 대차대조표상 나타나있는 자산과 부채의 장부가격(Book value)을 기초로 지분가치를 평가하는 방식인데, 간

19) 물론 M&A는 단순히 주가 차익을 노리는 것이 아니라 기업의 사업포트폴리오상 전략적인 목적으로 수행될 수도 있다.

기업가치평가법

구분	세부 방식
자산가치평가	장부가치평가법, 대체가치평가법, 청산가치 평가법
현금흐름할인법	배당현금흐름할인법, 기업자유현금흐름할인법, 주주자유현금할인법
상대가치비교법	유사기업비교법, 유사거래비교법

단하게 대차대조표상 자기자본으로 표시된 부분을 의미한다. 주주협약(SHA)상 특정 상황 발생시 거래를 하고자 할 때, 미리 약정시점에 거래 금액을 확정하고자 사용되기는 하나, 실제 시장에서 이루어지는 거래에서는 거의 활용되지는 못한다.

유사기업비교법은 단어에서도 알 수 있듯, 유사한 사업모델을 영위하며 유사한 재무구조를 갖는 기업을 기준으로 판단하는 방식이고, **유사거래비교법** 역시 유사한 거래를 기준으로 거래가격이 적정한지를 비교하는 방식인데, 두 방식 모두 시장상황이나 각 회사가 위치한 시장위치 등 상황에 따라 크게 다를 수 있다. 2021~2022년 한국 주식시장과 IPO시장이 크게 활성화되었을 때, 각 회사의 상장을 위해 준비된 공모주 청약안내서를 보면 대부분 이런 비교방식을 채택하고 있는 것을 알 수 있다. 현금흐름할인법이 지분가치를 평가하는 데 있어 보다 정확하고 논리적인 방법이라고 말할 수는 있으나, 적정한 할인율인지, 미래 현금흐름의 예측이 적당한지 검증하기 어렵고 또한 검토하는 사람마다의 접근법이 달라 이견이 많이 발생할 수 있는 단점이 존재하기 때문이다. IPO 활황 막바지에 상장을 시도했던 A회사는 적정 공모주가를 예측하기 위해 유사한 사업영역에 있는 글로벌 회사들의 주가를 비교군을 선정하였었다. 하지만 해당 산업을 충분히 이해하고 있는 사람이라면 비교군으로 제시된 글로벌 회사들과 A회사의 사업모델, 시장에서의 위치, 상대적인 경쟁력 및 주요 진출국가 등이 많이 달라 적절한 비교군인지에 대한 의문을 품었을 것이다.

이런 기업가치평가 방법을 사용하는 이유는 아마도 IPO를 주선하는 금융회사 입장에서 보다 경쟁력 있는 수준의 공모주가를 합리적인 논리로 제시해야 하기 때문이고, 상장하는 회사 입장에서도 보다 나은 평가를 받아 좋은 가격에 기업공개를 하는 것이 유리하기 때문일 것이다. 결국 상장사와 시장이 받아들일 수 있는 수준의 타협점을 찾아가는 것이 금융자문주선사의 역할이니깐 말이다.

앞서 언급한 방식들이 특정시점의 주식가격을 기준으로 한다면, **현금흐름할인법**(DCF method)은 기업의 미래수익가치와 할인율을 기준으로 한다. 현금흐름할인방법은 '돈의 시간가치' 및 시간에 따른 현금 흐름을 기준으로 한다. 현금흐름은 n년에 발생하는 유입(in) 혹은 유출(out)되는 돈의 양을 시간대별로 정리한 것을 의미한다. 돈의 시간가치를 단순하게 표현하면 이자율인데 현재 100만 원을 저축하여 1년 뒤에 이자까지 합쳐서 110만 원이 된다면, 100만 원은 현재가치(PV, Present Value)고, 110만 원은 미래가치(FV, Future Value)가 된다.

$$PV = FV / (1 + \text{이자율})^n$$

이 두 가지 개념을 하나로 합쳐, 이자율이 단리 10%의 5년짜리 현금흐름을 아래와 같이 가정해볼 수 있다. (−)음의 수는 유출현금흐름(Cash Outflow)이고 (+)양의 수는 유입현금흐름(Cash Inflow)이다.

이러한 현금흐름에서 n년도별로 10%로 할인하여 현재가치를 구하면 '현가1'과 같고, 그 합은 당연히 0이 된다. 만약 5%로 할인하여 현재가치를 구하면 '현가2'로 산출되어 그 합이 21.6만 원이 된다.

만약에 누군가 연간 10%의 비용(혹은 이자)이 발생하는 돈을 조달하여, 이 채권에 투자하면 투자를 통한 수익은 0이 될 것이고, 만약 5%짜리 자금을 빌려 동일한 투자를 할 수 있다면 현재가치의 21만 원(미래가치로는 25만 원)의 수익을 만들어 낼 수 있을 것이다.[20] 현재가치의 합이 0이 된다는 의미는 해

	0년	1년	2년	3년	4년	5년
원금	−100만 원					100만원
이자		10만 원	10만 원	10만 원	10만 원	10만 원
합계	−100만 원	10만 원	10만 원	10만 원	10만 원	110만 원
현가1	**−100만 원**	**9.09만 원**	**8.26만 원**	**7.51만 원**	**6.83만 원**	**68.30만 원**
현가2	**−100만 원**	**9.52만 원**	**9.07만 원**	**8.63만 원**	**8.22만 원**	**86.18만 원**

당 현금흐름의 내부수익률(IRR, Internal Rate of Return)이 10%가 된다는 것과 동일한 개념이다.

하지만 만약 매년 발생하는 현금흐름이 들쭉날쭉이라면 어떨까? 위와 같은 현금흐름을 가정한다면, 동일하게 10%로 자금을 조달하여 투자하는 경우 돈이 많이 남는 날도 있고 적게 남는 날도 있지만 현재가치의 합은 거의 0이 되어 사실상 버는 돈이 없게 된다. 하지만 만약 5%로 자금을 조달할 경우 현재가치의 합이 20.7만 원으로 이득이 발생한다.

어쨌든 위의 두 가지 현금흐름이 발생하는 사업에 대해 손해가 발생하지 않는 할인율은 10%이고, 따라서 조달하는 자금의 비용 역시 10% 이상이면 안 된다는 결론에 도달 할 수 있다. 이를 각 기업이 투자를 결정하는 기준선(Hurdle Rate)이라고도 부를 수 있다. 할인율과 내부수익률은 서로 돌고 도는, 하지만 근본적으로는 같은 개념이다.

같은 현금흐름할인법을 사용하더라도 기업의 영업활동 중에서, 어떤 현금흐름(배당현금흐름, 주주자유현금흐름, 기업자유현금흐름 등)을 사용하느냐에 따

20) 가정된 현금흐름은 매년 10%로 고정되어 있고, 조달하는 원가도 5%로 고정되어 있다면 매년 5만 원씩의 이익이 나기 때문에, 미래가치로는 5만 원 × 5년 = 25만 원으로 표현하였고, 할인율에 따른 현재가치로는 21.6만 원이 된다.

주주자유현금흐름과 기업자유현금흐름의 차이

	주주자유현금흐름		기업자유현금흐름
	매출액		매출액
	(–) 영업비용		(–) 영업비용
=	이자 및 감가상각전 순이익(EBITDA)	=	이자 및 감가상각전 순이익(EBITDA)
	(–) 감가상각		(–) 감가상각
=	이자 지급 전 이익(EBIT)	=	이자 지급 전 이익(EBIT)
	(–) 지급이자(금융비용)		(–) 지급이자(금융비용)
=	세전순이익(EBT)	=	세전순이익(EBT)
	(–) 법인세 등 세금		(–) 법인세 등 세금
=	당기순이익	=	당기순이익
	(+) 감가상각		(+) 감가상각
=	**영업현금흐름(CF from Operation)**	=	**영업현금흐름(CF from Operation)**
	(–) 우선주배당, 자본적지출, 운전자본증가분, 부채상환원금		(–) 자본적지출, 운전자본증가분
	(+) 신규 부채에 따른 유입액		(+) 지급이자 x (1–법인세율)
=	**주주자유현금흐름(FCFE)**	=	**기업자유현금흐름(FCFF)**

라 결과가 다르다. 주주자유현금흐름(FCFE, Free cash flow to the equity)을 기준으로 하면 지분가치를 평가할 수 있고, 기업자유현금흐름(FCFF, Free cash flow to the firm)을 사용하면 기업가치를 평가할 수 있다. 여기서 유의할 점이 있다면, 주주자유현금흐름을 할인할 때의 할인율은 자기자본 조달비용이나 목표수익률을 의미하고, 기업자유현금흐름 기준일 때는 회사 전체의 자본조달비용(WACC)을 의미한다는 점이다.

만약 사업을 통해 발생하는 현금흐름이 정해져 있고 현재가치를 0으로 만드는 내부수익률도 알아냈다면, 이제 중요한 것은 내가 지분가치를 평가하는 데 쓸 할인율과 조달원가이다. 해당 사업의 지분가치를 평가할 때는 앞서 언

대차대조표와 자본비용의 비교

<table>
<tr><th colspan="2">대차대조표</th><th></th><th colspan="2">자본 조달비용</th></tr>
<tr><td rowspan="2">자산</td><td>부채</td><td>→</td><td>타인자본비용
(Cost of Debt)</td><td rowspan="2">가중평균
(WACC)</td></tr>
<tr><td>자본</td><td>→</td><td>자기자본비용
(Cost of Equity)</td></tr>
</table>

급한 것과 같이 시장에서 이미 형성된 할인율을 기준으로 할 수도 있지만, 내가 투자하려고 모아놓은 자금의 조달 비용을 기준으로 할 수도 있기 때문이다. 만약 시장에서 형성된 할인율보다 내가 모아놓은 자금의 비용이 더 저렴하다면(더 싸게 조달하였다면) 시장의 할인율보다 더 싸게 할인함으로써, 보다 비싼 지분가치를 산출할 수도 있다.

만약 B라는 회사가 앞서 언급한 현금흐름을 갖는 A회사의 지분을 인수한다고 하면, B회사는 자신이 모아놓은 자금(자산, 자본과 부채의 합)을 투자 재원으로 활용할 것이다. 이 재원의 조달 비용을 WACC(Weighted Average Cost of Capital)라고 부르며, 이는 타인자본조달비용(Cost of Debt)과 자기자본비용(Cost of Equity)의 가중평균 합이다. 이 개념은 프로젝트파이낸싱(PF)에서도 나올 Leverage의 다른 표현이기도 하다.

100만 원의 자산을 부채 50만 원, 자본 50만 원으로 조달하였고, 부채 50만 원은 은행에서 연 10%의 이자로, 자본은 장롱 속에서 나온 50만 원이라고 하자. 그럼 부채의 조달비용은 연간 5만 원이고 자본의 조달비용은 0원이다. 따라서 자산의 가중평균 조달비용은 총 5만 원으로 5%이다. 돌려 말하면 타인자본조달비용 10%가 절반(50%), 자기자본조달비용 0%가 절반(50%)이 합쳐진 것이다. 만약 타인자본을 80만 원, 자기자본을 20만 원으로 구성하였다면, 전체 조달비용(WACC)은 8%였을 것이다.

만약 타인자본 80만 원을 연간 10%로 조달하고, 자기자본 20만 원을 친구에게 빌려 내년에 24만 원으로 돌려주기로 하였다면(즉 연간 20% 이자율로 조달), 이 100만 원의 연간 조달비용은 10% × 80% + 20% × 20% = 12%가

될 것이다. 따라서 마지막 조달방법으로 앞서 언급한 현금흐름의 사업에 투자한다면 연간 −2%의 적자일 것이다.

타인자본이야 명시적인 이자율이 있지만 자기자본은 말 그대로 내 주머니에 있는 돈인데 자기자본의 조달 비용이 존재하기는 할까? 자기자본이 조달되는 개념에 대해 이해하면 조금 수월할 수 있다. 우선 앞서 언급한 것과 같이 주식회사는 보통주뿐 아니라 우선주 등 다양한 형태의 자본으로 자금을 조달할 수 있는데, Credit Swiss 사태에서도 잠시 언급되었던 CoCo본드(조건부자본증권, Contingent Convertible Bond) 등 신종자본증권이 회계상 자본으로 분류되는 예이다. 이러한 자본조달 방식은 지급해야 할 배당(혹은 이자율)이 있기 때문에 조달 원가가 발생하는 것이다.

또 한가지는 상장된 주식을 구매한 투자자들의 입장이다. 최초에 액면가로 발행하여 자본금을 확보해 설립된 주식회사는, 사업이 커지고 기업공개(IPO)를 통해 상장하여 주식시장에서 거래되는 '주가'를 형성하게 된다. 그리고 이 주식을 매입한 투자자는 배당이나 주가차익을 통해 돈을 벌 궁리를 할 것이다. 돈을 잘 벌고 배당을 잘하는 회사에 투자한다고 가정할 때, 투자자는 이 회사의 주식 매입하고 배당수익을 기대할 것이고 아마도 최소한 이 회사가 발생한 회사채(고정적인 이자수익을 얻을 수 있음)보다는 더 높은 수익률을 기대할 것이다. 그만큼 회사채보다 리스크가 있기 때문이다. 수익이라는 것이 투자금 대비이기 때문에 (주식의 액면가 어떻게 되더라도) 내가 매입한 주식의 가격 대비 배당이 얼마나 발생하는지가 중요할 것이다. 액면가가 5,000원인 회사의 현재 주가가 10,000원이라고 하고 회사가 5,000원의 자본금으로 연간 500원의 돈을 벌어 배당을 한다고 하면 액면가 기준으로는 배당률이 10%이지만 10,000원에 주식을 매입한 투자자 입장에서의 배당률은 5%가 된다. 이 회사가 발행한 채권의 이자율이 만약 5% 이상이라면 투자자는 굳이 더 큰 리스크를 부담하고 5%의 배당만 주는 주식을 매입하기보다는 그냥 마음 편히 회사채를 사는 게 나을 것이다. 따라서, 회사 대표가 주주들을 만족시키기 위해 10%의 배당률을 유지하고 싶다면, 5,000원의 자본금으로 1,000원을 벌어서 배당을 해야 하니, 앞으로 이 회사의 자기자본비용은 20%가 될 것이다.

수학적 방식으로는 CAPM(Capital Asset Pricing Model)이 있다. 조금 복잡하기는 하지만 핵심은 무위험이자율(r_f) 대비하여 위험에 가산금리($r_m - r_f$)을 얹는 개념인데, 여기서 (베타)는 기업의 체계적인 위험을 의미하고, 무위험이자율은 국채와 같이 절대적으로 안심하고 투자할 수 있는 자산을 통해 얻을 수 있는 수익률을 의미한다. 이는 앞서 언급한 기준금리뿐만 아니라 미국 국채와도 관련이 있다. 기준금리가 변동하거나 전쟁 등의 사유로 미국 국채와 같은 안전자산을 찾는 돈이 늘어나면 무위험이자율이라고 여겨지는 미국국채수익률이 변동하고 그에 따라 타인자본비용뿐 아니라 자기자본비용까지 변동하게 된다. 최근 미국 금리인상기에 대체투자를 위축시킨 요인 중 하나는 이미 계약을 통해서 확정된 현금흐름 및 거기에서 도출된 내부수익률이 시장 상황 변동에 따라 급등한 조달비용을 충족시키지 못하게 된 것이라고 할 수 있다.

인프라 등 대체투자시장에서도 대출의 담보로 설정한 회사의 주식 가치가 대출금 대비 얼마나 되는지 검토하기 위해서 이러한 기업가치평가 방식을 활용할 수 있다. 하지만 인프라 등 대체투자 시장에서 거래되는 각각의 사업시행법인(SPC)들은 서로 다른 형태의 사업구조와 계약을 가지고 있을 확률이 높기 때문에 유사한 회사를 찾기가 어렵고, 이러한 비상장 주식의 거래(Private Equity)의 경우 정보가 공개되지 않을 확률이 높기 때문에 상대가치비교법보다는 현금흐름할인법을 우선적으로 사용하게 된다.

하지만 그럼에도 불구하고 적정한 할인율을 선정하기 위해서는 투자자가 생각하는 요구수익률뿐만 아니라 유사산업/기업 및 거래를 통해서 추정한 값을 필요로 하기도 하고, 태양광이나 풍력과 같이 어느정도 정형화되어 있거나 유사한 리스크군이라고 판단되는 산업의 경우, 다른 거래 사례를 통해서 EV/EBITDA 혹은 EV/MW, Net Debt to RAB 등의 지표를 비교군으로 확보하여 거래 금액의 적정성을 검토하기도 한다. 즉, 적정한 검토를 위해서는 다방면으로 검토해야 한다.

인프라 자산 M&A의 실무

통상적인 M&A 딜의 실무는 다음과 진행된다. 우선 영속기업이든 특수목적법인이든 회사를 매각하고자 하는 매각자A는 내부의사결정 절차를 통해 해당 사업부문(혹은 회사전체)의 매각을 결정해야 한다. 만약 회사 내의 특정 사업부문만 매각하고자 한다고 하면, 회사 분할을 통해서 해당 사업부문을 위한 별도 법인 설립이 필요할 수도 있다. 회사의 분할은 거래의 실질과 형태에 따라 단순분할과 분할병합으로 구분되며, 단순분할은 분할신설회사의 주식 소유주체에 따라서 인적분할이나 물적분할로 나뉜다.

인적분할과 물적분할의 차이

구분	인적분할	물적분할
내용	존속회사의 기존 주주들이 지분율대로 신설법인의 주식을 나누어 가지며, 주주구성이 변하지 않는 수평적 분할	분리 신설된 회사의 주식을 모회사가 전부 소유하여, 기존 회사가 분할되는 사업부를 자회사 형태로 보유하는 수직적 분할
분할신설회사 주주	분할회사 주주	분할회사
자산이전	장부가액 (자산평가 불필요)	공정가액 (자산평가 필요)
자본감소	감자절차 발생	감자절차 없음
구주권 제출여부	필요	불필요
배당	감자차손에 따라 배당가능이익 변동	영향없음
재상장	지분분산절차 불필요	재상장 불가
주식매수청구	상장기업의 경우, 신설법인이 재상장 불가시 필요	불필요
등기형태	분할회사–자본변경등기 분할신설회사–설립등기	분할회사–분할등기 분할신설회사–설립등기

비교적 최근 사례로 D건설사는 2021년 1월 1일 인적분할과 물적분할을 동시에 수행하였다. 대기업 그룹도 각자의 전략 목표 및 방향성에 맞춰서 자회사나 사업부를 매각하는 사례가 많으니 분할이 반드시 특별한 경우라고 할 수는 없지만 그 속에 속해 있는 직원들이나 회사에 투자중인 투자자 입장에서는 새로운 미래에 대한 고민을 만들어주는 변곡점은 될 수 있다고 생각한다.

매각자A가 매각을 결정하면 매각주관사를 선정하게 된다. 매각주관사로는 보통 투자은행(IB)이나 증권사 혹은 PWC, KPMG와 같은 대형 회계법인을 선임하는데, 매각자문사는 목적은 관심이 있는 잠재 매수자를 물색하고 정보를 정리/제공하며, 일련의 M&A 절차를 수행하여 종결하기 위한 기본적인 업무도 하지만 매각금액을 최대한 키워 매각자에게 보다 나은 경제적 효익을 가져다 주는 것 또한 매각자문사에게 기대되는 업무라고 할 수 있다.

매각자문사가 선정되면 매각자문사는 매각대상이 되는 회사의 과거와 현재의 재무상태 및 영위하고 있는 사업의 전망 그리고 그를 뒷받침하는 각종 기술, 시장, 법률 자문사의 보고서를 준비하는 한편, 잠재 매수자에게 제공할 재무모델[21]을 작성하고 필요시 회계법인 등을 통해서 확인받는다. 재무모델은 매각자문사로 선정된 투자은행이나 회계법인, 증권사에서 직접 작성할 수도 있고, 별도의 회계법인을 고용하여 작성할 수도 있다. 이렇게 준비된 자료를 소위 Vendor DD자료라고 한다.

매각자문사와 매각자가 판단하기에 본 매각건을 시장에 알릴 준비가 되었다고 판단되면 본격적으로 시장에 런칭하게 되는데, 매각자문사는 본격적인 절차를 진행하기 전에 잠재매수자들에게 미리 티저(Teaser)자료를 배포하여 의향을 묻고, 참여 의향을 밝힌 잠재매수자들에게 입찰 절차(Process letter)와 함께 구속력이 없는 제안서(NBO, Non-Binding Offer)를 받는 Stage 1을 진행한다. 그 이후 적절한 숫자의 참여자를 추려(Short-listed) 구속력이 있는 제

21) 추정재무제표 혹은 Pro forma 재무제표라고 하는데, 핵심은 결국 Pro forma 재무제표상 나와 있는 숫자들을 매수자 입장에서 어떻게 검증하고 어디까지 인정해줄 것이냐일 것이다.

안서(BO, Binding Offer)를 제출하는 Stage 2를 진행하고 여기서 선정된 제안자가 우선협상대상자가 된다.

통상 잠재적인 매수자는 구속력이 있는 제안서(BO) 준비를 위해 별도의 자문사를 고용하고 제공된 사업주의 검토자료(Vendor DD)를 재검토하여 적정한 매수가격과 조건을 제안하는데, 우선협상대상으로 선정이 되면 이러한 조건과 매수가격을 기준으로 매각자와 재협상을 하게 된다. 통상 Process Letter 및 Vendor DD를 통해서 제공된 재무모델 가정 시점과 실제 매각이 이루어지는 주식매매계약(SPA, Share Purchase Agreement)의 시점이 다르고 그 기간을 확정할 수 없기 때문에 재무모델상의 가정시점 및 Locked-Box를 설정할 수 있다. Locked-Box방식은 특정일을 기준으로 기업의 가치를 평가하고, 실제 거래시점까지 기업의 가치의 변동성은 잠재매수자가 부담하는 구조이다. 이러한 구조에서 매각자는 사전에 합의된 '허용된 현금유출(Permitted Leakage)'만 회사 밖으로 내보낼 수 있고, Locked-Box일자로부터 실제 거래가 이루어지는 시점까지 거래대금에 이자를 더하여 최종 매매대금을 결정하게 되는 방식이다.

잠재매수자가 검토해야 할 계약서는 사업과 관련된 계약서뿐만 아니라 주주간합의서(SHA, Shareholder's Agreement)와 주식매매계약(SPA, Share Purchase Agreement)이 있다. 주식매매계약서에는 거래대금 및 시점뿐만 아니라 매각과정에서 매각자가 제공한 각종 '진술 및 보장(Representations and Warranty)'조항도 있는데 '진술 및 보장'과 관련된 별도의 보험인 W&I(Warranty & Indemnity Insurance)가 있을 정도로 M&A에서 매우 중요한 부분이라고 할 수 있다. 주주간합의서는 큰틀에서 사업파트너 간의 합의 내용을 담는 문서이고, 회사의 지배구조와 관련된 사항, 지분의 양도 제한 관련사항, 해지 및 해지의 효과[22) 및 기타 자본조달이나 배당정책 등으로 구성된다. 특히 지배구조와 관련해서

22) 의결권구속계약을 위반하는 주주가 있는 경우, 당사자 간의 채권적 효력에 따라 가처분을 제기하거나 손해배상을 청구할 수 있으나, 일반적으로 회사에 대한 효력은 인정되지 않는 것이 통설이라고 한다.

는 소수주주의 거부권을 보장하는 의미에서 주주총회 및 이사회의 특별결의 사항이나 대표이사 재량 결정사항, 이사회 결의를 요하는 사항의 분리 등이 중요 협의 항목이며 협의가 잘 되지 않는 교착상태(Dead−lock)[23]의 해소를 위한 방안도 동시에 마련되어야 한다.

특별결의사항은 상법상 규정되어있는 사항 외에도 신주발행이나 전환사채 등 기존 주주의 지분희석이 가능할 수 있는 행위나 대규모 차입이나 신규 사업 등 회사의 재무상태에 변경을 초래할수 있는 사항들이 반영된다. 이러한 주요 경영사항의 결정에 대해 단순히 소수주주의 동의가 필요하게 하기보다는 소수주주의 동의 없이는 이러한 결정이 안 되도록 하거나 소수주주가 지명한 이사의 찬성이 없으면 부결되게 하는 등의 조항도 고려할 수 있다. 또한 어떤 주주의 의무 위반에 따른 계약 해지를 고려하여 '해지의 결과'를 정의하는 것도 필요하다. 해지하는 당사자가 공정가격보다 할증 혹은 할인된 가격으로 풋옵션이나 콜옵션을 행사하게 할 수도 있고 손해배상의 예정이나 위약벌 조항을 규정할 수도 있다. 이러한 내용은 결국 주주협약 자체가 소수주주의 권리를 확보함으로써 다수의 잠재적 투자자로부터 투자를 유인하는 것이 목적으로 하며, 소수주주의 권리가 확보되는 방향으로 발전한 계약이기 때문이다.

인프라사업과 관련된 특수목적법인(SPC)의 M&A는 일반기업의 그것보다 당연히 덜 복잡하다. 해당 회사가 영위하는 사업 내용이나 범위가 제한적이며 기업 가치에 지대한 영향을 미치는 사업계약도 확정적이기 때문이다. 하지만 매출(즉 현금흐름)이 확정적인 계약을 통해 발생하는 것이 아니라 시장 수요의 영향을 받거나, 각종 규제의 영향력이 크다면 시장 및 법률 자문사를 고용하여 실사를 더욱 철저하게 수행하여야 한다.

---

23) 교착상태는 대부분 소수주주의 권리 보호에 의한 경우가 많기 때문에, 교착상태의 해소는 대주주를 보호하기 위한 장치이기도 하다. 교착상태에서는 추가이사를 지명하거나 고위 임원 간의 재협의를 하도록 하는 방식을 통해 주주관계를 유지하는 방식과 콜/풋옵션으로 주주관계를 종료하는 방법도 있다. 대주주는 콜옵션, 소수주주는 풋옵션이 일반적인데, 그 가격은 공정가치(Fair market value)로 두는 것이 일반적이나 산정에 있어 분쟁이 있을 수 있다. 또한 의도적인 교착상태를 야기할 것을 방지하기 위해 콜옵션에는 공정가격의 할증을, 풋옵션에는 공정가격의 할인을 반영하기도 한다.

주주협약상 주요내용

구분	주요 내용
회사의 지배구조와 관련된 사항	– 주주총회(주주총회 개최지, 소집빈도, 통지기간 및 방법, 정족수, 특별결의사항 등) – 이사회(이사 총수, 선임권, 정족수, 의결권 행사약정 및 특별결의사항 등) – 대표이사 선임
지분의 양도 제한 관련 사항	– 일정기간 상대방의 동의 없이 지분 양도 제한(Lock-up) – 우선매수권(right of first refusal), 우선청약권(right of first offer) – 동반매도참여권(tag-along right), 동반매각청구권(drag-along right)
해지 및 해지의 결과	– 해지 시 되는 조건 – 해지 시 효과(위약금이나 할인된 가격의 콜/풋옵션 등)

기업인수목적 회사: 스팩(SPAC, Special Purpose Acquisition Company)

스팩은 기업의 인수를 목적으로 하는 회사인데, 설립 후 주식시장 상장을 위해 IPO를 수행한다. 이 회사는 M&A외에 다른 사업목적을 갖고 있지 않기 때문에 상장특례를 인정하고 있다.

스팩의 경영진은 상장 후 M&A를 하기 위해 대상기업을 탐색하고, 탐색된 대상기업은 합병상장예비심사청구서를 거래소에 대출하여 비상장법인에 대한 상장적정성 심사를 받는다. 거래소를 통해 합병상장심사가 승인되고 스팩의 주주총회를 통해 (발기인은 의결권 행사가 제한된 상태에서) M&A 승인이 되면, 대상기업은 상장기업의 지위를 얻고, 스팩 존속기간(예를 들어 3년) 내 M&A를 완료하게 된다.

만약 합병할 기업을 찾지 못하게 되면 스팩은 상장폐지되고 투자자는 투자원금을 회수하게 될 것이고, 합병할 기업이 맘에 들지 않다면 주식 매수청구권을 행사하거나 장내매매를 통해서 원금을 회수할 수도 있다. 하지만 장내 매매의 경우 일반적인 기업에 비해 유동성이 떨어져 매매가 쉽지 않을 수도 있다.

WeiJian Shan의 〈Money Games〉에는 IMF 한복판이었던 1999년 제일은행(Korea First Bank, KFB)을 포함한 2개의 상업은행을 해외에 매각하고자 정부가 Morgan Stanley를 매각자문사로 선임한 뒤, 잠재매수인으로서 HSBC와 경쟁 및 (매각자인 정부를 대신해 협상테이블에 앉은) 금융위원회(Korea Supervisory Commission, FSC)와 협상을 했던 뉴브릿지 캐피털(Newbridge Capital)이야기가 나온다. 물론 IMF라는 특수한 상황에서 정부를 대상으로 한 미국계 PEF의 고군분투한 성공담이라 조금 더 특별하게 다가올 수는 있겠으나 본질적으로는 M&A가 이루어지는 절차 및 그 과정에서 벌어지는 주요 논의들, 그리고 당시의 한국 금융시장에 대한 내용이 등장하기 때문에 한 번 읽어볼 만하다.

프로젝트 파이낸싱을 통한 자금조달

프로젝트 파이낸싱은 말 그대로 프로젝트를 기준으로 자금을 조달한다는 개념이다. 이는 기업금융에 상반되는 것인데, 기업금융(Corporate Financing)은 기업이 자신의 신용이나 담보 제공을 통해서 자금을 조달하고, 그 사용에 있어서는 자율권이 있는 대출이다. 회사채도 자신의 신용을 바탕으로(신용평가기관을 통해 등급을 받아) 시장에 판매하고, 투자자가 이를 매입하여 자금을 공급하기 때문에 본질적으로 동일하다.

한편 프로젝트 파이낸싱은 (일반적으로 특수목적법인의) 프로젝트 자산을 기준으로 자금을 조달해야 하기 때문에 상환재원은 프로젝트에서 발생하는 미래현금흐름을 기초로 하고 이론상으로는 프로젝트에 출자하는 사업자에게는 별도의 소구권(Recourse)를 갖지 않는다.[24] 미래의 현금흐름이 대출 상환을 위한 유일한 재원이기 때문에 추정 현금흐름의 신뢰성과 사업에서 발생하는

24) 하지만 현실적으로는 공사기간의 초과사업비나 운영의 안정성, 원리금상환 재원의 안정성을 제고하여 금융지원타당성(Bankability)을 확보하기 위해 제한적인 소구권을 사업주에게 요구한다. 국내 PF업무를 하다보면 가끔 "PF는 미래 현금흐름을 담보로 하는 금융기법인데 왜 소구권이 존재하느냐"라고 불평을 받는 경우도 많은데, 정확하게는 '현금흐름'보다는 '사업주체인 SPC의 리스크를 더 리스크 관리가 가능한 제3자에게 계약으로 넘김으로써 미래 현금흐름을 안정적으로 확보함'이 더 중요하다고 할 수 있다. 따라서 '리스크 관리가 가능한 제3자'가 중요하고, 충분한 제3자가 존재하지 못하다면 결국 소구권으로 연결될 수 있다.

일반적인 프로젝트금융 구조

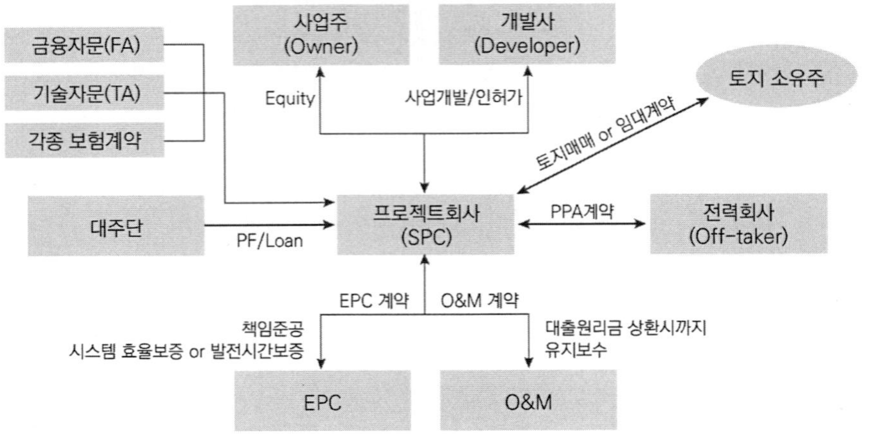

현금의 통제가 중요하다. 또한 채무불이행을 대비하여 부동산 자산이나 주식질권 등 특수목적법인(SPC, 차주)의 자산 대부분을 담보로 설정한다.

일반적으로 금융회사(은행이나 보험회사)는 프로젝트 파이낸싱의 대주단으로서 타인자본을 공급하기도 하지만,[25] 펀드를 통해서 자기자본 등 다른 형태의 투자도 가능하다. 투자대상은 도로 및 철도와 같은 전통 인프라자산뿐만 아니라 발전이나 에너지 자산 등 다양하다.

인프라 및 PF금융시장에서 북미와 유럽지역이 차지하는 비중이 상당한데, 2024년만 보면 북미지역은 Oil & Gas가, 유럽은 신재생에 활발한 것을 알 수 있다. 그리고 또한 중요한 점은 Telecoms와 같은 통신시설과 (신재생 에너지 외의) 발전설비도 여전히 많다는 점이다. AI의 활동도가 증가함에 따라 Data center나 통신망 투자도 확대되고 있고, 이를 위한 발전원 개발도 활발

25) 반드시 특수목적법인(혹은 사업시행법인, SPC)이 타인자본을 금융기관 대출로만 조달할 필요는 없다. 국내 신재생의 경우, 사업시행법인이 발행하는 회사채를 주민참여조합이 매입해주는 형태로 자금을 공급할 수도 있는데, 일반 회사가 채권 발행을 통해 자금을 조달하는 것과 동일하다. 미국에서도 유사한 형태의 프로젝트 본드를 발행하여 자금을 조달하고 있고, 우리나라 대형 발전소도 일부 자금은 회사채로 조달하여 현재 장내채권시장에서 거래가 되고 있기도 하다.

북미 및 유럽지역의 2024년 클로징된 PF

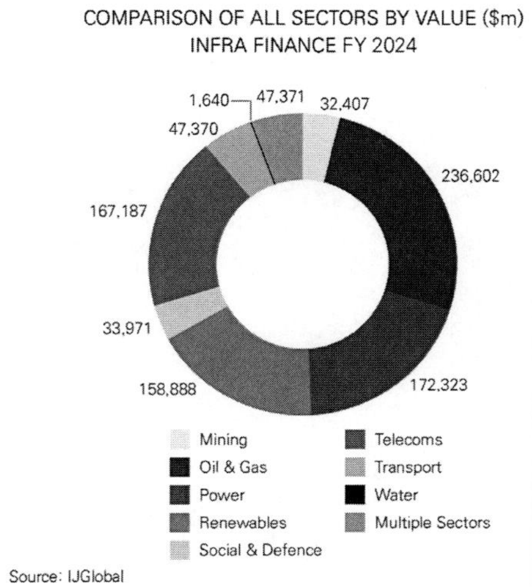

북미지역의 2024년 PF 규모(금액기준)

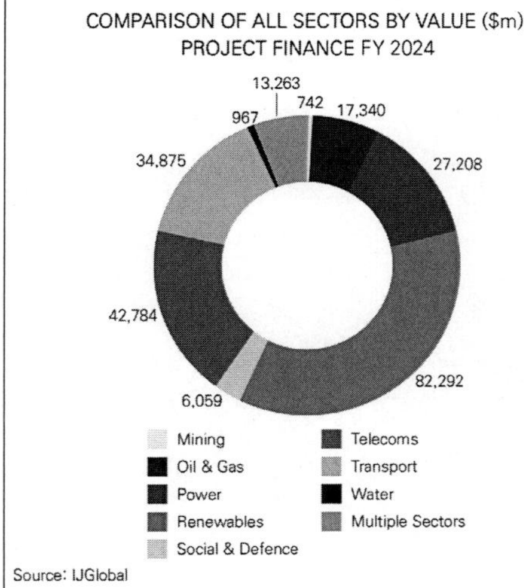

유럽지역의 2024년 PF 규모(금액기준)

출처 IJGlobal Regional Report

하게 진행중이다. 북미와 유럽만 보더라도 각각이 가지고 있는 패러다임이 다르다는 것을 알 수 있고, 국제적인 힘의 논리에 따라 세상이 변하는 것을 간접적으로나마 볼 수 있는 영역이기도 하다.

미래현금흐름에 의지해야 하는 프로젝트 파이낸싱에서 가장 중요한 것은 결국 사업의 안정성이다. 시설물이 건설되어 제때 운영 단계에 들어갈 수 있는지, 운영기간 동안 안정적으로 운영되어 예상된 매출을 달성할 수 있는지가 핵심인데, 이는 결국 건설 리스크, 운영 리스크, 시장리스크, 신용리스크 등으로 요약할 수 있다.

Moody's에서는 각 신용등급별 채권의 부도율과 프로젝트파이낸싱 사업의 부도율을 지속적으로 검토하고 있는데, 시기적으로 조금씩 차이가 있기는 하나, Moody's A회사채(S&P로는 A~A+)의 부도율보다 오히려 프로젝트 파이낸싱 사업(특히, 민관협력사업)의 부도율이 더 낮고,[26] 회수율 측면에서도 대부

26) Moody's Default and Recovery Rates for Project Finance Bank Loans, 1983–2015.

분의 기업금융과 유사한 수준을 보이고 있고, 건설기간보다는 운영기간의 회수율이 더 높으며, 발전과 석유화학 사업의 회수율이 다른 산업군보다 높다는 분석 결과가 있다. 즉, 금융지원타당성(Bankability)이 잘 확보된 프로젝트 파이낸싱은 기업금융과 유사한 수준의 회수율을 보이고 있고, 사업주(출자사) 입장에서는 부외금융(Off-balance financing)효과 및 투자금액(출자)을 줄임으로써(레버리지효과) 다른 투자를 활성화할 수 있다는 장점이 있기 때문에 적극적으로 활용해 볼 만한 금융기법이라고 할 수 있겠다.

인프라금융의 범위

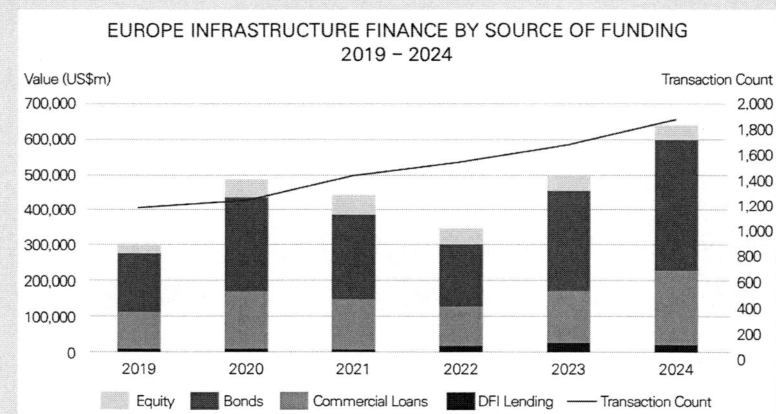

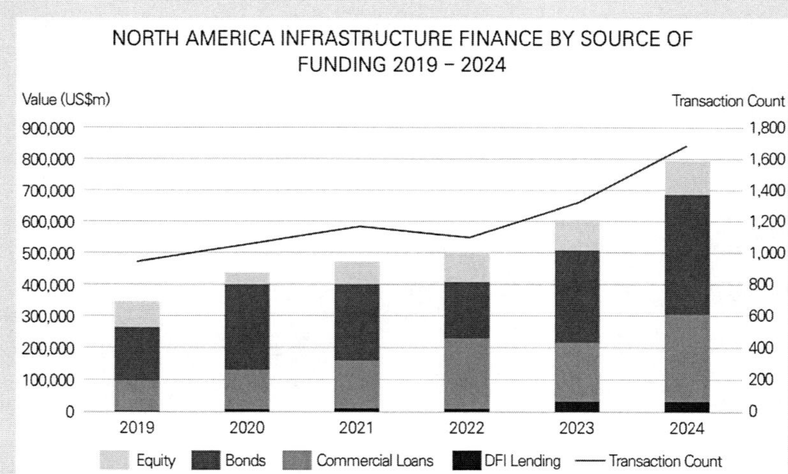

북미 및 유럽지역의 인프라금융 조달 방식

꼭 신규개발을 위한 프로젝트 파이낸싱에 한정되지 않고 인수금융이나 추가투자, 대환 등 다양한 용도의 자금도 모두 인프라금융으로 분류될 수 있다.

또한 이러한 용도의 자금을 모으기 위해서는 자기자본뿐만 아니라 채권의 형태도 많이 활용된다. 미국이나 유럽의 경우는 채권을 통한 자금조달도 많아서, 금융회사들 중에는 채권방식의 자금조달을 자문하는 경우도 많이 존재한다.

아직까지 우리나라에서 인프라금융은 대출로 이루어지고 있는 것 같다. 하지만 앞서 다루었듯 경제규모와 자본시장의 규모는 항상 비례하지 않기 때문에 우리나라에서도 금융시장이 더욱 확대되고 다양한 형태의 자금조달 방식이 늘어나면 더욱더 자본의 순환이 활발해지면서 경제 성장에 도움이 될 수 있지 않을까 기대해본다.

출처: IJGlobal Regional Report

PF사업의 평균/기간별/섹터별 회수율(Moody's Default and Recovery Rates for Project Finance Bank Loans, 1983-2015)

EXHIBIT D2

Ultimate Recovery Rates – Corporate Bank Loan Data Set Compared to the Study Data Set, 1987-2015

Data Set	Average Recovery	Standard Deviation
Corporate Bank Loan Data Set (All Loans)	80.5%	30.5%
Corporate Bank Loan Data Set (Senior Secured Loans)	84.6%	26.3%
Study Data Set (Basel II Definition Of Default)	79.5%	33.5%
Study Data Set (Moody's II Definition Of Default)	77.3%	34.8%

Note: Exhibit D1 is taken from Moody's Special comment "Corporate Default and Recovery Rates, 1990-2015", published February 2016. Exhibit D2 reflects the corporate bank loan data set as of December 31, 2015, which explains small rounding defferences between reported recovery rate for the corporate bank loan data set in both exhibits.

Source: Moody's Investors Service

EXHIBIT 40

Distribution of Defaults and Ultimate Recoveries by Project Phase

	Basel II Definition of Defaut					Moody's Definition of Default				
Project Phase	Defaults (Note 1)	Average Years to Default (Note 1)	Defaults (Note 2)	Average Ultimate Recovery Rate (Note 2)	Average Years to Emergence (Note 2)	Defaults (Note 3)	Average Years to Default (Note 3)	Defaults (Note 4)	Average Ultimate Recovery Rate (Note 4)	Average Years to Emergence Note 4)
Construction	74	2.5	37	70.2%	2.9	61	2.6	34	70.3%	3.2
Operations	385	4.3	200	81.2%	2.3	302	4.1	175	78.7%	2.5
Total	459	4.0	237	79.5%	2.4	363	3.8	209	77.3%	2.6

Notes:
1) Base on 458 defaults (BII)
2) Base on 237 ultimate recoveries (BII)
3) Base on 363 defaults (Moody's)
4) Base on 209 ultimate recoveries (Moody's)

Source: Moody's Analytics Project Finance Data Consortium

EXHIBIT 39

Average Ultimate Recovery Rate (BII) by industry

	Average Ultimate Recovery Rate (BII)				
Project Phase	0%–20%	20%–40%	40%–60%	60%–80%	80%–100%
Chemicals Production					✓
Infrastructure				✓	
Leisure & Recreation				✓	
Manufacturing				✓	
Media & Telecom				✓	
Metals & Mining				✓	
Oil & Gas				✓	
Power					✓
Total				✓	

Notes:
1) Based on 237 ultimate recoveries (BII)

Source: Moody's Analytics Project Finance Data Consortium

과거 우리나라는 전통인프라 자산에서 최소매출보장(MRG, Minimum Revenue Guarantee) 그리고 신재생 발전 자산에선 FiT(Feed in Tariff) 등의 제도를 통해 정부가 고정적인 매출을 제공함으로써 프로젝트 파이낸싱으로 자금을 조달하였다. 하지만 시장이 점차 성숙함에 따라 정부와 민간이 리스크를 분담하거나 시장리스크에 노출시키는 BTO, BTO－rs 등의 제도가 등장하였고, 신재생 발전 시장에서는 신재생에너지공급의무화(RPS, Renewable Portfolio Standard)제도 도입으로 신재생공급인증서(REC, Renewable Energy Certificate) 구매 의무가 있는 사업자를 지정하고 이들로 하여금 REC를 의무적으로 구매하게 함으로써 프로젝트 파이낸싱을 유도하였다. 그 결과 'SMP＋REC＝고정가'나 '요구REC'와 같은 형태의 매출계약이 만들어져서 널리 활용되었는데, 현재는 글로벌 RE100 수요가 증가함에 따라 기업과 직접전력구매계약(직접PPA)을 체결하여 금융지원타당성(Bankabillity)을 확보하는 방향으로 진화중이다. 정부의 지원에서 시작하여 점차 민간 시장으로 확대이전하는 방식은 우리나라뿐만 아니라 대부분의 국가가 취하는 전략적인 방향이고, 경쟁을 유도하여 시장의 효율성을 도모하고자 하는 속내가 담겨 있다.

현재 우리나라에서 프로젝트 파이낸싱 시장에서 가장 흥미로운 주제는 아무래도 해상풍력일 것이다. 해상풍력 사업은 대규모이고 많은 외국계 개발사가 참여하고 있어서 자금의 조달 방식 등 협의해야 할 내용들이 기존과는 상당히 다를 수 있다. 우리나라에서 최초로 프로젝트 파이낸싱에 성공한 전남 소재 해상풍력의 경우 프랑스계 은행이 산업은행과 함께 공동 금융자문 주선을 수행하였고, 금액의 상당부분을 해외에서 조달하였다.

프로젝트 파이낸싱 역시 기준금리에서 자유로울 수 없다. 은행의 경우 일반적으로 기준금리에 가산금리를 더한 변동금리 대출을 선호하기 때문에 기준금리(회사채, 금융채 혹은 CD금리)[27)]의 영향을 받는다. 한편 보험회사는 대

---

27) 기준금리에 대한 개념이 혼재되어 있어 정리하자면, 여기서 기준금리는 한국은행이나 미국 연준에서 발표하는 기준금리(즉 금융기관과의 환매조건부증권(RP)), 즉 정책금리도 의미하지만 대출약정서상의 기준금리물도 의미한다. 두 기준금리는 서로 다르지만 결과적으로 상호작용하고 연동된다.

부분 고정금리를 선호하는데 금리수준 역시 '전통자산에서 얻을 수 있는 예상 수익률'과 '보험금 지급을 고려한 요구 수익률'에 따라서 '대체자산에서 필요로 하는 수익률'이 결정될 것이기 때문에 국내외 기준금리의 영향을 받는다. 이런 프로젝트 파이낸싱 대출 금리는 결국 사업주의 목표 수익률 달성을 위한 레버리지에 영향을 미치기 때문에 사업주 입장에서 어떤 형태로 금융구조를 설계할지도 영향을 미친다.

건설 리스크, 불가항력 그리고 예측할 수 없는 현장 조건

프로젝트 파이낸싱도 금융기법 중 하나이기 때문에 당연히 일반적인 금융/자본시장을 통해 설명할 수 있는 부분도 많지만 다른 한 축으론 사업 자체가 존속하기 위한 기술적인 부분(건설 및 운영 등)도 매우 중요하다. 양쪽을 모두 이해하고 연결한다는 점이 아마도 프로젝트 파이낸싱의 핵심이자 묘미일 것이다.

하지만 실무적으론 이 중요한 '건설'리스크가 프로젝트 파이낸싱 재무모델상 자본적지출(CAPEX)로만 표현되는 숫자이며, 소위 '토건족'으로 평가절하되고 구시대적인 무엇으로 오해받고 있는 것 같아 안타깝다. 현대 문명의 결정체가 AI와 스마트폰, 전기자동차 등이라는 것은 사실이지만 이러한 기기와 장치를 이용하기 위해서 필요한 송전망과 통신망, 통신타워 및 도로, 철도 심지어 로켓 발사대 등 평생 중력의 영향을 받으며 살아가는 우리의 발 밑을 책임지는 건설은 그 자체로 '문명'이라고 이해하는 편이 더 맞지 않을까 생각된다. 하루에 몇 번이나 가는 화장실과 상·하수도 없는 삶을 상상이나 할 수 있겠는가? 그렇기 때문에 사회간접'자본'이라고 불리는 것이다. 또한 건설이라는 것은 몇 년동안 집중적인 대규모 자본 투자가 선행되어야 하고, 한 번 시작되면 (그것이 결과적으로 나쁜 투자였다고 하더라도) 웬만해서는 되돌릴 수가 없기 때문에 '착공'이라는 것에 대해 매우 신중해야 하지만, 그에 비해 표면상 드러나는 것은 상대적으로 덜 중요해 보이는 것 같다는 생각이다.

계약서 측면에서 보면 일반적으로 운영계약은 계약서가 그렇게 두껍지도 않고 각각의 사업별 운영계약 주체 및 역무에 따라 천차만별인 비스포크(bespoke)계약이지만, 건설계약의 경우 한 번 만들어지면 다시 되돌릴 수 없다는 특성 및 결과물을 얻는 데까지 투입되는 자원과 시간이 상당하기 때문에 발주자와 계약자 간의 책임과 의무를 나누는 표준계약서들이 존재하고, 또 분쟁도 상당히 많이 발생하는 계약이다. 재무모델에 등장하는 숫자 이면에는 매우 중요하고 복잡한 내용이 존재한다는 점은 꼭 기억했으면 하는 부분이다.

국제적인 건설계약의 표준화작업은 미국 건축가협회(The American Institute of Architects)에서 만든 AIA, 미국 엔지니어링공동계약문서위원회(The Engineers Joint Contract Documents Committee)가 만든 EJCDC나 영국의 공동계약판정부(Joint Contract Tribunal)의 JCT, 토목엔지니어링협회(Institution of Civil Engineers)가 만든 ICE, 그리고 New Engineering Contract(NEC) 등 다양하게 존재하고, 한국에서도 국토부가 고시한 '민간건설공사 표준도급계약서'가 존재하나, 국내에서 이루어지는 국제건설계약 교육의 대부분은 FIDIC을 기준으로 하는 듯하다.

1913년 설립된 FIDIC(Federation International Des Ingenieurs－Conseils, 영어로는 The International Federation of Consulting Engineering)은 건설계약서의 표준화를 위한 국제 연맹인데, 여기서 만들어진 주요 계약서들이 표준계약서로 많이 활용되고 있다. 세계은행과 같은 다자간개발은행(MDB)에서 제공되는 표준입찰서류에 FIDIC기반의 일반조건들이 포함되기도 하고 FIDIC에서 MDB 계약조건을 공식적으로 출간하는 등 FIDIC 표준계약서의 영향력은 상당하다.

1999년 토목공사 위주의 Red book과 기계 및 전기공사를 위한 Yellow Book이 개정된 이후, 전세계적인 턴키 수요 증가에 부응하고자 새로운 Yellow Book을 내놓는 한편 Silver book[28]을 새로 만들었다. 단순 건설계약

28) 겉표지의 색에 따라 편의상 부르지만 정식명칭은 Conditions of Contract for Construction(Red book), Conditions of Contract for Plant & Design Build(Yellow Book), Conditions of Contract for EPC/Turnkey Projects(Silver Book)이며, 용처에 따라 Pink book, White book 등이 더 있다.

인 Red book은 시공사가 발주사가 제공한 설계대로 시공(Build Only)하는 계약이며 '엔지니어'라는 제3자에 의해 계약이 관리된다. 새로운 Yellow Book은 시공사가 발주자의 요구조건에 따라 설계 및 시공(Design – Build) 계약이며 '엔지니어'가 제대로 설계/시공되었는지를 확인함으로써 기성을 지급받게 되는 총액확정(Lump – sum)계약이다. 마지막으로 Silver book은 발전/일반 플랜트나 사회기반시설 개발에 적합한 계약으로 공사비 및 공기의 확실성을 시공사가 전적으로 부담하게 된다. 따라서 Silver book은 건설과 관련된 위험을 온전히 건설 계약자(시공사)에게 전가함으로써 총사업비의 증가 및 공기연장에 따른 운영기간 감소에 대한 영향이 큰 PF사업에서 주로 활용되고 있으나 FIDIC은 서문을 통해 그 활용에 있어서의 한계도 설명하고 있다.

PF에서도 건설계약서가 가장 두껍고 복잡하게 구성되어 있기 때문에, 실무자 입장에서는 해당 계약서를 통해 건설리스크가 적절하게 전가되었는지 확인하기 쉽지 않고, 따라서 국내에서 진행된 많은 PF사업에서는 Silver book에서 요구하는 것 이상으로 '책임준공확약'이라는 개념을 통해 건설리스크를 시공사에게 완벽하게 전가하려는 시도가 많이 존재하였다. 물론 어쩔 수 없이 그렇게 되어야 하는 국내 시장의 한계가 존재[29)]하는 것도 사실이지만 아마도 부동산 PF에서 시공사에게 차주가 부담하는 채무까지 인수하게 했던 '책임준공'의 영향력 때문이기도 한 것 같다.

건설공사 중에서도 분쟁이 자주 발생하는 부분 중 하나는 **불가항력**(Force Majeure)과 **예견하지 못한 현장 조건**(Unforeseeable Site Condition, Unforseeable Difficulties)인데, 이 두 주제는 발생시 공기 및 공사비에 큰 영향을 미칠 수 있

---

29) 국내시장은 해외에 비해서 신용등급이 우수한 회사의 절대적인 숫자가 적고 또한 신용등급과 무관하게 PF사업을 추진하고자 하는 다양한 이해당사자가 존재하기 때문에, 금융회사 입장에서는 특정한 신용등급에 의지할 수밖에 없는 상황이 자주 발생한다. 이를 두고 단순히 '미래현금흐름에 기초한 것이 진정한 PF인데 무엇인가 잘못되었다'라고 생각하기 보다는 '진정한 PF는 신용등급과 실적이 우수하여 리스크를 적절히 관리할 수 있는 회사에게 해당 리스크를 전가하고, 이를 기반으로 검토한 미래 현금흐름을 기초로한 것'이라고 이해하는 편이 더 적합하다고 생각한다. 그런 의미에서 부동산PF의 방식이 지금과 같이 만들어질 수밖에 없는 것은 그만큼 적절한 신용등급의 참여자만 이 시장에 참여하고 있는 것은 아니라는 것을 반증한다.

기 때문에 누가 어디까지 책임지는 지가 계약시에도, 계약 이후에도 매우 중요하다.

불가항력(Force Majeure)은 천재지변과 같이 양 당사자가 예상치 못하였거나, 예상하였음에도 통제 능력 밖에 있는 규모의 사건을 말하며 그 결과로 인해 건설 계약을 조기 종료해야할 수도 있다. 이 리스크는 통상 양 당사자간에 나누어서 부담하게 되는데, 왜냐하면 'Act of God'의 결과로 발생한 손해는 계약 양 당사자 누구에게도 책임이 없다는 것이 일반적인 원칙이기 때문이다. 하지만 일부 책임준공확약서[30]에는 '여하의 사유에도 불구하고'라는 표현과 함께 이 리스크를 시공사에게 전가하고자 하기도 한다.

불가항력에는 정치적인 불가항력도 있는데, 대표적인 것이 법의 부정적인 변경(Change in Law)이나 부정적인 정부의 활동(MAGA, Material Adverse Government Action)이다. 일반적으로는 이런 정치적 불가항력은 정부가 그 리스크를 수용하는 것이 합리적이라는 것이 공론이다.[31] 그 외에 거시경제 등 경제적 대외변수가 변동함에 따라 발생하는 위협 또한 정치적인 불가항력으로도 분류하여 'Hardship'이라고 표현하기도 한다.[32]

Hardship 사건이 발생하면, 양 당사자간의 협의를 통해서 경제적이나 재무적인 균형을 위한 재협상을 진행하는데, 상호협의가 되지 않는 경우 중재(Arbitration)로 넘어가게 된다. 민관협력사업에서는 민간사업자에게 유리한 방향으로 재협상이 되는 것이 보통이나, 프로젝트가 더 이상 경제적으로 타당하지 않는 경우에는 정부에서 먼저 계약을 조기 종료하자고 할 수도 있다.[33]

한편 **예견할 수 없는 현장조건**(Unforeseeable Site Condition, Unforseeable Difficulties)은 현장에서 발생하는 물리적인 요소에 집중한다. 즉 입찰서 혹은

---

30) 책임준공확약서는 계약관계가 없는 이해당사자가 대주단 앞으로 제출하는 일종의 Comfort letter이자 Direct Agreement로서, 국내의 프로젝트 파이낸싱사업에서 자주 등장한다.

31) 논란의 여지가 있을 것 같아 출처를 밝혀둔다. 세계은행(2016), Randolph Thomas, Gary R. Smith, R. Martin Ponderlick. (1992), APMG CP3P Certificate program (2016) 등 PF와 관련된 자료들이며 이론적인 위험 분담(Risk Allocation)에 대한 내용이다.

32) Emmanuel Fon taine, Gide Loyrette Nouel. (1998)

33) Emmanuel Fon taine, Gide Loyrette Nouel. (1998)

계약서상에 명기되어 있는 현장 조건과 실제로 공사 중에 발견한 현장 조건이 상이하여 추가적인 비용이나 공기연장이 필요한 상황을 의미한다. 이때 현장조건의 상이함은 계약 당일을 기준으로 예상과 다른 현장조건(Different Site Condition, DCS)이 발견하였을 때의 물리적 상황을 의미하며, 계약 이후에 제3자의 활동에 의해서 발생한 변화는 인정되지 않는다.[34] 현장 조건 위험은 사전에 확인할 수가 없기 때문에 결국 발주자로부터 제공받은 정보와 상이하거나 입찰서에서 예상한 부분과 다른 지반 조건의 발견은 공사 중에 확인할 수밖에 없다. 이런 상황이 발생하면 공기가 지연되고 공사비가 증가하는 것은 물론이고, 때로는 작업환경이 더 위험해지거나, 최초의 설계시 가정한 사항들이 무의미해지기도 하는데, 결국 중재/조정(Arbitration)이나 소송(Litigation)으로 연결될 수 있다.

W.D.L. Amarasekara, B.A.K.S. Perera, M.N.N. Rodrigo. (2018)의 연구에서는 설계에 대한 책임이 시공사에게 많이 전가될수록 이런 예견할 수 없는 현장조건 리스크가 더 커진다고 주장하는데, 이는 다른 한편으로 프로젝트 파이낸싱을 고려한 사업에서는 보다 많은 준비가 필요하다는 것을 의미한다고 생각한다. 특히 요새 이슈가 되는 해상풍력의 경우는 해상지반조건에 대한 분석이 중요한데, 이러한 준비가 사전에 충분히 되어 있지 않은 상태에서의 프로젝트 파이낸싱은 결국, 해당 위험이 정확히 분석되지 않은 채 누군가에게 전가해야 한다는 것을 의미할 수 있다. 다만 현재 시장상황을 고려할 때, 그러한 리스크 전부를 시공사가 부담하는 것이 적절한 리스크 헤지 방법은 아닌것 같기에 PF를 준비하는 과정에서 해당 리스크를 보다 더 면밀하고 논리적으로 검토할 필요가 있다.

예측할 수 없는 현장조건이 발견되고 그에 따른 비용이나 공기 측면의 악영향이 발생하였을 때, 그에 대한 적절한 평가와 조치를 할 수 있다면 추가적인 분쟁 비용이나 공기지연을 방지할 수 있다. 일단 계약서에 별도로 명시

---

34) Glower W Jones. (1997). How pays for the unexpected? [Part 2]

계약형태별 예측하지 못한 현장조건의 영향도

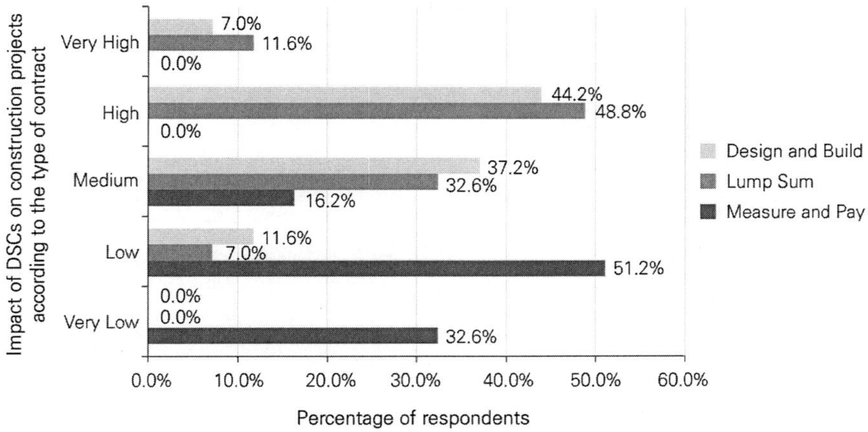

출처 : W.D.L. Amarasekara, B.A.K.S. Perera, M.N.N. Rodrigo. (2018)

되어 있지 않다면, 원칙적으로는 시공사가 공사 중 발생할 수 있는 예상치 못한 상황에 따른 비용을 감수해야 한다. 하지만 예측할 수 없는 현장 조건을 다루는 별도의 조항이 존재하지 않아 원칙적으로 시공사가 모든 리스크를 일단 수용해야 할 지라도 영미법이나 몇몇 법적 이론(예를 들어 Misrepresentation, Breach of implied warranty, Defective specification, Doctrine of superior knowledge, Commercial impracticability, Mutual mistake, Promises to pay 등[35])을 통해 구제를 받을 수도 있는데, 그럼에도 불구하고 발주자는 이러한 원칙의 적용을 피하기 위해 제공된 정보를 보장하지 않는다거나(disclaimer) 단지 참고용(information only)이라고 명기하기도 한다.

이론적으로는 건설 계약에서 DSC(Differing Site Condition) 조항을 사용한 경우, 시공사는 예측할 수 없는 지질 조건에 의한 비용을 보전하고자 예비비

35) 홍콩의 표준 건설계약법에서는 Unforeseen Site Condition을 인정하지 않고 리스크를 모두 계약자에게 전가하기 때문에 시공사는 이런 상황에서 우회적으로 Misrepresentation이나 불리한 지질 조건을 이용하여 설계변경을 요청하는 방식 혹은 계약 자체를 무효화하게 하는 Frustration 개념을 적용하는 방법을 사용한다. 하지만 전자의 경우는 발주자의 정보 정확성에 대한 부인(Declaimer)으로, 후자는 계약상에 Force Majeure 조항이 포함되어 있는 경우, 의견을 관철시키기 매우 어렵다(Steven C Sanders. (1994)).

(Contingency)를 포함할 필요가 없기 때문에 공사 비용을 절감할 수 있다.[36] 따라서 일반적으로 시공사는 입찰 과정에서 상기의 법적 이론을 이용해 해당 리스크를 줄이려고 하기보다는 차라리 더 비싼 비용의 현장 조사를 실시하거나 리스크 프리미엄(Risk Premium)을 계약금액에 포함할 수밖에 없지만, 현대에 들어서 발주자는 이런 예상치 못한 현장 상황이 발생할지 여부를 확신하지 못하면서 계약자에게 리스크 프리미엄(Risk Premium)을 주는 것보다는 리스크 분담 조항을 통해서 보상을 해주는 것이 더 경제적인 것이라는 인식이 늘어나고 있다고 한다.

FIDIC Red book(Condition of Contractor for Construction, 1999)에서는 Unforeseeable Site Condition을 '4.12 Unforeseeable Physical Condition'으로 다루고 있는데, 계약자는 발주자에게 예상하지 못한 현장 조건을 발견하였음을 공지하고 이 상황이 예측불가능(Unforeseeable)하다고 인정되면, 감리자의 판단에 따라 추가 공기나 추가 비용 등을 보상받을 수도 있고 반대로 예측불가능한(Unforeseeable) 상황이 오히려 계약자에게 유리하다고 판단되면 감리자에 의해서 감액도 가능하다.[37]

반면 FIDIC Silver book(Condition of Contract for EPC/Turnkey Project, 1999)에서는 모든 리스크를 시공사에게 전가한다. 앞서 언급하였던 Silver book의 한계성과 관련하여 FIDIC Quick Reference Guide Silver book에는 그 작성 배경과 적합성이 담겨 있는데, Silverbook 표준 계약서상의 Unforeseen Site Condition 조항은 모든 리스크를 시공사에게 전가하는 것이 원칙이지만 한편으로는 적절한 리스크의 분담(Allocation)을 고려하여 리스크를 분석할 충분한 시간이 부족하거나 과도한 지하 공사(Underground Work)가 포함되어 있어 입찰자가 현장 시험을 할 수 없는 경우에는 이 표준계약서의 사용이 부적절함을 알리고 있다.

---

36) Randolph Thomas, Gary R. Smith, R. Martin Ponderlick. (1992)

37) David Kinlan, Dirk Roukma. (2010)

하지만 국내외를 불문하고 일반적인 PF사업에서 사업주 및 대주단은 건설공사의 공기와 금액의 신뢰성이 사업 수익성에 큰 영향을 미치는 중요한 부분이기 때문에 아무리 지하 공사가 많은 수력발전이라고 할지라도 FIDIC Silver book을 사용하고 있고, 시공사가 그 리스크를 수용하게끔 하고 있다. 결국 시공사는 이런 리스크의 비용을 계약금에 반영해야 하는데 공사비 측면에서 불리한 면이 있음에도 불구하고 Silver book을 사용한다는 것은 금액과 공기를 확정하는 것이 더 이득이 된다는 뜻일 것이다.

국내 PF시장에서는 책임준공확약이 일반화되었음에도 불구하고 굳이 건설과 관련된 많은 리스크 중에서 특히 불가항력과 예상하지 못한 현장조건에 대해서 특별히 다룬 이유는 이것이 앞으로 전개될 해상풍력사업과 관련이 많다고 생각되기 때문이다. 앵커를 설치하든 기초를 설치하든 지질조건(특히 해저지반에 대한 분석은 더 많은 시간과 비용을 요구한다)의 영향을 받을 수밖에 없고, 또한 기후변화가 지속되면 '예상하지 못한' 천재지변에 따른 손해에 대해 분명 발주자와 시공사가 다툴 수밖에 없을 것이다. 또한 해상풍력 사업을 통해 우리나라에도 본격적으로 외국계 자본이 유입되고 있고 그들의 경험과 관점이 금융/사업 서류도 반영되고 있기 때문에 우리도, 그 근간에 있는 개념에 대해서 이해할 필요가 있을 것이다.

보험회사와 보험상품

민법의 특별법인 상법 제4편은 보험계약을 다루고 있다. 보험이라는 제도의 본질은 '같은 위험에 놓여 있는 다수의 경제주체가 하나의 단체를 형성하여 어떠한 위험에 대비하는 것'을 의미한다. 즉 보험자가 대수의 법칙에 의한 위험률(혹은 손해율)에 따라 보험계약자로부터 보험료를 받고, 일정한 보험사고가 발생하면 그에 따라 보험금을 지급하는 일종의 채권계약이다. 상법 제638조(보험계약의 의의)는 "보험계약은 당사자 일방이 약정한 보험료를 지급하고 재산 또는 생명이나 신체에 불확정한 사고가 발생할 경우[38]에 상대방이 일정한 보험금이나 그 밖의 급여를 지급할 것을 약정함으로써 효력이 생긴다."라고 규정하고 있다.

보험계약은 사실 도박이나 복권 계약과 같이 우연한 사고의 발생 여부에 따라 보험금을 지급받을 수 있는 하나의 사행계약이다. 다만 도박이나 불법 복권 등 일반적인 사행 계약은 '존재하지 않는 위험(불확실성)을 인위적으로 만들어냄'으로써 선량한 풍속에 반하기 때문에 법적으로 무효처리되는 것에 반해, 보험은 '사회 생활상 불가피하게 발생하는 위험'을 관리하고 개인의 경제적 안정성을 유지하기 위한 목적으로 사회적 상당성이 있는 적법한 계약이다.

따라서 보험계약이 갖는 단체성이나 사회성, 공공성을 갖는 상행위라는 특성 때문에 보험회사는 민간기업임에도 불구하고 관련법에 의해서 보험판매 행위뿐만 아니라 투자자산의 안정성 또한 강하게 규제 및 관리를 받는다.

프로젝트 파이낸싱에서 보험사는 대주외에도 보험을 인수하는 중요한 역할을 한다. 비록 보험이 모든 것의 답이 될 수도, 모든 것을 보장하는 보험상품도 존재하지는 않지만 그럼에도 불구하고 '누군가에게 언젠간 일어날지도 모르는' 불안이 있기에 대주단은 일정 수준의 보험 가입을 요구하기도 하고, 사업주 스스로 보험가입을 하고자 하기도 한다. 이때 가입하는 보험은 손해보험인데 일반적으로 천재지변, 화재 등 보험사고에 의해 대상 물건이 손망실 되었을 때의 보험(재물보험, 기관기계보험 등)과, 보험사고로 인해서 제3자가 손해를 입는 것을 대신 보상해주는 보험(제3자배상책임보험) 등이 있다.

대상 물건이나 사람에 대한 손해 외에도, 개발/건설 및 상업적인 운전이 지연됨에 따라 예상되었던 매출이 발생하지 못하여 원리금상환재원 혹은 고정 운영비가 부족할 것을 대비한 보험[39] 이나 선적되어 오는 물건을 잃어버

38) 그래서 〈돈의 속성〉 저자는 보험회사가 인간의 공포심을 파는 유일한 회사이고, 이들이 설계해 놓은 상품의 가격(즉 보험료)은 어떤 경우에도 회사 유지를 위한 마케팅, 관리, 인력 운용 비용을 반영하기 때문에 소비자에게 불리할 수 있다고 설명한다. 그럼에도 불구하고 보험은 사회적 상당성을 고려하여 긍정적인 역할이 있는 것도 분명하다.

39) 기업휴지보험(BI, Business Interruption)과 건설공사지연 보험(DSU, Delay in Start－up insurance)이라고 한다.

보험과 관련된 주요 용어

구분	내용
보험자	보험사업의 주체로서 보험을 인수하는자, 즉 보험자는 보험계약자와 보험계약을 체결하는 보험계약의 당사자로서 보험사고가 발생한 때에 보험금지급의무를 진다.
보험계약자	보험계약자는 보험자와 자기의 이름으로 보험계약을 맺는 사람으로 보험계약자는 계약의 당사자로서 보험계약을 맺을 때 고시의 의무를 부담한다.
피보험자	손해보험과 인보험에 따라 그 뜻을 달리하는데, 손해보험에서는 보험사고가 발생하여 생긴 재산상의 손해 보상을 보험자에게 직접 청구할 수 있는 사람. 보험계약자와 피보험자가 같으면 자기 자신을 위한 손해보험이 된다. 인보험에서 피보험자는 생명 및 신체에 관하여 보험을 든 자연인을 의미한다.
보험수익자	인보험에만 있는 개념으로 보험금청구권을 가지고 있는 사람. 보험계약자와 보험수익자가 같은 경우 자기를 위한 인보험이 된다.
보험금액	보험계약의 당사자가 협정에 의하여 정한 보험자 급여의무의 최대한도액이다.
보험가액	손해보험중 물건보험에 있어서 피보험이익의 평가액, 즉 피보험이익을 금전으로 평가한 가액이다.
보험증권	보험계약이 설립한 후 그 계약의 내용을 증명하기 위한 증거증권이다.

렸을 때 보상해 주는 보험(해상보험), 수출의 경우 수입자가 대금을 지급하지 못할 것을 우려한 보험(수출보험 혹은 지급불이행보험), 기술적으로 성능이 미달될 가능성에 대한 보험(기술보증보험)도 있고 더 나아가서는 국가와의 계약에서 이를 미 이행할 우려 혹은 태환이나 과실송금이 제한될 리스크를 담보하는 보험(정치적리스크 보험)[40]도 존재한다.

이러한 보험상품을 우리가 흔히 아는 손해보험사에서 제공하는데, 이들을 원보험사/원수보험사라고 한다. 사업자는 원수보험사에게 보험료를 매달 혹은 일시로 지급하고 보험증권을 받음으로써 보장기간 동안 보험의 보호를

---

40) PRI, Political Risk Insurance라고 한다.

원보험사-재보험사

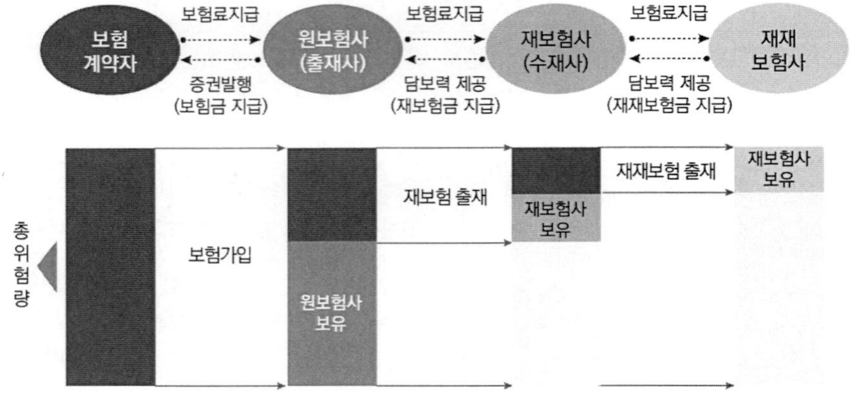

출처: 보험연구원

받게 된다. 원수보험사 입장에서는 사고가 발생할 경우 약정한 보험금을 일시에 지급하는 부담이 있으니 일정 부분을 다시 재보험사에게 리스크를 넘기고 대신 보험료를 지급하는데, 국내의 유일한 재보험사로 코리안리가 있다. 따라서 원수보험사에게 지급하는 보험료에는 재보험사에게 지급해야할 보험료가 얹어지는 경우도 있고, 원수보험사 자체적으로 원가를 산정하는 경우도 존재한다.

원보험사든 재보험사든 본질적으로는 손해율에 기반하여 산출된 보험료를 수취하고, 이를 통해 모인 보험료를 자산으로 활용하여 수익 창출하였다가 후에 보험금으로 지급한다. 어떻게 보면 상조회사와 동일하지만 손해율을 산정하는 데 있어서 더 많은 정보와 역사를 가지고 있어 자체적인 자산 및 리스크 관리에 더 유리할 수 있다.

하지만 많은 사람들이 우려하는 급격한 기후변화는 보험회사가 기존에 가지고 있는 손해율과의 괴리를 만들고 예상 외의 손실을 발생시킬 수 있기 때문에 많은 재보험사들은 기후변화가 어떻게 자신들의 손해율에 영향을 미치게 될지 연구를 지속하고 있다. 만약 기후변화에 따라 불확실성의 증대로 보험료가 올라가거나 보험으로 담보되지 않는 경우가 늘어난다면 이는 결국 전체적인 사회적 비용으로 전가될 수 있다. 왜냐하면 보험이라는 것이 결국 대수법칙에 의한 손해율을 보험회사가 부담하고 가입자에게는 안정감을 줌으로써 경제활동을 활발하게 하기 위함인데 그러지 못하는 경우가 늘어난다는 의미이니깐 말이다.

2022 손해보험회사 순위

Top 15 Global Non-Life Reinsurance Groups
Ranked by Unaffiliated Gross Premiums Written in 2022
(USD millions)

2023	2022		2022 Non-Life Premiums		2021 Non-Life Premiums		Percent Change		Combined Ratios		
Rank-ing	Rank-ing	Company Name	Gross	Net	Gross	Net	Gross	Net	2022	2021	Change
1	1	Munich Reinsurance Company	36,729	25,290	32,610	31,482	12.6%	12.1%	96.2	99.6	(3.4)
2	3	Hannover Rück SE	25,884	21,637	21,773	18,827	18.9%	14.9%	99.8	98.0	1.8
3	2	Swiss Re Ltd.	23,763	22,826	23,131	22,381	2.7%	2.0%	102.4	97.1	5.3
4	4	Lloyd's	18,533	14,162	19,343	14,263	−4.2%	−0.7%	94.4	95.2	(0.8)
5	5	Berkshire Hathaway Inc.	16,962	16,962	14,285	14,285	18.7%	18.7%	86.4	95.1	(8.7)
6	6	SCOR S.E.	10,695	7,782	9,319	7,939	14.8%	10.6%	113.2	100.6	12.7
7	7	Everest Re Group Ltd.	9,316	8,983	9,067	8,536	2.7%	5.2%	96.4	98.1	(1.7)
8	8	RenaissanceRe Holdings Ltd.	9,214	7,196	7,834.	5,939	17.6%	21.2%	97.6	102.1	(4.5)
9	9	China Reinsurance (Group) Corporation	7,688	7,207	6,956	6,608	10.5%	9.1%	96.4	95.1	1.3
10	10	PartnerRe Ltd.	7,015	5,899	6,557	5,511	7.0%	7.0%	86.7	90.5	(3.8)
11	15	Arch Capital Group Ltd.	6,948	4,924	5,094	3,254	36.4%	51.3%	92.2	94.2	(2.0)
12	11	Korean Reinsurance Company	6,129	4,195	6,043	4,078	1.4%	2.9%	98.2	100.6	(2.5)
13	13	General Insurance Coporation of India	4,332	3,927	5,630	4,987	−23.0 %	−21.3 %	107.9	108.1	(0.2)
14	17	Sompo International Holdings, Ltd.	4,119	3,715	3,855	3,417	6.8%	8.7%	90.1	93.1	(3.0)
15	22	Odyssey Group Holdings Inc.	3,721	3,595	2,842	2,709	30.9%	32.7%	95.7	100.0	(4.3)

Source: AM Best data and research. World's 50 Largest Reinsurers Report, Aug. 22, 2023 and Aug. 17, 2022

출처: AM Best data

어쨌든 우리나라 현대 금융시장, 특히 주식·채권시장에서 보험사의 자금을 무시할 수 없기도 하거니와 대체투자에서도 보험사가 대출뿐만 아니라 직접 출자하는 경우도 심심치 않게 보이고 있어 점점 금융시장이 커지는 느낌이 든다.

민관협력사업(PPP, Public-Private Partnership)의 이해

민관협력사업은 말 그대로 민간과 정부가 협력하여 사업을 만드는 것을 의미한다. 한때 세계은행 등 범국가적인 기관에서 민관협력을 장려하는 분위기가 있었는데 돌이켜보면 장기간 저금리가 유지되고 시장에 유동성이 넘쳐나다보니 투자 회수 기간이 긴 인프라사업 개발에 보다 많은 관심이 모아졌기 때문이라는 생각도 든다. 인프라 사업은 보통 투자금액이 크기 때문에 한 번에 많은 자금을 소진할 수 있다는 점도 한 몫 했다고 생각한다.

민관협력사업 방식이 정부재정사업으로 진행할 때와 다른 점은 바로 민간자본을 이용했는지의 여부이고, 여기서 민간자본은 자기자본뿐만 아니라 프로젝트 파이낸싱 대출을 통해 조달된다. 민간자본의 대부분이 대출이기 때문에 '프로젝트파이낸싱으로 조달되는 모든 사업이 민관협력사업이냐'라고 생각할 수도 있지만 본질적인 차이가 존재한다.

민관협력사업의 중요한 특징 중 하나는 정부와의 실시협약(Concession Agreement)을 체결한다는 점이다. 과거 1800년대 중반 런던에서 철도 투자 광풍에 의해 수많은 노선이 중복 투자되었다는 점과 인프라의 특성상 자산 자체가 갖는 자연적인 독점적(Natural Monopoly) 성격 때문에 현대의 정부는 주요 인프라사업의 투자를 국가 개발계획과 연동시켜 검토하고,[41] 또 독점적인 이용을 막기 위해서 정부와의 계약 체결을 통해 권리와 의무를 주고받는다. 쉽게 생각해서 지붕에 태양광발전 설비를 건설하고자 프로젝트 파이낸싱으로

41) 우리나라에서는 한국개발연구원(KDI, Korea Development Institute) 및 공공투자관리센터(PIMAC, Public and Private Infrastructure Investment Management Center)에서 이러한 역할을 수행한다.

민관협력사업의 전형적인 구조

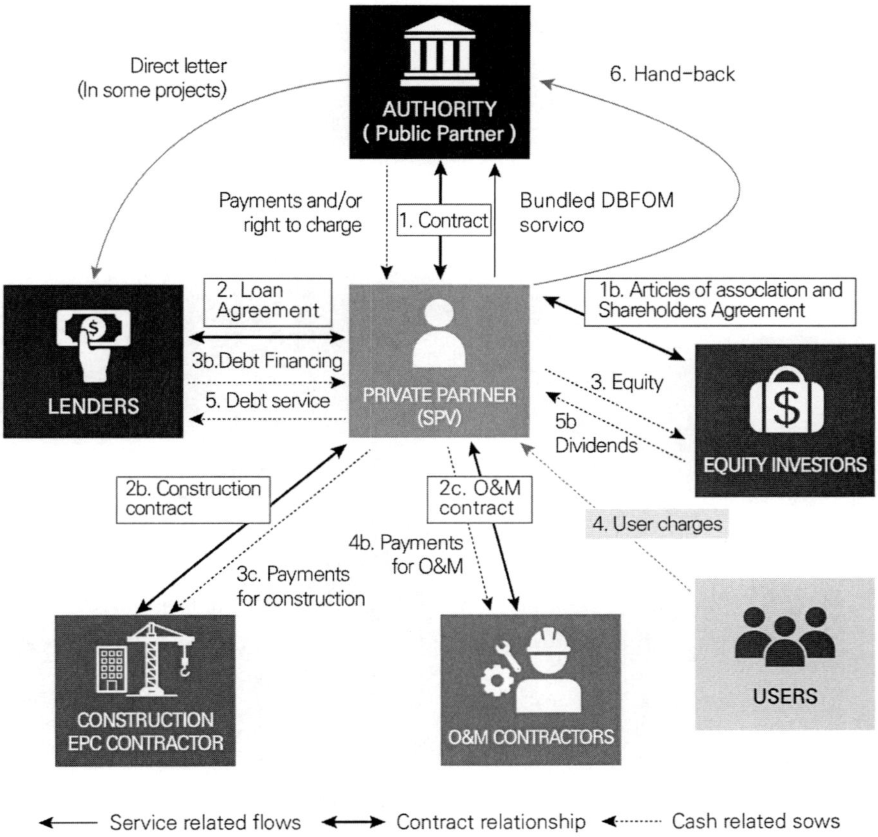

Note: DBFOM=Design-Build-Finance-Operate-Maintain; EPC=Engineering, Procurement, Construction; O&M= operation and maintenance; SPV= special purpose vehicle.

출처: APMG CP3P 교재

자금을 조달하여 설치하고, 생산된 전력을 전력시장에서 거래한다면, 전력가격이 본질적으로 시장의 수요공급에 의해 결정되고, 태양광설비나 태양광 에너지도 독점할 수 없을 뿐더러 사업권과 관련하여 정부와의 어떠한 계약을 필요로 하지 않기 때문에 이를 민관협력이라고 할 수는 없다.[42]

42) 비록 정부 혹은 공공기관이 장기의 고정가격으로 매입하겠다는 계약을 체결해줄 수도 있으나, 이는 신재생에너지를 확대하려는 정부정책일 뿐 민관협력과는 무관하다.

간략화 된 VfM 결과비교표

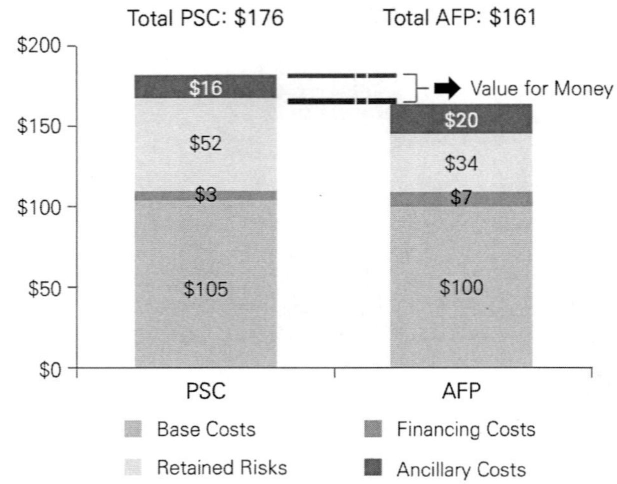

출처: Assessing Value for Money—Ontario Infrastructure

민관협력사업의 또 다른 특징 중 하나는, VfM(Value for Money)의 개념이다. 다소 이론적인 개념이기는 하지만 본질은 정부가 세금으로 만들어 운영하는 것(재정사업)보다 민간이 참여하였을 때 더 저렴하고 효율적으로 동일한 인프라를 만들 수 있다는 것이다. 사실 세금이라는 것도 국민이 내는 간접적인 비용이기 때문에 민관협력사업을 추진하는 사업주가 이용자의 요금을 받아 수익으로 인식하는 것과 본질적으로 차이가 없을 수도 있다. 하지만 이를 다르게 생각하면 세금은 전 국민들이 모아서 만들어진 재원이지만 이를 통해 만들어진 인프라는 특정 지역에서 사는 사람들에게만 혜택을 줄 가능성이 있다는 점에서, '사용하는 사람이 비용을 낸다.' 원칙을 재정사업만으로 구현하기에는 어려운 부분이 있기도 하다. 이러한 부분 때문이라도 사람들이 정치에 관심을 갖고 자신의 세금이 어떻게 쓰이는지에 대해 관심을 가져야 할 것이다.

어떤 사업자가 "여기에 이런 사업을 민관협력으로 하면 좋을 것 같아요!"라고 최초제안[43]을 하게 되면 앞서 이야기했던 것처럼 국토 개발계획에

43) 영어로는 Unsolicited Proposal(USP)라고도 한다.

적격성 조사의 세부 내용

구분	내용
정량적 평가	정부실행대안(PSC)으로 추진할 경우와 민간투자방식으로 시행할 경우(PFI)의 VFM의 객관적 비교 평가를 위해 동일한 서비스 수준 제공을 위해 두 대안에서 각각 공공부문이 부담해야 하는 정부부담액을 산출하여 현재가치화하여 비교
정성적 평가	두 대안에서 각각 서비스의 질 향상, 기술혁신, 파급효과 등 정량화가 불가능한 부분을 정성적으로 산출 비교

포함되고 사업 추진의 적정성에 대한 검토를 거치는데 이를 예비타당성조사라고 부른다. 예비타당성 조사를 통해 사업 추진 타당성이 확인되면 이 사업을 재정사업으로 할지 민관협력사업으로 할지 검토하는 '적격성 조사'를 하게 된다. 적격성 조사는 정부실행대안(PSC, Public Sector Comparator)과 비교하여 민간투자대안(PFI, Private Finance Initiative)이 실행 방안으로서 적합한지 여부를 판단하는 것을 뜻한다. 적격성 조사에는 크게 정량적인 평가와 정성적 평가가 있으며 이를 종합적으로 평가하여 가장 적합한 사업추진 방식을 결정한다.

뉴스를 보다보면 경기 부양을 위한 재정투자의 적시성을 확보하기 위해 예비타당성 조사를 면제한다는 내용이 있는데, 생각해보면 세금을 효율적으로 쓸지 판단하기 전에 일단 급해서 쓴다는 의미이니 얼마나 성급한 처사인가 싶은 생각이 든다. 인프라 자산의 자연적 독점성이나 투자기간 등을 고려할 때, 한 건 한 건 신중해도 모자랄 판에 '일단 급하니 돈을 풉시다. 어차피 결과는 4~5년 뒤에나 나올 거고, 미래를 알 수 없는 건 매한가지 잖아요?'라고 이야기하는 것 같아 아쉽기만 하다.

적격성 조사를 통해 민관협력방식으로 사업 추진이 결정되면, 제3자 공고를 통해서 본 사업에 추가로 참여할 민간사업자를 모집하여 경쟁을 유도한다. 제3자가 등장하는 것 자체가 최초 제안자에게는 불리한 처사일 수도 있지만 경쟁이 없다면 보다 최적화된 결과물을 도출할 수도 없기 때문이다. 한편 정부는 최초제안자가 감수한 리스크 및 수고를 인정해주고 동시에 최초제안을 활성화시켜 국토를 보다 효율적으로 개발하기 위한 아이디어를 얻기 위해 최초제안자에게는 몇가지 혜택을 주는 것이 일반적이다.

최초제안자에게 주는 혜택의 방식은 크게 네 가지 정도가 많이 쓰이는 듯하다. 우선 Bid bonus는 말 그대로 평가 시 가점을 제공하는 제도이다. 우리나라뿐만 아니라 칠레 등 다른 나라에서도 사용되고 있다. 일부는 우리나라에서 제공하는 가점 1~2%는 무의미하다고 하지만 또 한편으로 Bid bonus의 비율이 매우 높으면 당연히 제3자 공고에 참여하고자 하는 경쟁사의 숫자가 감소하고 경쟁을 유도할 수가 없다는 점도 존재한다. Swiss Challenge는 일단 제3자 공고를 통해 경쟁을 유도하지만 만약 최초제안자가 1위를 하지 못하는 경우, 최초제안자에게 1위를 한 제안서의 내용(금액이나 기타 등등)을 받아들여 사업을 가져갈 option을 주는 것이다. 일종의 Right of first Refusal(ROFR)[44]과 같은 것이다. Automatic Short-listing은 2단계로 진행되는 사업에서 최초제안자가 무조건 2단계 입찰에 초대되는 것으로, 경쟁사가 많아 한번 Short-listing 해야 하는 경우에 적용 가능하다. 마지막으로 Development fee는 일종의 사업개발비를 보상해주는 제도인데, 그 대상이 정부가 될 수도 있고, 최종적으로 수주한 제3자가 될 수도 있다. 이때 보상비는 순수하게 사업 개발에 투자된 매몰비용(Sunken cost)이 될 수도 있고, 일정한 마진을 인정해줄 수도 있다.

우리나라의 경우는 사업개발비를 일부 보상해주거나 평가시에 가점을 주는 방식을 택하고 있는데, 만약 최초제안자가 과도하게 유리하다면 제3자 공고 시에 경쟁 입찰을 할 회사가 없을 것이고 따라서 충분한 경쟁을 유도할 수 없기 때문에, 최초제안자에게 유리한 면을 주면서도 경쟁 입찰자의 관심을 도모할 그 어딘가를 찾는 것이 중요하다.

어쨌든 민관협력사업으로 추진하는 것이 결정되고 PF 방식으로 자금이 조달되었다고 한다면 이제 민간사업자는 돈을 벌어 원리금을 지급하고, 자신

44) 우선매수권 혹은 우선거부권 등으로 해석되는데, 그냥 해당 상황에서 선택을 할 수 있는 가장 우선적인 권리를 부여한다는 것이다.

해지 시 지급금(Termination payment)

일반적인 프로젝트 파이낸싱 사업과는 다르게 민관협력사업의 핵심인 실시협약(PPP Contract, Concession Agreement)에는 해지 시 지급금 조항이 있다. 해지 시 지급금은 실시협약의 중도 해지되었을 때 사업소재국 정부가 프로젝트 회사에서 지급하는 금원인데, 해지사유를 불문하고 일정 수준의 보상을 제공하는 것이 일반적이며 이를 통해 대출원리금을 상환받을 수 있기 때문에 PPP사업의 금융조달에 있어서 중요한 역할을 한다.

이 조항은 우리나라뿐만 아니라 영국이나 중동지역 사업에서도 찾아볼 수 있는데, 그 산정방법은 크게 장부가치 보상방식(Book value approach), 시장가치 보상방식(Market value approach), 대출원리금 보상방식(Debt approach)이 있으며, 우리나라나 세계은행의 권장실시협약조항은 대출원리금 보상 방식과 장부가치 보상방식을 원칙으로 한다.

해지사례별로는 i) 프로젝트 회사의 귀책사유일 때, ii) 비정지적 불가항력일 때, iii) 정치적/정부 귀책사유일 때로 나눌 수 있는데, 프로젝트 회사의 귀책사유의 경우에서 신흥국가는 선순위대출원리금 전액을 보상하는 경우도 있지만 대주의 성실한 사업관리를 유인하고자 일정비율을 차감하는 'Hair cut' 방식도 적용된다. 그 외의 귀책사유일 때는 대부분 선순위대출원리금 전액을 보전받도록 한다.

이러한 안전장치가 대주의 상환안정성을 높이기는 하지만, 그러한 청구권 혹은 채권을 확보하는 것과 실제로 대금을 지급받는 것은 차이가 있을 수 있다. 따라서 프로젝트 파이낸싱 대주들은 해지 시 지급금이 명시된 계약 자체나 해지 시 지급금청구권에 대한 양도담보나 권리질권을 설정한다. 또한 실제 지급이나 태환과 관련된 위험을 배제하고 상환 가능성을 제고하고자 정치적 위험보험(Political Risk insurance)에 가입하기도 한다. 튀르키예의 경우 일반적인 해지 시 지급금 방식 외에도 실시협약 중도해지 시 터키 재무부가 대주의 미상환 선순위대출원리금 채무를 인수하는 채무인수(Debt assumption) 방식을 활용하는데, 이는 계약에 의거한 해지시지급금 청구권이 아닌 재무부에 대한 직접적인 채권이어서 더 강한 효력을 발휘한다.

의 수익도 회수해야 하는데, 이를 위해서는 당연히 매출이 발생해야 한다. 매출의 경우 크게 정부가 지급하는지(Government-pays), 혹은 이용자의 요금을 징수하는지(User-pays)에 따라 다르고, 통행하는 열차나 차량과 같은 변동하는 통행량에 따라 매출이 발생하는지(Volume payment) 혹은 시설물을 일정수준으로 유지하는 것만으로도 매출이 발생하는지(Availability Payment)에 따라서 도 다를 수 있다. 성공적인 민관협력사업 사례 중 하나인 서울-춘천 고속도로는 통행하는 차량으로부터 요금을 수취하는 방식이다.

한때 이슈가 되었던 최소매출보장(MRG, Minimum Revenue Guarantee)방식은 정부가 보증하는 매출 안정성을 바탕으로 프로젝트 파이낸싱을 통한 민간자본의 투자를 유도하는 것인데, 실제 몇몇 사업에서는 당초 예상보다 매출이 덜 발생하여 정부가 최소매출보장의무를 이행할 수밖에 없었고 그 혜택을 외국계 자본(자기자본이든 타인자본이든)이 받았다는 점을 불편하게 느낀 사람들이 많았다. 국부가 외국 회사의 배당 혹은 이자로 지급되었다고 생각했기 때문이다.

대표적인 변경 사례가 서울지하철 9호선일 것이다. 2009년 맺은 실시협약에서 보장한 수익률 및 최소매출보장은 2013년 변경실시협약을 통해 조정되는데, 최소 매출을 보장하는 것이 아니라 원리금과 각종 비용 등 최소 필요비용에서 사업을 통한 총수입을 제외한 나머지만 보상하는 방식이 되었다. 또한 지하철 요금도 서울시에 '신고'하는 것이 아니라 '허가'받도록 함으로써 통제하게 된다. 이는 영국에서 등장하였던, (자연적 독점이 가능한) 인프라 시설을 '규제자산'으로 만들어 도입한 것과도 유사한 철학에 근거한다고 생각된다. 비록 이러한 정부와의 갈등을 보고 많은 사람들이 '한국의 정치 리스크'라고 생각하긴 했지만 말이다. MRG방식의 민관협력사업은 더 이상 한국에서 찾기 어렵지만 여전히 일부 국가에서는 이 방식을 통해 외국인 투자자를 유치하고자 하는 나라도 있다. 그렇게 해서 얻을 수 있는 경제적 파급효과가 더 크다고 판단했기 때문일 것이다.

민관협력사업 방식을 단순히 철도, 도로뿐만 아니라 경전철이나 군인 숙소, 병원 등 다양한 시설에서도 활용 가능하다. 우리나라에서는 철도 및 도로와 같은 사업은 BTO(Build-Transfer-Operate) 방식으로 하고 군숙소나 하수처리장 같은 경우 BTL(Bulid-Transfer-Lease) 방식을 많이 사용한다. 해외에서는 발전소도 비슷한 개념으로 BOO(Build-Transfer-Operate)라고 표현하기도 하지만, 세계은행의 민관협력사업의 정의에 따르면, 민관협력사업은 정부

BTO 및 BTL 구조

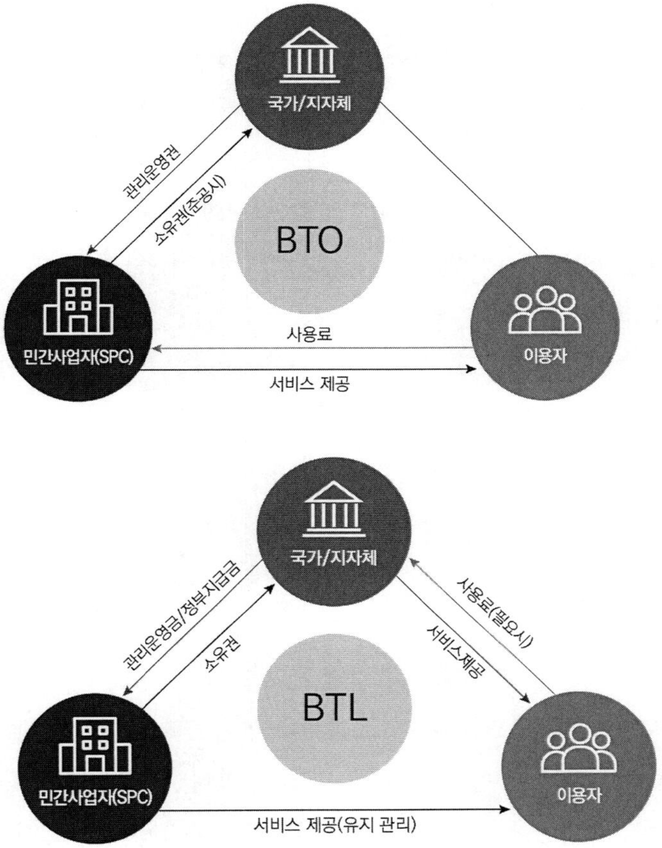

출처:KDI공공관리 투자센터

재정사업의 대체수단이기 때문에 언젠가는 정부로 소유권이 이전되어야 한다는 관점에서 BOO형태까지 민관협력사업으로 부르지는 않는다.

우리나라 시공사가 해외에서 수행한 대표적인 민관협력사업은 터키 차나칼레 교량이다. DL E&C(구 대림산업) 및 SK Ecoplant(구 SK건설)이 현지 시공사와 함께 개발하여 준공한 대규모 교량사업인데, 규모 및 사용된 공법에 있어서 세계적인 수준이다.

일반인들도 민관협력사업의 사업주가 될 수 있다. 몇년 전만 해도 인기를 끌었던 리츠(REITs)는 '부동산투자회사법'을 근거로 해서 특수목적법인 혹은 투융자회사의 주식을 주식시장에 상장하고, 이 상품을 주식시장에서 구입한 사람들에게 (특수목적법인회사가 소유한 각 부동산 임대료를 통해) 배당하는 형태의 상품인데, 인프라에서는 '사회기반시설에 대한 민간투자법'에 근거하여 사회간접자본투융자회사를 설립하고, 동일하게 이 회사의 주식을 주식시장에 상장시킴으로써, 일반인들의 거래가 가능하게 만든다. 동일한 구조임에도 불구하고 일반 사람들에게는 도로항만보다 빌딩이 더 익숙하기에 이를 기초 자산으로 하는 리츠가 설명하기 더 쉽고, 빌딩은 나중이라도 매각하여 수익을 보전할 수 있다는 점에서 투자자들에게 심리적 안정성을 줄 수 있어 마케팅에 유리한 측면이 있다. 최근까지 주식시장에 상장되어 있는 유일한 사회간접자본투융자회사는 맥쿼리자산운용사(MKAM)가 운용하는 '맥쿼리한국인프라투융자회사[45]'밖에 없는데, 최근 KB자산운용의 '발해인프라투융자회사'가 상장하였다. MKIF가 투자한 자산은 우리가 흔히 아는 서울－춘천고속도로, 인천국제공항 고속도로, 우면산터널, 인천대교 등이 있고 그 외에도 부산신항 및 도시가스도 보유하고 있다.

민관협력사업과 재정투자에 관해서 한가지 고민해봐야 할 부분은, 해당 인프라사업의 자금을 조달(재정사업)하거나 지원함(MRG 등)에 있어 현 세대 전체가 공동 부담(세금)하는 것이 옳은 것인지 아니면 해당 인프라 시설을 사용하는 사람이 부담하는 것이 옳은지[46]에 대한 내용이다. 수도권 제1순환고속도로만 하더라도 사용자가 더 많은 남부 구간은 재정사업이지만 상대적으로 그렇지 못한 구간은 서울고속도로주식회사의 민자유치구간이다. 이 구간의 사용자는 사용자부담원칙에 따라 요금을 내야 하지만, 오히려 사용자가 많아 수익성이 좋은 남부구간은 재정사업이다. 사용자가 훨씬 많기 때문에 공공성이 더 높아 재정사업으로 추진해야 한다는 논리도, 반대로 사용자가 많은 곳

---

45) MKIF(Maquarie Korea Infrastructure Fund)라고도 함

46) 더 나아가, 세금이 아니라 국채 발행를 발행하여 지원한다고 하면, 이는 곧 미래 세대의 부담이기도 하다. 현 세대의 의사결정이 장기적으로 경제 부흥에 기여하면 모르겠지만, 그게 아니라면 이러한 행위는 현 시대 정치인을 위한 포퓰리즘이고 현 시대 사람들을 위한 미래 세대의 희생이 될 수도 있다.

은 민관협력사업으로 가능하기 때문에 오히려 사용자가 없는 곳에 재정을 투입하는 것이 맞다는 논리도 모두 틀린 것이 아니어서 결국 판단의 영역인 것 같다.

PART 03

금융과 연결하여 세상을 해석하는 다른 방법들

철학과 소유권, 헌법과 민법 그리고 금융

문명의 물리적 한계 : 자원에 대하여

기독교, 천주교, 이슬람교 그리고 이슬람 금융

철학과 소유권, 헌법과 민법 그리고 금융

1905년 번영의 이유를 설명한 고전인 막스 베버(1864–1920)의 〈프로테스탄트 윤리와 자본주의 정신〉에서는 현세적 금욕주의의 뿌리인 '천직'이라는 개념이 있었기 때문에 다른 세계보다 서양에서 먼저 자본주의가 발전했다고 주장한다. 즉 근면성실을 강조한 칼뱅주의[1)]는 노동이라는 것이 단순히 개인의 이윤 추구뿐만 아니라 도덕적으로도 가치있다고 여겼고 이것이 번영의 토대가 되었다는 것이다. 그들은 자신의 노동(혹은 일)을 천직으로 여겼다. 역사가 보여준 결과를 생각하면 단순히 '프로테스탄트(개신교)였기 때문에 번영했다'는 주장은 종교적인 편향성[2)]을 띠었다고 볼 수 있지만, 베버는 사회학과 공공정책의 근대적 연구 발판을 마련함으로써 더 나아가 민주주의를 통한 번영의 기틀을 마련한다. 이를 정리하여 윌리엄 번스타인의 〈부의 세계사〉에서는 번영을 위한 네 가지 조건이 모두 충족해야만 발전이 가능하다고 설명하는데, 이 네 가지는 재산권, 과학적 합리주의,[3)] 자본시장, 빠르고 효율적인 통신과 운송이다. 과학적 합리주의 및 통신/운송은 과학 발전과 관련한 것이고, 자본시장은 앞서 언급한 바와 같이 자본의 효율적 이용과 관련된 이야기이므로, 결국 사유재산을 보호한다는 것이 얼마나 중요한지 알 수 있는 대목이다.

---

1) 칼뱅주의는 16세기 종교개혁, 즉 기존 로마 가톨릭교회의 교리와 전통에 반대하는 개신교의 시작과 함께한다. 자본주의 개념이 확대되면서, 노력하지 않고 생계를 유지하는 기존 로마 가톨릭교회 세력에 대한 비판이라고 할 수 있다. 칼뱅파의 특징인 '예정설'에 대해 프로테스탄트들은 자신들의 구원이 예정되어 있다는 표지를 일상생활(세속적인 직업활동)에서 찾고자 하였고, 신의 도구로서 이 표지를 '노동'에서 찾음으로써 '천직'이라는 개념을 만들어내기 이른다. 이는 나태함을 죄이자 병으로 인식하게 하는데, 이런 인식은 한편으론 현대 자본주의에서 생산성을 강조하며 인간 자체를 '소비'하는 태도, 나태함에 대해 병리학적인 접근하는 방식으로 과도하게 활용되는 듯하기도 하다.

2) 〈나쁜 사마리아인들〉에서 저자는 과거 영국인들은 독일인들을, 서양인들은 일본인들을 게으르고 낙천적이라고 평가하였다는 사례를 통해, 문화는 경제와 같이 상호보완적으로 변화하기 때문에 '근면'하고 '규율이 선' 문화는 경제발전의 산물일뿐 그들의 천성었기 때문에 경제가 발전한 것은 아니라고 주장한다. 또한 상호보완성에도 불구하고 경제가 문화에 미치는 영향력이 더 크고, 중국의 문화대혁명이 실패한 것처럼 문화를 개혁할 수는 없다고 말한다. 지금 MZ세대의 문화는 천성이 아닌 경제나 사회적 결과물이라고 보는 게 더 타당한 듯하다.

3) 과학적 합리주의는 세상을 신에 의한 규칙이 아닌, 근거를 기반으로 한 이성적인 사고를 의미하며 한편으로는 '인간의 무지'를 발견하고 그것을 기반으로 한 과학적 진보를 의미한다.

고대 시대에는 인력과 식량이 곧 재산이었다면, 14세기 이후 '중상주의' 시대에는 금과 은이 곧 부이자 재산이었으며, 산업혁명 이후에는 또 다른 부의 정의가 등장하였지만, 그 기준이 무엇이든 결국 내 재산이 보호받고 노력한 만큼 늘어나야 더 노력할 동기부여가 되는 것은 너무나도 당연하다. 이를 두고 혹자는 자본주의를 통한 번영의 3대 원칙으로 '사유재산의 인정'과 '자유경쟁' 그리고 '이윤의 극대화'라고 하기도 하였다.

재산권의 역사와 시민권 및 민주주의의 역사 중 어느 것이 선행했는지에 대해서는 학자들 사이에 논의의 여지가 있다. 과거 사회주의자들은 이 둘의 상관관계를 부정하였고 이는 결국 이데올로기적인 냉전시대를 탄생시켜 많은 사회적 실험이 있었지만 현재는 이 두가지 권리가 상호보완적이라는 것은[4] 어느 정도 합의된 듯하다. 이를 다르게 표현하면 <나쁜 사마라아인들>에서 언급한 바와 같이 시장경제를 받치는 각종 권리는 정치적 기원을 갖고 있고, 시장도 정치의 산물이며, 즉 경제적 권리는 정치적 기원을 갖는다.

그렇기 때문에 경제는 필연적으로 철학을 통해 정리된 법과 제도와도 관련이 있고 따라서 입법과 정치와도 분리해서 생각할 수 없다. 그것이 케인즈가 보여준 수정자본주의이고, 우리가 하루하루 부동산 시장과 겪고 있는 일상일 것이다. 수많은 주류 경제학파와는 다르게 명확한 수학적 이론이나 논리를 전개하지는 못했고 현대문명과 자본주의에 대해 다소 냉소적이었다고는 하나 경제학을 단순히 이윤이나 금리, 통화와 같은 숫자를 넘어 법과 제도로 개념을 확장시켰던 베블런이나 갤브레이스와 같은 제도학파처럼 (그것이 마약퇴치가 되든 부동산 시장이 되든) 현대사회에서의 경제학을 법과 제도, 더 나아가서는 도덕 및 철학과도 연관시켜 생각해볼 가치가 있다.

---

4) 〈나쁜 사마리아인들〉에서 저자는 1인 1표인 민주주의와 1달러 1표인 자본주의는 그 본질적 차이 때문에 천생연분이거나 상호보완적이지 않을 수 있다고 말한다. 그럼에도 불구하고 돈은 평등을 증강시켰고 인종이나 종교적 차이에서 오는 반감을 없애는 용해액으로 작용한 것은 인정한다.

천부인권과 소유권, 노동권 그리고 헌법

현재 우리가 알고 있는 '법'은 기원전 5세기 고대철학자인 소크라테스 및 플라톤, 아리스토텔레스로부터 시작한다. 고대 그리스는 직접민주주의 사회로서 시민들의 다수결에 의한 재판이 이루어졌기 때문에 이들을 설득할 수 있는 변론술과 수사학이 매우 유용했다. 이런 것을 잘하는 사람들이 "지혜로운 사람 혹은 지혜를 만들어내는 사람"이라고 불린, 당시의 교육자 집단인 소피스트들이었다.

지중해 동부와 그리스 지역은 가파른 산등성이가 해안선까지 뻗어 있어 각 도시국가들을 물리적으로 갈라놓았고 또 섬들을 중심으로 발달하였기 때문에 강력한 중앙 권력이 전체를 지배하는 것을 방해하였다. 따라서 동일한 문화와 언어를 공유하지만 각자의 독립성도 유지하는 다양한 도시국가들이 존재할 수 있었는데 소피스트들은 아테네로 오기 위해 여러 나라를 거치며 지역마다 다른 법과 제도, 관습 등을 보고 들었고 따라서 대부분 상대주의자였다고 한다.

이런 소피스트들 중에서 서구 철학의 진정한 출발점이라 평가받는 소크라테스(BC 470－BC 399)는 절대주의를 주창하며 등장한다. 이데아론을 주장한 플라톤(BC 420년대－BC 340년대)은 스승인 소크라테스의 정신을 이어받아 절대주의적이자 이상주의적 그리고 귀족주의적이었다. 그는 〈국가〉를 통해 생산계급과 수호자계급으로 나누고 철인왕이라는 능력이 출중한 하나의 통치자를 두자고 생각했다. 또한 사유재산은 국가의 일체성을 망치기 때문에 공산주의 개념을 주장한다. 영화 〈300〉의 한 장면을 떠올리게 하는 내용이다.

한편 플라톤의 제자였던 아리스토텔레스(BC 438－BC 322)는 국가 문제에 대해 보다 현실적인 관점에서 접근하는데, 플라톤과는 다르게 부유하지 못했고 모든 것을 (주인공이 되지 못한) '관찰자 시점'에서 바라보았기 때문이라고 설명하는 사람도 있다. 아리스토텔레스는 플라톤의 철인왕 개념을 비판하고 탁월한 자에 의한 지배가 아닌 법에 의한 지배 즉, 법치국가의 이념을 옹호하여 자연법의 개념을 만들어냈다. 자연법이란 모든 공동체에 공통적이고 만인의 동의에 입각한 것이며, 자연적이고 영원 불멸한 원칙이 있다는 개념이다.

그리스 고대 철학은 아리스토텔레스의 제자였던 알렉산더 대왕(BC 356–BC 323)의 마케도니아 왕국 출현과 함께 헬레니즘 시대(기원전 2~3세기경)를 맞이하며 많은 지식과 개념이 융합되는데, 이때 등장한 학파 중 하나인 스토아 학파는 자연법 사상을 체계화하였고, (기독교 신학자들과는 다르게) 자연법을 최고 존재의 올바른 이성이며 이를 따르는 것이 곧 진정한 도덕을 행하는 길이라고 생각했다. 아테네에서 시작한 스토아 학파는 후에 로마 철학에 큰 영향을 미친 마지막 고대 철학이 되었다. 이후 기원전 1세기 로마가 부상하면서 기독교화 과정을 거쳐 아우구스티누스(354–430)와 아퀴나스(1224–1274)에게 이어졌으며 기독교 자연법의 이론적 바탕이 된다.

315년 교회법이 로마의 국법이 되고 330년 종교도시인 비잔티움(현재의 이스탄불 혹은 콘스탄티노플)으로 로마의 수도가 옮겨져 비잔티움 시대가 열리면서 기독교가 세계적인 종교로 성장하는 기틀이 마련되었으며 결국 392년 신실한 기독교 신자였던 테오도시우스 황제가 기독교를 로마제국의 국교로 채택하게 된다. 476년에는 서로마가 게르만족에 의해 멸망하고[5] 동로마제국(비잔티움제국)만 남아 확장해나가게 된다.

기독교사회이자 신분사회였던 중세(5~15세기)는 중세철학이 대세였는데, 기독교가 국교로 인정받기 전에는 로마의 박해를 받았기 때문에 이런 기독교를 변호하는 이성적인 노력이 필요했다. 이런 일을 하는 사람들을 '교부'라 불렀으며 초기 교부철학의 특징이 된다. 그들은 당연히 유일신 사상과 잘 맞아떨어지는 절대주의를 추종하였고, 당시 널리 연구되었던 신플라톤학파의 영향을 받았다.

그 후 등장한 스콜라철학은 교부철학의 뒤를 이어 기독교(그리스도교) 철학의 흐름을 이어가는데, 교부철학이 정립한 기독교 철학을 보다 세밀하게 증

---

5) 스텝지역의 훈족이 4~6세기 게르만족을 침략하자, 게르만족은 어쩔 수 없이 유럽의 중심부로 이동하여야 했다.

명한다. 이 스콜라 철학은 다른 한편으로는 이성적이고 합리적인 측면도 강했기 때문에 아리스토텔레스의 사상적 흐름도 도입하게 된다. 현실적이고 물질적인 현상에 대한 분석을 하게 된 것이다. 4세기 아우구스티누스는 그리스적 철학과 유대-기독교적 전통의 융합을 시도하였고, 〈신국론〉을 통해 국가가 교회의 신적 정의에 의해서 존속한다고 주장했다. 핍박받던 종교가 국교가 되는 과정에서 나타난 자연스러운 모습이라고 할 수 있다. 다만 아우구스티누스는 스토아 학파의 개념이었던 영원법, 자연법, 인정법을 수용하였고, 자연법을 자연질서 속에서 작동하는 법칙으로 이해했다.

그 이후 철학적인 암흑기인 중세시대 1,000년의 시간을 지나, 13세기 토마스 아퀴나스(1224-1274)가 등장한다. 토마스 아퀴나스는 아리스토텔레스의 철학을 수용하는 한편, 스토아 학파의 영원법, 자연법, 인정법에 신법을 얹어 법을 구분함으로써 스토아 법사상과 교부들의 법사상을 기독교 신앙에 맞게 재편한다. 그는 자연법에 어긋나는 법, 이성에 반하는 법, 공익을 배반하는 법, 권한을 벗어나거나 불평등한 법, 신법에 충돌하는 법을 악법으로 규정함으로써, 실정법이 자연법에 일치하지 않으면 더 이상 법이 아니라 법의 부패라고 주장함으로써 '저항권'의 개념을 도출해 낸다.

중세 철학의 중심이었던 스콜라 철학 후기인 15~16세기는 아퀴나스의 법체계에 의존하는데, 그의 법체계는 자연적 이성에 대한 강조 및 자연법과 자연권에 대한 분리 등의 특징이 나타난다. 후기 스콜라 철학자들은 구속적인 법과 보호받을 사적 권한을 구별하는데 프란시스코 수아레즈(1548-1617)는 특히 자유를 강조함으로써, 사적 권리는 자연에 의해서 발생하였기 때문에 창조주 외에는 어느 누구에게도 복종하지 않는다고 주장함으로써 인권사상의 단면을 보이기 시작한다.

17세기 근대시대가 도래하면서 이성과 자연권에 대한 인식 및 요구[6]가 높아지고 그와 관련된 철학도 고도화된다. 유발하라리의 〈호모데우스〉에서는

---

6) 부르주아계급은 결국 '왕'이나 '신'의 위치를 대체할 무엇을 원하였고, 그것을 '이성'에서 찾았으며 자신의 재산(사유권)을 보호하고자 '왕권신수설'이 아닌 '사회계약설'을 지지하게 된다.

근대성이라는 것이 결국 일종의 계약이라고 표현한다. 세상에 태어나는 날부터 죽는 날까지 어떠한 계약에 의해 통제를 받는다는 것이다. 그가 표현한 것처럼 근대의 사람들은 더 이상 신이 짜놓은 장대한 우주적 계획이나 어떤 목적 및 의미와는 상관없이 사건들은 일어난다고 생각하게 되고, 그로 인해 '인간이 힘을 가지는 대가'로 '(신이 부여한) 의미를 포기하는 것'에 동의한 것이다.

인간이 갖는 힘(권리) 중 하나인 소유권의 측면에서 본다면 로마시대에도 이미 사유재산에 대한 권리를 소유권(Ownership)과 소유(Possession)을 구분하는 등 사유재산에 대해 섬세한 법적 관심이 있었다고 한다. 하지만 사유재산권에 대한 초석은 17세기 초 '에드워드 코그(1552~1634)'[7]가 마련했고 현대적인 '사유재산의 인정'은 17세기 후반 영국의 철학자인 존 로크(1632~1704)를 통해서 집대성되었다고 하여도 과언이 아닐 것이다.

1632년에 태어난 로크는 왕당파와 의회파간 내전인 청교도혁명(혹은 잉글랜드 내전, 1642–1651)과 명예혁명(1688)을 피부로 느끼며 성장한다. 왕권에 대한 두려움으로 죽는 날까지 자신이 저자라고 말하지 못했지만 그가 1690년 출간한 〈통치론(Two Treatises of Government)〉에서는 생명과 자유, 사유재산 인정이 계몽 정부의 주요 기능이라고 주장한다. 로크의 〈통치론〉은 관습법과 재산권이 모두 신으로부터 부여받은 왕권에 기인한다고 주장한 필머의 〈부권론〉에 대한 답변이라고 하니 당시에는 '신이 누구에게 권리를 주었는지'가 가장 큰 이슈였던 것 같다.

청교도혁명은 왕권신수설을 믿는 찰스 1세가 1625년 즉위한 뒤, 왕권 보호를 위한 상비군을 만들 목적으로 세금을 거두려 하자 의회가 권리청원(의회

---

7) 법학을 전공한 코크는 변호사 및 일반탄원법원 수장을 거쳐 왕의 법원 판사까지 된다. 그의 철학을 나타내는 대표적인 것이 본햄 박사 사건인데, 당시 의사 면허는 런던에 있는 의사대학에서 부여하였고, 의회가 이 권한을 확인해주었으나, 본햄 박사는 유능함에도 불구하고 케임브리지에서 교육을 받았다는 이유로 의사로서의 그의 면허를 인정하지 않고 투옥시킨다. 코크는 대학이 무능한 의사로부터 대중을 보호하고자 면허를 관리할 의무가 있지만, 잘 훈련된 의사인 본햄의 필수적 자유, 즉 생계를 꾸릴 능력을 박탈해서는 안 된다고 하였다. 그에게는 귀족 및 성직자뿐만 아니라 모든 자유인의 권리가 보장되어야 한다는 확고한 믿음이 있었다.

의 동의 없이 국왕이 세금을 거둘 수 없다)을 통해 제지하게 되고, 찰스 1세가 이를 거부하며 의회의 힘을 약화시키기 위해 1629년 의회를 강제 해산시키자 반대파인 크롬웰의 지도 아래 의회파가 왕당파를 격퇴, 찰스 1세를 처형하면서 공화국으로 변모하게 된 사건이다. 명예혁명(1688년)은 찰스 2세에 이어 즉위한 제임스 2세가 다시 전 국민을 가톨릭으로 만들고 의회를 해산하며 시민의 권리를 박탈하려고 하자 전국적 저항이 발생하여 결국 제임스 2세가 퇴위하게 된 사건이다.

이 두 사건을 통해 영국에서부터 근대 입헌주의가 확실하게 자리잡게 된다. 결국 두 사건의 본질은 권력의 중심이 왕에서 국민으로 이동했다는 것이고 그 제도적 결과물인 근대 입헌주의는 시민의 힘을 바탕으로 정치권력, 즉 '군주의 자의적 지배'를 '법의 지배'로 대체함으로써 시민의 인권을 보장하는 사상과 제도를 의미한다.

로크보다 조금 더 빨리 청교도 혁명을 접하며 살아간 홉스(1588~1679)는 이런 내전의 혼란시기를 겪으며 절대국가를 옹호하는 경향을 갖지만, 정치적인 내용보다는 과학자적인 접근이어서 왕당파도 그의 철학을 옹호하지는 않았다고 한다. 그의 철학은 종교를 제거하고 가톨릭적 자연법론을 배제한 (기독교 이전의) 스토아적 자연법론과 근대인의 과학적인 사유 태도, 즉 근대적인 방법론을 따랐는데, 공리를 추구함에 있어서 홉스는 인간의 자기보존 본능을 기준으로 하였다. 홉스는 1651년 〈리바이어던〉을 통해서 그 유명한 '만인에 대한 만인의 투쟁상태'가 자연상태라고 설명하는데, 이런 자연상태는 인간이 자기보존이익을 최대로 추구하는 데 있어 제약이 되니 평화롭게 경쟁하는 것을 보장하는 인공적 질서가 필요하며 이것이 바로 리바이어던(국가)이라고 주장한다. 결국 홉스는 협동적 인간관이 아닌 갈등적 인간관을 기초로 하고 있는 것이다.

따라서 그의 〈사회계약론〉은 '국가가 왜 필요한지' 그리고 '어떻게 국가의 구성원으로서 개인의 권리와 의무가 정의되는지'에 대해 설명과 자연법이 '무엇이 옳은가'에 대한 지침이며 개개인에게 인지적 기능을 수행하지만 그것만

1640년 찰스 1세에 의한 의회 재소집

출처: Wikipedia

으로는 부족하니 외적인 통제, 즉 법을 통한 국가의 명령이 뒤따라야 하고, 이것이 사회계약을 통해 국가가 만들어져 유지해야할 기능이라는 주장을 한다. 이를 법명령설이라고 하는데, 이 이론은 후에 벤담과 오스틴으로 이어진다.

로크 역시 홉스의 자연상태에 대한 개념에 어느 정도 동의했다고 한다. 다만 홉스처럼 갈등적 인간관은 아니었고, 자연상태를 평화와 선의, 상호부조, 생존유지의 상태로 이해했다고 한다. 그럼에도 불구하고 로크는 자연상태가 개인의 재산(혹은 인간의 권리)을 안전하게 지키지는 못하기에 자연상태에서 벗어나 정치적 상태로 진입하게 되는 것이라고 주장한다. 자연상태에서는 개개인이 갖는 편견과 이기심 때문에 자연법에 대한 통찰력이 부족해지고, 공정한 법이 없어 집행이나 처벌에 대한 권한이 부재하기 때문이다.

'재산'과 '동의'라는 부분은 로크 정치사상의 가장 특징적인 개념이다. 그에게 있어서 재산[8]은 소유자나 그들의 대표자의 동의 없이는 절대로 박탈될

8) 로크는 여기서의 '재산'을 좁게는 토지와 재화, 넓게는 생명과 신체, 자유, 토지로 이해하고 이를 모두 자연권으로 생각했다. 자연권은 실정법보다 시간적으로 선행하며 국가는 이를 임의로 변경하거나 처분, 제한할 수 없다고 생각했다.

수 없는 권리였다. 따라서 로크는 정치적인 상태가 되면 개인은 일부의 권리[9]를 국가에게 양도함으로써 갈등상황을 조정하고, 국가는 인간적인 권리를 유지하도록 노력해야 한다고 생각했다. 개인이 국가에게 양도하는 권리에는 자기방어를 위해 무엇이든 할 수 있는 권리와 사적 처벌권이 포함되었다. 이는 자연권의 일부를 포기하라는 의미가 아닌, 그러한 권리를 지키기 위한 권리(이차적 권리)만을 국가에게 양도함으로써 국가가 갈등을 조정할 노력을 해야 한다는 의미였는데[10] 이 부분이 홉스가 주장한 전체주의 국가[11] (즉 리바이어던) 개념과의 차이였다. 따라서 로크는 자연법에 따라 국가의 정당성은 전적으로 재산을 보호할 책임의 이행 능력에서 나오며 이것이 불가능하면 국가도 바뀔 수 있다고 생각했다.

하지만 유산계급(젠트리, 신부르주아 계급)에서 성장한 로크의 철학은 과도하게 유산계급의 이익을 대변한다는 지적이 있는 것도,[12] 그의 이론은 신대륙에 대한 유럽의 식민지배 및 소유욕을 정당화할 목적으로 활용된 것도 사실이다. 로크 역시 공동소유의 재산은 노동을 통해 사유화된다는 점을 밝히며 당시 인클로저 운동을 일삼는 지주계급이나 식민주의자들의 편임을 스스로도 인식하였다고 한다. 어쨌든 로크의 〈통치론〉에서 언급된 소유권에 대한 중요한 문구는 결국 미국의 독립선언문으로 연결되었다.

유산계급의 재산권에 기초하였든 갈등적 인간관에 기초하였든, 자연상태에서 정치적 상태로 나아가는 과정은 결국 사람 사이의 원만한 공동 생활을 위함이다. 자연법에 기인한 개인의 권리를 보장하면서도 집단을 이루어 평화

---

9) 홉스는 모든 권리를 국가에 양도해야 한다고 생각했다.

10) 더 나아가, 입법권과 집행권이 동일한 자에게 있으면 사적 이익을 추구하게 되니, 입법권과 집행권의 분리를 주장하였다. 홉스는 아래로부터의 반란을 평화의 위협으로 보았으나, 로크는 국가권력 자체의 남용을 평화의 위협으로 보았고 이는 현대의 '저항권' 이론으로 연결된다.

11) 전체주의국가이지만 그렇다고 해서 왕권 중심의 국가는 아니었다는 점에서 홉스 역시 왕의 신성한 권리를 반박했다.

12) 이에 대해 사회민주주의자 라살레는 로크의 국가를 '재산가들의 담장이나 지키는 야경국가'라고 표현하였고, 맥퍼슨은 로크의 국가를 '유산계급의 지주회사'라고 평가하기도 하였다.

롭게 살기 위해서 법이 필요했으며, 법 위에 군림하고자 하였던 찰스 1세와 제임스 2세에 저항한 시민운동의 철학이 현재 각국의 헌법에 (그 나라의 역사를 반영하며) 규정되어 있다. 우리나라의 경우 1948년 헌법이 제정되었는데, 헌법 전문에는 우리나라의 역사와 가장 기본적인 철학이 담겨 있다고 여겨지고 있다.

유구한 역사와 전통에 빛나는 우리 대한국민은 3·1운동으로 건립된 대한민국임시정부의 법통과 불의에 항거한 4·19민주이념을 계승하고, 조국의 민주개혁과 평화적 통일의 사명에 입각하여 정의·인도와 동포애로써 민족의 단결을 공고히 하고, 모든 사회적 폐습과 불의를 타파하며, 자율과 조화를 바탕으로 자유민주적 기본질서를 더욱 확고히 하여 정치·경제·사회·문화의 모든 영역에 있어서 각인의 기회를 균등히 하고, 능력을 최고도로 발휘하게 하며, 자유와 권리에 따르는 책임과 의무를 완수하게 하여, 안으로는 국민생활의 균등한 향상을 기하고 밖으로는 항구적인 세계평화와 인류공영에 이바지함으로써 우리들과 우리들의 자손의 안전과 자유와 행복을 영원히 확보할 것을 다짐하면서 1948년 7월 12일에 제정되고 8차에 걸쳐 개정된 헌법을 이제 국회의 의결을 거쳐 국민투표에 의하여 개정한다 (헌법 전문)

우리나라 헌법에서도 "제23조 ① 모든 국민의 재산권은 보장된다."를 통해서 소유권에 대해 보장하고 있으며, 미국 독립선언문 및 프랑스 인권선언에서도 존 로크의 〈시민정부론〉에서처럼 생명과 자유, 재산권을 천부인권으로 규정하며 동일한 철학을 따르고 있다. 이는 우리나라 헌법 제10조 "모든 국민은 인간으로서의 존엄과 가치를 가지며, 행복을 추구할 권리를 가진다. 국가는 개인이 가지는 불가침의 기본적 인권을 확인하고 이를 보장할 의무를 진다."를 통해서도 간접적으로 확인할 수 있다.

다만 재산권도 공익을 위해서는 제한이 될 수 있는데, 헌법에서도 "제23조 ② 재산권의 행사는 공공복리에 적합하도록 하여야 한다. ③ 공공필요에 의한 재산권의 수용·사용 또는 제한 및 그에 대한 보상은 법률로써 하되, 정당한 보상을 지급하여야 한다."에 해당 내용을 다룬다. 다만 이는 각자의 뜻대로 재산권을 행사하되, 재산권을 행사하는 데 있어서 공익에 저촉이 되지 않게끔 해야 한다는 것이지, 모든 재산권 행사를 공익에 맞게 하라는 뜻은 아닐 것이다.

재산권은 식량산업에서 침투한 자본주의를 폐해를 논할 때도 언급이 되는 부분이기도 하다. 대표적인 시작은 아마 1650년 이후 절정에 달한 인클로저운동일 것이다. 그전까지 중세의 유럽은 대부분 공유지여서 그 누구도 토지를 효율적으로 사용하기 위한 특별한 노력을 기울이지 않았고 그저 '사용'만 될 뿐 관리 계획이 없었는데 이를 두고 "공유지의 비극[13)]"이라는 개념도 존재한다. 하지만 점점 공유지에 울타리를 치고 소유권을 주장하면서 1700년까지 공유지의 절반이 사유화되었다. 15~16세기경 네덜란드에서 양모 공업이 번영하면서 양털 가격이 크게 상승하자, 권력이 있는 대지주들이 더 많은 양털을 얻기 위해 농민들이 경작하던 땅을 목양지로 바꾸기 위해서였다. 당시 울타리를 치려면 해당 교구의 토지 4/5를 차지한 사람들이 의회로 청원서를 보내야 했다고 하는데, 1801년에는 절차를 간소화한 일반 인클로저 법령도 통과되어 사유화가 가속화되었다고 한다.

이 과정에서 농민들은 삶의 터전에서 쫓겨났고 노동력의 이동(즉 농촌에서 도시로 이동하여 산업혁명 당시 노동자 계급을 구성)이 발생했다. 그에 따라 (앞서 언급된 노동권 등) 사회적 문제를 야기하기도 하였다. 인클로저 과정에서 분명 누군가는 삶의 터전을 잃고 산업혁명의 미숙련 노동자가 될 수밖에 없었던 것은 사실이지만 이러한 변화가 소작농의 착취라기 보다는 본질적으로 생산성을 높이려는 경제적 필요성 때문이라는 주장도 있고 충분한 노동력의 공

---

13) 코로나 기간 유행하였던 '공유경제'와 관련하여 많은 사람들이 앞으로의 세상은 공유가 기본이 될 것이라고 주장하였으나, 결국 일시적 현상이었던 것으로 보인다. 결국 공유지의 비극은 현대에도 유효한 개념이라고 생각된다. 어쩌면 제도학파의 베블런이 〈유한계급론〉에서 언급했던 것처럼 과시를 위한 소비, 즉 베블런 효과 때문에 공유가 불가능한 것은 아닐까?

금과 노동력을 제공하지 않고서는 살아갈 수 없는 노동자들의 삶이 자본주의의 시작이라고 이야기하는 사람들도 있다.

웨이크필드의 조직적 식민이론[14]

식민지 이론가였던 웨이크필드가 소개한 실화에 따르면 영국에서 방적업을 하던 필(Peel)이라는 자본가가 있었는데, 그는 토지를 무상으로 제공하는 자유식민지 오스트레일리아에 방적공장을 짓고 면사를 만들면 지대가 발생하지 않아 더 싼 값으로 면사를 만들수 있기 때문에 성공할 수 있을 것이라고 생각했다고 한다. 따라서 그는 돈과 3,000명의 노동력을 데리고 서부 오스트리아로 떠난다.

처음에는 값싼 면사를 만들어 수출하면서 수익을 냈지만 시간이 지나자 노동자들은 그들과 가족들의 육체적 정신적 삶을 위해서라도, 공장에서 일하기보다는 (공짜로 주어진) 토지에서 농산물을 생산하여 자급자족하는 것이 낫다고 판단하고 떠나기 시작했다고 한다. 결국 임금 노동자를 구하지 못한 공장은 문을 닫을 수밖에 없었다고 한다.

즉, 착취의 대상인 노동자가 없으면 기계든 원료든 자기가치를 증식시키지 못하기 때문에 결국 '자본'으로서의 역할을 하지 못하는 것을 말해주는 것인데 이 사례에 대해 마르스크는 "생산수단과 생활수단이 직접적 생산자의 소유인 경우에는, 그것들은 자본이 아니다. 그것들은 노동자를 착취하고 지배하는 수단으로 기능하는 조건 아래에서만 자본이 된다"라고 이야기한다.

웨이크필드는 후에 '조직적 식민이론'이라는 이름으로 어떻게 식민지에서 임금노동자를 만들어낼지 영국정부에 아래의 내용을 제안했다고 한다. 현재 자본주의에서 임금노동자의 삶과 크게 다르지 않다.

① 오스트레일리아 토지를 이민자에게 무상으로 주지 말고, 일정 기간 공장에서 일해야만 벌 수 있는 금액까지 토지 가격을 인위적으로 높게 책정해야 함.

② 이민자가 토지를 구매하기 위해 지불한 돈을 모아, 오스트레일리아로 이민갈 빈민들을 모집수송하여, 지속적으로 노동력을 공급.

재산권이 경제적 부의 원천이 되기 위한 조건 중 하나는 재산권의 '가용성'뿐만 아니라 '효율성'인데, 재산권의 획득이나 유지, 집행을 하는 데 있어서 법적인 혹은 경제적인 제약이 적당해야 한다는 점이다. 즉 땅이 너무 비싸거

14) 김수행. 『자본론 공부 - 김수행 교수가 들려주는 자본 이야기』. 돌베개, 2014. p.139

나 재산권을 집행하는 데 있어서 발생하는 부차적인 비용이 크면 경제 활성화에 제약으로 작용하게된다. 로널드 H. 코스는 1960년 〈사회적 비용의 문제(The problem of Social Cost)〉를 통해서 '재산이 얼마나 공평하게 분배되었는지'보다는 '재산권이 얼마나 명확하고 효율적으로 정의되는지'가 더 중요하다고 주장하는데,[15] 그는 ① 소유권과 책임이 명확히 정의 될 것, ② 재산과 책임을 자유롭게 사고 팔 수 있을 것, 마지막으로 ③ 협상 및 판매, 집행의 비용이 낮을 것이라는 세 가지 핵심을 언급하고 이 조건들이 충족되는 한 재산은 가장 효율적으로 사용할 수 있는 사람을 찾아가게 된다고 주장한다. 장기적으로 보면 '누가 무엇을 소유하고 있는가'보다는 '소유권이 얼마나 명확하고 양도 가능한지'가 더 중요하다는 것이다.

이는 현재에도 큰 의미를 갖는다. 자본주의가 활발한 미국, 더 가깝게 우리나라만 보더라도 부동산중개인을 통해서 몇가지 법적인 내용 및 거래 가격 협상만 완료되면 계약 및 등기를 통해서 소유권 이전이 가능한데, 개발도상국의 경우 절차가 복잡하고 지난하며 그 과정에서 반드시 부가적인 비용이 발생하기 때문에 효율적인 자원의 분배가 제한되는 것이다.

〈노동의 종말〉에서는 제3세계 국가에 있는 잠재적 자산이 신용의 수단으로 변환하기 위해서는 적절한 재산권 체계가 존재해야한다고 지적한다. 저자는 남미의 경제학자 헤르난도 디소토의 말을 빌려 "소유권이 적절하게 문서화되지 않기 때문에 이러한 '자산'이 쉽게 '자본'으로 바뀔 수 없으며, 사람들이 서로를 잘 알고 신뢰하는 지역 범위를 벗어나서 거래할 수 없고, 대출을 위한 담보물로도, 투자에 대한 배당으로도 사용될 수 없다"라고 말한다. 가진 자와 그렇지 못한자를 명확하게 분리하는 것이 재산법이고 이를 통해 자산이

15) 하이에크는 진화적인 시장경제에 따라 개인 간 격차가 발생하는 것은 당연하고, 이러한 소득 분포는 무의도적인 결과라고 생각했다. 따라서 시장경제의 분배 결과를 사회적 정의의 잣대로 '정의롭거나 그렇지 못하다고 평가하는 것'은 결국 분배를 하는 어떤 인간이나 정신이 존재한다는 것을 의미하기 때문에 이는 '사회를 의인화'하는 오류이며 '시장경제의 자생적 질서'라는 개념과 충돌한다고 생각했다.

자본으로 바뀌게 되어야 투자의 도구로 쓰일 수 있다는 것인데, 앞서 본 것과 같이 해적의 보물이 자본이 아닌 이유와도 일맥상통한다.

이러한 재산권의 확대는 산업혁명과 연결되면서 또 하나의 기본권인 노동권이자 생존권에 대한 고민을 만들어 낸다. 산업혁명과 인클로저 운동이 가속화되면서 농촌에서 일자리를 잃은 농민들이 도시로 모여 노동자가 되었고, 갑자기 많은 사람들이 몰려들자 사회인프라가 부족하게 되어 결국 열악한 주거 및 노동 환경이 또 하나의 사회문제가 되었다. 상하수도 문제나 전염병, 그리고 환경문제 등이 여기에 해당한다. 독일 철학자인 프리드리히 엥겔스는 1차 산업혁명의 핵심지인 맨체스터에서 1842년부터 2년간 거주하며 바라본 실상을 기술한 〈영국의 노동계급의 상태〉를 1845년 발표함으로써 이들의 현실을 고발하였고, 후에 칼 마르크스와 〈공산당 선언〉을 공동 집필한다.

그들의 눈에는 노동자의 삶이 비참해 보였고 무엇인가 잘못되었다고 느껴졌지만, 이를 해소하기 위한 해결책은 막연하기만 했기 때문에 이러한 사회문제를 '정의'하고 원인을 찾기 위한 '이론적인 바탕'이 필요했을 것이다.

19세기 그리고 20세기 초반 심각한 경기침체를 겪으면서 각 나라는 그들만의 해결책을 찾아 누군가는 수정자본주의로, 누군가는 공산주의로 진화하였고, 이는 결국 냉전시대로 이어졌다. 이러한 갈등은 1991년인 20세기 후반 소련이 붕괴되면서 사실상 자본주의의 판정승이 되었지만 우리나라에서 벌어지고 있는 각종 정치적 사회적 논의와 갈등은 큰 틀에서보면 여전히 냉전시대의 이데올로기에서 자유롭지 않은 듯하다. 아직도 인터넷 댓글 속에는 '공산주의자냐', '빨갱이냐'라는 원색적인 비판이 난무하고 있고, 우리나라의 부동산 정책도 그 정치적 철학이나 배경에 따라 대량의 주택공급이 되기도 하고 기본적인 생존권을 보장이라는 이름 아래 임대차 3법이 되기도 한다.

그 어떤 제도적 장치를 사용하든 앞서 언급한 것과 같이 현대의 국가의 토대 및 정당성은 기본권(혹은 자연권)을 보장하는 것에서 시작하기 때문에 어쨌든 국가가 나서서 주택 가격을 안정시켜야 한다. 다만 그 방법을 실제로 적용함에 있어 많은 고민과 분석이 필요하고, 국가라는 것은 결국 정부(행정권)

만을 의미하는 것이 아니라, 사법권 및 입법권도 포함이기 때문에 3권이 유기적으로 움직이는 것이 이상적이지만 한편으로는 너무 이상향을 이야기하는 것은 아닌지, 실제로 달성하기엔 불가능한 명제인 것은 아닌지 하는 생각이 최근 몇 년간 우리 사회를 보면서 느끼는 부분일 것이다.

세상 한편에서는 극단적으로 '현대의 법은 유산계급의 재산을 지키기 위해 존재한다'라고 주장하는 사람이 있는 것도 현실이고, 재산권이 구체화되는 과정을 보면 그렇게 느껴질 수 있다. 하지만 자유 및 평등과 같이 기본권의 일부인 재산권의 뿌리를 생각하면 그 자체를 부인하거나 비난하는 것은 과도한 측면이 있다고 생각한다.

따라서 '재산권에 대한 부정'보다 중요한 것은 또다른 기본권인 '노동권이 동일한 수준으로 인정되는지'일 것이다. 현대 국가는 이러한 권리를 보장해야 할 의무가 있는데 만약 노동자가 노동시장에서 취업이 불가능한 경우 법률에 따라 국가는 노동의 기회를 제공해야 하고, 더 나아가 현대 산업 자본주의 사회에서 약자일 수밖에 없는 노동자의 권리를 보호하기 위한 수단으로 노동3권(단결권, 단체교섭권, 단체행동권)을 보장하고 있다. '귀족노조'와 같이 사회적으로 지탄을 받는 부작용도 존재하는 것이 현실이지만 어쨌든 노동3권은 일반 사람들의 생존과 관련된 필수 권리인 것도 사실이기 때문이다. 동일한 의미로 19세기 말 등장한 최저임금제[16)]는 노동자의 생활안정과 노동력의 질적향상을 돕기 위해 1988년 우리나라에도 도입이 되는데, 이는 헌법 제32조 1항 "모든 국민은 근로의 권리를 가진다. 국가는 사회적·경제적 방법으로 근로자의 고용의 증진과 적정임금의 보장에 노력하여야 하며, 법률이 정하는 바에 의하여 최저임금제를 시행하여야 한다."에도 명시되어 있다.

---

16) 최저임금제가 항상 순기능만 있는 것은 아니다. 토마스 소웰의 〈Basic Economics〉에서는 이 법이 본질적으로 직장인에게 유리하나, 노동시장 밖에 있는 실업자에게는 희생을 강요한다고 기술한다. 최저임금이 높게 설정될수록 경험이 부족한 미숙련 노동자보다는 경험이 풍부한 노동자를 고용하는 것이 더 합리적이기 때문이다. 2024년 현재 대졸 신입을 뽑아 키우기보다는 '중고신입'들을 더 많이 채용할 수밖에 없는 현실도 그 때문일 수 있다.

인권을 바라보는 네 가지 모델

구분	내용
사회권 배제 모델	– 인권이란 인간다운 삶을 영위하는 데 필요한 최소한의 조건들과 가장 시급한 요구들이 대상이 된다. – 고문이나 형벌, 집단살해, 노예 등 극도로 잔인한 폭력으로부터 자유를 보장하여야 한다.
최소 사회권 포용 모델	– 인권이란 인간이 자유로운 삶을 영위하는 데 직접적으로 필요한 조건들과 요구를 의미하며, 신체안전권, 시민적, 정치적 자유권, 재산권 및 최소한의 경제적 안전권이 해당된다.
기본적 필요 보장 모델	– 인권이란 자유로운 삶과 행복한 삶을 영위하는 데 필수불가결한 직접적인 조건들과 재화들을 내용으로 한다. – 신체안전권, 시민적, 정치적 자유권, 재산권 및 자유로운 삶의 실질적 조건들 중 필수적인 사회경제적인 재화들에 대한 권리를 말한다.
기본능력 보장 모델	– 인권이란 각 개인의 기본적 능력을 자유롭게 발현하는 데 필수적인 조건들과 재화들에 대한 권리이다.

현대에 인권을 바라보는 네 가지 모델이 존재하는데 아래로 갈수록 보다 넓은 범위를 포함한다. 이는 즉 사람마다 인권을 바라보는 관점이 다를 수 있다는 의미이며, 재산권과 노동권, 생존권에 대한 사회적 협의가 항상 원만하지만은 않은 이유일 것이다. 그럼에도 불구하고 사회적 합의를 위해서는 '차이'에 대한 이해는 필요하다.

최근 장애인의 인권에 대한 논의가 많았는데, 장애인을 차별하지 못하게 하는 것과 장애인을 일정비율 고용하거나 고용 시에 국가에서 금전적인 혜택을 주는 것은 단지 다른 관점이며, 더 나아가 장애인이 이동하는 데 불편함이 없도록 국가가 보장하는 것 역시 다른 수준의 기본권[17] 접근 방식이다. 무엇

17) 기본권의 어원이 되는 영어인 Basic rights나 Fundamental rights, 독일어로 Grundrecht 모두 '최소한의'라는 의미보다는 '근본적인'이라는 의미를 더 담고 있다. 기본권은 총체적인 성격을 띠기 때문에 그 중 하나라도 탈락/부정되면 나머지 역시 작동하지 않는, 즉 모든 기본권들이 합쳐져 한사람의 자유와 행복을 보장하는 데 기여한다는 개념으로, 이 때문에 헌법 제37조 제1항에서 "국민의 자유와 권리는 헌법에 열거되지 아니한 이유로 경시되지 아니한다."라고 되어 있다.

이 정답이라고 할 수 없으나, 또 누군가에게는 생존과 직접적인 연결이 될 부분이기 때문에 비록 출근길이 매우 혼잡하였지만 장애인 시위에 대해서 1차원적인 분노만 표출하는 것은 바람직하지 않다고 생각한다. 〈최소한의 선의〉에서 저자는 자유와 혁신을 추구하는 과정에서 생존을 위한 대안이 없는 최소 수혜자들을 무작정 희생시킬 수는 없으니 무조건 달려가면서 누군가를 낙오시키는 것이 아니라 잠시 멈출 줄도 아는 것, 그런 망설임의 순간이 '정의란 무엇인가'라는 어려운 질문에 대한 하나의 답일지도 모른다고 말한다.

넷플릭스의 〈오징어게임〉의 감독이 이야기하고 싶었던 것도 이 부분이 아닐까? 능력과는 무관하게 사회 구조적으로 낙오되는 사람들이 존재하고, 다른 선택지가 없는 그들에게 닿을 수 없는 희망을 보여주며 가혹한 게임에 '자발적으로' 참여하게끔 유도하는 현실에 대한 비판 말이다. 빅토 위고 〈레 미제라블〉에서 팡띤느는 정말 오롯이 자신의 잘못으로 그런 삶을 살 수밖에 없었던 걸까?

법의 지배와 개인간의 약속, 민법

법이라는 것은 평화상태를 유지하기 위한 외적 통제의 수단이고, 그 과정에서 개인은 일부의 권리를 국가에게 양도하고 있다. 이러한 외적 통제수단이 실정법이고 우리가 흔히 '법'이라고 부르는 부분이며, 반대로 우리 안의 착한 마음인 자연법도 존재한다.

실정법은 자연법에서 요구되는 내용을 실체적으로 정의한 것인데 그 형태에 따라 영미법(불문법, 보통법, 관습법)과 대륙법(성문법)으로 구분된다. 현대의 대륙법(성문법)은 로마법에서 발전하였고, 영국이나 미국은 보통법으로 발전하는데, 우리나라[18]의 경우는 성문법 국가에 해당한다. 성문법은 법전이 만들어져 이를 근거로 법의 집행이 되기 때문에 입법 활동이 매우 중요한 반면,

---

18) 우리나라 법체계도 일본으로부터, 일본은 독일로부터 가져왔다. 대부분 나라의 헌법과 헌법제도는 기존에 존재하는 다른 나라의 모델을 모방하여 제정하는 '모방헌법' 성격을 띠고 있으며, 독창적인 헌법은 1787년 미국 연방헌법, 1793년 프랑스 헌법의 국민공회정부부제, 1918년 레닌 헌법의 노동자·농민·병사의 평의회제, 1919년 바이마르 공화국 헌법 정도뿐이다.

보통법의 경우 선행한 판례가 매우 중요하기 때문에 이렇게 쌓인 판례들에 의지할 수밖에 없다는 점이 성문법과 불문법의 큰 차이점이다. 따라서 성문법 국가는 입법기관을 장악하면 통제가 가능[19]하지만 보통법 국가에서는 입법부를 장악한다고 하더라도 과거에 쌓인 판례들까지는 어찌할 수 없기 때문에 누군가에 의해 통제되는 것이 훨씬 더 어려울 수 있다. 축적된 사법적 결정이 우위를 가지고 있다는 뜻이다. 앞서 언급되었던 각종 혁명을 통해서 하나씩 민주주의가 '만들어져간' 영국 등과 다르게 독일은 1차 세계대전이 끝나고 1919년 독일 혁명에 의해 독일 제정이 붕괴된 뒤, 바이마르에서 국민 의회가 급작스럽게 바이마르 헌법[20]을 가결하고 독일 공화국의 헌법으로 공포하였으며 그 이후에 실정법들이 만들어졌던 역사적인 차이도 존재한다.

보통법과 성문법은 또한 분권적 법 생산 체계와 독점적 법 생산 체계로 표현할 수도 있다. 전자의 경우는 앞서 말한 바와 같이 역사적으로 쌓인 판례를 근거로 하는데, 이에 대해서 이탈리아의 법철학자인 브루노 레오니(1913~ 1967)는 하이에크의 진화론적 입장을 적용하였다. 판례라는 것은 시장원리과 같이 특정사건에 대해 당사자들의 요청이 있을 때만 '그들을 위해 그들만을 구속하는' 개별적인 재판을 통해 만들어지기 때문에, 외부 요인에 대한 영향이 없이 누적적으로 판례들이 쌓일 수 있고, 이를 통해 인간 이성의 한계인 '구조적인 무지'를 극복할 수 있다는 생각이다. 이는 자생적인 법의 진화이며 수세대의 수많은 사람들의 실제 경험과 지식을 통해 이루어진 체계를 의미하기도 한다.

반대로 우리나라와 같이 특정 입법자(우리나라의 경우 국회의원)에 의해서 법이 독점적으로 계획 및 생산된다면 (비록 그것이 민주적인 입법절차라고 하더라도) 이는 계획경제의 계획 담당자가 구조적인 무지에 의해 시장의 모든 재화

---

19) 이러한 특징이 우리나라 과거의 유신헌법이나 독일의 나치당 사례로 연결되기도 한다.

20) 제1차 세계대전이 끝날 무렵의 독일 혁명을 통해 만들어진 바이마르 헌법은 당시 가장 진보적인 헌법이었다. 국민 주권주의를 바탕으로 각종 기본권을 보장하고 특히 자유 민주주의를 기초로 재산권의 행사가 공공복리에 어긋나지 말아야 하며, 생존에 필요한 경제적 조건의 보장을 국가에 요구하는 사회권적 기본권 조항을 처음으로 헌법에 넣어 '복지 국가'의 법적 근거를 마련한 것인데, 20세기 현대 복지 헌법의 전형으로 우리나라뿐만 아니라 많은 나라에 영향을 끼쳤다.

와 용역의 수급을 파악할 수 없듯, 사회에 필요한 수준의 법을 충분히 반영하지 못한다고 지적한다. 배우 지성이 출연한 '악마판사'나 배우 송중기가 출연한 '빈센조' 같은 드라마가 흥행한 이유 결국 '현재의 법'과 국민이 요구하는 혹은 느끼는 '법감정'의 차이에 대한 대리만족이라고 해석하는 사람도 있다. 어쩌면 이러한 독점적 법생산체계가 국민이 느끼는 법감정과 실제의 차이를 만드는 원인일 수도 있다.

실정법은 권리와 의무의 근거 및 내용을 다루고 있는 '실체법'과 법을 집행하는 데 쓰이는 '절차법'으로 나눌 수 있다. 여기서 다뤄볼 민법이나 상법 등은 실체법에 해당하고, 모두 헌법의 아래에 존재한다. 모든 법이 헌법 아래에 있다는 '상위법 지배' 패러다임은 역사상 다양한 자연법론 중 가장 정교했다고 하는 토마스 아퀴나스의 자연법론을 따르며, 당시 아퀴나스가 주장한 영구법, 자연법, 인정법, 신정법 중에서 영구법이 나머지 법들의 바탕이 된다는 상·하위 개념에서 시작된다. 이렇게 법이 원칙에서 시작하여 하위법으로 갈수록 보다 세분화되는 이유는 결국 국민의 기본권을 보장하기 위함인데, 추상성과 개방성이 강한 기본권 조항을 세분화시킴으로써 국가권력 담당자에 의한 권력남용이나 재량권일탈을 막고자 함이다.

우리가 통상 이야기하는 법치주의는 '사람의 지배(rule of men)'에 반대편에 있는 '법의 지배(rule of law)'를 의미하며, 진시황이 국가 권력으로 시민을 통치할 때 제도화된 절차를 이용했던 '법에 의한 지배(rule by law)'와도 다른 개념이다. 즉 법의 지배는 정치적 권력자가 자기 편의가 아닌 법을 따라 그리고 자신도 법에 종속되어 통치하는 것을 의미하며, 사법부가 독립되어 있고 어떤 이유에서든 법의 기본정신 및 기본권을 위배하지 않는다는 특징이 있다. 법치주의 원리는 헌법원리 중 하나이다. 법치주의의 원리는 행정의 법률합목적성을 넘어 국민의 자유와 권리를 보장하고 법이 적용되는 방향에 대한 예측 가능성과 법적인 안정성을 확보해야 한다는 내용과도 연결된다.

우리는 '국가가 정한 죄[21)]'를 짓지 않는 이상 대부분 '민법'의 영역 안에 활동하게 된다. 민법은 법인을 포함한 사인(私人) 사이의 생활관계를 규율하는 법의 총체로 실체법이자 사법(私法)[22]이다. '생활관계'라 함은 크게 재산과 신분을 의미하는데 개인 간의 생활관계는 법률관계로 표현되어 권리와 의무로 구성된다. 민법은 가장 기본이 되는 일반법이고, '특정'한 사람이나 '특정'한 법률 관계, '특정'한 시기에게만 적용되는 특별법(예를 들어 상법이나 노동관련법, 부동산법)과 구분된다. 현재 민법은 1118조까지 있는데 크게 총칙, 물권과 채권을 다루는 재산법 마지막으로 친족과 상속을 다루는 가족법으로 구성된다.

근대 민법은 구성원들의 자유로운 의사결정과 자본주의적 상품교환이 가능하도록 권리능력의 평등, 소유권의 보호 그리고 계약의 자유를 기본 골격으로 하며, 사람간의 행위와 관련해서는 과실책임원칙을 근간으로 한다. 특히 현대 자본주의시장에서는 사적자치 원칙이나 소유권의 보호[23]뿐만 아니라 '과실이 없으면 책임도 없다'는 과실책임원칙[24]도 중요한데, 이는 기업의 자유로운 영업과 생산활동, 개인의 자유로운 활동을 보장함으로써 생산력을 증대시키고 상업을 활성화시키는 데 있어 중요한 개념이다.

법에서 중요한 개념 중 하나는 법률관계(권리 및 의무)인데, 법률관계가 발생하거나 변경, 소멸하기 위해서는 기본적인 3요소인 **당사자**, 법률관계의 **객체** 그리고 **법률사실**이 갖추어져야 한다. **당사자**는 자연인뿐만 아니라 법인도 해당하며, 당사자는 권리능력을 보유하고 있어야 하는데, **권리능력**[25]이라

---

21) 이를 죄형법정주의라고 한다.

22) 공익보호를 목적으로 상하관계 혹은 불평등관계에 있는 국가 및 공공단체 상호 간의 관계나 이들과 국민 간의 관계를 규율하는 공법(公法)과 구별되는 개념이다. 사법은 개개인의 자유로운 의사결정(사적자치 원칙)을 원칙으로 하나 제한적으로 국가의 입법에 의해 통제되기도 한다.

23) 자유방임주의에서 발생하는 폐단을 막고자 현대 민법에서는 사회법의 성격을 띠는 해석이 증가하고 있다. 계약자유의 원칙을 유지하지만 계약의 공정원칙도 적용하고, 소유권도 절대적으로 보호하였지만 동시에 소유권의 행사를 공공복리에 위배되지 않도록 하고 있다.

24) 한편 오늘날에는 일반인이 예견하기 어렵거나 손해를 입었음에도 증명하기 어려운 상황들이 많이 발생하고 있어, 과실의 구성요건을 완화하거나 무과실책임을 인정하는 규정들, 과실책임원칙이 배제되는 특별법 등이 등장하여, 손해의 발생과 그 원인 사이의 인과관계만 입증되면 유책 여부와 관계없이 책임을 부담하는 원리도 등장하고 있다고 한다.

25) 민법상으로는 권리능력뿐만 아니라, 자기행위의 의미와 결과를 변별할 수 있는 정신능력인 '의사능력', 법률행위를 유효하게 할 수 있는 '행위 능력' 그리고 행위의 결과에 대한 책임을 질 수 있는 '책임 능력'이 있으며 해당 능력의 유무에 따라 법률효과가 바뀔 수 있다.

함은 권리나 의무의 주체가 될 수 있는 자격여부를 의미한다. **객체**의 경우 그 대상이 물건이면 물권법이고 채무자의 일정한 행위(급부)이면 채권법, 그리고 신분상 지위나 관계이면 가족법에 해당된다. **법률사실**은 법률관계의 실질적인 내용으로 법적인 의미가 있는 일정한 결과를 형성할 수 있는 요소들을 의미한다. 법률사실들이 모여서 **법률요건**이 되며, 법률요건은 법률효과의 원인이 되어 권리나 의무의 발생이나 변경, 소멸 등의 효과를 가져온다. **법률행위**는 권리나 의무의 발생이나 변경, 소멸을 목적으로 하는 법률요건인데 이때의 법률사실은 의사표시가 된다. 법률행위는 하나의 의사표시만 있는 단독행위와 두 개 이상의 대립하는 의사표시에 의한 계약, 그리고 두 개 이상의 의사표시가 일정한 목적을 위해 합쳐지는 합동행위 등으로 구분된다. 우리가 흔히 아는 법률관계에 등장하는 계약은 상호 간의 합법적인 의사표시를 기본으로 하고, 재산법 중 하나인 '채권'편에서는 계약을 '채권적 청구권을 발생하게 하는 합의'의 의미로도 사용한다.

재산권 중 하나인 **채권**은 채권적 청구권 내지 채권관계를 발생시키는 법률행위로서 일방(채권자)이 채권을 취득하고 타방(채무자)은 채무를 부담하여 일정한 행동(급부)을 하도록 한다. **물권**의 경우 물권의 발생이나 변경, 소멸의 효과를 일으키는 법률행위로 물건의 소유권 이전이나 지역권 및 저당권 등 제한물권의 설정행위 등이 있다. 이 법률행위는 법률관계의 당사자에게 권리나 의사능력이 없거나, 공공질서나 풍속에 반하거나 강행규정에 위반되는 경우 등 무효화[26] 될 수도 있다. 따라서 대출계약 등 모든 주요 계약에 있어서 각 당사자의 법률자문 법무법인이 하는 업무는 계약서 문구상 권리와 의무가 양방이 합의한 대로 잘 구현되었는지, 강행규정 등에 의해 무효화되지 않을지 확인하는 것뿐만 아니라 합법적인 계약관계가 체결[27]되었는지를 점검하는 것이다.

---

26) 무효는 계약 자체가 없음을 의미하며, 취소는 취소사유에 의해 법률행위가 있었던 때로 소급하여 효력을 상실하는 것을 의미한다. 다만 취소의 경우 추인을 통해 유효화할 수 있다.

27) '양방이 합의대로'라는 것은 계약의 원칙 중 하나인 사적자치를 의미하며, 법무법인은 계약이 유효하다는 의미의 Enforceability opinion과 계약당사자가 권리 및 의사능력이 있다는 capacity opinion 의견서를 작성한다.

권리의 구분

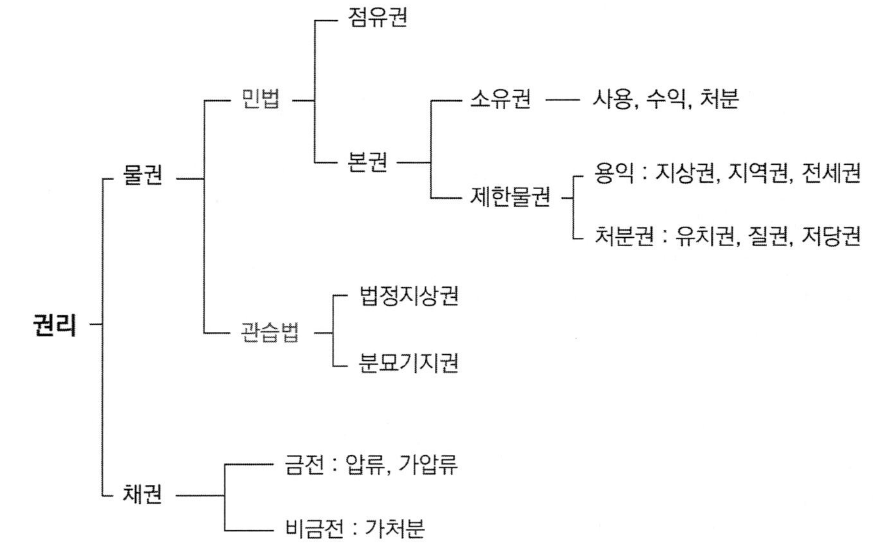

민법의 제185조부터 제372조까지 2편은 **물권법**에 해당한다. 물권이란 물권자가 자유롭게 물건[28)]을 사용하거나 그를 통해 수익을 만들거나 처분할 수

물권의 종류 저작권 해당사항 없음

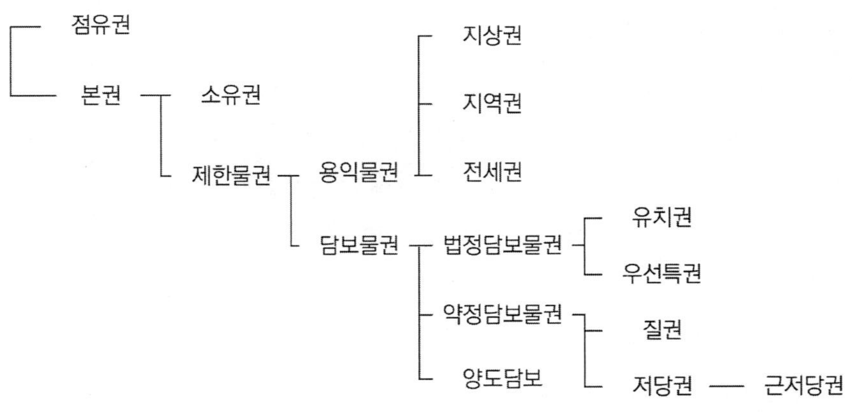

28) 민법 제98조(물건의 정의): 본법에서 물건이라 함은 유체물 및 전기 기타 관리할 수 있는 자연력을 말한다.

'을구' 명시된 근저당 사례

【을 구】		(소유권 이외의 권리에 관한 사항)		
순위번호	등기목적	접 수	등기원인	권리자 및 기타사항
3	근저당권설정	2018년11월16일	2018년11월 16일 추가설정계약	채권최고액 금455,000,000원 채무자 근저당권자 공동담보

있는 권리를 말하고, 헌법에 의해 보장된 사유재산과도 밀접한 관련이 있다. 물권이 뒤에서 볼 채권과 다른 점이 있다면 물권은 채권에 비해서 계약자유의 원칙을 제한하는 강행규정이 많다는 점이다. 그말인 즉슨 계약 당사자 간에 특약으로 물권법의 효력을 배제하고자 하더라도 불가능하다는 의미이다. 또한 채권법은 세계적으로 보편/통일화 되는 경향이 있으나, 물권법은 각국의 특유한 관습이나 전통에 바탕을 두고 고유한 형태로 발전해 왔다는 점도 차이점이다. 소유와 점유를 구분하였던 로마법과 동산과 부동산을 구분하고 등기제도를 도입한 게르만법적 요소가 혼합되어 있다고 한다.

물권법은 소유권과 그 변동을 중심으로 다루는데 우리나라 민법에서는 점유권, 소유권, 지상권, 지역권, 전세권, 유치권, 질권, 저당권의 8가지 물권을 규정하고 있다. 점유권은 (실제로 물건을 지배할 수 있는 권리인) 본권 유무와 관계없이 사실상 지배하고 있는 상태 그 자체를 보호하는 권리이고, 제한물권은 소유권이 갖는 권능의 일부를 지배하는 권리이다. 우리가 주택담보대출을 받게 되면 해당 주택의 등기부등본 '을'구에는 근저당권이 명시되는데, 이것이 바로 약정담보물권이고 제한물권이다. 여의도 소재의 IFC는 건물주가 토지를 매입한 것이 아니라 서울시 소유의 땅을 임대하여 건설되었다. 따라서 건물주는 해당 토지에 대해 지상권을 설정하였는데, 여기서 지상권은 용익물권에 해당한다.

제한물권, 특히 담보물권의 경우 기능적으로 채권과 밀접한 연관이 있기는 하나, 본질적으로 물권은 채권과 다르게 절대성을 기본으로 한다. 물권은 독립된 물건 위에만 성립하며 1물1권주의 원칙을 기준으로 하고, 공시를 통해서 배타적 효력을 갖추게 된다. 물권의 절대성이란 이렇게 확보된 물건의 물권자가 모든 사람에 대해 이를 주장할 수 있는 것으로, 채권－채무관계를 통해 특정 채무자에게만 청구할 수 있는 채권의 상대성과 차이가 있다. 따라서 절대성을 통해 누구에게도 해당 권리를 침해받을 수도 없으며 채권에서 채무자의 채무이행을 통해서만 비로소 물건의 지배력을 취할 수 있는 점과 다르게 물권은 타인의 행위 없이 바로 물건을 직접 지배할 권리를 갖는다.

물권은 부동산에만 해당하지는 않는다, 동산과 부동산의 차이는 민법 제99조에 정의되어있는데, ① 토지 및 그 정착물은 부동산이고 ② 부동산 이외의 물건은 동산으로 분리된다. 다만 항공기나 자동차, 선박과 같이 동산이지만 등기나 등록이 가능하여 그 권리관계를 공시하는 점에서는 법률상 부동산으로 다루어지기도 한다. 동산의 경우 부동산과 다르게 공시 방법이 '등기'가 아니라 '점유'이므로 동산을 담보로 하는 금융의 경우, 동산 양도담보약정이 필요하다. 정리하자면 동산이든 부동산이든 물권의 변동이 있기 위해서는 당사자의 의사표시뿐만 아니라 공시방법(등기나 인도)이 이루어져야 한다.

담보제도는 채권자의 채권의 만족을 확보하기 위한 수단으로 발달하였는데, 채무자의 재산뿐만 아니라 제3자의 재산도 담보로 제공하는 인적담보제도와 특정한 재화를 가지고 담보에 충당하는 물적담보제도가 존재한다. 민법에서는 채무자에게 물건의 소유권을 유보하는 제한물권으로서 담보물권을 인정하고 있고 담보 물권은 법정담보물권과 약정담보물권으로 나뉜다. 부종성[29] 때문에 피담보 채권이 있어야지만 담보물권도 성립하게끔 되어 있고, 피담보채권(즉 대출)이 모두 변제될 때까지 목적물 전부에 대한 권리 행사가

29) 법률적으로 어떤 권리의 성립, 존속, 소멸(消滅) 따위가 주된 권리와 운명을 같이하는 성질. 그 권리가 주된 권리의 경제적 기능을 발휘하거나 경제적 목적을 달성하는 수단인 경우에 나타난다. 따라서 담보물권의 부종성은 피담보 물권의 존재를 전제로 하여서만 담보물권이 존재할 수 있는 성질을 의미한다.

가능하다. 만약 담보를 실행하게 되면 민사집행법에 따라서 실행을 하게 되는데, 크게 강제집행과 경매가 있다.

민법 제373조부터 제776조까지 3편은 **채권법**에 해당한다. 채권관계는 양당사자 간의 채권적 권리와 의무를 실현을 위한 내용의 법률 관계로서 대부분 계약을 통해 발생하며 여기서 채권법은 채권자와 채무자 사이의 채권관계를 규율한다. 일반적으로는 금전관계에서 채무자/채권자라는 표현을 사용하기는 하지만 원칙적으로 채권이란 '채권법상 청구권[30]'을 의미하고, 그 목적은 채무자의 특정한 행위인 급부를 하도록 하는 것이라서 꼭 금전과 관련이 있을 필요는 없다. 채권의 목적이 채무자의 행위라는 점은 물권과 차별화되는

채권의 종류

구분	내용
특정물 채권	– 당사자의 의사에 의해 구체적으로 확정된 목적물의 인도를 목적으로 하는 채권(주는 급부)
종류(물) 채권	– 인도해야 할 목적물이 종류와 수량에 의해 정해진 채권(주는 급부)
금전 채권	– 금전의 인도를 목적으로 하는 채권
이자 채권	– 이자란 원본인 유동자본으로부터 발생하는 수익으로서 원본액과 사용기간에 비례하여 일정한 이율에 따라 지급되는 금전이나 기타의 대체물을 의미한다. – 이자채권은 기본적으로 유효한 원본채권을 전제로 성립하며, 일반적으로 소비대차 등에 따른 약정에 의하여 발생(약정이자)하지만 법률 규정에 의해 발생할 수도 있다(법정이자). 이자율은 이자제한법에 따라 적정한 최고한도가 존재한다.
선택 채권	– 수 개의 서로 다른 급부 중 선택권자가 하나를 선택하여 급부의 목적으로 삼는 채권
임의 채권	– 채권의 목적은 하나의 급부에 특정되어 있으나 채권자 또는 채무자가 다른 급부를 가지고 본래의 급부를 갈음할 수 있는 권리를 보유하고 있다.

30) '물권적 청구권'이라는 개념도 존재하는데, 이는 물권이 어떤 방해를 받고 있을 때 물권자가 침해자에 대하여 갖는 청구권을 의미하며 목적물에 대한 직접 지배권 확보를 위한 목적물반환청구권 등이 해당된다.

점이기도 하다. 또한 채권은 특정인에게만 급부를 요구할 권리라는 점에서 상대권 또는 대인권이기에 절대성을 갖는 물권과도 다르다. 그리고 동일한 채무자에게 동일한 내용의 채무가 여러 개 발생할 수도 있고, 채권 역시 재산적 가치가 있어 양도도 가능하다.

채권이 성립하기 위해서는 그 내용이 확정되거나 확정할 수 있어야 하고(확정성), 채권 성립 당시 실현이 가능해야 하며(가능성), 강행법규에서 금지하는 내용이 아니어야 한다(적법성 및 사회적 타당성). 급부가 반드시 금전적 가치로 표현될 필요는 없다. 가능성과 관련해서는 처음부터 불가능한 급부였다고 하면 '원시적 불능'이므로 채권이 발생하지 않고, 계약 당시 이를 알았거나 알 수 있었을 자가 상대방에게 '신뢰이익에 대한 배상'을 하여야 한다. 만약 계약 당시에는 가능했는데 이후에 불가능해진 경우라면(후발적 불능) 누구에게 그 책임이 있느냐에 따라 달라지는데, 그 사유가 채무자에게 있는 경우 채권자는 손해배상을 청구할 수 있고(민법 제390조) 그 누구의 책임도 아니거나 채권자에게 있는 경우 채권이 소멸한다.

급부 장애의 종류

구분	내용
이행이 불가능한 경우 (이행불능)	채무자의 귀책사유가 없는 경우: 위험부담의 문제(민법 제537조, 제538조)
	채무자의 귀책사유가 있는 경우(A:이행불능): 손해배상(민법 제390조, 전보배상) 또는 해제(제546조)+손해배상(제551조)
이행이 지체된 경우 (이행지체)	채무자의 귀책사유가 없는 경우: 강제이행(제389조)
	채무자의 귀책사유가 있는 경우(B:이행지체): 강제이행+지연배상·전보배상(제395조) 또는 해제(제544조)+손해배상(제551조)
이행이 불완전한 경우 (불완전이행)	유상계약에서 채무자의 귀책사유가 없는 경우: 담보책임(제570조 이하, 제567조)
	무상계약에서 채무자의 귀책사유가 없는 경우: 채무를 면함
	채무자의 귀책사유가 있는 경우(C:불완전이행): 손해배상(제390조) 또는 해제(제544조, 제546조 유추)+손해배상(제551조)

채무자가 채무를 이행하지 않는 상태를 '급부장애'라고 한다. 급부장애는 채무가 이행되지 않는 모든 형태를 의미하기 때문에 이행지체나 이행불능, 불완전이행, 이행거절 등이 포함되며 일반적으로 채무자 귀책사유의 이행불능이나 이행지체, 불완전 이행을 "채무불이행"이라고 표현한다.

금전 채무의 경우, 통화제도가 존재하는 한 이행불능이 발생하지 않고 이행지체만 발생이 가능하다. 따라서 금전 채무의 불이행에 대해서는 민법 제397조 특별규정을 통해 채권자가 손해를 증명하지 않아도 손해배상 청구가 가능하고 채무자는 과실 없음을 항변할 수 없다. 이는 대출약정서상 불가항력에 의해 상호 면책이 되는 조항이 없는 것과도 일맥상통한다.

제397조(금전채무불이행에 대한 특칙) ① 금전채무불이행의 손해배상액은 법정이율에 의한다. 그러나 법령의 제한에 위반하지 아니한 약정이율이 있으면 그 이율에 의한다. ② 전항의 손해배상에 관하여는 채권자는 손해의 증명을 요하지 아니하고 채무자는 과실없음을 항변하지 못한다.

채무자가 채무를 이행하지 않는 경우, 채권자는 채무자의 의사와 무관하게 채권의 목적을 실현하고자 할 수 있는데, 이것을 강제력이라고 부른다. 다만 채권자 스스로 강제력을 발휘할 수는 없고 국가기관에 의해 강제적으로 실현시킨다는 의미이다. 전자의 경우 사적구제라고 표현하기도 하는데, 과거 인도네시아에서는 오토바이 담보대출을 받은 채무자가 채무불이행을 하게 되면 은행이 직접 오토바이를 징구하여 처분함으로써 사적구제를 하였다고 한다. 우리나라의 경우 강제집행(민법 제389조)을 위해서는 그 집행권원을 얻기 위한 이행판결을 얻도록 되어 있고, 채권자는 채무불이행에 대한 손해배상[31)]

31) 사법상 손해배상책임의 근거는 불법행위와 채무불이행이 있으며, 손해배상법상 우연한 사실로 인한 위험이나 손해는 피해자 자신이 그 불이익을 부담하는 것이 원칙이기 때문에 손해배상책임을 묻기 위해서는 타인의 책임에 의해 손해가 야기된 행위가 있어야 성립한다. 손해에는 재산적/비재산적 손해뿐만 아니라 채무를 제대로 이행했다면 얻었을 이익에 대

을 청구할 수 있다(민법 제390조, 제395조). 강제집행과 관련해서는 물권법에서 다루었듯 절차법인 민사집행법을 통해서 진행절차를 규정하고 있다.

손해배상은 민법 제394조에 따라서 금전 배상이 원칙인데, 금전 형태로 손해가 발생하지 않는 경우 그 금액의 산정 기준이 문제가 될 수 있다. 손해배상액 산정과 관련된 다양한 원칙과 판례가 있지만 산정을 보다 쉽게 하기 위해 유사시 '채무자가 지급해야할 손해배상액'을 당사자간 미리 계약으로 정하는 "손해배상액의 예정"이라는 개념이 존재하는데, 흔히 우리가 부르는 LD (Liquidated Damage)이다.

위약금은 위약벌과 손해배상액의 예정으로 구분이 가능한데, 당사자 간 특별한 약정이 없는 이상 손해배상액의 예정으로 추정한다. 위약벌의 경우 손해발생 여부와 무관하게 지급해야 하며, 그 외 자신의 귀책으로 손해가 발생한 경우 손해에 대해서도 배상하여야 한다. 손해배상액의 예정이 과도한 경우 위약벌과 다르게 법원이 감액할 수도 있고(민법 제398조의 2항), 위약벌이 채권자의 이익에 비해 과도할 경우 공서약속에 반하여 무효가 될 수도 있다.

민법의 특별법인 상법은 기업간의 관계를 규율하는 법이고, 상법 제1조에서는 "상사에 관하여 본법에 규정이 없으면 상관습법에 의하고, 상관습법이 없으면 민법의 규정에 의한다."라고 되어 있어서, 결국 민법의 영역 아래에 있게 된다. 상법은 '상인'과 '상행위' 두 개념을 사용하는데, 상인이 하는 행위가 상행위이다. 자연인은 개업준비행위를 하고 영업의 의사를 객관적으로 표시함으로써 상인의 자격을 얻을 수 있고 법인의 경우 설립목적에 따라 다를 수는 있지만 상행위를 영업으로 하는 '상사회사'는 당연상인, 그리고 상행위 외의 행위를 영업으로 하는 '민사회사'는 의제상인으로 구분하여 결과적으로는 모두 상인자격을 인정한다. 상호는 상인이 영업을 하면서 자기를 표시하는 명칭을 의미하고, 상표라 함은 상품을 생산 및 가공하여 파는 것을 업으로 하는 자가 자기 상품을 타인 것과 구분하기 위해 사용하는 것을 의미한다.

한 손해(이행이익의 손해) 및 계약이 무효였다면 입지 않았을 손해(신뢰이익의 손해)도 존재한다.

상호를 선정하는 것은 기본적으로 자유롭지만 상호에는 회사의 종류 따라 합명회사, 합자회사, 유한책임회사, 주식회사 또는 유한회사의 문자를 사용하도록 규정하고 있어서 우리가 흔히 보는 회사이름에는 ㈜가 붙어 있다. 이는 회사의 유형에 따라 회사 조직이나 사원의 책임이 다르기 때문에 채권자 및 일반인들에게 이를 미리 알리고자 하기 위함이다. 특히 법으로 규율하는 일정한 영업 행위를 하는 회사는 상호에 영업의 종류를 표시하여야 하는데, 은행이나 증권, 보험(생명 및 손해보험으로 구분) 등이 여기에 해당한다. 그 외의 업을 하는 자는 해당 명칭이나 유사 명칭을 사용할 수는 없다. 또한 혼동을 일으킬 만한 상호나 상품명을 사용하는 것은 제한되고, 회사가 아닌 자가 회사라는 상호를 빌려 신용도를 부풀릴 것을 방지하고자 상법 제20조를 만들는데, 단지 '회사'라는 단어뿐만 아니라 '상사'나 ㈜와 같이 일반적으로 회사로 인식될 문자를 포함하여 금지된다.

> **제20조(회사상호의 부당사용의 금지)** 회사가 아니면 상호에 회사임을 표시하는 문자를 사용하지 못한다. 회사의 영업을 양수한 경우에도 같다.

앞서 언급한 바와 같이, 출자자의 유한책임과 자본시장은 문명의 발전에 큰 기여를 하였고, 더 나아가 주식 및 채권시장이 만들어지면서 자본 거래가 더욱 활발해지고 있기 때문에 투자자 입장에서 상호 및 상품이 헷갈리는 등 오해에 의한 잘못된 투자를 할 가능성을 법으로 방지함으로써 선의의 피해자 발생을 막고 결과적으로 투자자 및 소비자로 하여금 투자 및 소비행위를 하는 것을 주저하게 만들거나 검증을 하기위해 불필요한 시간과 비용, 즉 간접비용을 증가시키는 것을 방지하여 자본시장 활성화 및 산업을 육성하기 위함이라고 할 수 있다.

문명의 물리적 한계: 자원에 대하여

2016년 이란에 대한 국제적 제재가 일부 완화되면서 한국과 이란의 경제 협력에 대한 논의가 급물살을 탔을 당시, 테헤란에 방문할 기회가 있었다. 테헤란에서 가장 놀랐던 점은 1984년부터 거의 30년간의 오랜 기간 국제적인 경제 제재를 받았음에도 불구하고 이란 경제나 그들의 삶이 그렇게 낙후되거나 피폐해졌다고 느껴지지 않았다는 것이다. 물론 우리나라나 미국의 편의시설들에 비해 수준은 못 미쳤지만 대형 인프라 시설은 충분히 그 역할을 하는 듯 보였고 있을 건 다 있었다. 이란이 그렇게 오랫동안 소위 '항복'하지 않고 살아남았던 이유는 에너지나 식량안보 측면에서 어느 정도 자생이 가능하였기 때문이라고 생각한다.

1914년 1차 세계대전도 결국 식민지 쟁탈전의 후발주자였던 독일과 오스트리아, 이탈리아 동맹이 상대적으로 더 많은 식민지를 보유한 연합군 국가를 공격한 것이었고, 1939년 2차 세계대전도 대공황에 따라 자본이 취약했던 독일, 이탈리아, 일본이 경제적 어려움을 헤쳐가고자 대외 팽창정책 채택하면서 발발했다고도 볼 수 있다. 이렇게 식량과 에너지는 문명이 현재 상태를 유지하는 데 있어서 필수적이고 따라서 개인 및 집단, 더 나아가서는 정치적/국가적인 소요사태까지 만들어내는 요인이라고 볼 수 있다. 2010년 '아랍의 봄'도 결국 민주화에 대한 강렬한 의지였다기보다는 높은 실업률[32]과 점점 더 먹고 살기 힘들어지는 경제 상황에 기인한 것이고 2011년 이집트를 30년간 통치하던 호스니 무바라크 대통령의 하야 과정에서 무슬림 형제단이 도드라져 보인 것도 결국 믿을 만한 제도가 없는 빈곤한 사회에서 안정과 먹을 것을

---

32) 대체로 실업률과 범죄활동의 상관관계는 알려져 있다. 미국이라고 크게 다르지 않다. 1992년 로드니 킹의 사망으로 시작된 LA폭동도, 2015년 흑인청년 프레디 그레이가 경찰의 과잉진압으로 숨지면서 대규모 시위가 발생하고 군 병력이 배치되면서 비상사태가 선포된 볼티모어 폭동도 모두 인종뿐만 아니라 일자리 부족 문제가 원인이라는 의견이 많다. 프랑스 사회학자인 로익 와캉은 거의 모든 폭동이 있었던 지역사회는 공통적으로 제조업에서 정보화사회로 전환됨에 따라 뒤쳐진 노동 계층 지역이었음을 지적한다. 여기에다 이민자들까지 유입되면 해당 지역의 고용 및 공공 서비스에 압력을 가해 더 적은 파이를 두고 다투어야 하는 상황을 만들기도 한다고 말한다.

찾는 사람들의 대안이었던 것이지, 결코 종교나 민주주의에 대한 강력한 열망으로만 이루어낸 것은 아닐 것이다.

2차 세계대전 이후 소련의 붕괴 전까지, 전 세계의 자원 경쟁은 석탄과 석유 등 전통적인 화석연료 중심이었으나, 현대는 니켈이나 희토류 등 새로운 광물부터 고농축우라늄이나 전기 등의 에너지, 그리고 (예나 지금이나 여전히 중요한) 곡물 및 식량까지 점점 더 복잡해지고 있는 듯하다. 분명한 것은 인간과 사회에서 이루어지는 모든 것은 결국 자원의 활용 위에서 만들어졌다는 점이다. 내가 노력해서 얻은 것을 유지하고자 하는 소유권, 소유권을 포함하여 개인의 권리를 지키고자 했던 민주주의적 사고의 발달, 자원의 효율적 이용을 통해 부를 축적하고 세계화에 앞장섰던 자본주의의 발전도 결국 '지구'라는 한정된 공간에 사는 모든 사람들이 보다 좋은 것과 보다 귀한 것을 얻기 위해 자원을 연구하고 효율적으로 활용하며 이룬 것들이다. 따라서 자본주의는 이런 자원과 분리해서는 생각할 수 없다.

식량 안보와 환경, 자본주의

인간을 포함하여 생명체에게 생존보다 중요한 것이 있을까? 2005년 영화 〈웰컴투 동막골〉에서 패퇴한 인민군 장교 '리수화'가 동막골의 촌장에게 묻는다. "고함 한 번 지르지 않고 부락민들을 휘어잡을 수 있는 위대한 영도력의 비결은 뭐요" 그러니 촌장이 답한다. "뭘 마니 먹여야지 뭐".

이 대화 내용을 보다 철학적으로 표현한 것이, '정신적인 문제보다 먹고 사는 문제가 항상 우선하며 이것이 바로 인류 역사발전의 근본'이라고 말한 마르크스의 유물론사상이라고 할 수도 있다. 유물론은 경제를 하부 구조로 두고, 역사 및 정치, 사회, 문화를 상부구조로 둠으로써, 하부 구조가 상부구조를 결정한다는 '하부 구조 결정론'을 의미한다.[33]

---

33) 그의 저서인 〈경제학 비판〉에는 "물질적 생활능력은 사회적, 정치적, 지적 생활형태를 좌우한다. 의식이 생활을 결정하는 것이 아니라 생활이 의식을 결정하는 것이다."라고 직관적으로 써있다.

현대 정치 역시 여기서 자유롭지 못하다. 현대의 민주주의는 모든 시민이 동일한 투표권을 갖고 있기 때문에 (정말 표현 그대로) 먹고 살기 힘든 사람이 많아지면 정권이 위협을 받고, 반대로 먹고 살기가 좋으면 그 다음 욕구를 위해 앞으로 나아간다. 중동에 불었던 '아랍의 봄'이나, 폭력적인 '이슬람 근본주의' 역시 혈기 왕성한 청년층(혹은 생산가능인구) 실업률이 높고, 그에 대한 분노가 독재정권을 향하고 있으며, 그 대안으로 이슬람 근본주의를 찾기 때문이라고 해석하기도 한다. 이슬람 국가 혹은 개발도상국만의 문제일까? 트럼프 대통령의 당선과정을 보면 미국도 크게 다르지 못한 것 같다.

동서고금을 막론하고 정치인에게 있어서 정권의 유지는 필수적이었고 그를 위해서는 되도록 많은 사람들의 지지를 받아야 한다. 긴축재정이나 기준금리 인상은 장기적인 관점에서 안정적인 성장을 위한 필수적인 선택일 수 있지만 썩은 살을 도려내는 아픔 역시 아픔인지라 정부는 그 선택지를 쉽게 사용하지 못하였다.[34] 1971년[35] 닉슨대통령은 대선을 앞두고 기준금리 인상이나 긴축재정 등 인플레이션을 통제하는 일반적인 방법이 아닌 물가 통제를 시행하기도 하였다. 그 결과는 참혹했지만 말이다. 역시 먹고 사는 문제, '먹고사니즘'은 개인의 삶은 물론이고 그를 기반으로 한 경제 및 정치에 있어서도 매우 중요하다.

그 중 식량은 한 국가의 존속을 위한 가장 기본적인 자원일 것이다. 우리나라도 (투기를 막기 위한 것도 있지만) 식량안보를 위해 농지법 제1조와 제3조에는 법의 목적과 기본 이념을 담았다.

---

34) 유독 아시아 지역 국가들이 그런 선택을 잘 하지 못한다는 이야기도 있다. 미국의 경우 역사적으로 기준금리 인상이나 유동성 공급, 소득세율을 극단적 높이는 선택을 한 적이 있다.

35) 1970년대 오일파동에 의한 인플레이션은 당시 연준 입장에서 '과연 인플레이션이 통화 정책으로 저지가 가능한 것인가? 외부 요인이 더 중요한 것이 아닌가?'하는 의문을 만들어 내기에 충분했다고 한다.

> **제1조(목적)** 이 법은 농지의 소유 · 이용 및 보전 등에 필요한 사항을 정함으로써 농지를 효율적으로 이용하고 관리하여 농업인의 경영 안정과 농업 생산성 향상을 바탕으로 농업 경쟁력 강화와 국민경제의 균형 있는 발전 및 국토 환경 보전에 이바지하는 것을 목적으로 한다.
>
> **제3조(농지에 관한 기본 이념)** ① 농지는 국민에게 식량을 공급하고 국토 환경을 보전(保全)하는 데에 필요한 기반이며 농업과 국민경제의 조화로운 발전에 영향을 미치는 한정된 귀중한 자원이므로 소중히 보전되어야 하고 공공복리에 적합하게 관리되어야 하며, 농지에 관한 권리의 행사에는 필요한 제한과 의무가 따른다. ② 농지는 농업 생산성을 높이는 방향으로 소유·이용되어야 하며, 투기의 대상이 되어서는 아니된다.

자본주의 아래에서 생산성을 높이려는 노력은 분명 인류 역사에 긍정적인 효과를 남겼다. 맬서스의 예언과는 다르게 1920년대부터 경제는 작황에 따른 영향을 받지 않게 되었으니 말이다(오히려 이제는 과잉생산을 걱정해야 한다). 그럼에도 불구하고 밝은 곳엔 그림자도 있으니, 농업 및 식량생산 측면에서 발생한 자본주의의 폐해를 다루는 책들을 보면 크게 '거주하던 땅을 빼앗기고 살아갈 힘을 잃어버린 농민들', '돈이 되는 혹은 부가가치가 높은 작물이나 혹은 가축을 집중적으로 키워 발생하는 자연 파괴', 그리고 '생명에 대한 경시현상' 등으로 정리할 수 있을 것 같다.

농업에 침투한 자본주의의 역사는 아마도 영국인들의 입맛을 지배한 설탕의 대량생산부터 시작했다고 할 수 있다. 17세기부터 영국 귀족층에서 시작된 설탕 소비가 일반대중에게까지 퍼지면서 이 수요를 감당하기 위해서 사람들은 미국이나 카리브, 브라질 등 식민지에 대규모의 사탕수수 농지인 플랜테이션을 개발했고, 대서양 삼각무역을 통해서 시장에 접근하는 한편 비용 절감을 위해 노예라는 값싼 노동력을 공급받는다. 산업자본주의의 부상은 수많은 원주민에게는 재앙이었는데, 이를 두고 칼 마르크스는 '광산의 노예로 매몰된 원주민과 상업적 흑인의 사냥터로 바뀐 아프리카가 자본주의의 장밋빛 새벽을 알렸다'고 표현했다.

에두아르도 포터의 〈모든 것의 가격〉에서는 이러한 사회적 변화를 현대의 농업 발전 역사와도 연결시켜보는데, 14세기 흑사병으로 유럽 내 노동 인구가 감소하였지만 대신 노예노동력이 공급되면서 유럽 내에서는 더 이상 농노제도와 같은 강제 노동이나 생산성을 높일 노력도 필요없어졌다고 한다. 그리고 점차 잉여생산물이 많아지고 금융과 무역의 도움을 받아 시장의 규모가 날로 커졌지만 농업에 종사하는 노동자들(노예)에게까지 그 이익이 분배되지는 않았다고 말이다. 현재도 마찬가지이다. 시장이 더 커지고 이익이 늘어나도 노동력이 충분히 공급되었기에 노동자에게 돌아가는 임금은 그대로였고 결국 이러한 형태가 굳어져 농업 산업은 보다 싼 노동력을 찾는 방향으로 진화해왔으며 결국 (우리나라든 미국이든) 농업에 종사하는 노동력을 해외에서, 더 나아가 불법이민자를 통해 조달할 수밖에 없는 상황이 되었다는 것이다. 결국 미국과 멕시코 국경에서 벌어지는 불법이민의 모습도 근무 환경이 열악하더라도 미국내 농업 일자리라도 얻는 것이 더 나은 선택이기 때문이고 우리는 그렇게 공급된 값싼 노동력으로 생산된 잉여 농산물을 대형마트에서 쉽게 소비하면서 물가가 오르지 않기를 바라고 있다.

농업 노동자들의 착취와 함께 또 한가지 중요한 부분은 소유권과 관련이 있다. 유목민의 초지나 봉건주의시대의 농지가 효율적으로 관리되지 못한 것은 '내 것이 아닌' 공유지이기 때문, 즉 굳이 내가 나서서 효율적으로 관리할 이유가 없다는 '공유지의 비극' 때문이라고 할 수 있는데, 따라서 15세기 인클로저 운동은 재산권을 명확히 하고 토지라는 자원으로 보다 생산적으로 활용할 수 있는 토대를 마련했지만 동시에 이 과정에서는 지주에게 토지를 빼앗기고 삶의 터전을 잃어버려 결국 도시의 노동자가 되거나 소작민으로 남을 수밖에 없었던 사람들 역시 존재하였다.

이러한 사회 현상은 현재 진행형이다. 여전히 세상 어딘가에는 개간을 통해 보다 효율적인 농지로 활용할 수 있는 지역들이 존재하는데, 개발을 위해서는 많은 자본이 투입되어야 하고, 그 자본들은 자신의 소유권을 확실히 인정받길 원한다. 그리고 그 과정에서 그 나라의 기득권과 자본이 결탁하고 '재산권'을 내세워 해당 토지를 터전으로 살아가는 사람들을 내쫓게 되는 것이다. 토지라는 자원의 효율적인 이용을 위해 대규모의 농업단지를 조성하고 '부가가치가 높은' 작물을 생산하여 큰 수익을 낼 수 있지만, 그 지역에 살던 사람들은 그 농업단지의 소작민이 되거나, 멀리 도시로 떠날 수밖에 없는 것이다. 이는 농업에 파고든 자본주의의 폐해로서 다루어지는 대표적인 주제이다. 영화 〈아바타〉의 나비족처럼 말이다.

아브라함이 헤브론 땅을 '구입'하고 그로써 타인에 대한 물권적 대항력을 갖추게 된 것과 마찬가지로, 대기업과 대규모 자본 역시 (제도적으로 정비가 잘 되어 있든 아니든) 그 나라 법에 따라 합법적으로 토지를 측량 및 구매하고 생산 활동을 하고 싶어 한다. 그리고 해당 지역에서 살아온 사람들에 대한 배려로서 (그 산정방식이 어떻든) 보상금을 지급하지만, 그것이 삶의 터전을 잃고 떠나는 사람들에게는 매번 충분하지는 않은 것 같다. 산업혁명시절에도 이렇게 땅과 생존수단을 잃게 된 서민들이 때맞춰 발생한 산업혁명의 노동자로 탈바꿈해 도심에 모여들었고 슬램가를 이루었으며, 준비되지 않은 도시에 모여든 그들의 거주 및 노동환경은 열악할 수밖에 없었다. 아랍의 봄이나 이슬람근본주의자가 그랬던 것처럼 사는 것이 힘들면 결국 이 상황을 설명해줄 무엇인가를 찾게 되는데, 아마도 1848년 〈공산당선언〉과 1867년 〈자본론〉은 당시 노동자들에게는 솔깃한 명분이 되지 않았을까 생각된다.

이런 상황에서 살아남은 농민들도 상황도 호락호락하지는 않다. 토지 외에도 대기업에 의한 종자 및 농약/살충제 산업이 있기 때문이다. 종자를 개발하는 회사는 기후나 토질, 병충해에 보다 강하고 생산량이 높은 식물을 개발하고 홍보하거나, 자신들이 개발한 식물을 제외하고 잡초들만 제거하는 농약과 살충제를 같이 개발하여 판매한다. 농민들은 순수하게 생산성을 높인다는 (즉 노동력을 덜 투입해도 된다는) 마케팅에 따라 해당 기업의 종자와 농약, 살충제[36]를 구입하여 대박을 기원한다. 하지만 돌아오는 추가 수익보다는 더 이상 다른 종자를 사용할 수 없게 된 땅 때문에 발생하는 손해가 큰 경우도 많다고 한다.

당연히 이러한 취약점은 대규모 경작을 하는 기업보다는 생계 유지를 목적으로 하는 소작민들에게 더 드러난다. 그들은 다음 해를 준비하며 종자 기업의 상품을 구매하기 위해서 땅을 담보로 대출을 받기도 하는데, 수확량 감소나 농산물 도매가 하락, 대출금 이자 상승 등이 결국 소작민들의 재정상태를 위태롭게 한다. 도매가격은 대기업의 '규모의 경제'를 통한 시장 압박이나 소매가격은 그대로이지만 몇몇 대형 중간 물류상인들이 중간 마진을 더 확보하기 위한 욕심 때문에 낮아질 수도 있다. 이러나 저러나 소작민들은 토지, 자신들이 키우는 작물 선택, 수확한 농작물의 가격 결정 그 어느 것에서도 자유롭지 못한 상태에 놓이게 된다.

우리가 어떤 방식으로 농산물들을 구매해야 일반 농민들의 생계 유지 및 구매력 향상에 기여하고 선순화시킬 수 있는지, 어떻게 하면 자국 농민들에 의한 식량 생산량으로 식량안보를 달성할 수 있을지 고민이 필요하다. 따라서 중간 유통과정을 없애고 농민들이 직접 사고팔 수 있게끔 해주는 최근 각종 플랫폼들은 마치 후버댐 건설[37)]을 통해 노동자들에게 직접 대금을 지급하고 유효 수요를 창출하는 것처럼 케인즈주의적 활동일 수도 있다.

농민들의 어려운 처지를 떠나 식량 산업 자체로만 보면 곡물이 가장 중요하고 핵심적이라고 할 수 있다. 세상 모든 이의 가장 기본적인 식량이기도 하고, 또한 상당 부분이 (보다 부가가치가 높은) 고기 생산을 위한 사료로 쓰이

---

36) 인간에 비해 한 세대가 짧은 곤충들은 이러한 살충제에 저항하는 개체들이 살아남아 내성을 갖게 되기 때문에 더 강력한 살충제를 필요로 할 수 있다. 레이첼 카슨의 〈침묵의 봄〉에서 이야기하고 싶던 중요한 주제는 살충제가 생명체에 축적되면 세포 내의 산화를 막아 에너지 생산을 막게 되는데, 이렇게 축적된 물질이 인간에게도 옮겨져 동일한 악영향을 미치는 것을 경계하고자 함이었다. 그녀는 방사능 노출도 유사하게 세포 내 에너지 결합을 방해한다고 말한다.

37) 후버댐 건설은 농촌 생활도 바꾸어 놓았다. 1936년 루즈벨트가 서명한 '전력보급청' 신설안에 따라 전력보급청은 농촌의 협동조합에 융자를 제공하여 전력화를 지원하였고, 또 후버댐과 같이 새로 만들어진 대형 연방댐에서 생산된 전력을 우선적으로 사용할 수 있도록 해주었다.

고 있기 때문이다. 국제 곡물시장은 과점 시장인데 자연 환경이 허락하는 일부 국가에서만 수출이 가능한 정도의 잉여 생산이 가능한 반면, 그 곡물을 먹을 사람들과 가축들은 전세계에 흩어져 있기 때문이다. 따라서 곡물 수출 국가의 불안정성이 늘어나면 일시적으로라도 국제 곡물시장이 영향을 받는데, 러시아-우크라이나 전쟁에 의해서 흑해의 곡물수출항구가 폐쇄되고 밀 값이 영향을 받았던 것이 최근 대표적인 사례이다. 또한 곡물은 다른 원자재와 다르게 보관의 유통기한이 있고 각 국가별 기본적인 수요가 있다는 특징도 있다. 이러한 특징은 공급이 감소하였을 때, 수요 욕구는 커지는 결과(즉 사재기)를 낳기도 한다.

이러한 곡물 무역의 특징 때문에 국제적으로는 4대 메이저사의 영향력이 지배적이다. 여기서 4개 회사는 ADM(아처대니얼스미들랜드), Bunge(번기), Cargil (카길), LDC(루이드레퓌스)이다. 이들은 곡물 수출항구 및 선적/보관장 등 물류와 관련된 시설물을 통제함으로써 시장에 영향력을 행사한다. 일반적으로 원자재는 생산자와 소비자 혹은 공급자와 수요자가 간의 정보 불균형이 심하다고 알려져 있는데 곡물은 다른 원자재시장보다 더 정보의 불균형이나 환경의 영향력이 크다고 알려져 있다. 우리나라의 경우 대부분 미국산 곡물을 수입하는데 북미 항구 기준으로 4대 곡물 메이저가 저장시설 및 선적시설의 절반과 전세계 곡물 유통량의 80%를 점유하고 있는 것으로 알려져 있다. 한편 수입국들은 이러한 수출국가 혹은 메이저 회사의 영향력을 견제하고 자국 내 가격유지 및 생산시설 확보, 저소득 계층 식량 공급 등을 목적으로 직간접적인 정부 통제를 시행하는데, 수입금지나 높은 관세 혹은 쿼터 제도 등이 이에 해당된다. 이는 결국 식량의 자원화 혹은 무기화와도 결을 같이하는 문제이다.

밀의 수입(상)과 수출(하) 추이

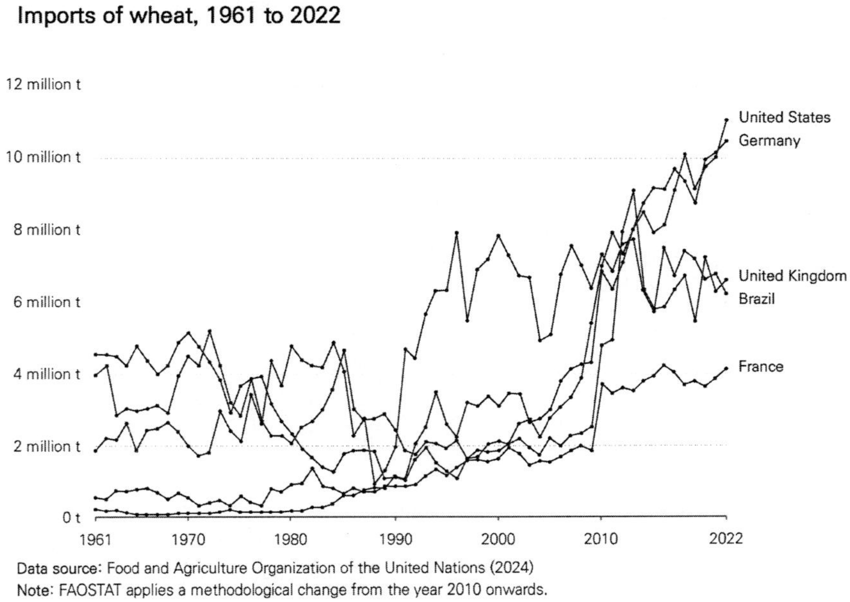

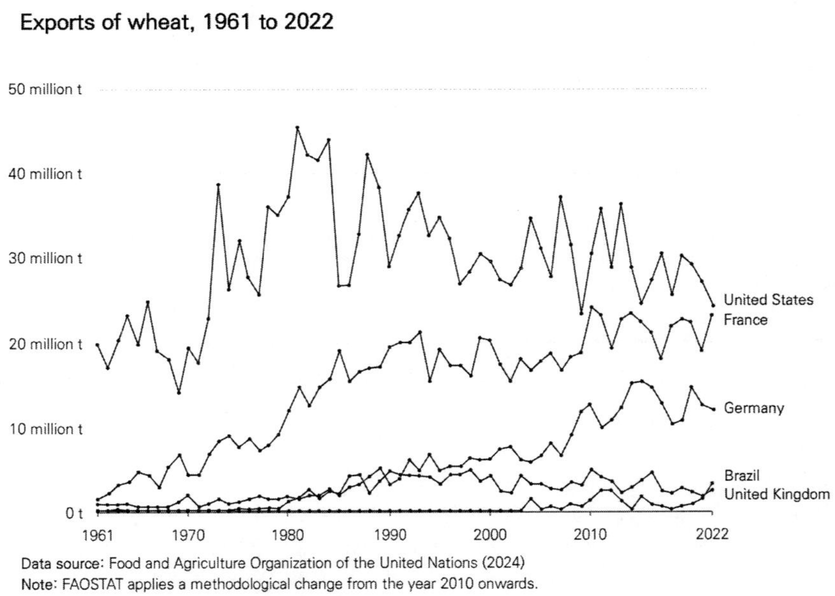

출처: Our world in Data

옥수수 수출국가

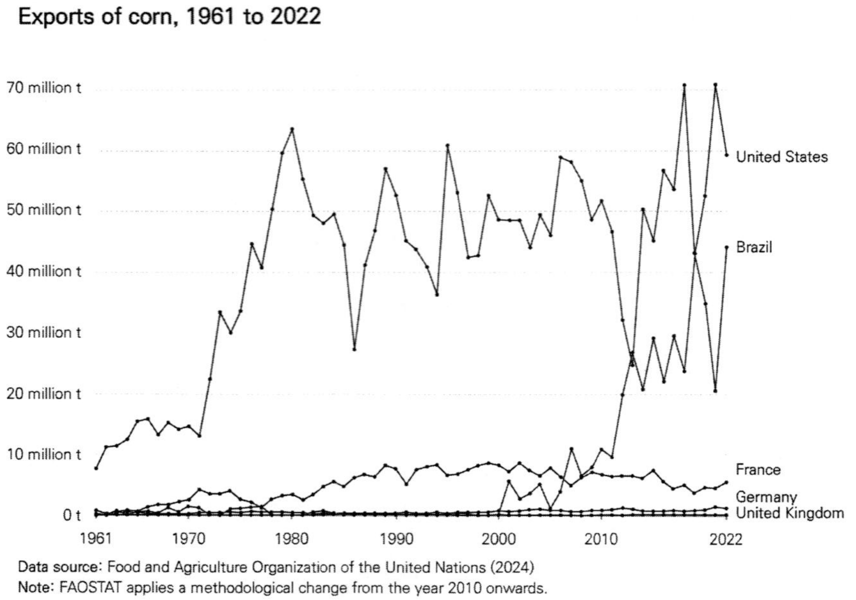

출처: Our world in Data

영화 속 끝도 없이 펼쳐지는 옥수수 밭[38]이 바로 미국의 콘벨트인데, 과거 미국이 압도적인 옥수수 수출국가였지만 현재는 브라질도 시장에 상당량을 공급한다. 미국 기준으로 옥수수[39]의 상당량은 사료[40]로 사용되기 때문에 곡물과 축산물의 관련성도 매우 높아서 두 산업을 연계해서 생각해보는 것도 좋다.

---

38) 단일 품종의 대량재배는 당연히 '자연스러운' 것이 아니라 생산성과 수익성을 높이기 위한 농업기술의 발달을 의미하고, 그에 따라 특정 해충이 대량 번식할 가능성도 열어두게 된다. 이는 필연적으로 살충제의 개발과 사용을 유발한다. 사료로 사용되는 곡물 몇 가지의 대량재배는 당연히 수익성 측면에서 합리적인 선택이나 자연환경 측면에서는 그렇지 못하다.

39) 사료로서 옥수수의 대체 혹은 경쟁관계에 있는 곡물은 소맥과 대두인데, 대두의 경우 옥수수와 계절적 주기가 동일하다는 특징이 있다. 대두는 식물성 기름인 대두유를 생산하고 기름을 추출한 후 남은 부산물인 대두박을 사료용으로 사용한다. 대두유의 대부분은 마가린이나 마요네즈 등에 사용되는데 팜유 및 해바라기씨유와 경쟁관계에 있다.

40) 나머지는 바이오연료를 생산하는 데 쓰이고, 식용으로 쓰이는 것은 2% 정도이다. 바이오연료용이든 사료용이든 지구상 제한된 경작지의 쓰임이 한정되면 다른 식용작물의 재배를 위한 또다른 경작지를 만들고자 산림파괴로 연결될 수 있다는 점은 중요하다.

생산된 옥수수중 식량으로 사용되는 규모(상)과 가축 사료로 사용되는 규모(하)

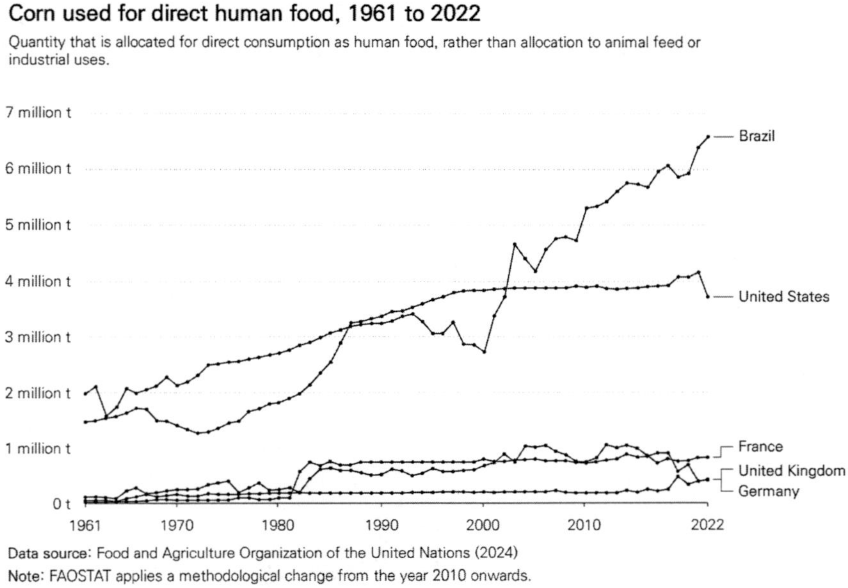

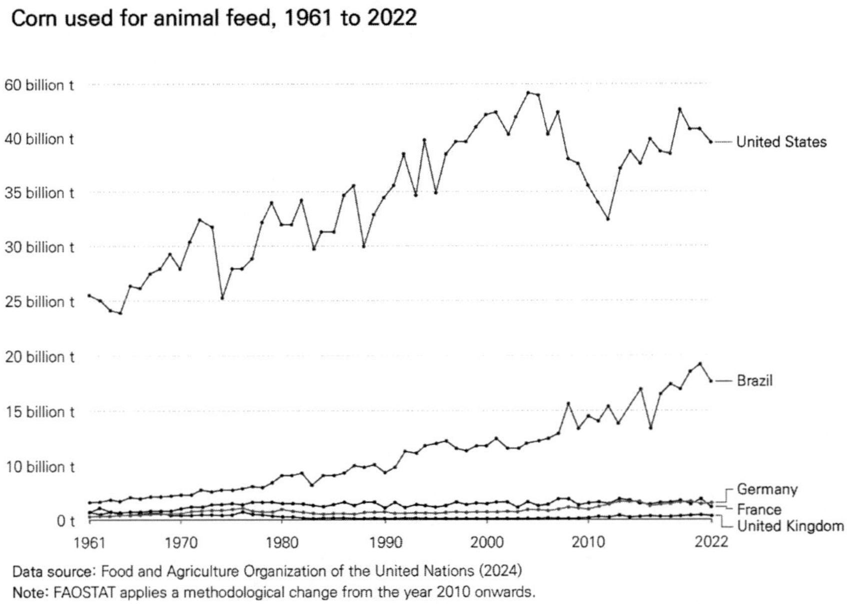

출처: Our world in Data

육우의 경우 태어난지 6~12개월 된 송아지를 비육장에서 12개월 동안 750파운드가량의 비육용 종우로 키운 뒤, 곡물 비육장에 판매되고 그 이후 4~6개월 동안 사료를 먹여서 1,300파운드의 육우로 키우는데, 이때 소비되는 곡물이 한 마리당 1.5~2톤으로 알려져 있다. 따라서 곡물가격과 육우 한 마리의 판매가격을 총 사육마진(GFM, Gross Feeding Margin)이라고 한다. 이 소들이 먹는 사료의 60~85%가 옥수수로 공급되고 있다고 하고, 소의 체중 1파운드를 늘리기 위해서는 사료 6파운드가 소비된다고 한다. 제레미 리프킨 〈육식의 종말〉에서 그는 화학자인 타일러 밀러의 "먹이를 포식하는 과정에서 약 80~90%의 에너지는 주변으로 상실되어 버린다."는 내용을 인용하면서 10~20%의 에너지만 포식자의 세포에 축적된다고 설명한다. 에너지 전환율이 낮은 소에게 6파운드의 곡물사료와 3파운드의 거친 사료를 먹여야 1파운드만 체중으로 변환되고, 나머지는 신체 기능유지 및 머리카락, 뼈 등 다른 신체부위로 흡수되며 또 상당부분은 배설된다. 즉 소의 사료-단백질 전환률은 6%에 불과하다고 한다. 이는 곧 비용이기 때문에 투입되는 사료 대비 빨리 체중을 키우는 '효율성'을 높이기 위해 성장 호르몬을 투약한다. 가축의 '생산성'을 높이기 위해서이다. 소는 번식우나 젖소로 키워지기도 하지만 돼지의 경우 거의 100% 식육용으로 키워지는데, 체중 1kg을 늘리는 데 드는 사료양이 소의 절반에 불과하다고 한다. 소고기의 가격이 비싼 이유이기도 하다.

소는 메소포타미아에서 최초로 길들여졌다고 한다. 처음에는 종교적인 희생물뿐만 아니라 농업을 위해서 주로 활용되었는데, 이제는 그런 역할보다는 단백질 공급을 위한 생명체로 전락한 듯하다. 소고기의 소비는 페스트의 영향으로 인구가 감소하면서 임금이 상승하고 동시에 목초지가 늘어났던 15세기에 급증하였다고 하는데 역사학자 브로델은 이 시기를 '육류소비의 폭발'로 설명한다. 산업혁명과 함께 직물 산업이 발달하면서, 보다 많은 양을 사육하기 위해 영국 지주층들의 사유지화(인클로저운동)가 발생하고 이때 수많은 사람들이 무산계급화 되어 산업화된 런던이나 리즈, 맨체스터 등 동시로 몰려나와 미숙련 노동자가 된다.

또한 산업자본주의가 가속화되고 영국에서 소고기의 소비가 늘자, 식민지화 된 스코틀랜드와 아일랜드의 농토를 목초지로 만들어 소를 사육하기 시작한다. 1850년 무렵 런던의 육류 대부분은 스코틀랜드와 아일랜드산이었다고 하는데, 목초지화 되고 남은 자투리 땅에서만 농사를 지어야 했던 아일랜드의 원주민들은 척박한 토양에서도 잘 자라는 감자로 생존을 이어가다 1846년 감자마름병 때문에 기아에 시달리고 이를 피해 대서양을 건너 신대륙으로 이주하기도 한다. 이렇게 버려진 땅들은 다시 영국의 은행가들이 손에 들어가 목초지로 바뀌어 더 많은 소를 영국에 공급하게 된다.

이러한 변화는 미국 서부(텍사스, 네브래스카, 다코다, 오아이밍, 콜로라도 평원)에서도 동일하게 발생한다. 미국에는 콜롬버스가 최초로 소를 들여왔는데 이후 유럽인들은 스페인산 롱혼과 영국산 숏혼을 미국 대륙으로 더 들여왔다고 한다. 1830년 멕시코 독립전쟁이 발발하면서 유럽인들은 롱혼들을 서부에 남기고 떠나게 되었고, 1865년 남북전쟁이 끝나고 텍사스 목축업자들은 버려진 스페인산 롱혼 잡아다 키워 동부로 보내 도축하여 소고기를 공급하게 된다. 하지만 이 소고기는 지방이 적고 질겨서 당시 동부에 거주하는 영국인들 입맛을 만족시키지 못했고, 이를 보완하여 기름진 소고기(소위 마블링)를 만들기 위해 옥수수를 사료로 급여하기 시작한 것이 현재까지 유지되고 있다. 소의 사육과 곡식의 생산이 공조를 이루게 된 것이다.

1849년 골드러시만큼 당시 유명했던 것이 1870년대 '공짜 목초'였다고 한다. 영국에서 인클로저를 경험한 사람들에게 미국 서부 평원은 그야말로 '찜한 사람이 임자'인 광활한 대지였을 것이다. 미국 서부는 소 목축지로서 탁월했지만 문제는 원주민인 인디언과 버팔로들이었다. 1862년 링컨은 철도법과 홈스테드법에 서명하고, 1863년부터 6년간 미국 횡단열차를 건설하면서 철도사업시행자들 및 토지를 원하는 서부개척민들은 인디언들과 전쟁을 벌여야 했다. 동시에 철도 역사가 들어서는 곳에는 공사 인부 및 개척민들을 대상으로 하는 장사꾼들이 몰려 든다. 인디언과의 싸움은 흔한 서부영화의 한 장면으로 선과 악처럼 표현되고 있지만, 원주민들에게는 침입자였을 뿐이었다.

1947년 시카고 유니언 스톡야드

출처: Wikipedia

1869년 미국 횡단열차가 완공되자 서부의 평원에서 키워진 소(롱혼)를 동부로 보낼 수 있게 되었고, 동시에 횡단열차는 귀족들의 버팔로 사냥 놀이터가 되어 1870년 말에는 버팔로가 거의 멸종되었다고 한다. 1993년 캐빈 코스터너가 출연한 서부영화 〈와이어트 어프〉에서는 드넓은 옥수수밭과 들소(버팔로)떼를 사냥하고 산더미 같은 가죽과 뼈를 쌓아두는 장면들이 나온다. 〈OK 목장의 결투〉 역시 1881년 서부에 만들어진 목장을 배경으로 한다. 이 과정을 거치며 인디언들은 집단거주지로 밀려났고 버팔로와 공존하던 인디언들도 이젠 버팔로의 뼈를 모아 미국인들에게 팔면서 생계를 유지할 수밖에 없는 신세가 된다.

서부 목초지에서 옥수수로 키워진, 지방이 풍부한 소는 처음에는 산채로 소비지에 직접 보내졌다. 이후 냉동 운송기술이 발전하면서 도축 및 포장업자들은 중간기착지에서 처리(도축)를 한 후 고기만 소비지로 보내면 운송비를 절감할 수 있다는 것을 깨닫고, 시카고에 대형 도축 및 포장시설을 갖추게 된다. 1870년 초 세워진 시카고 유니언 스톡야드에는 이러한 소들이 엄청 모여서 도축을 기다리고 있었다고 한다. 마이클 조던이 뛰던 시카고 불스의 앰블럼은 아마도 버팔로보다는 롱혼을 따서 만든 듯 하다. 도시의 전통을 표현했다고 하니 일견 맞는 이야기인 것 같다.

도축이라는 것이 소의 생명을 빼앗고 해체하는 과정인데, 이 과정을 한두 명이 매달려 하는 것보다 자동화 및 기계화/분업화가 더 효율적이라는 것을 확인하자, 컨베이어벨트가 만들어지고 도축 과정에 참여한 수천 명의 사람들이 각자의 역할만 담당하게 된다. 훗날 헨리 포드가 이 과정을 보고 자신의 자동차 조합 공정에 대한 발상을 얻었다고 한다. 도축은 이제 '살생'을 하는 일련의 과정이라기보다는, 각자 맡은 부분만 담당하면 되는 분업화 과정으로 변했고, 숙련기술이 거의 필요없게 되자 이민자와 흑인 노동자 등 미숙련노동자가 많이 몰려든다. 이것이 19세기 후반 20세기 초반의 일이다. 컨베이어 벨트가 도입된 포드의 첫 공장도 1910년에 준공된다.

2차 세계대전 이후 유럽과 미국에서 증가한 소고기 수요는, 라틴 아메리카의 영토로 번져나간다. 1971~1977년 사이 라틴아메리카는 35억 달러 규모의 세계은행과 미주개발은행 차관으로 육우 생산을 촉진하였고 중앙아메리카의 상당부분도 거대한 방목지화된다. 남아메리카의 아마존도 동일한 변화를 겪게 된다. 경제성이 없는 토지를 경제성 있게 바꾸자는 의도였고 이 과정에서 소수 특권층만 새롭게 개발된 농경지를 소유할 뿐 대부분은 토지(즉 생산수단) 소유에서 배제되었다. 산림의 방목지화는 토양침식이나 사막화로도 연결되니, 환경적인 영향마저도 큰 셈이다.

앞서 도축 과정의 자동화를 언급하였듯, 고기가 어떻게 생산되는지에 대한 불편한 진실을 들여다보고 싶어하는 사람은 없다. 하지만 이는 분명 자본주의의 폐해로 자주 등장하는 내용이기도 하다. 병아리가 태어나 감별된 이후, 알을 낳지 못하거나 육계로 키워지지 못하는 병아리들이 어떻게 죽음을 맞이하는지, 분명 우유는 젖소에서 나오는데 어떻게 포유류인 젖소는 계속 우유를 생산할 수 있는지, 닭에게는 다리와 날개가 2개씩 밖에 없는데, 어떻게 우리는 닭날개나 닭다리만 대량으로 구매할 수 있는지 말이다.[41)]

넷플릭스의 2024년 영화 〈내 이름은 머더〉에서 킬러 역할의 여주인공은 자신의 직업을 숨기고 딸을 보호하기 위해서 10여 년 동안 떨어져 살다가, 사건에 휘말리면서 그녀의 딸을 데리고 자신이 거주하는 알레스카의 외딴 곳에 같이 살게 된다. 그곳에서 그녀는 딸을 데리고 순록을 사냥하는데, 그 광경에 충격을 받은 딸은 그날 저녁에 나온 고기를 보고 못 먹겠다고 하자, 그녀는 그 고기가 토끼 고기라고 하면서, “That rabbit had a better life than any cheeseburger you ever ate”이라고 한다. 그 뒤의 대화에서 그녀는 다시 “There’s nothing you ever ate that didn’t come from violence”라고 말한다.

육식을 반대하고 모두 비건이 되자는 것은 아니고, 어떻게 생명을 대하는 것이 옳은 것인지에 대한 철학적인 내용을 다루자는 것은 아니다. 2024년 흥행한 프로그램인 〈흑백요리사〉만 보더라도 사람들에게 보다 새롭고 맛있는 요리를 제공한다는 것 자체가 복지요 웰빙일 수 있다. 프랑스 인류학자 클로드 레비스트로는 요리가 문화와 자연의 주요한 매개자라며, 오직 인간만이 고기를 요리함으로써 문명과 자연 세계 사이에 근본적인 경계선을 긋는다고 말했다고 한다.

다만 육식의 확대는 필연적으로 사료로 쓰이는 곡물의 수요를 높이는 것이고 이를 충당하기 위해서 대두나 옥수수 같은 사료용 곡식 재배를 위한 경작지를 더 필요로 하며, 결국 소득이 높은 국가의 국민에게 팔 고기를 만들기 위해 가난한 나라의 땅에서 사료를 생산하고 있는 현실에 대해서는 한 번쯤 고민을 해봐야 한다고 생각한다. 그 과정에서는 앞서 나온 것과 같이 소유권을 정확히 인지하지 못하는 현지인들이 거대 자본에 밀려 삶의 터전을 잃게

41) 개고기 식용 반대하는 사람들 중 일부는 순수하게 “가족과 같은 개를 어떻게 먹어요”가 아니라 고기로 사용될 개가 어떤 환경에서 키워지는지, 왜 애완견샵 쇼윈도우에 있는 모든 동물은 항상 아기인지에 대한 의심을 확대하기 위한 첫 번째 접근이라고 주장한다.

2022년 국가별 인당 육류 소비량

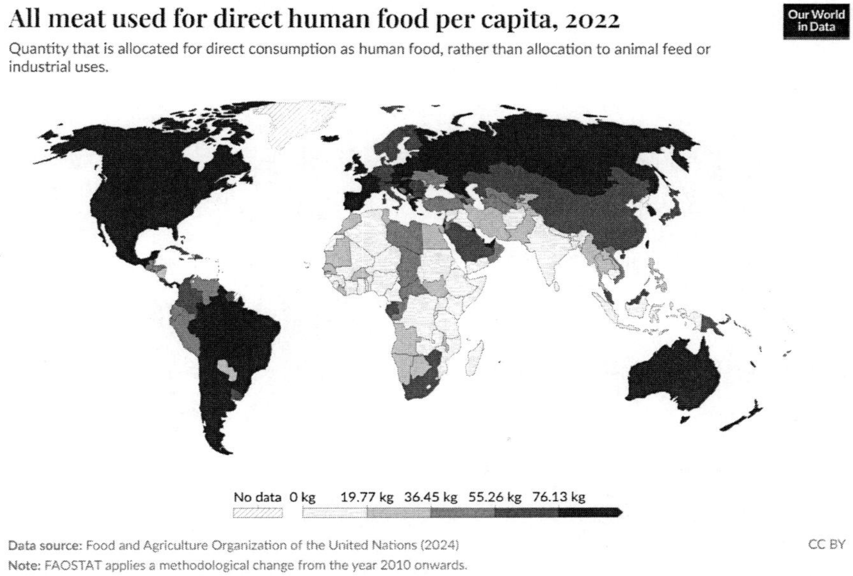

출처: Our world in Data

되거나, 의도하지 않게 대기업에게 값싼 노동력을 제공할 수밖에 없는 상황에 놓이기 때문이다.[42)]

그렇다고 이런 대규모 자본이 무조건 나쁘고 몰염치하다고만 여길 것인가? 아니면 신문이나 다큐를 보며 혀를 끌끌 차기만 할 것인가? 〈무엇을 먹고 어떻게 분배할 것인가〉에서는 저자가 짐 로저스와 인터뷰한 내용이 나온다. 짐 로저스는 "농산물 가격이 올라가지 않으면, 돈이 되지 않아 농부들은 농사를 짓지 않을 것이고 반대로 농산물의 가격이 오르고 돈이 된다면 젊은 사람들이 농업에 뛰어들고 더 많은 자본이 투자되어 기술이 개발될 것이다"라고 주장하는 한편, 저자는 "그렇게 오른 곡물 가격은 결국 가난한 나라의 국민들

42) 육식 소비를 줄이는 것은 탄소배출량을 줄이는 좋은 방법이기도 하다. 유엔 식량농업기구(FAO)의 자료에 근거하여 〈명견만리〉에서는 축산업에서 발생하는 온실가스의 규모가 전체 온실가스 배출량의 16.5%에 달하며, 그 63%는 가축의 장내 발효와 분뇨 및 이를 처리하는 과정에서 발생한다고 지적한다.

에게 영향을 미쳐, 누군가는 굶게 되는 결과를 초래하지 않을까요?"라고 묻는다. 짐 로저스가 지적한 바와 같이 전세계적으로 저장된 곡물의 양이 줄어든 까닭은 수요가 늘어나기 때문이었고, 수요가 늘었기 때문에 투자자 혹은 투기꾼들이 시카고 상업거래소(CME, Chicago Mercantile Exchange)[43]를 통해 파생상품을 거래하며 현재까지 온 것일 뿐 자본주의 입장에서는 악의가 없을 수도 있다. 오히려 19세기 곡물법과 같이 인위적으로 정부가 가격을 통제하려고 하다가 오히려 실패한 사례들이 더 많을 것이다. 어쩌면 공산주의적 접근이 실패하게 된 이유나 2020년 의결된 우리나라의 임대차 3법(주택임대차보호법 및 부동산거래신고법 개정안)이 입법 취지와 다르게 시장에 영향을 미쳤던 이유일 수도 있다.

과거 사탕수수 생산을 위해 아프리카 흑인노예 무역이 활발해진 이유도, 사료로 쓰일 곡물을 다량으로 생산하기 위해 저개발 국가의 토지를 매입하고 개발하는 자금도 결국 일반 개개인이 금융기관에 저축하여 십시일반 모인 돈이다. 일반 투자자들 역시 (물권법적으로 확실한 대항력을 갖추지 못해서) 원래 살고 있던 땅에서 떠날 수밖에 없는 원주민을 혐오하거나 무시한 것도 아니고 저개발국가에서 노동력을 착취하려고 한 것도 아니다. 단지 투자에 대한 수익이나 저축에 대한 이자를 받고자 함이었을 것이다.

그럼에도 불구하고, 이렇게 모인 대규모 자본은 더 큰 수익창출을 위해 비용이 적게 드는 곳에 파고들었고 그 대상 지역은 대부분 충분한 법적 대항능력을 갖추지 못한 사람들이 사는 지역일 확률이 높다는 것이다. 투자자 입장에서는 단지 투자에 대한 수익금을 얻기 위한 활동이었지만, 그 결과가 누군가의 고통으로 이어질 수 있다면 이에 대한 고민 역시 필요하지 않을까? '한 사람의 지출은, 다른 사람의 소득이 된다.'는 생각과 함께 "진심으로 후회

43) 1848년 세계 최초 선물거래소로 설립되어 1851년 공식적으로 옥수수 3,000부셸에 대한 포워드 계약 첫 체결, 2007년 시카고 상품거래소, 2008년 뉴욕상업거래소 등을 인수하여 현재는 원유, 옥수수, 대두 및 통화, 금, 국채 등의 상품이 거래되며 현재의 미국 기준금리인 SOFR를 공시하는 기관이다. 시카고 상품 거래소(CBOT, Chicago Board of Trade)는 농부와 상인을 연결시켜주기 위한 기관으로 1848년에 미국의 시카고에 설립되었다.

되는 것은 샴페인을 더 많이 마시지 못한 일"이라고 말한 케인스.[44] 그의 생각과 유사한 소비를 하기 위해 살짝 비싸더라도 종업원이 있는 곳을 방문한다는 〈투자자의 인문학 서재〉 저자의 생각에 공감하게 된다. 규모의 경제를 위해 대규모 자본이 투자되지만 여기에 고용된 누군가의 삶도 크게 달라지지 않고, 고용에서 소외된 사람들은 떠나야 하는 그런 세상이 아니라, 크고 작은 수많은 경제주체들이 각자 노력한 만큼 가져갈 수 있는 선순환을 만들 수는 없는 것인지에 대한 고민 말이다.

에너지의 전환

1851년 출간된 허먼 멜빌의 명작 〈모비딕〉은 1820년 태평양 한가운데에서 향유고래에게 침몰 당한 포경선 에식스호(Essex)[45]를 모티브로, 고래잡이 선원이었던 작가 본인의 경험을 얹어 만들어졌다고 한다. 내용 자체는 단순하다. 주인공인 이스마엘이 포경선에 오르기로 마음먹고 뉴욕 인근의 낸터킷섬으로 향하고, 거기에서 우연히 퀴퀘그를 만나서 일등 항해사인 스타벅,[46] 선장 에이허브가 이끄는 포경선 피쿼드호에 오른다. 그들은 바다로 나가 포경활동을 하다 결국 태평양 한가운데서 에이허브의 숙적인 모비딕을 만나고 이 흰수염고래와 결전을 벌이다 침몰한다. 어떻게 500페이지가 넘는 책 전체를 은유와 비유적 표현, 사실적이고 구체적인 묘사로 가득 채울 수 있나 싶을 정도의 훌륭한 소설이다. 1830년대 미국은 세계 포경 시장의 선두주자였는데, 고래에서 얻을 수 있는 고래기름은 촛불이나 나무보다 더 깨끗하고 밝게 타올랐고, 그 외에도 비누나 윤활류, 향수의 베이스 오일, 우산살이나 낚시대 등 추가적으로 얻을 수 있는 게 많았다고 한다.

영국에서는 명예혁명(1688)과 권리장전(1689)이, 중동에서는 오스만제국이 전성기를, 미국에서는 영란전쟁을 통해 뉴암스테르담이 뉴욕으로 이름을

44) 그렇게 함으로써, 유효수요를 높일 수 있다는 의미이다.
45) 2015년 영화 〈하트 오브 더 씨〉는 에식스호 및 허먼 멜빌의 이야기를 다룬다.
46) 커피 전문점 스타벅스 이름이 여기에서 유래되었다고 한다.

소설 모비딕의 피쿼드호의 항로

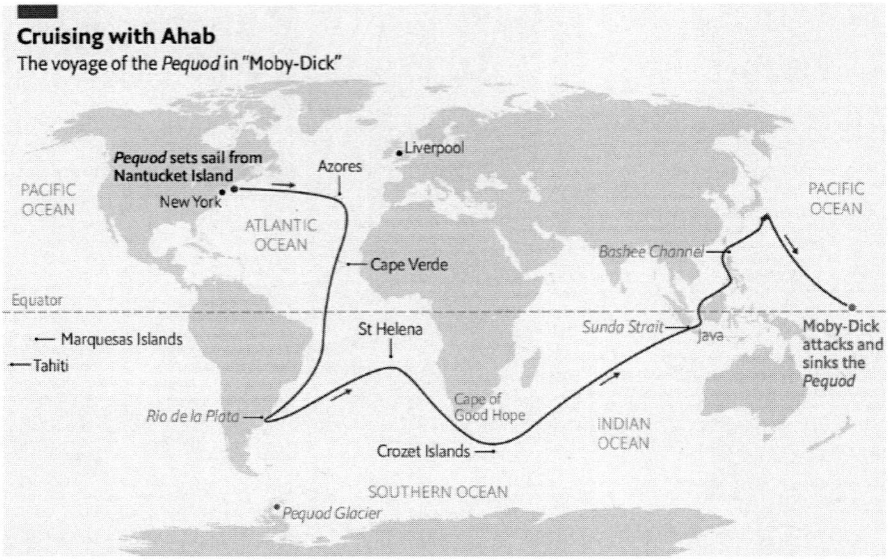

출처:The Economist

바꾸었던 1700년대 영국인들은 주로 나무를 때서 요리와 난방을 하였는데, 이는 당연히 산림파괴의 원인 중 하나였다. 영국에서 이미 최초의 증기기관차가 운영되던 1800년대 초반 미국에서는 연료용 목재 소비가 정점을 달해 있었고 1860년대만 해도 전체 연료 중 80%를 나무로 조달하였다고 한다. 당시 포경을 통해 얻는 고래기름이 연간 60만 배럴[47]이었던 점을 고려할 때 인류의 에너지 소비를 채우기 위해서는 역부족이었을 것이고 따라서 당연히 고래기름은 단지 사치품일 뿐 실제 에너지원으로 활용되지는 못했을 것이다.

어쨌든 고래기름의 수요가 증가하자 사람들은 자연스럽게 대체품을 찾게 되었는데, 1849년 새무얼 키얼은 그의 아내가 의사로부터 처방받은 "미국식 의료기름[48]"을 보고 사업을 구상하였고, 이를 작은 병에 담아 팔다가 어떤 화학자의 도움으로 석유를 정제하여 맑은 액체로 만들게 된다.

---

47) 현재의 전 세계의 원유 생산량은 하루 1억 배럴에 육박한다.

48) 약의 성분은 페트롤리움, 즉 석유였는데, 과거 아메리카 원주민인 이로쿼이족이 벌레를 쫓거나 상처에 바르는 등 수백년 전부터 이미 사용하고 있었다고 한다.

연소 반응

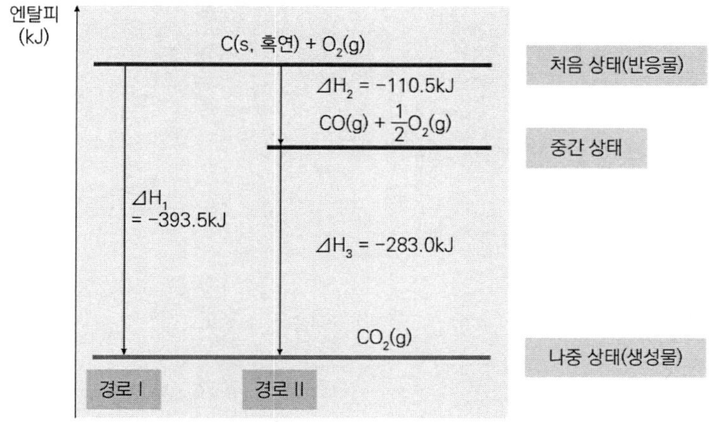

〈물의 분해 ..... 흡열반응〉

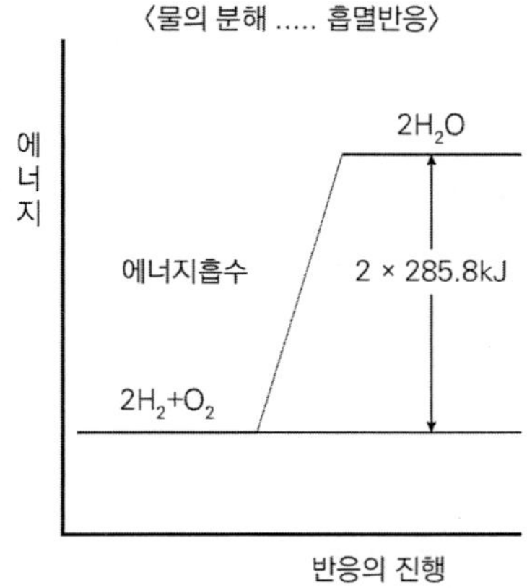

$2H_2O + 2 \times 285.8kJ \rightarrow 2H_2 + O_2$

$(2H_2O \rightarrow 2H_2 + O_2 - 2 \times 285.8kJ)$

〈물의 합성 ..... 발열반응〉

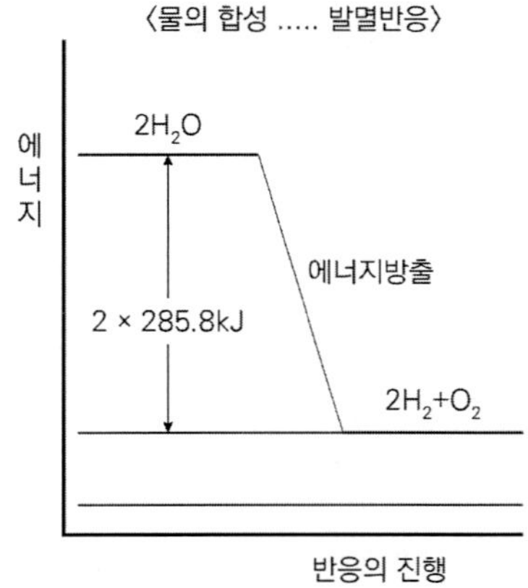

$2H_2 + O_2 \rightarrow 2H_2O + 2 \times 285.8kJ$

당시에 이미 많은 사람들이 석유 사업을 시도했지만 키엘은 피츠버그 시내에서 최초로 산업 규모의 석유 정제공장을 만듦으로써 석유산업 발전의 시초가 된다. 그 이후, 뉴욕의 투자자들이 펜실베니아에서 엔지니어를 고용하여 석유시추작업에 착수하는데, 암염 채굴 전문가였던 에드윈 L. 드레이크는 1859년 최초로 다이투스빌에서 석유 시추[49]에 성공한다. 이 유전에서 발견된

49) 석유의 최초 발견과 활용은 아마도 아메리카 원주민이 가장 먼저였지만 최초로 유전을 굴착하고 개발하여 석유의 대량생산 가능성을 발견했다는 점에서 의의가 있다.

셀룰로스(Cellulose) 분자구조

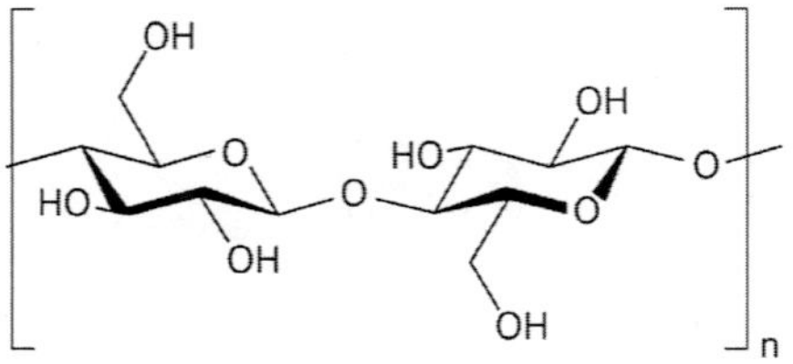

출처: Wikipedia

석유를 정제한 캐러신(Kerosene, 등유) 보급이 확대되면서 고래기름은 빠르게 대체되어 갔다.

석유가 생산된 이후 40년간은 주로 고래기름 등을 대체한 조명용으로 사용되었다. 1839년 출생한 존 D. 록펠러는 조명등으로 큰 부를 축적하게 된다. 그 이후 조명등은 전기로 대체되었고, 석유는 자동차 연료가 되었으며 더 나아가 제1차 세계대전의 연료가 된다. 석유의 역사가 이렇게 오래되지 않았음에도 불구하고 1900년대 미국 연료 소비량 중 나무의 비중은 20%를 밑돌았고 〈위대한 개츠비〉의 시절인 1920년대에는 7.5%까지 떨어졌다고 한다. 개츠비에게 총을 쏜 사람도 주유소 사장님이었다.

석유 이전의 주요 에너지원이자 산업혁명을 불러일으킨 석탄은 연료로서 나무뿐만 아니라, 1705년 토마스 뉴커먼이 최초로 발명한 증기기관[50]을 통해서 인간과 동물 근육의 힘으로 했던 '일'[51]도 대체하기 시작한다. 그전까지는 광합성을 통해 태양에너지로 성장한 식물과 그런 식물을 먹은 동물을 섭취함으로써 얻은 근육의 힘을 이용하거나 탄소를 담고있는 나무나 숯을 태움으로써 '일'을 하였는데, 이제부터는 태양에너지가 함축된 화석원료를 쓰게 된 것

50) 현대 문명의 시작인 증기기관은 결국 열역학 제1, 제2법칙을 근간으로 하는데 나폴레옹(1769−1821)의 각료였던 프랑스 물리학자 카르노 〈열 및 열 기관에 관한 고찰〉을 통해서 처음 등장하였다.

51) 물리학에서 '일(Work)'이란 물체에 힘을 가했을 때 힘과 힘이 가해진 방향으로 움직인 거리를 곱한 물리량을 의미하며 일−에너지 정리에 따라 작용한 힘에 의해 변환된 에너지의 총합으로 표현할 수도 있다.

리그닌(lignin) 분자구조

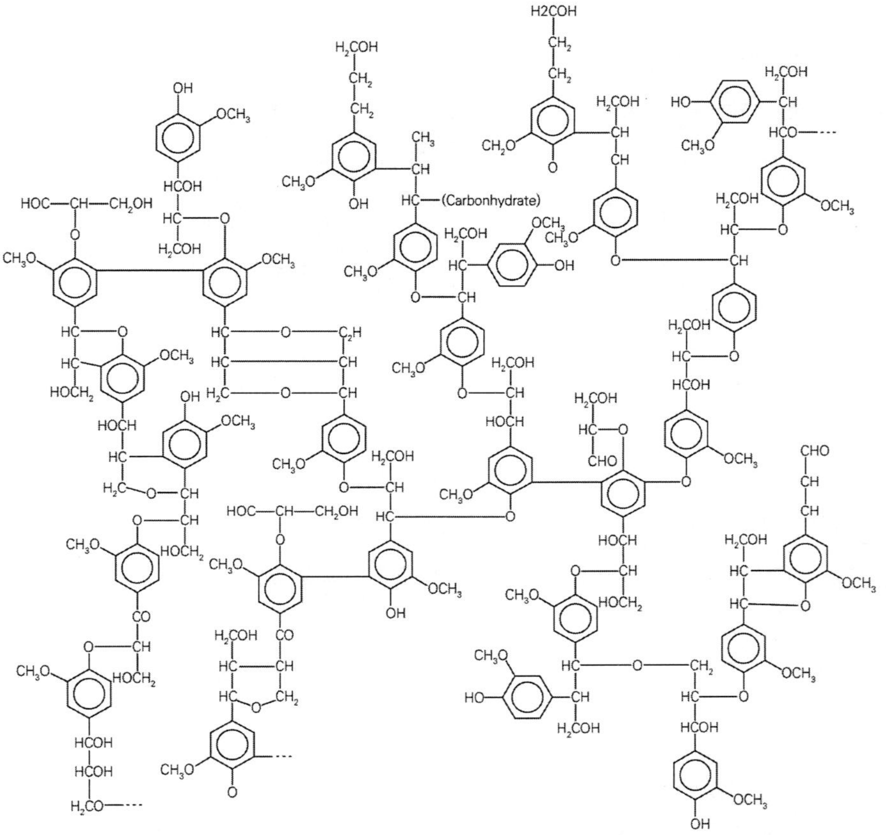

출처: Wikipedia

이다. 즉, 산업혁명을 통해 이루어낸 현대 문명은 결국 화석 연료에 담긴 밀집된 탄소 덕분이다. 탄화수소[52] 내 탄소 원자와 공기 중 산소원자가 결합하면 열이 발생하고, 이 열이 물을 끓여 액체를 기체(증기)로 바꾼 것이다. 증기기관은 이 증기의 힘을 운동에너지로 변환하는 장치이다.[53]

---

52) 탄소화합물의 일종으로 탄소와 수소로만 이루어진 유기화합물이다. 가장 간단한 탄소화합물은 메테인(CH4)이다. 메테인(Methane)은 영어식, 메탄(Methan)은 독일식이다.

53) 탄소와 산소(반응물)가 결합하여 이산화탄소(생성물)가 되는 화학반응은 열이 나오는 발열반응인데, 만약 탄소 원자가 아니라 탄화수소가 반응물이었다면 이 과정에서 물(액체)도 생성된다. 이 물(액체)는 열에 의해 기체가 되는데 그 과정에서 열을 흡수하기 때문에(잠

석탄이 만들어진 석탄기는 3억 6천만 년 전부터 3억만 년 전인 약 6천만 년의 기간을 의미하는데, 이 시기에 성장한 식물들이 썩지 않고 땅속에 깊이 묻혀서 석탄이 만들어졌다고 한다. (과학적으로 증명하지 않은 가설 중 하나이다) 일반적으로 식물은 광합성을 통해 공기 중 탄소를 얻어 성장하다가 죽으면 부패하고 분해되어 다시 이산화탄소 등의 형태로 공기중으로 돌아가 탄소순환을 이루는데, 석탄기에는 저지대 습지 환경 때문에 숲에서 무성하게 자란 나무들이 죽어서도 충분히 부패하기 전에 산소가 없는 땅속에 묻히게 되었다고 한다. 당시 지구는 초대륙 판게아로 합쳐져있던 시기이고 적도에 위치한 열대 습지 지대 나무들은 아직 포자로 번식하던 때였으며, 결정적으로 아직 나무를 분해하여 탄소순환을 도와줄 균류가 생화학적으로 준비가 되어 있지 않았다고 한다. 나무가 크고 높게 자라기 위해서는 리그닌이라는 분자구조가 필요한데, 리그닌은 셀룰로스[54]보다 분해가 어려웠고, 당시의 균류는 아직 단단한 리그닌을 분해하지 못했기 때문에 상당한 나무가 썩지 못하고 쌓였던 것이다.

석탄기의 울창한 숲은 공기 중의 이산화탄소를 빨아들여 성장하였고, 대기중 온실가스의 농도는 지속적으로 감소하여 결국 지구의 냉각화를 부추겼다. 거기에 지구 궤도 흔들림에 의해 빙하 시대처럼 해수면 상승과 하강이 주기적으로 반복됨에 따라, 이렇게 썩지 못한 나무들이 해양 퇴적층에 묻혀 석탄층이 되었다고 한다. 웨일스 남부 및 영국 중부는 이렇게 만들어진 석탄과 함께 철광석이 나란이 매장되어 있었기 때문에 산업혁명이 발생할 수 있는

열)이 발전소 설계 시에 저위발열량(LHV, low heating value), 고위발열량(HHV, high heating value)의 개념이 존재한다.

54) 식물은 광합성을 통해 녹말과 셀룰로스를 생성하는데, 전자는 생명유지를 위한 에너지로, 후자는 줄기나 잎을 만드는 등 성장의 역할을 한다. 리그닌은 주로 목재나 줄기부분에서 확인할 수 있는 물질로서 셀룰로스보다 분해가 더 오래 걸린다는 특징이 있다. 셀룰로스와 리그닌 안에 있는 당을 추출, 발효시켜 에탄올 연료로 증류시키면 바이오연료가 된다. 효소전환법이라고 한다. 화학적 측면에서 보면 근본적으로 화석연료와 동일한 바이오연료가 화석연료와 다른점은 바이오연료는 '지역적 자원'이고 계절에 따른 '수확'이 필요하기 때문에 상시이용 및 보관이 어렵다는 점이다.

19세기 영국의 석탄매장지(좌)와 1712년 발명된 뉴커먼의 증기기관(우)

출처: BBC

지리적 환경이 갖추어져 있었고, 이 석탄기의 석탄층이 프랑스 북부와 벨기에, 독일까지 발견되면서 유럽의 산업혁명을 이끌게 된다.

1859년 드레이크가 시추에 성공하면서 석탄 다음으로 쓰이게 된 석유는 현대 사회를 돌아가게 하는 원동력이기도 한데, 석유가 매력적인 이유는 석탄에 비해 운반이 쉽고, 상대적으로 매장량이 풍부하며 무엇보다 에너지 회수율이 아주 높을 뿐만 아니라 윤활류, 플라스틱이나 의약품의 원료, 식량 생산을 위한 비료와 살충제,[55] 제초제 등 쓰임이 다양하기 때문이다. 처칠은 석유로의 전환을 "더 작은 규모와 더 적은 비용으로 더 많은 화력과 더 많은 속력"을 얻는 것이라고 했다.

55) 우리가 천연가스로 알고 있는 메탄의 분자식은 CH4인데, 여기서 수소를 염소(Cl)로 하나씩 교체할 때마다, 클로로포름(CHCl3)나 이염화메탄(CH2Cl2) 등으로 성질이 변화하며 점점 독성이 강해진다. 이런 물질들을 이용한 살충제를 유기염화계라고 부른다. 한때 기적의 물질로 불렸지만 이제는 그 독성 때문에 사용이 금지된 DDT 살충제도 그중 하나이다. 참고로 염산으로 불리는 염화수소의 분자식은 HCl이다.

석탄이 석탄기의 습지 숲으로 만들어졌다고 한다면, 석유와 천연가스는 지금은 사라진 테티스 해에서 약 1억 5,500만 년 전 및 1억 년 전, 두 번에 걸쳐 번성한 작은 해양플랑크톤의 유해로 만들어졌다고 한다. (석탄과 마찬가지로 아직 가설단계이다) 이 단세포 광합성 미생물은 해양 생태계의 1차 생산자인데, 플랑크톤이 죽으면 사체가 해저로 가라앉고, 전 지구적인 해수 순환 덕분에 해저까지 산소가 공급되면 해저에 쌓인 유기물질 역시 세균에 의해 분해되어 탄소순환이 발생한다. 하지만 당시 쥐라기(2억 년 전부터 1억 4,500만 년 전까지) 및 백악기(1억 4,550만 년 6,600만 년 전까지)의 지구는 기온이 높아 해수면도 높은 상태였고, 그에 따라 플랑크톤이 많이 번식하였지만, 차가운 물을 만들어 순환을 일으킬 극지방의 얼음이 없어서 해수 순환은 잘 일어나지 않았다고 한다. 따라서 많은 플랑크톤이 죽어 가라앉았음에도 불구하고 해저에 산소가 부족하여 이 사체들이 분해가 되지 않아 유기질이 풍부한 검은색 진흙으로 남겨졌고, 이 진흙이 지각변동에 의해 오랜 기간 지구의 내부열을 받으면서 분자구조가 변해 긴 사슬 모양의 탄화수소 화합물이 된 것이 현재의 석유와 천연가스가 되었다고 한다.

이동수단의 연료인 휘발유나 경유 혹은 대형 선박이나 비행기에 필요한 중유나 항공유뿐만 아니라 금속 제련이나 난방 도료나 세척, 각종 섬유 제조 등 쓰임이 많은 석유를 다루는 석유산업은 기본적으로 장치산업으로 국가적인 정책 지원과 감독 아래 운영되는 것이 일반적이다. 대형 에너지회사인 엑손모빌이나 쉘, BP, 쉐브론 등을 제외하면 사우디의 아람코, 러시아의 가즈프롬, 인도네시아의 페르타미나 등 대부분의 석유관련 회사는 국가소유이다.

현재까지는 석유를 완벽하게 대체할 만한 자원이 없기 때문에 석유 산업은 가격비탄력적이라는 특징이 있다. 현대에는 식물을 통한 Bio−fuel이나 천연가스 연소과정에서 혹은 대기 중에서 직접 질소와 이산화탄소를 추출하여 만들 수 있는 대체연료를 개발하거나 전기나 수소같이 아예 석유와 관련이 없는 에너지원을 개발하고 있지만 아직까지 경제성 면에서는 떨어지는 것 같다.

국가별 원유 매장량

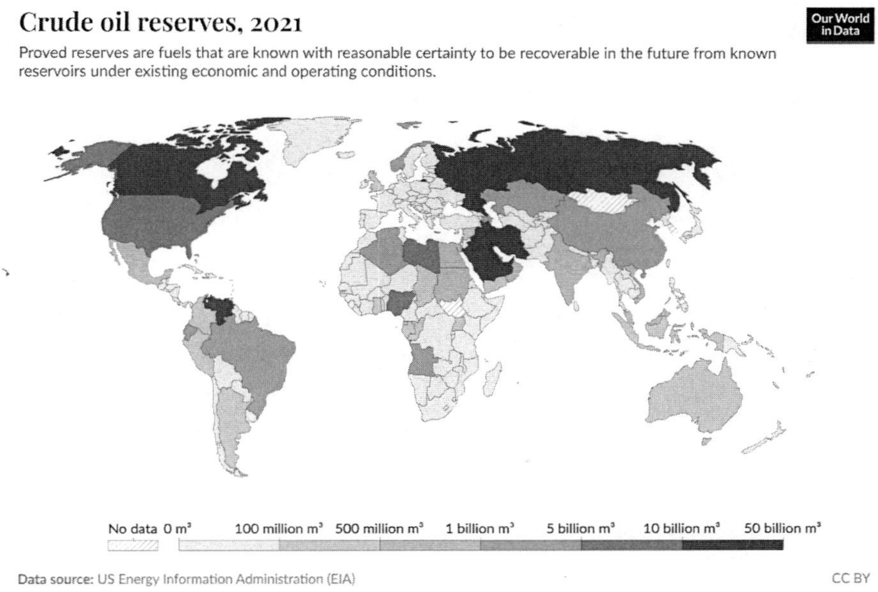

출처: Our world in Data

비록 현재는 미국의 생산량이 압도적이지만 과거에는 국제적으로 중요한 유전 중 상당수가 종교적인 영향력이 큰 중동지역에 집중되어 있었기 때문에 석유가 정치 및 경제, 즉 자본주의에 미치는 영향이 상당했다. 1973년, 1979년의 중동에서 시작된 두 차례의 석유 파동은 결국 종교적인 갈등에 기인한다. 제2차 세계대전 직후, 이스라엘에 건국된 제1차 중동전쟁(1948년)을 시작으로 수에즈 운하 국유화에 따른 제2차 중동전쟁(1956년), 그리고 현재 이스라엘이 확고한 입자를 확보하게 한 제3차 중동전쟁(6일 전쟁)(1967년)을 통해 점차 깊어지는 갈등 속에서 발생한 대규모의 팔레스타인 난민 문제[56] 및 이스라엘의 팔레스타인 점령 상황을 타개하기 위한 이집트의 공격이 제4차 중동

56) 팔레스타인들도 이제는 그들 중 일부가 피난 간 아랍 국가에서조차 자신들에게 시민권을 주고 사회 내 통합시키기보다는 2등 시민 위치에 머물게 할 것이라는 점을 잘 알고 있다. 그렇기 때문에 주한·주일 팔레스타인 대표인 왈리드 시암이 이야기한 것과 같이 하마스는 단순 테러집단을 넘어서 이데올로기가 된 것이라고 이해할 수도 있다.

전쟁(1973년)이다. 제4차 중동전쟁 때 사우디아라비아는 아랍 연합군을 지원할 목적으로 이스라엘에 대한 미국의 군사적 지원 중단을 요구하며 석유의 무기화를 단행한 것이 1차 석유파동의 직접적 원인이다. 이때 벌어들인 엄청난 오일머니는 1970~1980년대 우리 선배 세대들이 중동에서 건설 공사를 수주[57]하며 대한민국 경제성장에 이바지할 수 있는 원동력이 되었다. 2차 석유파동은 1979년 이란에서 이슬람혁명이 성공하면서 발생하였다. 미국 입장에서는 중동지역에서 소련을 견제할 친서방 정권 중 하나였던 이란이 이슬람 신정국가로 바뀐 것이고, 석유 국제시장에서는 대규모 공급처가 갑자기 사라지면서 수요-공급에 따라 가격이 급등하게 된다.

원유는 크게 세 가지 가격 기준선을 가지고 있다. 페르시아만에서 석유가 처음 발견된 것은 1908년 이란이고, 그 이후 1927년 이라크, 1932년 바레인, 1938년 쿠웨이트 및 사우디에서 유정이 확인되면서 만들어진 '두바이유', 1969년 10월 노르웨이 인근의 에코피스크 유전에서 시작된 '브랜트유', 미국 '서부텍사스중질유(WTI)'가 있다. 서부텍사스중질유는 비중이 낮고 유황이 적은 고급 원유인데 1912년 유전이 발견되면서부터 현재까지 텍사스 쿠싱은 주요 석유파이프라인이 합류하는 중요한 마을이다. 1983년 선물시장에서 원유가 거래되기 시작했을 때, 시장은 물리적인 인도장소를 필요로 했고, 많은 파이프라인이 지나가며 미국의 중심부에 자리잡은 쿠싱이 그 대상이 된다.

1983년 3월은 원유의 선물계약 거래가 시작된 역사적인 날이다. 선물시장의 기원은 19세기 중서부의 농산물 선물시장부터 시작하는데, 다른 선물시장 방식과 동일하게 석유를 생산하고 소비하는 사람들에게 '위험관리 툴'을 제공한다. 이런 실생산자와 실소비자를 연결해주는 것이 바로 스페큘레이터인데 이들은 물리적인 상품인수보다는 '가격의 움직임을 제대로 예측'함으로써 이득을 취하려는 사람들이다. 스페큘레이터가 없으면 실생산자와 및 실소비자들은 가격 변동의 위험을 피할 수 없기 때문에 스페큘레이터는 중간에서

57) 제1호 중동 건설 공사 수주는 1973년 삼환기업이 사우디아라비아에서 수주한 알울라-카이바 고속도로이다.

2020년 한국의 에너지 밸런스

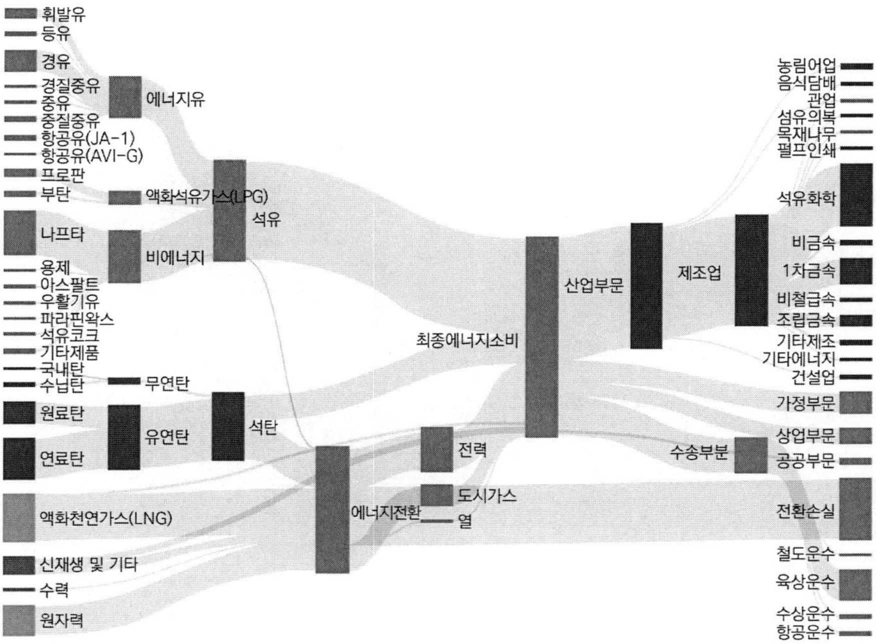

출처: 한국에너지기술연구원 기술정책플랫폼

필수적인 역할을 한다고 할 수 있다. 투기(Speculation)[58]이라는 단어가 오해를 만들 수는 있지만 이는 비상업적인 플레이어(시장조성자, 본격적인 투자자 혹은 기술적 분석에 따라 움직이는 트레이더)를 지칭하는 것으로 특히 선물시장에서 스페큘레이터는 유동성 제공과 거래상대방의 역할을 수행하게 된다.

석탄·석유와 함께 주요 1차 에너지원 중 하나인 천연가스는 지하나 해저 가스전에서 뽑아내는 메탄 위주의 가스인데, 액화시키면 부피가 1/600으로 줄어들어 대량운송이 가능한 장점이 있다. 전체 생산량의 절반은 미국 및 캐나다, 러시아가 차지하며 중국, 이란, 카타르, 호주 등이 그 다음을 차지한다. 우크라이나와 러시아 전쟁이 발발했을 때 유럽에 중요했던 에너지 시설물 중 하나는 북해를 통해 러시아와 유럽 본토를 바로 연결하는 노드스트림 가

58) 투기를 목적으로하는 매니퓰레이터(Manipulator)와는 구별되어야 한다.

국가별 천연가스 매장량

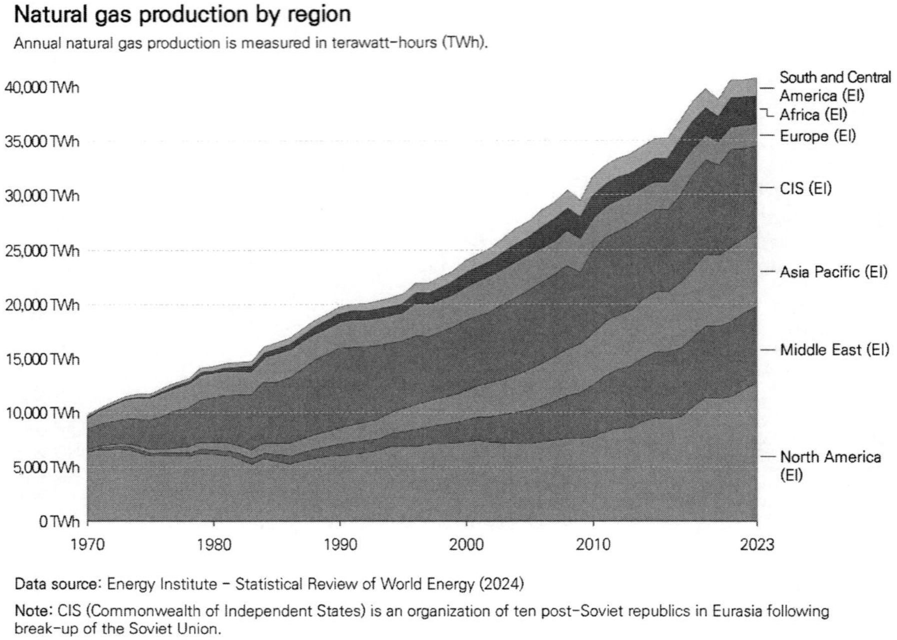

출처: Our world in Data

스관이었다. 노드스트림2 가스관(파이프라인)까지 운영이 개시되면 기존에 동유럽(특히 우크라이나)을 관통하여 가스를 공급하던 육상파이프라인에 대한 의존도가 줄어들게 되고 이는 곧 육상파이프라인을 이용하는 대가로 러시아가 우크라이나에게 지급하던 수수료를 지급하지 않아도 된다는 의미였다. 실제로 2005년부터 2010년까지 러시아와 우크라이나 분쟁기간 동안 수차례에 걸쳐 러시아산 가스공급이 차단되었었다. 이제는 폐기되거나 중단되었지만 사우스 스트림(불가리아)이나 투르크 스트림(튀르키예) 프로젝트 역시 이런 갈등때문에 우크라이나를 우회하고자 했던 시도들이었다.

결과적으로 노드스트림2의 건설은 기존의 육상파이프라인을 통해 협상력을 확보하고 있던 우크라이나에게도, 자신의 동맹국인 유럽이 에너지 측면에서 러시아에 대한 의존도가 높아지지 않을까 우려했던 미국에게도 좋을 것이 없었는데 2021년 미국 정부가 이 사업을 승인하면서 러시아로 하여금 '우

러시아와 독일을 연결하는 노드스트림 가스관

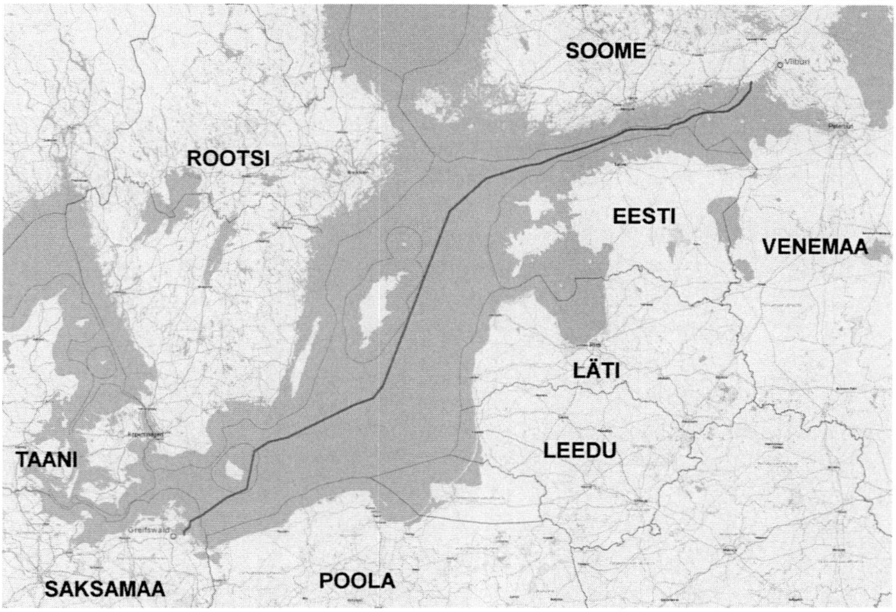

출처: Wikipedia - Open Street Map

크라이나에 대한 전쟁을 일으켜도 되겠다'는 잘못된 인식을 주었을 것이라는 해석도 있다.

한편 유럽은 자체적으로 러시아를 견제하기 위해 주요 육상 파이프라인이 지나가고, 러시아와 국경을 맞댄 우크라이나를 북대서양조약기구(NATO, North Atlantic Treaty Organization)에 가입시키려고 했는데, 이를 심히 탐탁치 않게 여긴 러시아가 자신의 권리를 주장하며 벌어진 것이 러시아–우크라이나 전쟁의 표면적인 원인 중 하나이다. 역사적으로 보면 러시아가 처음 하나의 국가로 수립된 곳도 바로 우크라이나의 수도인 키예프였고 1648년부터 우크라이나는 러시아제국의 한 부분이었음에도 불구하고, 1991년 소련이 해체한 뒤로는 파이프라인에 의한 갈등이 커져왔으니 결국 분쟁의 핵심은 인권도 종교도 아닌 에너지 및 이에 관련된 돈의 문제인 것이다.[59)]

59) 모든 국가 간의 분쟁이 그렇지만, 우크라이나–러시아 전쟁의 원인이 단순히 에너지뿐만은

러시아–우크라이나 전쟁이 유럽지역의 국지적인 육상 가스파이프라인 문제라면, 전 세계적으로는 해상운송이 핵심이다. 세계 최대 가스전인 노스필드/사우스파 가스전은 페르시아만 가운데 위치하는데 고기잡이와 진주 채취가 주업이었던 카타르가 1차 세계대전이 끝나고 오스만투르크 제국이 무너지자 영국보호령이 되었고, 1971년 카타르 북부의 노스필드 가스유전이 개발되면서 라스라판(Ras Laffan) 산업단지가 개발되고 부국으로 올라선다. 이 가스전은 이란의 사우스파 가스전과 같은 구조로 사실상 하나의 가스전인 셈이다.

미국도 원래는 천연가스 수입국이었으나, 2002년 데본의 수평시추법과 미첼의 프래킹 기술을 통한 셰일가스 혁명으로 2011년 미국 천연가스 공급량에서 비재래형 가스가 차지하는 비중이 급격히 늘었고 그 결과 미국도 천연가스 수출국으로 만들었다. 미국 내 대형 LNG액화 수출터미널 사업은 글로벌 프로젝트파이낸싱에서도 매우 중요한 사업들이 되었다. 이렇게 생산된 (석유 및) 천연가스 상당수가 유조선 및 가스선 등 해상을 통해 전 세계로 배달된다.

따라서 과거 대항해시대 때 무역로로서 중요했던 지블로터 해협 및 말라카 해협 등 주요 천연 해협들뿐만 아니라 파나마 지협(운하),[60] 수에즈 운하 등 새롭게 건설된 주요 해상운송 요충지, 주요 산유국인 중동지역의 호르무츠 해협과 바브엘만데브 해협, (1차 세계대전 때도 그랬고 우크라이나–러시아 전쟁에서도 확인하였지만) 흑해에서 시작하여 지중해를 거쳐나가는 터키의 두 해협(보스포러스 해협, 다르다넬스 해협) 역시 지정학적으로 더욱 중요해졌다. 따라서 각

아닐 것이다. 일부 전문가들은 부동항이 필요한 러시아의 약점 때문이라고 생각하는데 러시아가 2014년 크림 반도를 합병한 것도 임대차 계약으로 확보했던 세바스토폴항을 지키기 위함이라는 것이다. 하지만 그마저도 흑해에서 지중해로 나가기 위해서는 NATO 회원국인 튀르키예의 보스포러스해협을 지나쳐야 한다. 따라서 우크라이나의 NATO 가입은 러시아에겐 큰 위협으로 다가올 수 있다. 또한 러시아의 부동항에 대한 필요성은 1979년 소련이 아프가니스탄을 침공했던 이유 중 하나일 수 있다. 소련은 그동안 눈독들였던 파키스탄 발루치스탄주 남부의 과다르 항구에 영향력을 확보하고 싶었을 것이라는 주장도 있다.

60) 원래는 지협이었으나 그 중요도가 증가하면서 이미 16세기 초 운하 건설에 대한 아이디어가 있었다고 하고, 이를 1880년대에 프랑스가, 1904년 미국이 실제 건설에 착수하여 운하가 된다.

전 세계 12개의 주요 해협

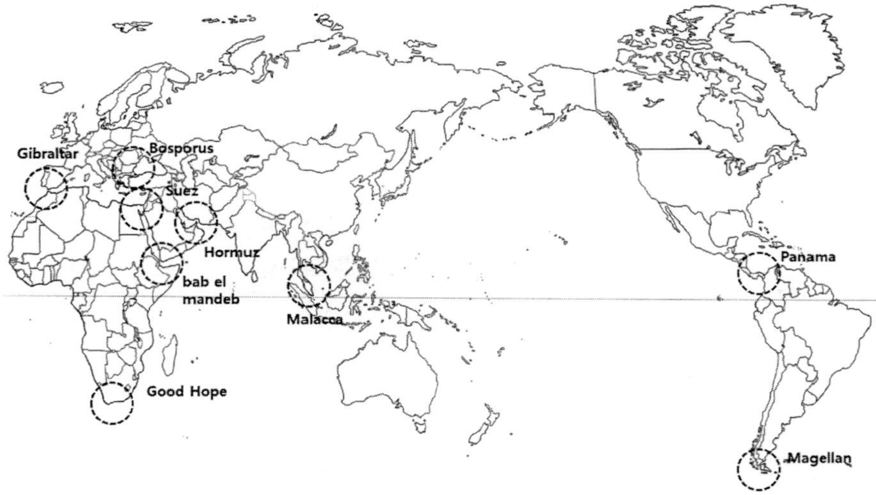

나라는 자신들의 이권을 유지하기 위해 각 해협을 보호할 목적으로 해군력을 강화한다.

나무에서 석탄 및 석유로 이어지는 에너지 전환은 화학적 관점에서 보면 결국 연소되는 탄소의 양이 증가하는 방향으로 바뀐 것이다. 석탄은 대략 수소 원자 하나당 탄소 원자 하나로 이루어져 있고, 석유는 탄소원자 하나당 2개의 수소가, 천연가스는 탄소 원자하나당 수소원자 4개가 붙어있다. 즉, 에너지 밀도가 낮은 연료에서 밀도가 높은 연료로 대체·전환되고 있는 것이다.

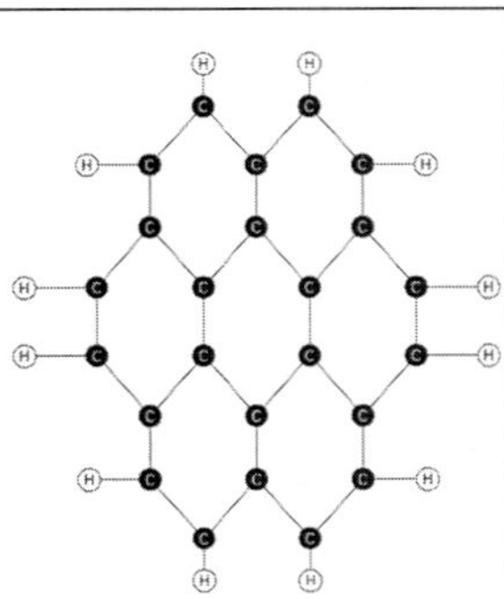	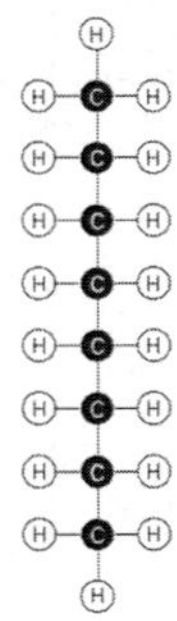	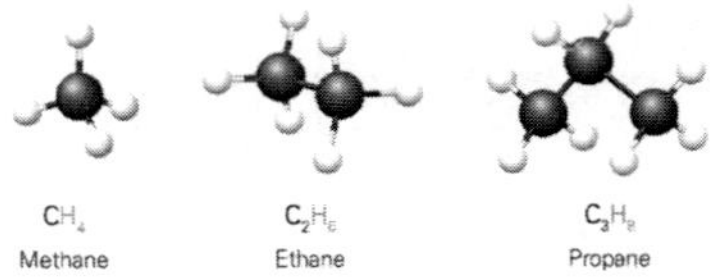
석탄	석유	천연가스

이러한 에너지 전환을 다른면에서 본다면 같은 에너지를 얻더라도 지구 표면을 덜 차지하거나 덜 파괴하는 방식으로의 진화라고 볼 수도 있다. 만약 석탄이나 석유를 활용하지 못했다면 아마도 우리는 여전히 나무를 연료로 취하면서 상당한 산림을 지속적으로 파괴하고 있을 수도 있고, 그에 따라 인구의 증가가 멸망을 가져온다는 맬서스의 예측이 맞아떨어졌을 수도 있다.

따라서 천연가스를 대체할 미래에너지로 수소가 부상한 것은 어찌보면 자연스럽다고 할 수 있다. 이미 많은 가스터빈제조사나 복합화력발전소에서 수소를 혼합하여(혼소) 혹은 수소 100%로 연소(전소)시켜 터빈을 가동시키는 실증연구가 지속되고 있고 실제적인 성과도 도출되고 있는 상황이다. 수소(기체)는 산소(기체)와 만나서 물(액체)이 되는 과정은 폭발적인 발열반응이기 때문에 이를 천연가스의 대용으로 활용하고자 함이고 발열량 측면에서도 다른 전통적인 발전원보다 분명 우수하다.

다만 액화천연가스(LNG)처럼 아직은 액화수소의 대규모 해상 운송에 대해 경제성이 확보된(상용화된) 기술이 없는 상태이다. 그 대안으로 수소보다 운송이 편리하도록 암모니아(NH_3)로 바꾸어 운송하는 것은 현재의 LNG수송선 기술로도 가능하지만 암모니아를 수소로 다시 환원하는 과정은 두 원자를

연료별 열역학적 특성

구분	암모니아	수소	메탄	가솔린	디젤
열용량 비율	1.32	1.41	1.32	1.4	1.4
연소범위(FL.% vol.)	15.8-28	4-76	4.4-17	1.4-7.6	1-6
옥탄가	>130	>100	130	87-93	0
자연 발화 온도 (°C)	651	530	537	440	225
스토이크, 공연비(질량)	6	34.3	17.1	15	14.6
저위 발열량(Kcal/Kg)	4490.31	28,661.5	11,996.18	10,150.95	10,748.07
stoich에서 에너지 함량 (Kcal/Kg. 공기=1)	747.588	835.961	697.43	675.93	735.65
CO_2 배출비율(%)	0	0	9.5	12.5	12.6
Patm에서의 층류 화염 속도 100°C(m/s)	0.12	35	0.38	0.42	

출처: 가스신문

연료전지의 원리

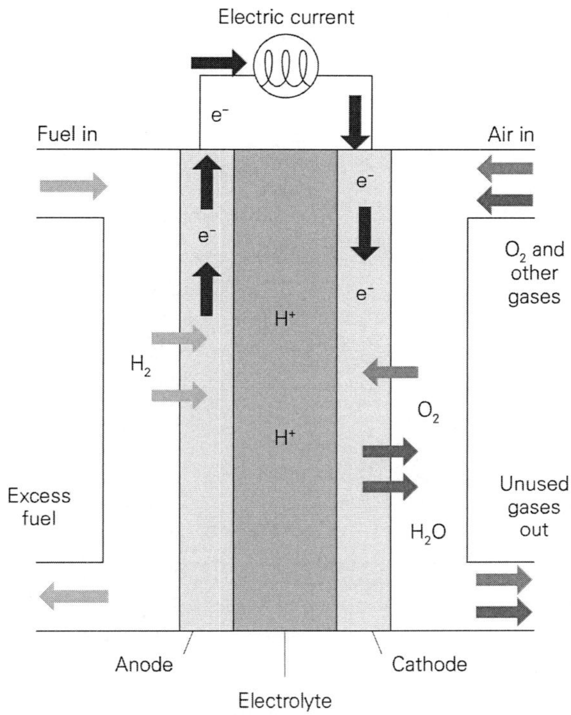

출처: Wikipedia

분리하는 흡열반응이기 때문에 추가적인 에너지(비용)가 소모되고, 암모니아 자체를 직접 연소시키에는 발열량이 현격히 떨어진다는 단점이 있는 상황이다. 앞으로의 기술 개발을 통해 극복해나가야 할 숙제이기도 하다.

수소를 이용하는 또 다른 방식으로 수소와 산소를 결합시키는 산화-환원반응을 통해 전기를 만드는 연료전지가 있다. 결국 세상의 많은 것들이 전기로 작동할 수 있게 된다면 전력수급이 문제인데 전기는 한 번 생산되면 저장하기가 어렵다는 단점이 있는 자원이다. 하지만 연료전지는 수소만 공급되면 탄소를 배출하지 않고 발전할 수 있고, 전기와 다르게 수소는 (상용화된 기술이 등장하면) 전 세계 어디에서 생산되든 운송이 가능할 수 있기 때문에 발전원으로서 경쟁력이 있다는 것이다.

2차 에너지로서 수소의 수요 예상

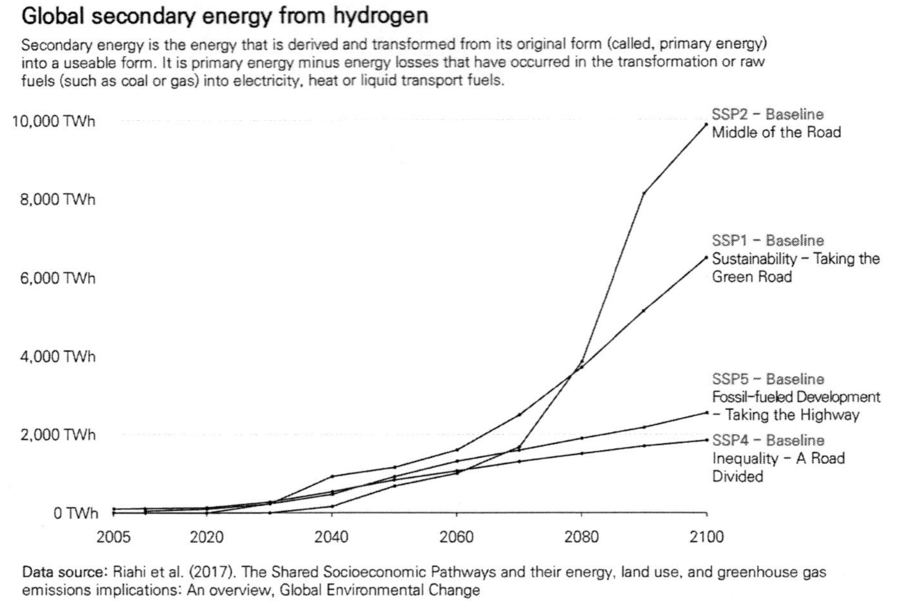

출처: Our World in Data

그럼 이렇게 유용한 수소를 어디서 얻을 것이냐가 중요한데, 현재는 수소를 얻는 방식에 따라 크게 그레이수소, 블루수소, 그린 수소로 나누고 있다. **그레이수소**는 천연가스 등 개질(Reform)하여 수소와 탄소로 분리한 뒤 연료전지가 운영되는 방식이다. 현재 우리나라의 수소발전의무화제도(HPS, Hydrogen Energy Portfolio Standard)를 통해서 일시적으로 허용하고 있다.[61] 이 그레이수소 시설에 탄소포집정설비(CCUS)를 달아 대기중 온실가스 배출을 막는 **블루수소**, 그리고 전기를 이용해 물을 산소와 수소로 분리하는 수전해 설비를 이용하여 수소를 생산하되 여기서 사용하는 전기 100%를 신재생에너지에서 구하자는 **그린수소**도 있다. 또한 기존 전력망으로 수전해 설비를 자동시키자는 **황색수소**, 원자력발전으로 수전해 설비를 돌리자는 **핑크수소** 등의 개념도 존재한다.

61) HPS가 최종적으로 나아가려는 방향은 그린수소이다.

수소의 활용가능성을 고려할 때 수소의 대량생산과 수송기술의 발달하여 국제무역이 활발해지면 기존 유전의 위치에 의해 결정되었던 지정학적 중요도가 달라질 수 있다. 아직까지는 수소가 석유의 활용 영역 중 연료나 발전원의 역할만 대체할 수 있지만, 폐플라스틱 등 다른 석유화학산업에서도 기술발전이 이루어져 원유 자체의 수요가 감소한다면 지정학적 중요도 변화의 폭이 클 수도 있다. 최소한 IPCC가 작성한 UN보고서상 SSP(shared Socio-economic Pathways)시나리오를 보면 향후 수소의 활용 증가는 분명한 것 같다.

기존에는 산유국이 아니었던 국가들도 중동만큼 경쟁력 있는 그린 수소를 생산하여 수출할 수 있을지 모른다. 각 주별로 수소를 담당하는 장관을 임명할 정도로 호주는 꽤나 열정적인데 이미 동북아시아로 천연가스를 수출하던 국가이기도 하거니와 전 국토 중에서 사람이 사는 영역이 적고 태양광과 풍력 등 재생에너지 자원이 풍부하기 때문이다. 이를 이용한 그린수소 혹은 그린 암모니아를 수출하는 국가로 변신하겠다는 목표로 현재 다수의 한국회사들과 함께 사업을 개발 중에 있다. 북유럽에서는 원해에서 신재생에너지(해상풍력)로 그린수소를 생산하여 수출하는 섬을 만들자는 계획도 존재한다. 전통적인 에너지 강국인 중동도 새로운 에너지원에 대한 관심이 높다. 하지만 이러한 변화에도 눈하나 꿈쩍 안 하는 나라는 미국뿐인 것 같다. 최소한 2025년 트럼프 2기 행정부는 과거와는 다른 에너지 정책 방향성을 가지고 있는 듯하다.

원자로 이루어진 세상

수소와 함께 우리나라 에너지산업의 주요 화두는 역시 원자력이다. 원자력발전은 핵의 분열에서 나오는 에너지를 이용하는데, 이때 쓰이는 원료가 우라늄(U235)[62]이다. 화학적으로 생각해보면 그 대상이 나무든 석유/석탄이든

62) 자연에서 얻을 수 있는 우라늄은 대부분 U238이고 핵분열이 가능해 원자력발전의 원료로 사용되는 우라늄은 중성자가 더 적은 U235인데 전체 우라늄 부존량의 0.7% 수준이라고 한다. 이를 농축하여 3~20%까지 높여야 핵원료봉으로 쓸 수 있다. 핵폭탄으로 쓰기 위해서는 핵분열이 '폭발'적으로 일어나야 하는데 이를 위해서는 농축량을 90%까지 높여야 한다

'연소'한다는 것은 탄소와 수소가 결합되어 있는 상태를 열을 가해 화학적으로 분해한 뒤, 산소와 결합시킴으로써 에너지를 얻는 것이다. 그 에너지(열)로 터빈을 직접 돌리거나 보일러 안의 물을 끓여 증기로 터빈을 돌림으로써 우리가 필요한 2차 에너지(전기)를 얻는다. 탄소는 산소와 결합하여 이산화탄소를 만들고, 수소는 산소와 물을 만든다.

반면 원자력발전은 우라늄안에 결합되어 있는 중성자를 물리적인 힘으로 쪼개 분열시킴으로써 열에너지를 만들고, 이 에너지로 보일러 안의 물을 끓여 증기를 만든다. 열을 가해 결합되어있는 원자들을 화학적으로 분해하는 방식보다 에너지가 덜 들 수밖에 없다. 실제로 원자력발전소에 가면 생각보다 연료봉이 얇고 가는 것을 알 수 있는데, 그 얇고 가는 연료봉의 수명이 몇 년이나 된다.

원자에 대한 고민은 독일 괴팅겐에서 물리학자 막스 보른(1882~1970)과 일하던 하이젠베르크(1901~1976)[63]를 닐스 보어(1885-1962)가 1924년 코펜하겐으로 데려온 때 이미 활성화되었다. 하지만 핵분열을 폭탄 연구로 바꾼 시발점은 유대인인 아인슈타인(1879-1955)이 독일에서 어렵게 미국으로 넘어온 뒤, 1939년 8월 루즈벨트 대통령에게 '독일이 먼저 우라늄을 이용한 폭탄을 만들기 전에 우리도 연구를 진행해야 한다.'라는 편지를 보내[64] 맨해튼 프로젝트가 시작되면서부터이다. 한달 뒤인 1939년 9월 독일이 폴란드를 침공하면서 2차 세계대전이 시작된다. 영화 〈오펜하이머〉는 핵폭탄의 아버지라 불리

고 한다. U235가 핵분열하는 과정에서 분열된 중성자만큼 질량을 잃고 에너지로 전환되며 그 뒤에는 바리움과 클립톤이 생성된다. 그 이는 아인슈타인의 $E=MC^2$가 의미하는 바와 같다. U238은 재처리를 통해 플루토늄239로 변환시키는 '재처리'과정을 통해 핵원료로 다시 사용하기도 한다.

63) 하이젠베르크는 1차 세계대전이 발발하자 독일로 넘어가 원자폭탄 개발에 참여하고, 닐스 보어는 영국군을 통해 덴마크를 빠져나와 영국과 미국에서 원자폭탄 개발에 참여한다.

64) 아인슈타인은 맨해튼 프로젝트에 직접적인 관여는 하지 않았지만, 이후에 자신의 삶에 있어서 가장 치명적인 실수라고 이야기했다고 한다. 만약 독일이 핵폭탄을 개발하지 못할 것을 알았다면 그러한 편지도 보내지 않았을 것이라는 후회이다. 어쩌면 유대인과 독일 사이의 갈등이 빚어낸 결과물일 수도 있는데, 나치에 의한 유대인 박해가 다분히 정치적인 계산이었다고 하더라도 그 배경에는 종교적인 이유도 활용되었다.

아인슈타인이 루즈벨트 대통령에 보낸 편지

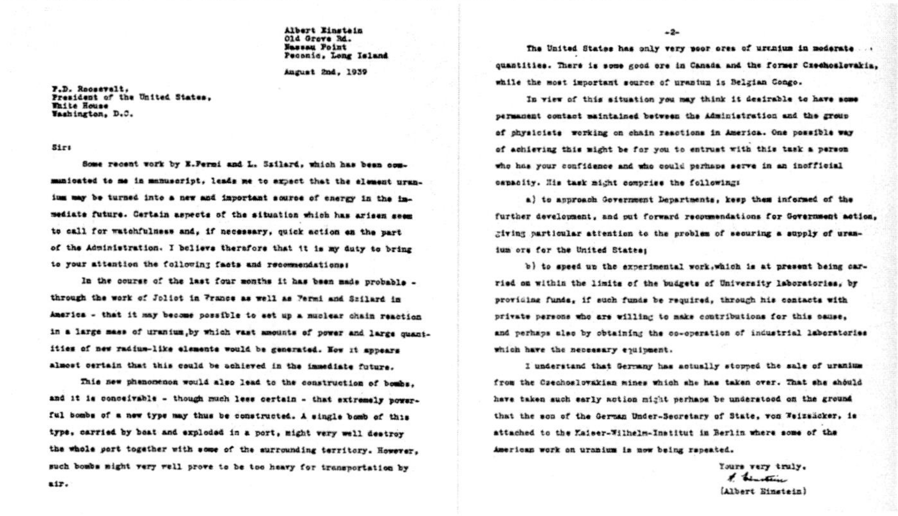

Albert Einstein
Old Grove Rd.
Nassau Point
Peconic, Long Island

August 2nd, 1939

F.D. Roosevelt,
President of the United States,
White House
Washington, D.C.

Sir:

Some recent work by E.Fermi and L. Szilard, which has been communicated to me in manuscript, leads me to expect that the element uranium may be turned into a new and important source of energy in the immediate future. Certain aspects of the situation which has arisen seem to call for watchfulness and, if necessary, quick action on the part of the Administration. I believe therefore that it is my duty to bring to your attention the following facts and recommendations:

In the course of the last four months it has been made probable - through the work of Joliot in France as well as Fermi and Szilard in America - that it may become possible to set up a nuclear chain reaction in a large mass of uranium,by which vast amounts of power and large quantities of new radium-like elements would be generated. Now it appears almost certain that this could be achieved in the immediate future.

This new phenomenon would also lead to the construction of bombs, and it is conceivable - though much less certain - that extremely powerful bombs of a new type may thus be constructed. A single bomb of this type, carried by boat and exploded in a port, might very well destroy the whole port together with some of the surrounding territory. However, such bombs might very well prove to be too heavy for transportation by air.

-2-

The United States has only very poor ores of uranium in moderate quantities. There is some good ore in Canada and the former Czechoslovakia, while the most important source of uranium is Belgian Congo.

In view of this situation you may think it desirable to have some permanent contact maintained between the Administration and the group of physicists working on chain reactions in America. One possible way of achieving this might be for you to entrust with this task a person who has your confidence and who could perhaps serve in an inofficial capacity. His task might comprise the following:

a) to approach Government Departments, keep them informed of the further development, and put forward recommendations for Government action, giving particular attention to the problem of securing a supply of uranium ore for the United States;

b) to speed up the experimental work,which is at present being carried on within the limits of the budgets of University laboratories, by providing funds, if such funds be required, through his contacts with private persons who are willing to make contributions for this cause, and perhaps also by obtaining the co-operation of industrial laboratories which have the necessary equipment.

I understand that Germany has actually stopped the sale of uranium from the Czechoslovakian mines which she has taken over. That she should have taken such early action might perhaps be understood on the ground that the son of the German Under-Secretary of State, von Weizsäcker, is attached to the Kaiser-Wilhelm-Institut in Berlin where some of the American work on uranium is now being repeated.

Yours very truly,
(Albert Einstein)

출처: Wikipedia

는 로버트 오펜하이머가 맨해튼 프로젝트를 이끌며 1945년 7월 16일[65] 새벽 '트리니티'라는 최초의 핵실험[66]을 통해 원자폭탄을 만들어내는 과정을 그린다. 그렇게 미국의 프로메테우스가 된 오펜하이머는 종전 이후 1954년 비공개 청문회 등을 통해 명예가 실추되고 자괴감을 느끼기도 한다. 맨해튼 프로젝트를 통해 만들어진 핵폭탄(팻맨, 리틀보이)은 8월 6일 및 8월 9일 각각 히로시마와 나가사키에 떨어지면서 일본의 무조건 항복을 이끌어 낸다.

영화에서도 나오듯 1953년 오펜하이머는 원자폭탄은 방어가 불가능한 무기이기 때문에 오직 억지만 가능하고, 따라서 한 나라가 원자폭탄을 만들면 이는 군비경쟁으로 이어질 것이라는 우려가 있어 외교 정책이 혁명적으로 뒤바뀌었다고 이야기한다. 당시 대통령 당선자인 아이젠하워 장군(1953~1961년

65) 1945년 5월 8일 히틀러가 사망함으로써 독일은 항복을 하고, 전후 유럽의 질서를 정리하기 위한 포츠담 회담이 7월 17일에 열린다. 그리고 7월 26일 포츠담 선언을 통해 일본에 대한 항복을 요구한다.

66) 종전 후, 핵폭탄 기술은 영국과 미국의 독점기술인줄 알았으나, 1949년 소련이 최초의 핵실험에 성공하게 된다. 영화에서는 맨해튼 프로젝트의 일원 중 하나가 공산당의 첩자였다고 설명한다.

재임)은 그런 오펜하이머의 의견을 존중하는 한편, 미국 국민들에게 보다 나은 방향 제시하기 위해 1953년 12월 유엔 총회에서 연설을 한다. 〈평화를 위한 원자력(Atoms for Peace)〉이라고 불리는 이 연설을 통해 그는 원자폭탄이라는 게임체인저가 발명된 현 상황은 아무리 재래식 군사력으로 우위를 점한다 하더라도 국가 안보를 보장할 수 없다는 것을 의미하기 때문에 유일한 희망은 군축이 아니라 보편적인 풍요를 이루기 위해 원자력을 평화적인 방법[67]으로 쓰는 것이고 소련도 이런 방향에 원칙적으로 함께하길 바란다면서 "미국은 인류가 만들어 낸 이 경이로운 발명이 죽음만이 아니라 삶에도 기여할 수 있게끔 하기 위해 전심전력으로 헌신할 것임을 선언합니다."라고 말한다.

아이젠하워의 이 연설은 군비경쟁을 염두한 것이지만 2차 세계대전을 같이 겪은 스탈린은 이미 사망하였고(1953년 3월), 1953년 8월 '조(Joe)4'라는 무기 실험을 통해 소련에서 이미 수소폭탄[68] 개발이 상당히 진척되었음을 암시하는 사건이 있은 후였다. 1954년 오펜하이머는 비공개 청문회에서는 왜 그가 수소폭탄 개발을 지원하지 않았는지, 공산주의자와 내통함으로써 소련에게 중요한 정보가 넘어간 것은 아닌지를 추궁당한다. 그 당시는 이러한 질문이 당연할 정도로 냉전체제하에서 CIA나 KGB에 의한 정보활동 및 스파이 활동이 활발한 때이기도 하였다.

핵분열에서 발생하는 에너지를 실생활에 사용할 수 있도록 바꾼 것은 미 해군의 하이먼 리코버 제독이었다. 그는 2차 세계대전 당시 핵잠수함을 만들기 위해 고심했고 결국 1954년 압축경수로를 이용한 최초의 핵잠수함인 USS

---

67) 한편에서는 이런 미국의 노력은 인류를 위했다기보다는 이미 핵기술을 확보한 미국에 대한 다른나라의 국제적 견제를 피하면서도 핵기술 원천을 빼앗기지 않으려는 술책이라고 말하기도 한다. 연설과는 다르게 당시 미국에는 핵기술의 보편적 활용을 위한 기술이전과 같은 계획이 없었다고도 한다.

68) 핵융합방식의 폭탄과 핵분열방식의 폭탄 모두 맨해튼 프로젝트에서 다루었었는데, 최초의 핵융합방식의 수소폭탄은 1952년에 실험한 아이비 마이크(Ivy Mike)로 규모가 100만톤 TNT 규모(10메가톤, 일본에 떨어진 원폭의 규모는 2만톤TNT 규모였다)였으며, 1954년에는 15메가톤TNT 규모인 캐슬브라보 실험을 성공한다. 소련은 1953년 40만톤TNT 규모의 수소폭탄 실험(Joe4 혹은 RDS-6)에 성공하고, 이후 1961년 인류 역사상 가장 강력한 무기라고 하는 차르 봄바(50메가톤) 실험에 성공한다.

1953년 연설 이후 1955발행된 '평화를 위한 원자' 기념우표

출처: Wikipedia

노틸러스호를 진수한다.[69] 원자력이 수송수단의 동력이자 실생활에 쓸 수 있는 원자력에너지 기술을 만들어 낸 첫 사례였다. 그 이후 1957년 경수로를 이용한 원자력발전소인 시핑포트 발전소가 만들어지고[70] 1963년에 최초의 상업용 원전 건설 주문이 들어온다. 이때부터 이미 웨스팅하우스와 제네럴일렉트릭은 각자의 경수로 설계를 가지고 경쟁한다.

1960년대 이전 대부분의 환경보호단체는 원자력이 석탄이나 수력발전보다 더 깨끗한 에너지원이라고 생각했다고 한다. 하지만 핵실험 및 낙진에 의한 방사능 피해를 연구하며 핵실험 중지 운동을 펼쳤던 소수의 환경 보호운동가들이 '핵실험이나 원자폭탄 사용 반대'에서 '원자력발전 중지'로 방향을 선회하였고, 어린시절 원자폭탄 방공 훈련을 받았던 베이비부머 세대가 주요 홍보대상이 되면서 그 효과가 극대화되었다고 한다.

그 결과 핵무기에 대한 불안감은 원자력 발전으로 전이되었고, 1970년대에는 핵무장을 반대하던 단체들이 원자력 발전소 건설까지 반대하게 되었다

---

69) 노틸러스호는 SF소설인 〈해저 2만리〉에 등장하는 잠수함이기도 하다. 핵잠수함을 만들면서 리코버는 핵해군 프로그램요원을 선발하는데, 이 프로그램에 지원한 장교 중에는 미국 39대 대통령(1977－1981)인 지미 카터도 있었다.

70) 최초의 원자력 발전소는 1956년 영국의 콜더홀 원자력 발전소라고 하나, 규모가 매우 작고 현재는 채택하지 않는 설계로 만들어졌다고 한다. 시핑포트 발전소는 '본격적인 세계적 규모의 원자력 발전소'이고 이 발전소를 설계하고 구조를 정한 것도 하이먼 리코버 제독이었다고 한다.

고 한다. 그들에게 있어서 원자력발전은 핵무장을 표면적으로 가리는 수단으로 보였던 것이다. 원자력발전에 대한 공포감은 헐리우드 영화와 대중 매체를 통해 확대되었고, 쓰리마일 원전(1979), 체르노빌(1986) 및 후쿠시마(2011) 원전사고에 의해 더욱 강화된다. 결국 원자력 공학자와 발전업계에 종사하는 사람들만 원자력을 지킬 뿐 대중들은 돌아서게 된 것이다. 그 와중에 기후변화에 대한 우려와 증가하기만 하는 에너지소비를 채워줄 대안으로 신재생에너지가 주목을 받게 된다. 당시 환경운동가들은 원자력발전에 대안으로 특히 태양에너지를 많이 내세웠다고 한다.

원자력발전의 위험은 실재적이다. 원자력 발전 기술 자체의 위험도 있지만 넷플릭스 〈멜트다운: 쓰리마일섬의 진실〉에서의 교훈처럼 기술을 통제하는 인간의 오류와 그 와중에 엮인 이해관계도 원자력발전의 문제[71]가 될 수 있다. 또한 원자력발전소의 존재는 핵폭탄의 개발로 이어질 수 있는 것도 분명하다. 최근 언급되는 소형원전모듈(SMR)의 원료도 상당히 높은 수준의 우라늄 농축을 필요로 한다. 2차 세계대전 중 도시에 투하된 폭탄의 총량이 TNT로 환산하면 2,000,000톤이라고 하는데, 2차 세계대전을 끝낸 리틀보이와 팻맨의 위력은 TNT환산 시 각각 13,000톤, 21,000톤이었다고 한다. 나가사키에 떨어진 팻맨 100개면 2차 세계대전 중 도시에 떨어진 모든 폭탄만큼의 폭발을 만들어낼 수 있다. 2차 세계대전의 사망자는 3,500만 명에서 6,000만 명으로 추산[72]한다. 그런데 2025년 현재 확인되는 핵폭탄 숫자는 12,000개가 넘는다.[73] 단 한 번의 핵전쟁으로도 핵겨울이나 오존파괴에 의한 자외선의 증

---

71) 〈멜트다운: 쓰리마일섬의 진실〉에서는 원자력발전소에 상업자금이 유입되면서 '안전'보다는 '수익'에 집중한 나머지 인근 주민들의 건강과 삶을 챙기지 못한 내막을 설명한다. 석유 파동에 의해 에너지 안보에 대한 위기감이 고조되던 시기, 사고 원전에 방문했던 지미 카터 대통령마저도 원자력 발전은 유지되어야 한다고 언급할 수밖에 없었던 상황이었지만, 그럼에도 불구하고 본질적으로 자본주의가 침투하지 말아야 할 영역이나 시점이 존재하는 것이 아닌가 하는 생각이 든다. 원자력발전을 프로젝트 파이낸싱으로 조달하는 것이 과연 맞는 접근인지 생각해보게 한다.

72) 브리태니커 백과사전

73) World population review – Nuclear Weapons by Country 2025

가, 방사능물질 확산으로 인한 면역력 약화 등 지구 전체가 황폐해질 텐데, 핵억제력이라는 표현이 무슨 의미가 있는지, 이 협박성 공갈을 통해 인류는 막다른 곳으로 달려가고 있는 것은 아닌지를 우려했던 칼세이건의 생각에 나도 전적으로 공감한다.

그럼에도 불구하고 여기에서 굳이 태양광이나 풍력 등 신재생에너지를 다루지 않는 이유는 에너지 산업에 대해 조금은 다른 시선을 갖기를 원해서다. 맞고 틀리고의 문제가 아니라 현상을 바라보는 다른 관점을 이야기하고 싶다는 의미이다. 관련 업계에 종사하는 사람으로서 각각 개별사업뿐만 아니라 관련된 국내외 법제도나 기술의 발전을 보고 있기는 하지만 '과연 재생에너지가 에너지 안보 차원에서 정답인가?' 하는 의문은 항상 가지고 있다. 풍력과 태양광에너지는 아인슈타인과 닐슨보어가 원자폭탄을 개발하기 이전부터 있었던 오래된 기술[74]이지만 최초로 주목을 받은 것은 석유 수급을 우려하기 시작한 1970년대 1, 2차 석유파동 시점이었다.

닉슨 재임기간 미국은 석유 수요의 1/3을 수입하고 있었는데, 1차 석유파동 이후인 1973년 11월 닉슨 대통령은 에너지 자급계획(Project Independence)이란 주제의 정책 연설을 통해 에너지 안보를 정치적 이슈로 만들었고, 1977년 당선된 지미 카터 정부는 신재생에너지 개발을 위한 지원을 아끼지 않았다. 하지만 그 이후 레이건 정부(1981－1989)에서 관련된 기금과 인센티브는 삭감되거나 폐지되었고, 1980년 초 인플레이션은 신재생에너지 관련 투자를 막았으며 1986년 곤두박질친 유가[75]는 신재생에너지에 투자해야 할 이유조차 없애버렸다. 1967년 캘리포니아 주지사였던 레이건(1967－1975)이 스모그를 줄이고자 시민들에게 "꼭 필요한 경우가 아니면 자동차 운행을 자제해 달라"고 이야기했던 것과는 사뭇 다른 조치이다.

---

74) 2차 세계대전 중 로스앨러모스에서 원자폭탄을 개발하던 닐스 보어가 코펜하겐에 돌아와 리소 연구소를 설립하였고, 베스타스 등과 발전기 개량 연구를 진행하다 1979년 베스타스가 처음으로 풍력터빈을 만든다.

75) 1985년 배럴당 28달러였던 유가는 1986년, 2차 석유파동 이전 수준인 14달러까지 내려간다. 사우디아라비아의 변심에 따른 증산의 결과이다.

이런 분위기를 반전시켰던 것은 1983년 만들어진 재생에너지의무할당제(RPS, Renewable Portfolio Standard)였는데, 대부분의 주(州)는 클린턴 대통령 재임시기(1993–2001)인 2000년대 RPS제도를 승인하였다. 당시 텍사스 주지사였던 조지 W. 부시도 1999년 RPS제도를 승인하였고, 이는 텍사스의 풍력개발 붐(Wind Rush)을 만들었다. 텍사스의 훌륭한 풍력자원은 2010년 후반 우리나라 투자자들에게서도 많은 관심을 받았다.

역사가 보여주듯 산업의 발전은 보다 많은 에너지를 요구하고 이를 충족시키기 위해 밀도가 높은 에너지를 찾는 방향으로 진화하지만 태양광과 풍력은 기술적으로 그렇지 못하다. 재생에너지(태양 및 바람 등 자연)가 갖는 본질적 변동성[76]을 (추가적인 비용을 들이지 않고) 근본적으로 해결해줄 기술적 해법이 등장하지 않고 있고, 또 동일한 에너지를 생산하기 위해서 더 많은 토지와 송전선, 발전설비를 필요로 한다. 따라서 신재생에너지의 그리드패리티 개념은 시스템에 들어가는 비용보다는 소비자에게 전가되는 비용을 기준으로 한다는 점이 종종 지적되곤 한다. 실제로 유럽에서 풍력 발전량 비중이 크게 늘어난 국가는 그 간헐성을 극복하고자 추가적인 가스발전과 에너지저장장치를 보급하고자 전력시장 내 제도뿐만 아니라 신규 투자를 유치하고자 보조금 프로그램[77]을 준비하기도 한다. 여기에 투입되는 예산은 결국 세금에서 나올 것이다.

우리나라가 개발한 원전인 APR14000은 단일 단지에서 1.4GW를 생산할 수 있지만, 동일한 에너지를 태양광이나 풍력단지에서 '지속적이고 안정적'으로 얻기 위해서는 더 넓은 부지를 사용해야 하고, 발전단지가 있는 곳까지 추가적인 송전선을 놓아야 하며, 간헐성을 극복하기 위해 양수발전소나 배터리

76) 간헐성(intermittence)이라고 한다, 이를 이유로 〈기후 변화에 대해 우리가 아는 것들〉의 저자는 대부분의 에너지 전문가들이 재생에너지의 시장침투율이 30~40% 수준으로 제한될 것이라고 믿는다고 말한다. 저자는 비록 원자력이 방사성 폐기물을 생성하지만 단연 현재까지 인류가 만들어낸 에너지 중 가장 안전하고, 꾸준한 기술 발전을 이뤄오고 있으며, 태양광 및 풍력보다 더 적은 땅을 필요로 하기 때문에 친환경적이라고 말한다.

77) 신재생에너지의 발전량 변동성뿐만 아니라 송전선 내 교류전류가 갖는 특징, 즉 주파수의 변동도 전체 전력망 안정성에 큰 영향을 미친다. 회전체를 통한 유도전류 방식이 아니라 직류를 교류로 단순 변환하는 인버터 방식의 맹점이기도 하다

같이 에너지 저장설비를 전력망 내에 추가해야 한다. 특히 해상풍력의 경우는 프로젝트 파이낸싱이 가능할 정도의 경제성을 갖추려면 국가 보조금이 필수적인데 이는 곧 우리의 세금이자 전기요금이 된다. 아무리 균등화발전비용(LCOE)이 장기적으로 낮아진다는 장밋빛 전망이 있더라도, 지금 당장의 비용 상승을 극복하기는 쉽지 않다. 이는 곧 충분한 신재생에너지원이 없는 국가에게는 국가 경쟁력의 저하와 국민 가처분소득의 감소를 유발할 수 있다. 일종의 경제학적인 지대상승 효과인 것이다.[78)]

따라서 RE100과 같은 국제적인 흐름이 없었다면 재생에너지에 대해 이렇게까지 광풍이 불 이유가 없어 보인다. 비용이 더 발생하더라도 100% 친환경으로 가자는 흐름은 결국 곳간이 넉넉할 때 할 수 있는 이야기 중 하나[79)]라고 생각한다. 어쩌면 신재생에너지를 100% 사용하자는 RE100보다는 무탄소에너지원을 100% 사용하자는 CF100이 더 현실적인 대안일 수 있으나, 원자력 발전에 대한 심리적, 국제정치적 저항 때문인지 CF100은 그렇게 흥행하지는 못하고 있고, 특히 우리나라 같이 경제에서 수출이 차지하는 비중이 큰 나라는 국가의 산업 경쟁력이 감소할 위험 때문에 국제적 흐름을 거부하긴 어려워 보인다. 현명한 정치와 리더십이 절실하다는 의미이다.

에너지밀도는 부의 축적과도 관련이 있다. 단순하게 생각하더라도 국가에 에너지가 더 많을수록 여름에는 더 시원하게, 겨울에는 더 따뜻하게 지낼 수 있다. 계단보다 엘리베이터를 이용할 수 있고, 대중교통보다는 자가용을

---

78) 실제로 2023–2024년 한전의 부채 증가와 함께, 산업용 전기요금도 상승하여 지금은 다른 선진국 수준으로 올라와 있다. 더 이상 우리나라는 산업 발전을 위해 산업용 전기를 저렴하게 공급하는 나라가 아니다.

79) 2020년 OECD 한국경제보고서에서는 "한국의 저렴한 전기요금 정책이 재생에너지의 시장 진입과 향후 전력 수요 관리에 대한 투자를 저해한다."라고 지적한다. 즉 돈이 안 되기 때문에 신재생 전력 생산업체가 시장에 진입하지 않는다는 것이다. 그 이후 2021년부터 가정용, 산업용전기료가 상승하기 시작하였고, 현재 RE100을 원하는 대기업이 직접 전력을 구매하는 직접PPA제도상 가격도 높아지고 있다. 대기업의 입장에서는 향후 전력가격이 최소한 현재 수준을 유지하거나 지금보다 높아질 것이라고 전망한다는 증거라고 볼 수 있다. 누구나 예상했듯, 신재생에너지의 시장 진입은 경제적 지대를 높이는 형태로 시장에 반영되고 있다.

이용할 수 있다. 이렇게 아껴진 인적 에너지는 기술이나 경제개발에 사용된다. 즉, 불편함은 사회적 비용이 된다.

따라서 현재의 자본주의 체제가 유지되려면 이러한 사회적 비용을 줄이고 성장을 이루어야 하는데 다른 한편으로는 그 과정에서 에너지 소비량은 더욱 증가할 수밖에 없다. 하지만 대부분의 환경주의자들은 에너지 소비가 높은 선진국에 살며 적지 않은 에너지를 사용하고 있으면서도 개발도상국에 가서는 자연을 아껴야 한다면서 저렴하고 고밀도의 에너지원인 화력발전이나 원자력, 심지어 수력발전보다는 더 넓은 부지를 사용해야 하는 재생에너지를 건설해야 한다고 주장한다. 우스갯소리로 환경단체가 시위를 위해 점거한 박물관에 난방과 조명을 끄고 퇴근하니, 자신들을 비인권적으로 대우했다며 규탄했다는 이야기[80]가 있지 않은가?

또한 에너지의 전환이라는 것은 항상 정치 및 정책과 관련이 있다. 2025년의 미국처럼 화석연료든 원자력이든 자국에게 현실적이고 즉각적인 이익이 되면 얼마든지 활용이 가능하다. 현실적으로 신재생에너지로의 전환을 도덕성이나 청렴의 문제로 봐서는 안 된다는 의미이다. 왜냐하면 일단 현재의 사람들은 '장기적으로 모두 죽기' 때문이다. 물론 국제적인 흐름인 RE100과 지속가능한 성장, 기후변화라는 명분에서 국제무역이 핵심인 우리나라는 결코 자유롭지 못하다. 하지만 그렇기 때문에 단순히 대외환경 추종보다는 본질적으로 이를 극복할 수 있는 자생력이 필요하다. 마치 경제제재를 받던 이란처럼 말이다.

다만 그 '자생력'을 확보하는 과정에서 미래세대에 대한 깊은 고민과 충분한 공감은 반드시 있어야 한다. '시간 선호'라는 인간의 특징이 '이자'를 만든 것처럼, 〈모든 것의 가격〉의 저자 에두아르도 포터가 지적한 것과 같이 우리는 미래의 사람들보다 동시대의 사람들에게 더 유대감을 느끼고, 후대의 사람들은 추상적인 무엇으로만 여기므로 언제나 후대의 욕구는 평가절하된다. 현재 정책은 결국 다수인 기성세대, 중장년층 욕구에 맞춰지고 그래서 젊은

80) https://www.news1.kr/world/general-world/4843106

수소(좌)와 헬륨(중)의 분자구조 및 결합에너지(우)

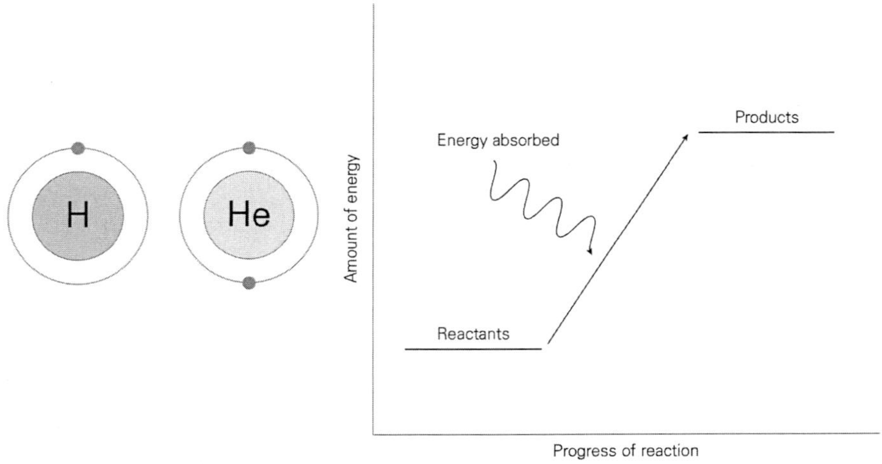

출처: Wikipedia

세대(혹은 환경단체)와 마찰이 생길 수 있는데, 그 마찰을 '논리'와 '상식'으로 접근하기에 인간은 너무 비이성적이다.

원자력과 수소 다음의 미래에너지는 태양의 작동원리와 동일한 '핵의 융합'과 관련이 있을 것 같고, 관련 기술의 상용화를 위해 계속 개발중이다. 빅뱅을 통해 태어난 우주에 존재하는 가장 기본적인 물질은 원자와 전자였는데 원자 1개와 전자 1개로 이루어진 단순한 수소(H)가 가장 먼저 만들어졌다. 이 수소는 융합하여 헬륨이 되고, 헬륨은 또 융합하여 탄소 및 산소가 되었으며, 이들이 지속적으로 합쳐져 황과 규소 등등 점점 무거운 원소들이 만들어지다가 가장 화학적으로 안정적인(결합에너지가 높은) 철[81]이 만들어지면 핵 융합이 멈춘다[82]. 태양이 핵융합으로 끊임없이 에너지를 방출하는 원리이기도 하다.

81) 초신성폭발전까지 1수소, 2헬륨, 3리튬, 4베릴륨, 5붕소, 6탄소, 7질소, 8산소, 9플루오르, 10네온, 11나트륨, 12마그네슘, 13알루미늄, 14규소, 15인, 16황, 17염소, 18아르곤, 19칼륨, 20칼슘, 21스칸듐, 22티탄, 23바나듐, 24크롬, 25망간, 26철 순으로 만들어진다.

82) 이러한 물질이 액체 상태에서 만유인력에 의해 둥글게 뭉치다가 식으면 가장 무거운 철이 중심부로 가라앉게 된다. 지구는 그 물질들이 그대로 식어 만들어졌다. 지구 내부에는 액

원자가 서로 결합하기 위해 필요한 에너지를 결합에너지라고 하는데, 반응물(Reactants)의 엔탈피 합보다 생성물(Products)의 엔탈피가 낮으면 그만큼의 에너지를 발산하는 발열반응이 일어난다. 엔탈피가 낮다는 것은 보다 안정적인 상태를 의미하는데, 석탄이나 석유, 수소 등 연료가 연소반응을 통해 안정적인 상태로 변하면서 열이 발생한다.

한편 핵융합을 통해 점점 질량이 큰 원자들이 계속 만들어지면 작은 원자들이 있던 곳은 열팽창에너지로 채워지는데 빈 공간이 점점 늘어나다보면, 외피가 계속 확장되는 열팽창에너지를 견디지 못하고 폭발하게 된다. 이것이 초신성 폭발이다. 이 과정에서 폭발에너지가 더해져 가장 안정적인 철이 붕괴되고 더 큰 질량을 가진 원자들이 만들어진다. 이때 나오는 것들이 희토류 금속이고 납이며 원자력의 연료인 우라늄(92U)이다. 태양계의 행성들 스스로는 이런 무거운 원소들을 만들지 못하기 때문에, 이런 원소들의 존재(심지어 우리 몸의 구성성분)는 지구가 만들어지기 이전에 수많은 초신성 폭발이 있었음을 의미한다.

금(79Au)과 은(47Ag)도 지구가 만들어진 이후에 지표면에 충돌한 행성에서 온 것인데, 금이 귀한 이유는 희귀하고 이쁘기도 하지만 반응성이 없는 순수한 금속으로서 광석 속의 다른 원자와 결합하지 않고, 부식되거나 변색되지 않기 때문이다. 장신구로서 피부의 습기에 반응하지도 않는다. 금은 파란색 빛을 흡수하고 빨간색과 초록색 빛을 반사하기 때문에 황금빛으로 보이는데, 화학적으로 변질되지 않는 이 안정적인 금속이 중상주의 시대의 부였으며 화폐의 근원이 되었고, 현재는 안전자산으로 취급받고 있다. 지구에는 금과 우라늄이 비교적 풍부한 편이라고 하는데, 칼세이건이 〈코스모스〉에서 언급한 것처럼 금이나 우라늄이 매우 적었다면 실험실에서나 볼 수 있었을 테니, 우리의 삶이 달라졌을지도 모르겠다.

체상태의 철이 돌면서 발전기처럼 전류를 생산하고, 그에 의해 자기장이 만들어지면서 태양풍으로부터 지구 및 지구의 생명들을 보호하고 있다.

주기율표

Group → / Period ↓	1	2	3	4	5	6	7	8	9	10	11	12	13	14	15	16	17	18
1	1 H																	2 He
2	3 Li	4 Be											5 B	6 C	7 N	8 O	9 F	10 Ne
3	11 Na	12 Mg											13 Al	14 Si	15 P	16 S	17 Cl	18 Ar
4	19 K	20 Ca	21 Sc	22 Ti	23 V	24 Cr	25 Mn	26 Fe	27 Co	28 Ni	29 Cu	30 Zn	31 Ga	32 Ge	33 As	34 Se	35 Br	36 Kr
5	37 Rb	38 Sr	39 Y	40 Zr	41 Nb	42 Mo	43 Tc	44 Ru	45 Rh	46 Pd	47 Ag	48 Cd	49 In	50 Sn	51 Sb	52 Te	53 I	54 Xe
6	55 Cs	56 Ba *	71 Lu	72 Hf	73 Ta	74 W	75 Re	76 Os	77 Ir	78 Pt	79 Au	80 Hg	81 Tl	82 Pb	83 Bi	84 Po	85 At	86 Rn
7	87 Fr	88 Ra **	103 Lr	104 Rf	105 Db	106 Sg	107 Bh	108 Hs	109 Mt	110 Ds	111 Rg	112 Cn	113 Nh	114 Fl	115 Mc	116 Lv	117 Ts	118 Og
		*	57 La	58 Ce	59 Pr	60 Nd	61 Pm	62 Sm	63 Eu	64 Gd	65 Tb	66 Dy	67 Ho	68 Er	69 Tm	70 Yb		
		**	89 Ac	90 Th	91 Pa	92 U	93 Np	94 Pu	95 Am	96 Cm	97 Bk	98 Cf	99 Es	100 Fm	101 Md	102 No		

출처: Wikipedia

기묘한 이름을 갖고 있는 희토류나 백금족 금속도 모두 무거운 원소인데 가깝게는 배터리 및 스마트폰, 멀게는 발전소 터빈이나 제트엔진, 반도체, 태양광 패널, LED등 다양한 전자제품에 쓰이고 있다. 백금족의 6가지 원소(Ru, Rh, Pd, Os, Ir Pt)는 정말 희귀한 귀금속인데 전 세계에서 연간 생산량이 수백 톤밖에 안 되지만 매우 중요하게 쓰이고 있다. 백금 촉매는 석유를 정제하거나 의약품과 항생제 및 비타민을 만들고 플라스틱이나 합성고무를 만드는 데도 쓰이지만 인공비료를 만드는 화학공정에서 특히 중요하다.

결국 세상은 원소로 이루어졌고, 이 원소를 발견하거나 새로 만들어서 유용하게 활용해온 것이 우리 문명이 발전해온 역사이기 때문에 '에너지' 혹은 '자원'의 개념을 단순히 석유나 천연가스와 같은 탄소 원자에 머물지 않고 원자 전체로 확장되어야 한다고 생각한다. 핵분열이나 핵융합은 단지 그 과정에 존재하는 에너지원일 뿐이다. 또한 이미 희토류 매장량 순위는 국제 정세에 영향을 미치는 큰 요인으로 작용하고 있다. 한창 각광을 받고있는 해상풍력 사업도 터빈제조를 위해 필요한 희토류나 풍력발전기/타워를 만들기 위한 철 등 중국의 의존도가 높은 것에 대한 우려가 이미 많다.

희토류 생산량 추이

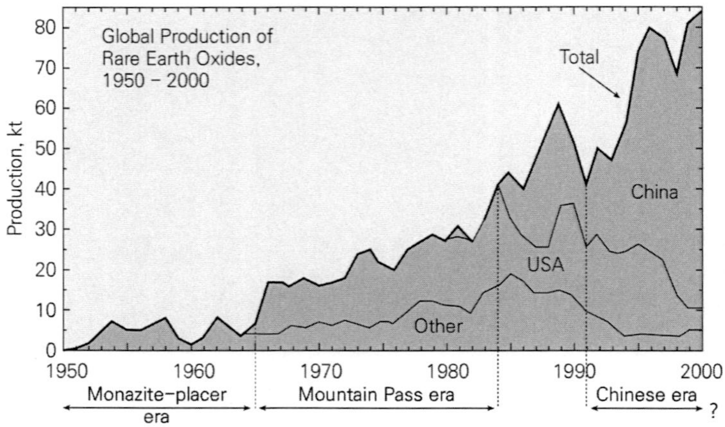

출처: Wikipedia

인간을 위한 투자

예전에 지인분이 카페와 옷 가게를 동시에 운영하면서 이런 말을 해주었다. "사람들이 옷은 두 벌 사더라도 커피는 하나만 먹더라." 뒤돌아 생각해보니 이 문장이 많은 것을 함축하고 있는 듯하다. 사람들은 패션과 유행이라는 이유로 생존에 필수적이진 않은 옷은 여러 벌 살 수는 있지만 (그리고 그것이 현대의 경제를 굴려가게 하는 원동력이기도 하지만) 생존을 위해 신체가 필요로 하는 음식의 양은 정해져 있다는 점이다. (그래도 불필요한 음식을 먹고, 이를 또 시간과 돈을 들여 빼주는 산업이 성장하고 있지만!) 우리는 결코 먹는 것과 입는 것에서 자유롭지 못하다.

영국의 경제학자 맬서스[83]는 〈인구론〉을 통해서 "인구는 기하급수적으로

83) 맬서스는 더 나아가 "인구성장이 식량 생산량에 의해 제어되는 상태에서는 노동자들의 임금은 생계유지 수준에 머물러야 하며, 그렇지 않으면 노동자들이 자녀를 가지려 할 것이고 이는 곧 식량부족으로 연결된다."고 생각하기도 했다. 그래서 그의 초창기에는 빈민구제법을 무조건 폐지해야 한다고 주장하였으나 후에는 점진적인 폐지로 변경하였다. 세상이 유지되려면 누군가는 죽을 수밖에 없다는 생각이었던 것 같다. 1879년 헨리 조지의 〈진보와 빈곤〉에서는 맬서스가 어떤 이들은 다른 이들에 비해 살아남고 존재할 수 있는 권리를 더 강하게 갖는다는 가정을 포장함으로써 지배 계급사이에 인기를 누렸다고 말한다. 당시에는 사회주의자나 진보세력에게 인기있는 논리는 아니었던 것 같다.

UN 세계인구 예측

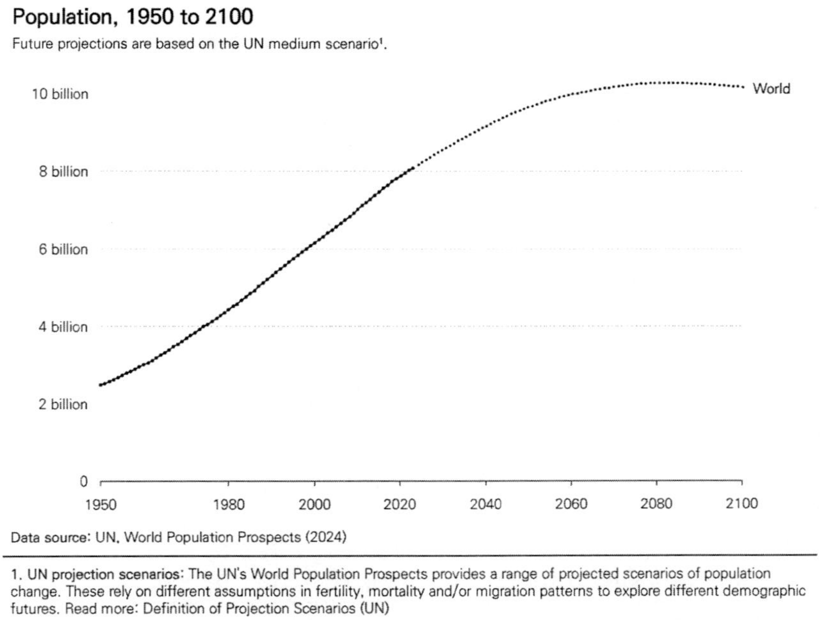

출처: Our World in Data

증가하지만 식량은 산술급수적으로 증가하기 때문에 언젠가는 식량 고갈을 우려해야 한다."고 생각했는데, 이는 영화 〈설국열차〉에서 제한된 자원을 가지고 꼬리칸 사람들의 인구수를 조절한다거나 〈어벤저스: 인피니티 워〉에서 타노스가 인피니티 건틀렛으로 하려고 것과 같이 영화에는 등장하지만 현실 세계에서는 이미 옛이야기가 되었고 현재까지 그런 위기는 찾아오지 않았다. 또한 30년 안에 인구수는 정점에 올라 하락할 것이라는 예측도 나오고 있으니 향후 식량의 수요 변화는 개발도상국의 경제성장에 따른 개인별 소비량 증가의 영향이 가장 크게 작용할 듯하다.

2025년 현재 한풀 꺾인 느낌이지만 과거에 비해 ESG라는 이름으로 엄청나게 많은 자금이 신재생에너지 개발에 투자되고 있다. ESG에 투자하겠다고 선언한 자금[84)] 대비 투자 가능한 대상이 너무 적어서, 미국의 금리인상에도

84) 특히 유럽계 자금들의 수요가 비유럽계 자금들의 수요보다 상대적으로 높다.

전세계의 인당 이산화탄소 배출량

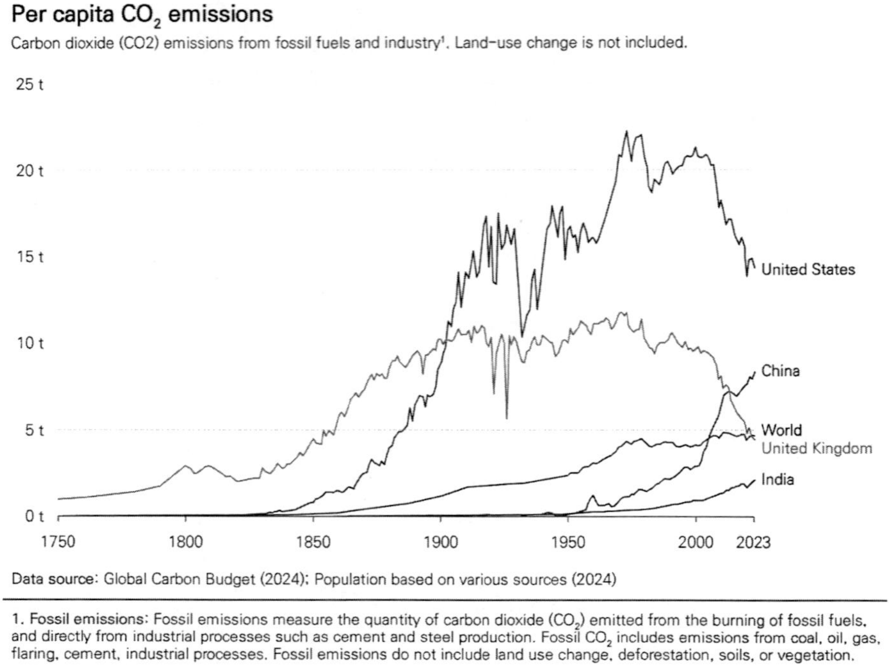

출처: Our World in Data

불구하고 ESG자산의 목표수익률이 높아지지 못했다고도 한다. 반면 아이러니하게도 2015년 12월 파리협정에서는 평균기온을 산업화 이전 수준보다 1.5°C 이상으로 높이지 말자는 결의를 했고 많은 환경단체들이 이 숫자를 종말의 마지노선처럼 여기고 있지만 전 세계의 이산화탄소 배출량은 지속적으로 증가하고 있다.[85] 여전히 자본주의 덕분에 경제가 성장하고 경제활동이 증가하고 있기 때문이다.

근대 이후 자본주의와 함께한 경제는 '성장'을 멈추면 안되도록 설정된 것 같다. 하지만 어떤 형태의 경제활동이든 이산화탄소를 배출하기 때문에 그

85) 미국은 트럼프 대통령 1기 때 파리기후협약에서 탈퇴했다가 바이든 대통령 때 재가입하였지만, 트럼프 대통령 2기에 들어서서 다시 탈퇴한다. 미국은 다른 나라와는 다르게 주요 탄소배출국 중 하나임에도 불구하고 정권에 따라 입장을 바꿀 수 있는 유일한 나라인 것 같다.

세계 이산화탄소 배출량 추이

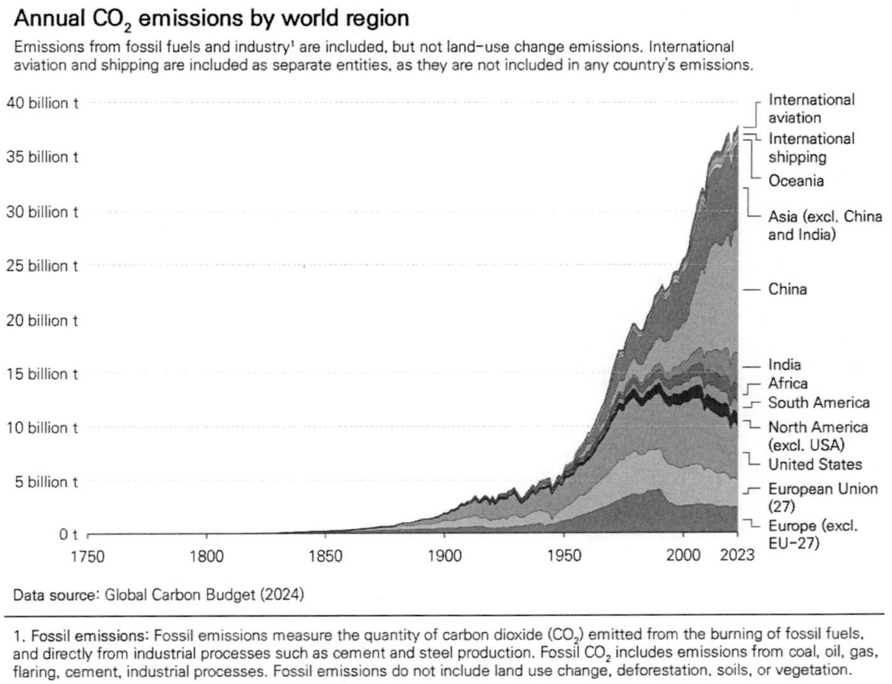

출처: Our World in Data

누구도 성장을 멈추면서까지 '이산화탄소 배출을 줄이기 위해 경제활동을 자제하라'고 하지 못한다는 의미이기도 하다. 자본은 성장을 위해 끊임없이 순환해야 하고, 보다 자원을 효율적으로 활용하여 경쟁력을 갖출 수 있는 곳에 자리를 잡아야 한다. 그 때문에 삶의 터전을 잃는 사람들이 나오고, 경작지가 대두와 옥수수로 도배가 되더라도 '자원의 효율적 이용'이라는 명분이 있는 한 자본주의는 유지될 것이다. 아니 그래야 할 것이다. 그렇기 때문에 현대 경제체제 유지를 위한 상수인 '성장'을 위해 우리가 할 수 있는 유일한 것은 성장을 위한 인간의 경제활동이 과거보다 탄소를 덜 배출하는 형태여야 한다는 것이다. 이것이 ESG 투자의 핵심이자 지속가능한 성장의 본질이고 S(Social)와 G(Governance)는 아닐지라도 최소한 E(Environmental)에는 직접적이고 가시적인 영향을 미친다.

자본주의의 확대가 비록 가족의 유대를 생산성으로 덮어버리고, 대규모 자본에 맞설 준비가 되어있지 않은 사람들을 배제하더라도, 분명한 것은 현재 인류가 택할 수 있는 경제체제 중에서 빈곤층의 삶을 나아지게 할 수 있는 유일한 방법이라는 것이다. 가난한 사람도 여유로워졌지만 부자는 더 크게 여유로워졌다는 불편함이 있는 것은 사실이지만 말이다. 더 나아가 이런 경제활동이 촉발한(혹은 했다고 여겨지는) 기후변화는 해수면 상승, 기상 이변 등 자연재해를 더 많이 발생시킬 수 있는데 영화 〈기생충〉의 비오는 날과 같이 취약계층이 그러한 자연재해에 더 많이 노출되어 있다. 그런 위협에서 안전한 곳은 수요가 높고 따라서 가격도 높게 책정될 것이기 때문이다.

그들의 기본권인 생존권 보호를 위해서라도 기후변화 관리는 성장에 있어 간과할 수 없지만 또한 양립하기도 쉽지 않은 중요한 숙제들이다. 따라서 지속가능한 성장을 달성하기 위한 전 지구적인 노력이 필요한 것은 분명하다. 다만 우리가 경계해야 할 점은 그 과정에서 호도되고 왜곡된 채 맹목적으로 흘러가는 것들을 비판적으로 바라봐야 하고, 동시에 점진적, 장기적, 전지구적 영향력이 있는 기후변화에 대한 미래세대의 영향도 고려해야 한다는 것이다.

그런 의미에서 최근 있었던 "기후위기 대응을 위한 국가 온실가스 감축 목표 사건"이라는 이름의 헌법재판소 판결은 (비록 환경단체들이 원하는 수준까지는 아니라도) 유의미했다고 생각한다. 마치 2019년 UN에서 연설했던 그레타 툰베리가 떠오르는 사건이었다. 이 판결의 핵심은 현재 국가(입법 및 행정)가 미래 세대들의 기본권 침해를 간과하고 있고, 따라서 2030년까지만 탄소배출량 목표를 명시한 것은 위헌이라는 내용이다. 대대적인 기사화에도 불구하고 실질적인 내용을 보면 헌법재판소에서는 2050년까지 필요한 국제적인 요구사항에도 불구하고 2030년까지만 목표를 설정한 것이 위헌이지만 2030년의 목표치 자체를 헌법재판소에서 판단할 수 없다고 말한다. 어쨌든 국민의 기본권을 지켜야 할 국가로서의 책무를 지적한 좋은 사례이자 출산율 저하로 인해 점차 입법에 대한 영향력이 감소하고 있는 미래세대에 대한 고려를 했다는 점이 인상적이다.

환경을 보호하는 것은 매우 멋진 생각이고 지구의 온난화는 소득 수준을 불문하고 모든 사람의 생존과 관련된 아주 중요한 사안이다.[86] 2025년 우리나라만 해도 열대야 지속일자를 갱신하면서 삶의 질이 떨어지고 있는 것이 사실이니깐 말이다. 하지만 "자원은 고갈되고, 지구의 수명이 얼마남지 않았는데, 인구수 및 에너지사용량, 탄소배출량은 지속적으로 증가하고 있으니, 언젠가는 종말이 올 것이다."라는, 과거 오히려 좌파에서 혐오했던 맬서스적 종말론에 기대어 마치 종교인냥 맹목적인 사고를 해서는 안 된다. 선진국에 있는 자신들의 삶은 유지한 채 가난한 국가가 발전을 더디게 하도록 비싼 에너지원을 강요하고 있는 것은 아닌지, 자신은 에너지밀도가 높은 도시에 살면서 현재까지의 발전해온 문명의 이기를 누리고 있는 반면 이제서야 그런 문명의 이기를 누리고자 열심히 개발하고 있는 국가에 가서는 '그만하세요, 이러다 다 죽습니다.'라고 이야기하는 것이 정당한 것인지에 대한 질문이다.

맬서스가 틀렸던 이유는 그의 예상과는 다르게 식량 생산량이 자원의 효율적 이용 및 과학의 발전을 통해 산술급수적 증가를 뛰어넘었기 때문이다. 그는 농업과 공업의 혁명적 발달을 예견하지 못했다. 품종의 개량이나 농기구 및 농업기술의 발달을 통한 농업혁명을 통해 농업이 자연적 요건의 지배를 덜 받자 수확량의 변동폭 역시 감소했다. 이제 기근이라는 단어는 들어보기 쉽지 않게 되었다. 인구 역시 기하급수적으로 증가만 하지도 않았다. 인구변천의 4단계 중 맬서스가 자료를 수집한 2단계는 출생률은 그대로지만 사망률이 감소하는 급증기였으나, 이제는 4단계에 와 있어서 출생률도 감소하여 안정기에 돌입했다. 맬서스는 3, 4단계의 발전단계도 예견하지 못했다.

1974년 로버트 하일브로너는 〈인류전망에의 탐구(An inquiry into the Human Prospect)〉에서 공업화가 현재속도로 진행되면 자원은 바닥날 것이니 엄격한 금욕과 절제를 생활화해야 한다고 했지만, 그로부터 50년이 지난 지금까지도

---

86) 기후변화 대응은 현재 시점에 매우 중요한 사안임은 분명하다. 그럼에도 불구하고 네이트 실버의 〈신호와 소음〉, 마이클 셸런버거의 〈지구를 위한다는 착각〉 등 반대되는 생각을 통해 균형잡힌 의견을 갖는 것이 중요하다. 겉으로 보이는 것만큼 우리가 추구하는 기후변화 대응이 생각만큼 아름답거나 진실되진 않을 수도 있기 때문이다.

인류는 지속적으로 성장했다. 우리나라만 봐도 70년대와 지금은 차이가 많이 난다. 따라서 종말론과 같이 비관적 예측을 맹신하기보다 우리가 먼저 해야 할 것은 보다 저렴하고 안전하며, 영속적인 에너지원을 개발하고 이것이 저개발국가에도 퍼져나가서 그들의 경제성장을 돕고, 효율적인 생산방식을 도입하여 환경에 유리한 기술을 개발하는 등 긍정적인 발전에 기여하는 것이다. 선진국의 환경단체가 해야 할 것은 종말론을 근거로 비싼 에너지원을 강요하는 것이 아니라, 기술발전을 지원하고 선진국들은 놓쳤던 것들을 개도국은 놓치지 않도록 올바른 방향을 제시하는 것이다. 우리나라도 마찬가지다. (정치적인 영향을 받은) 국제적인 흐름이라는 이유로 에너지 밀도가 낮고 더 많은 비용과 부지를 필요로 하는 에너지원의 맹목적 추종은 경계해야 한다.

유엔 기후변화에관한정부간협의체(IPCC, Intergovernmental Panel on Climate Change)에서 발간한 보고서들에 따르면 온실효과의 존재도, 인간활동 증가에 따라 온실가스 농도가 높아지고 있고 그 결과 지구 표면의 평균온도가 올라간다는 것도 명백하다고 이야기한다. 지구 온난화에서 가장 큰 영향을 미치는 온실가스는 수증기[87]이며 온도가 높아짐에 따라 수증기가 증가하고 다시 지구의 온도를 높이는데 온실가스가 그 수증기의 양을 늘릴 수 있으니 탄소배출을 줄여야 한다는 논리이다. 기후학자인 케리 엠마누엘의 〈기후 변화에 대해 우리가 아는 것들〉에 따르면 온실가스 총량은 전체 질량의 0.3%이며 그중 수증기가 대부분(0.25% 수준)을 차지한다고 한다. 다만 수증기는 온도의 함수여서 단 몇주만에 평형에 도달하지만 이산화탄소는 자연적으로 평형에 도달하는데 수백~수천년이 걸리기 때문에 아주 오래 지속되는 온실가스로서 기후에 영향을 미친다고 이야기한다.

온실효과에 대한 고민은 빙하에 유독 집착했던 스위스 과학자 루이스 애거시스(1807–1873)와 아일랜드의 물리학자 존 틴들(1820–1893)로부터 시작한

87) 태양으로부터 오는 에너지 중 파장이 짧은 자외선은 대기가스층을 뚫고 지구 표면에 도달하는데, 지구의 질량은 파장이 짧은 자외선의 일부를 파장이 긴 적외선 복사열로 변형시켜 방출하고, 이산화탄소를 비롯한 온실가스는 그 분자구조 덕분에 이런 적외선의 일부를 가두어 대기에 분배함으로써 지구의 온도를 일정하게 유지한다.

지구역사상(상) 그리고 200년대 이후(하) 대기중의 이산화탄소 농도

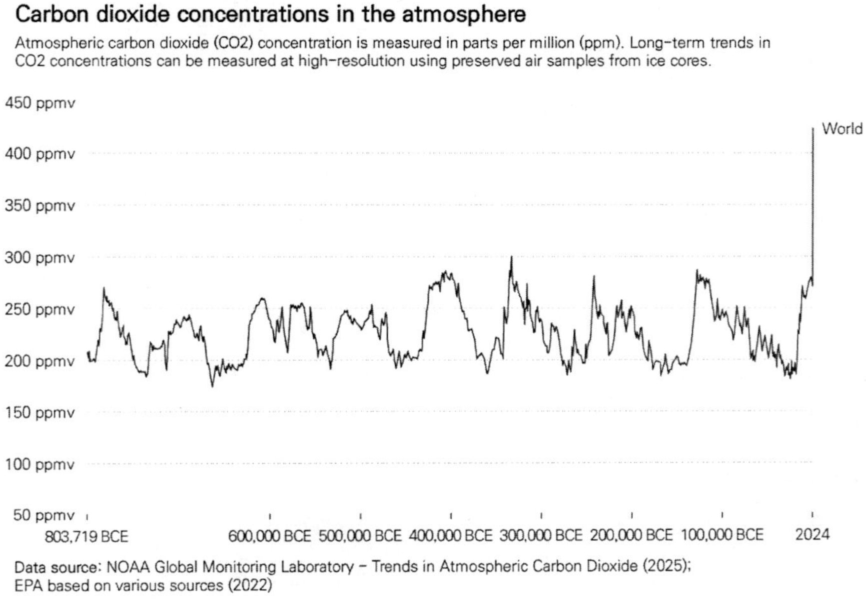

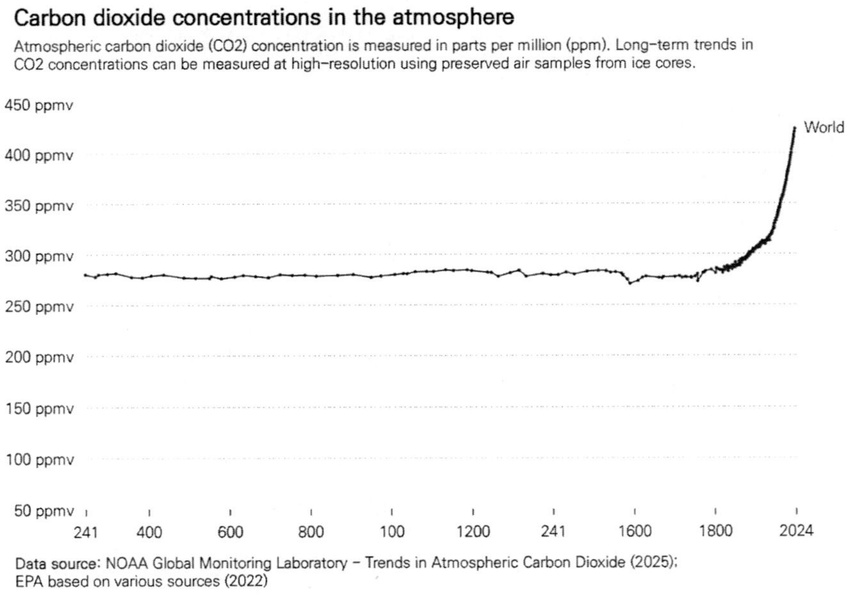

출처: Our World in Data

다. 그후 1938년 아마추어 기상학자인 가이 캘린더는 이산화탄소가 기후에 영향을 미친다는 논문을 제출하지만 아마추어였던 그의 말을 귀기울여주는 사람은 없었다. 그는 온실효과가 오히려 빙하기가 다시 오는 것을 막아준다고 생각하기도 했다. 기후변화에서 이산화탄소가 갖는 역할을 이제는 캘린더 효과라고 부른다.

온실효과가 빙하기를 막아준다는 안도에서 기후변화에 대한 걱정으로 변한 것은 미국 과학자인 로저 르벨과 찰스 데이비드 킬링에서부터 시작한다. 로저 르벨은 바다가 이산화탄소를 흡수한다는 생각에 캘린더 효과에 대한 의문을 갖고 있었으나 결과적으로 바다의 흡수량이 많지 않다는 것을 확인하고, 산업화에 의해 발생한 이산화탄소는 결국 대기에 머물며 지구 온난화를 만든다는 결론에 도달한다. 이후 킬링이 하와이의 마우나로아 화산 꼭대기에 세운 기상관측소에서 측정한 결과 1950년대부터 1990년대까지 대기중 이산화탄소가 증가하는 것을 확인한다. 이를 킬링곡선(Keeling Curve)이라고 하고 기후학에서 중요한 전환점이 된다.

1976년만 해도 지구에 다시 빙하기가 올지 아니면 돌이킬 수 없이 더워질지에 대한 문제를 똑같은 비중으로 다루었으나, 1970년대 말, 1980년대 초는 분위기가 지구 온난화 쪽으로 선회한다. 하지만 기후위기를 다룬 보고서는 (신재생 에너지원 개발을 지원하면서도) 천연가스를 제한하고 석탄 사용을 장려하던 지미 카터 정부에서도 인용되지 못하였고, 그 이후 레이건 정부에는 이런 기후학 연구의 지원도 삭감된다. 그러나 1985년 영국 남극조사단이 남극 상공에 오존층 구멍이 발생한 것을 확인하자 1987년 몬트리올의정서가 채택되고, 프레온가스 사용이 규제를 받는다.

1988년 11월 일군의 과학자들이 제네바에 모여서 IPCC를 발족하게 된다. 당시 IPCC는 연구 전문 과학자들의 협의체였고 스웨덴 기상학자인 버트 볼린을 중심으로 균형을 잘 잡아왔다. 이 협의체는 기후에 관해 뚜렷하게 알려진 것과 확실하게 알려지지 않은 것을 구분하려고 애썼는데, 1990년 10월 유엔에 제출된 첫 보고서에서는 지구가 더워지고 있는 것은 분명하나 그 원

지역별, 시대별 이산화탄소 배출량 비율

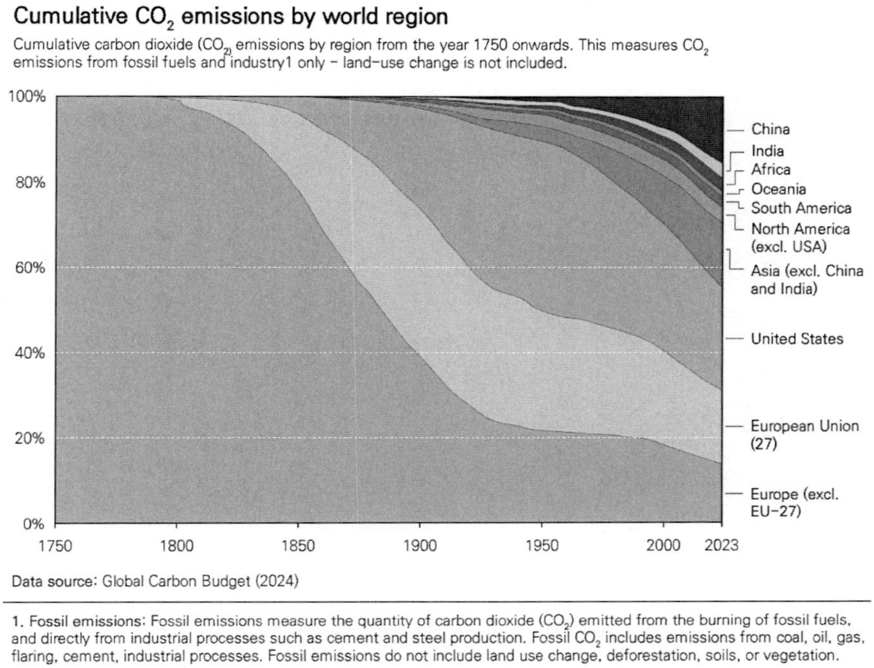

출처:Our World in Data

인이 인간이라고 단정할 수 없으며 이를 확인하기 위해서는 10년 이상 기간이 필요하다고 하였다. 이 보고서를 시작으로 국가간 탄소저감에 대한 논의가 시작되었으나 개발도상국은 이 책임을 선진국에게 전가하였고, 미국은 90년대 초반의 불경기 상황에서 경제전망을 위태롭게 만드는 일을 만들고 싶지 않았지만, 결국 H. W 부시 대통령은 대기오염방지 개정법을 제정하긴 한다.

1995년에 IPCC가 2차 보고서를 내놓는데 이 보고서를 내놓기 위해 볼린은 확실히 밝혀진 사실을 앞지르는 결론을 내지 않도록 만전을 기하였다고 한다. 미래의 변화를 예측하고 판단함에 있어 오해가 만들어지지 않게 조심했던 것인데, 일부 과학자들이 '기후 변화가 뚜렷한 인간의 영향'이라는 사실을 발표하고자 할 때, 볼린은 이에 대한 확신이 없어 '상당한'이라는 단어를 '식별가능한'으로 바꾸었다고 한다.

1997년 교토의정서를 통해 강제적이고 의무적인 목표를 수치화하려고 하였으나 아시아금융위기가 한창이라 그러한 강제성을 도출하기는 쉽지 않았고 2001년은 경기침체 및 9·11테러로 기후문제의 중요성이 떨어졌다. 2009년 코펜하겐 협정은 국제협약이라기보다는 일종의 유예조치에 머물게 된다.

IPCC의 공동설립자이자 초대의장이었던 볼린이 2007년 세상을 떠날 때쯤 발행된 IPCC 보고서들은 좀 더 기후정치화된다. 〈지구를 위한다는 착각〉에서는 1994년에 IPCC에 참여하여 2012년 IPCC보고서 주요 주제 중 하나에 대한 주 저자로도 활동한 리처드톨의 생각을 담았다. 여기에서 그는 IPCC가 과학 단체지만 정치 단체이기도 한데, 정치단체로서의 IPCC의 역할은 온실가스 배출 감소를 정당화 하는 것이었다고 말한다. 또한 대부분 사람들이 그렇듯 정치인들도 보고서 전체보다는 요약본을 보게 되는데, 해당 보고서에 대한 '정책 결정자를 위한 요약(Summary for policymaker)' 작성 시 참여한 각국 대표 중에는 학자가 아닌 사람들도 있어서 그들의 영향력도 반영되면 과학이 용인할 수 있는 수준 이상의 종말론적 표현을 담게 되기도 한다고 말한다. 그는 "IPCC의표현이 과거 '위험이 없지 않으나 관리 가능하다'에서 '우리는 모두 죽게 될 거야'로 옮겨갔다"는 표현을 쓴다. 이렇게 과장된 요약본을 바탕으로 언론과 정치인들은 한 번 더 과장하게 된다. 메시지는 간결하고 강렬해야 하기 때문이다. 2010년 IPCC는 '2035년이 되면 히말라야 빙하가 모두 녹을 것'이라는 잘못되었지만 강렬한 요약을 내는 등 기후변화의 영향력을 직접적으로 과장하기도 한다.

각국의 정치적 영향력이 보고서에 가해질 확률이 높은, IPCC와 같은 국제기구의 방식을 차치하더라도 IPCC에서 나온 결과를 그대로 믿기 전에 그들의 예측 모델 자체에 들어가있는 다양하고 복잡한 가정들과 그것에서 발생가능한 오류들에 대해서도 과학적인 검토도 필요하다. 〈신호와 소음〉에서 언급한 바와 같이 모델링이라는 것은 최대한 많은 신호와 최대한 적은 소음을 찾아서 반영해야 하는 것인데, 여전히 인류는 지구의 기상과 기후에 대한 완벽한 모델을 갖고있지 못하다. 〈기후 변화에 대해 우리가 아는 것들〉의 저자도 기후라는 것이 어느정도 혼돈 시스템(Chaos System)으로 여러 중요한 요인이 있기는 하지만 모든 것이 복합적이고 작은 차이가 큰 결과를 만들 수 있기 때문에 현재로서는 날씨 예측도 2주가 최대 수준이고, 엘리뇨 현상도 기껏해야 몇 달 전에나 예측가능하다고 한다. 또한 기후에는 지구 자전축의 기울기 변화나 화산활동 등 가변적인 '강제력들'도 변수로 작용한다고 한다.

또한 저자는 기후변화 그 자체는 전 지구적으로 볼 때 좋고 나쁨과 상관없는 그냥 '변화'이고 또 우리의 삶에도 장단점이 있는 변화라고 말한다. 어쩌면 난방에 드는 에너지를 줄일 수도 있고, 고위도의 척박한 땅을 농작지로 만들 수도 있으며 어쩌면 한파로 고통받는 사람들에게 도움이 되거나 대기중 증가한 이산화탄소는 농작물의 성장을 도울 수도 있을 것이다. 반면 폭염 증가에 따라 냉방비가 증가하고 기존의 비옥한 토지들이 척박해질 수도 있다고 말한다. 그말인 즉슨 결국 좋고 나쁨의 판단 기준은 '기존 문명과 부의 유지'라는 것이다. 만약 기후의 변화에 따라 각 지역의 환경이 급변하고 부의 지도가 바뀌게 되면 기존에는 분쟁의 대상이 아니었던 자원들까지 분쟁의 대상이 될 수 있고, 강제이주가 늘어나면 도시와 보건 체계에 부담을 주거나 사회적 자본이 파괴될 수도 있으며, 기후 회복력이 높은 지역으로 인구가 집중되거나 생태계가 혼란스러워지면 질병 발생률도 늘어날 수 있다. 결국 현대 사회 나름의 균형이 기후변화로 인해 깨지게 되면 이를 원인으로 대내외적 정치적인 불안정이 생겨날 가능성도 높아진다는 뜻이다.

그럼에도 불구하고 켈리 엠마누엘과 같은 기후학자들은 '기후 소음'을 제거하고 보다 정교한 최선의 모델을 통해 예측하려는 시도 자체는 유의미하며, 인간의 활동에 따른 황산염 에어로졸과 온실가스의 증가를 빼고 과거 30년의 기후변화를 설명하기는 힘들다고 주장한다. 이러한 인간의 활동을 배제하고 얻은 시뮬레이션 결과값과 인간 활동을 포함한 시뮬레이션 결과값 그리고 실제 측정기록들을 비교하면 1970년 이후부터 그 값들의 차이가 크게 벌어지고 있기 때문이다.

〈기후변화에 대해 우리가 아는 것들〉에 따르면 아래는 대부분의 기후학자 사이에서 논란이 없는 내용이라고 한다.

- 핵심적인 온실가스의 대기중 농도는 화석 연료와 바이오매스 연소에 의해 증가하며 이산화탄소는 산업화 이전 약 280ppm에서 오늘날 405ppm으로 45% 증가하였고, 빙하 코어 기록들에 의하면 이산화탄소의 현재 농도는 최소 지난 80만년 동안 최고치를 기록했다.
- 어떤 에어로졸의 농도는 산업 활동 때문에 증가했다.
- 지구의 평균 온도는 지난 세기 약 0.8ºC 증가하였는데 그중 대부분이 대략 1920년과 1950년 사이와 대략 1975년 이후에 일어났으며, 지금까지 측정한 기록에서는 2016년이 가장 온도가 높고 2015년과 2014년이 가깝게 뒤따른다.
- 지구의 평균 해수면 높이는 1880년 이후 21cm 증가하였고, 지난 10년 동안 20cm보다 더 증가하였다. 해수면 상승은 세계적으로 균일하지 않고 어떤 지역들에는 더 빠르다.
- 북극 해빙의 연평균 지리적 규모는 1978년 위성 측정이 된 시작된 이후 15~20% 감소했다.
- 해수의 산성도는 산업 시대가 시작된 이래 약 30% 증가했다.
- 현재 지구온도는 적어도 500년 동안 최고치를 기록했다.
- 지난 세기 동안 일어난 지구 평균 온도의 변동성 대부분은 태양 방출량의 변동성, 주요화산 분출들 그리고 인류에 의해 발생한 황산염 에어로졸과 온실가스 때문에 발생하였다.
- 지난 30년 동안 일어난 지구 평균 온도의 극적인 상승은 주로 온실가스 농도의 증가와 황산염 에어로졸 농도의 안정화 또는 작은 감소가 원인이다.

성장과 문명이라는 이름 아래 인간의 경제 활동이 증가하면서 지속적으로 온실가스 배출량이 늘어나고 있다는 것은 확실하다. 기후 변화라는 문제를 처리하는 방법에는 크게 온실 가스 배출을 줄이는 **완화**와 결과를 감수하는 법을 배우는 **적응**, 그리고 온실가스가 일으키는 문제를 해결하는 **지구공학** 방식이 있는데, 배출량을 최소화할 수 있는 노력(완화)을 구체적이고 과학적으로 검토하여 추진하는 것이 가장 이해가 쉽고 직접적이며 문제의 근원을 해결하는 활동이라고 생각한다.

더 밀도 높은 개발과 도시화를 통해 에너지의 효율적 사용,[88] 자연을 보전하고 산림면적을 늘리는 노력, 탄소를 배출하지 않는 에너지원 개발뿐만 아니라 대기의 탄소를 포집하는 것도 좋은 완화의 방식이다. 다만 빠른 경제성장은 필연적으로 1인당 에너지 소비를 증가시키는데, 동시에 전 세계적으로 절대적인 빈곤율을 완화하고 인구 증가율 감소를 위한 노력도 병행되어야 할 것이기 때문에 이는 에너지 및 빈곤 등 세계적인 문제와도 나누어서 생각할 수 없다.

다만 완화와 적응의 방식을 택하면서 드는 직접적인 비용(설비 개선 등) 및 그를 통해 얻는 (사회적)이익의 관점에서 보면(즉, 그렇게 하지 않았을 때 발생할 사회적 비용) 이익의 측정은 매우 광범위하고 부정확하며 불확실하다는 맹점도 존재한다. 환경과 관련된 규제와 법[89]으로 모든 사람을 만족시키기 어려운 이유이기도 하다.

지극히 금융적이고 자본주의적 접근인 탄소배출권 거래도 유사한 효과를 가져올 수 있다. 1970년대 금리선물(Interest Rate Future)를 고안했던 경제학자 리처드 샌더는 1992년 리우 지구정상회담에 참석한 후 탄소 거래(Carbon Credit)를 위한 거래소를 만들기로 했고, 현재 이 시점에도 관련된 금융시장이

88) 유럽연합의 에너지담당 집행위원인 안드리스 피에발그스는 신규 신재생에너지의 공급과 에너지 사용의 효율성을 높이는 것 중에서 어떤 것이 더 인기 있느냐는 질문에 대해 '신규 에너지 공급은 신규 에너지의 공급 측면이고 커팅할 붉은 테이프가 있어서 더 인기있다.'고 말했다고 한다. 에너지효율성은 인센티브와 규제의 영역이고 그 결과를 입증하는데는 시간이 많이 필요하기 때문이다. 케리 엠마누엘도 이러한 완화정책들이 정치와 밀접하게 관련이 있다고 말한다.

89) 이상영, 석인석의 〈환경법〉에서는 논의의 초점이 '공해'에서 '환경'으로 넘어오기 시작되었다는 관점에서 현대의 환경문제 특징으로 첫째, 환경문제는 다양한 환경요소들의 상호관계성을 띠고 있으며, 둘째로 원인제공, 피해발생, 피해발견, 원인규명, 피해복구까지 상당한 시차가 생기는 경우가 많고 마지막으로 환경문제가 범지구적이고 국제적인 특징을 갖는다고 말한다. 상당한 시차가 생긴다는 점을 마크 카니는 〈초가치〉에서 "꼬리 위험"이라고 언급한다. 이 꼬리 위험을 줄이기 위한 행동은 정치인 입장에서 즉각적인 정치적 이익을 안겨주지 못한다. 어쨌든 환경권은 넓은 의미로 '인간다운 환경에서 생활환 권리'를 말하며 이는 결국 헌법에서 언급하는 기본권과도 연결되는 문제이다.

점차 커지고 있으니 말이다. 실제로 기후변화에 대응하기 위해서는 민간자본의 절대적인 역할이 필요한 것도 분명하다.[90] 그말인 즉슨 기후변화에 대한 투자로 '수익'이 발생해야 한다는 의미이기도 하다. 탄소배출권은 한편으론 기존 화폐로 이루어진 일반적인 자본과 환경이나 사회를 생각하는 소위 '사회자본'을 연결하는 매개체로도 생각해볼 수 있을 것 같다. 〈경제학이 알려주지 않는 화폐의 심리학〉 저자의 생각처럼 환경이나 사회적인 것들은 재무제표상 단지 부기(附記)되어 있지만 우리는 재무제표를 볼 때 숫자로 표시되어 있는 것에 더 관심을 기울이게 된다. 따라서 기존엔 숫자로 표현되지 않는 것들을 도외시하지 못하도록 이를 숫자화하고, 회계상 의무적으로 표현하게 만든다면 결국 이는 자본주의가 가장 관심있어 하는 영업이익과 순이익, 배당 숫자에 영향을 미치기 때문에 사회 변화에 기여할 수 있을지도 모른다.

분명한 것은 그러한 노력과 깊은 고민없이 단지 1.5°C라는 숫자에 매몰되어 "환경보호"라는 이름 아래 과학적으로 검토할 수 있는 가능성을 막고 보다 비싼 에너지를 사용하게끔 강요하는 것에 집착해서는 안 된다는 것이다. 더 나아가, 이런 '환경 보호'를 빙자한 혹은 '기후 변화'라는 이름을 달고 진행되는 모든 흐름에는 분명 정치적인 영향력이 존재하며 누군가는 이를 통해 이득을 얻는다는 점 역시 중요하다. 항상 그랬듯 명확한 과학적 근거보다는 몇 장의 사진과 이벤트를 무기로 광범위하게 퍼져나가는 밈(meme)은 경계해야한다. 우리의 시간은 한정되어 있기에 한 가지 밈이 뇌를 차지하면 다른 정보를 검토할 시간이 부족해져 편향될 수 있기 때문이다. 문명의 이기를 모두 버리고 '자연적인 것이 좋다'는 맹목적인 상상은 낭만적 오류라는 것이 〈지구를 위한다는 착각〉의 저자 마이클 셸런버거의 말이다.

---

90) 2023년 〈Mckinsey & Company가 작성한 Net Zero Financing Roadmaps〉에 따르면 이러한 기후변화 대응에 필요한 투자금액의 55~70%를 민간금융이 담당할 수 있을 것으로 전망하고 있다. McKinsey & Company, Net Zero Financing Roadmaps, 9 March 2023 (https://unfccc.int/sites/default/files/resource/Cor%20Marijs.pdf) 및 https://www.mckinsey.com/capabilities/risk-and-resilience/our-insights/financing-the-net-zero-transition-from-planning-to-practice

기독교, 천주교, 이슬람교 그리고 이슬람 금융

현대 자본주의 사회에서 많은 것들이 돈의 논리 혹은 합리적인 근거로 설명이 가능하지만 유독 그렇지 못한 부분이 있으니, 바로 종교이다. 리처드 도킨스의 〈이기적인 유전자〉에서는 밈[91]의 개념을 종교에도 적용하는데, 그는 "어떤 종류의 밈이든 증거를 내놓으라는 것만큼 치명적인 것은 없다. (중략) 맹신이라는 밈은 이성적인 물음을 꺾어 버리고 단순한 무의식적 수단을 행사하여 불멸의 존재가 되는 것이다. 맹신은 어떤 것도 정당화 할 수 있다." 라고 한다. 그렇기 때문에 상식과 이성적인 질문이 아닌 있는 그대로를 받아들여야 하는 것이 종교인데 그래서 항상 이성과 신이 반목하게 되는 것일지도 모르겠다. 이는 고대 철학이 현재까지 발전해온 역사와도 닮아 있다.

전 세계의 종교 중에서 가장 영향력이 있는 것은 역시 아브라함의 종교일 것이다. 특히 그 중에서도 이슬람이라는 종교는 우리에게 익숙하지 않아 조금 더 특별하게 느껴지기도 한다. 하지만 대항해시대를 포함한 근세부터 1970년대의 석유파동이나 2001년 테러, 2010년 아랍의 봄, 2025년 현재진행형인 팔레스타인-이스라엘 전쟁 등 현대사까지 굵직한 일들이 모두 종교적인 이유에서 출발했다고 해도 과언이 아니다. 또한 중동뿐만 아니라 동남아시아의 많은 이슬람국가에 한국 건설사가 진출해 왔고 네옴시티 등으로 제2의 중동붐에 대한 기대도 있으며, 원유 및 천연가스, 영토분쟁 등 중동국가가 갖는 지정학적 중요성이 상당하기 때문에 그 반목의 역사나 뿌리를 이해하면 세상을 이해하는 데 그리고 그에 따른 금융시장의 충격까지 복합적으로 생각해보는 데 도움이 된다.

---

91) 저자는 유전자와 동일하게 자기복제자인 밈(meme)이 인간의 뇌를 통해서 자기복제하고 퍼져나가는데, 인간의 뇌가 제어하는 몸은 동시에 많은 일을 처리할 수 없기 때문에 뇌에게는 저장용량보다 시간이 제일 중요한 제약조건이고 밈의 가장 중요한 경쟁 대상이라고 말한다. 그렇게 경쟁하는 밈들이 각자의 뇌에 서도 다르게 자리잡아 개성을 만들어가는 것일 수도 있겠다. 어쩌면 다원주의와 민주주의의 생물학적 접근이지 않을까?

3대 종교의 탄생과 흐름

비록 우리나라에서는 기독교나 천주교, 불교 외의 종교를 믿는 사람의 비율이 현저하게 낮기 때문에 이슬람 종교가 낯설지만 전 세계 인구의 약 1/4이 이슬람을 믿는 무슬림이다. 이슬람은 유대교 및 기독교, 천주교와 마찬가지로 한 뿌리에서 시작하는데, 바로 아브라함이다. 〈구약성서〉에 따르면 아담으로부터 10대가 흐르자 세상이 타락하였고, 하느님은 이를 물로 씻어내기 위해 노아를 선택하여 그 가족을 구했는데, 그에게 있던 세 아들인 셈, 함, 야벳이 각각 중동 및 아시아, 아프리카 및 이집트, 유럽으로 퍼져나가 각각의 인종의 시초가 되었다고 한다. 아브라함은 셈족의 후손이다. 그 후로 10대가 지나자 또 세상이 타락하였고, 특히 현재의 이라크가 있는, 4대 문명 중 하나인 수메르문명이 물질적으로나 종교적으로나 타락(우상숭배 등)하여 이번에는 아브라함을 선택해 순수한 광야로 보냈다고 한다.

아브라함 가족은 당시 무역이 활발하였던 우르(Ur)에 살고 있었으나 주변국과의 전쟁에 따라 기원전 2004년에 멸망하고, 수메르인들은 난민으로 떠돌 수밖에 없었다고 한다. 아브라함도 그 중 하나였으며 당시 수메르유민들의 집결지 중 하나였던 하란(Harna)으로 이주한다. 하란은 현재 시리아와 터키의 접경지쯤 되는 지역으로 유프라테스강 상류에 있는 무역로 중 하나였다고 한다. 하란에서 아브라함은 아버지인 데라를 잃지만 한편으로는 하느님의 부름을 받게 되어 하느님의 말씀에 따라 그의 나이 75세에 순수한 광야 가나안으로 떠나게 된다. 당시 아브라함의 식솔은 거의 300명 이상으로 거의 한 부족의 이동에 가까웠다고 하는데, 약 900km의 여정을 떠나 도착한 곳이 현재의 팔레스타인이다. 이스라엘의 역사는 여기서 시작한다. 당시의 가나안(현재의 팔레스타인)에 살던 사람들은 이들을 '강을 건너온 사람들'이란 뜻으로 히브리 사람들이라고 불렀다고 한다.

아브라함은 유목민이 되어 이곳저곳 떠돌아 다녔는데, 아내인 사라를 통해 아이가 생기지 않자, (당시 관습대로) 이집트인 여종인 하갈을 소실로 들이고, 여기서 얻은 아이가 이스마엘[92]이다. 그의 나이 86세 때이다. 이스마엘은

주요 무슬림 국가

출처: Wikipedia

후에 아랍인의 조상이 된다. 아브라함이 99세가 되던 때, 하나님은 아브라함을 민족의 조상으로 삼는 계약을 맺는데, 이때 하느님은 아브라함을 많은 민족의 조상으로 삼고, 이집트강 위로부터 유프라테스강 아래까지의 가나안 땅, 즉 현재의 팔레스타인지역을 아브라함과 그의 자손들에게 준다는 계약을 하게 된다.

하지만 그 다음해인 아브라함이 100세가 되었을 때 정실인 사라에게서도 아들을 얻는데, 그가 바로 이삭이고 유대인의 조상이 된다. 사라는 그동안 자기를 괄시해 온 소실 하갈과 그의 아들 이스마엘을 내쫓게 되는데, 이것이 종교적인 관점에서 아랍인과 유대인이 반목하는 시작이고, 지금 팔레스타인 지역의 분쟁이 끊임없이 진행되는 이유이다. 아브라함이 살던 고향 우르가 속한 수메르문명이 기원전 2,000년 전쯤 멸망하였으니, 이 이야기는 벌써 4,000년도 더 된 이야기다.

아브라함은 현재의 예루살렘 남쪽의 헤브론(Hebron)의 땅을 사서 사라를 안장시킴으로써 이 지역을 예루살렘 다음으로 세 종교의 중요한 성지로 만든

92) 이스마엘은 '하나님께서 들으심'이라는 의미라고 한다.

다. 이삭의 아들 야곱[93]이 태어나 잠을 자는데 꿈속에서 하느님이 나타나 이스라엘[94]이라는 이름을 지어주게 된 것이 현재 이스라엘 국호의 유래라고 한다.

야곱은 그 아래로 12명의 아들을 얻고, 그 중 11번째였던 요셉이 형들에게 밉보여 이집트의 높은 관료의 집으로 팔려가게 되는데, 명석하고 경제에 대한 이해도 우수하며 예지력도 있어서 요셉은 왕 다음 가는 직위를 얻게 되고 이집트(애굽) 역시 국가 경영을 잘하여 중앙집권제 국가를 확립하고 번영한다. 이 시기 가나안에는 기근이 들어 요셉의 아버지인 야곱이 가족들을 이끌고 이집트 지역에 찾아오는데, 이미 자리를 잘 잡고 있던 아들 덕분에 나일강 하류의 비옥한 '곳센'에 정착하게 된다. 이때는 외부 민족에게 호의적이었던 힉소스 왕조의 통치 말기였다. 하지만 기원전 1580년경 이집트인 왕조인 테베의 왕 아모스가 힉소스 왕조를 무찌르고 다시 이집트를 통치하면서 유대인을 포함하여 이때까지 외부에서 들어온 모든 민족을 노예로 삼게 된다.[95] 이집트의 왕 람세스는 유대인의 문화를 말살하고 인종을 청산하고자 유대인 남자아이를 모두 강물에 던져버리라고 명하였고, 여기서 살아남은 아이가 바로 모세[96]이고, 역사학자들은 일반적으로 기원전 1220년대로 추정하고 있다고 한다.

이렇게 살아남은 모세는 이스라엘 백성을 구하라는 하느님의 말씀을 듣고 이집트의 왕 파라오 아래에서 힘들게 노예살이를 하던 유대인 앞에 나타난다. 이후 이들의 대표로서 파라오 2세에게 유대인으로서 필요한 것들을 요구하지만 결국 묵살되자 모든 방법을 동원하여 저항하였고, 결국 파라오로부터 이집트를 떠나라는 명을 받아 60여만 명 이상을 이끌고 탈출하게 된다. 이것이 1956년작 영화 〈십계〉의 내용이다. 이렇게 힘들게 이집트(애굽)를 탈출

93) 야곱은 서양에서 인기있는 이름 중 하나로서 제이콥(Jacob), 잭(Jack) 등으로 불린다.

94) 이스라엘은 "하느님과 씨름을 하다", "하느님과 겨룬 사람' 등의 의미를 가지고 있다고 한다.

95) 그럼에도 불구하고, 일부 역사학자들은 당시 이집트 문화권과 유대민족이 교류했을 가능성은 희박하다고 주장하기도 한다.

96) 모세는 "강물에서 건진 아이"라는 의미라고 한다.

하였지만 곧장 가나안으로 돌아가지 못하고 현재의 카이로와 이스라엘 국경 사이의 땅인 광야를 40년간 헤매다가 돌아오게 된다.

가나안의 기근으로 이집트에 들어와야 했던 야곱의 아버지, 이삭의 시대에 이미 가나안지역 남부 해안에는 필리스틴(Philistine) 사람들이 이주해 있었다고 한다. 이들이 현재 팔레스타인 사람들이다. 모세와 함께 탈출한 이스라엘 사람들이 가나안에 돌아와서 이 필리스틴 사람들과 경쟁하여 다시 정착하게 되는데 훗날 다윗과 골리앗 중 골리앗이 이 필리스틴(블레셋) 사람이다.

이스라엘 사람들이 다시 자기들의 땅을 찾고자 국가를 만들고 왕권을 확립하여 내세운 왕들이 그 유명한 사울, 다윗, 솔로몬왕이었고 수도는 헤브론이었다고 한다. 다윗왕은 이민족 여부스족이 머무는 예루살렘을 기원전 1010년 장악하고 예루살렘을 수도로 변경하고 영토를 확장하여 후에 솔로몬왕 시대의 번영의 주춧돌이 된다. 솔로몬왕이 죽고 그의 아들인 르호보암이 왕이 된 때가 기원전 926년이다.

그 후, 유다왕국과 이스라엘왕국으로 나뉘어 싸우다가, 이스라엘왕국은 722년 기마부대와 철제무기를 갖춘 강력한 왕국인 아시리아인의 공격을 받아 멸망한다. 아시리아는 멸망한 이스라엘 왕국 지역에 아시리아인들을 이주시켜 혼혈정책을 펴는데, 이스라엘과 아시리아 혼혈을 '사마리아인'이라고 불렀으며 유대인들은 이들을 멸시했다고 한다.

한편 유다왕국도 동맹군인 이집트 파라오의 지원을 받아 명맥을 유지하다가 신바빌로니아의 공격으로 기원전 601년 속국이 된다. 하지만 유대인들은 이에 굴하지 않고 기원전 600년 예루살렘 반란을 포함하여 기원전 597년, 587년, 582년 반란을 일으켰으나 매번 예루살렘의 함락과 함께 제압되고 신바빌로니아의 왕은 이 유대인들을 바빌론에 포로로 데려간다. 이러한 고난의 행군을 통해 일부 유대인들은 보다 더 유대교의 전통(할례, 율법 등)을 따라야 한다고 믿고 '유다이즘'을 발생시킨다.

이렇게 바빌론에 묶여 생활하던 유대인들은 페르시아가 바빌로니아를 정복하고 유대인의 귀향을 허용한 기원전 538년이 되어서야 자유로워진다. 이

기원전 3~4세기 마케도니아 알렉산더 대왕의 제국 영토

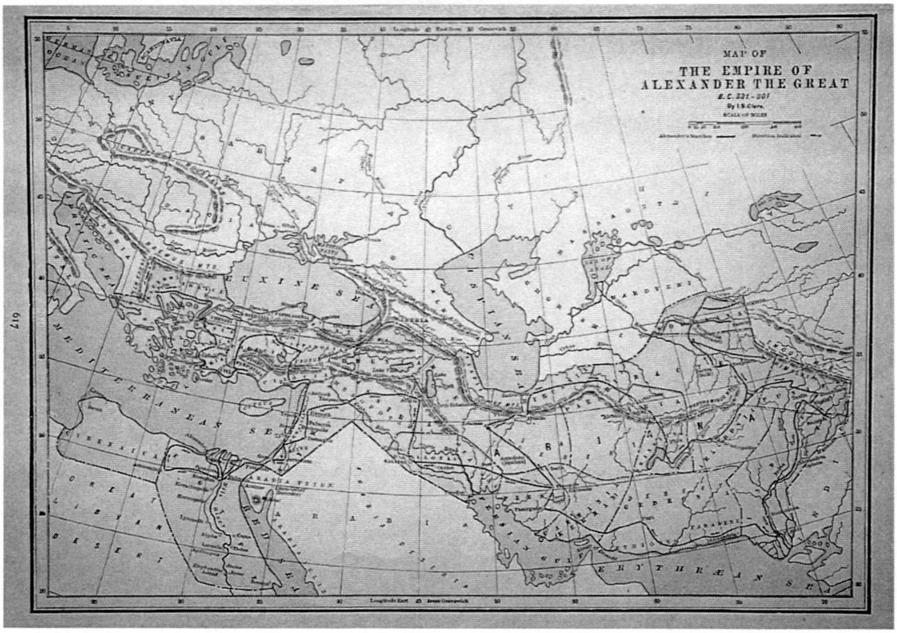

출처: Wikipedia

를 '고레스 칙령'이라고 하고, 바빌론에 묶여있었던 시기를 '바빌론 유수기'라고 한다. 예루살렘으로 돌아간 유대인들은 솔로몬왕이 지었던 것보다는 수수한 두 번째 성전을 기원전 515년에 복원한다. 이렇게 유대인의 귀향을 허용하고 성전을 재건할 지원까지 해준 페르시아의 고레스왕은 자연스럽게 유대인들로부터 환영을 받았다. 당시 페르시아는 조로아스터교의 영향이 강했는데, 조로아스터교는 유일신과 메시아의 재림, 천당과 지옥 및 부활, 선과 악이라는 이분법 등의 교리가 있었고, 이 시기에 유대교에 영향을 미치면서 현세 지향적인 유대교에 내세 신앙을 도입하고, 훗날 기독교의 사탄이 등장하는 배경이라고 해석하는 학자도 있다고 한다.

기원전 333년, 이번에는 마케도니아 제국의 알렉산더 대왕이 페르시아를 공격한다. 이때 유대인들은 결국 알렉산더 대왕에게 항복하게 되고, 당시 알렉산더 대왕이 통치하는 지역에 퍼져 상업에 종사하게 된다. 특히 지중해의

로마제국시대의 영토

출처: Wikipedia

해상무역이 번성하자 유대인들이 알렉산드리아로 몰려들면서 최대 상업도시로 성장한다. 당시 인구의 40%가 유대인이었다고 한다.

이후, 현재의 팔레스타인, 이라크, 이란 지역을 주름잡는 시리아 왕국이 부흥하면서 예루살렘의 유다왕국을 점령하였으나, 결국엔 기원전 64년 로마가 그리스 및 시리아, 유다왕국을 점령하게 된다. 이때 유대인들은 로마에 저항하기 보다는 보호를 받으며 번영하기로 판단한다.

로마제국시대에도 유대인들은 상업과 무역을 통해 번영하였다. 이들은 직업군인이나 고위관료, 변호사, 의사 등 상류계층에 머무를 수 있었고 많은 이교도와 섞여 살았으나 유대교 특유의 선민사상, 즉 자신들은 이미 하느님과의 계약을 통해 선택받은 민족이라는 사상을 기반으로 다른 민족과 융합하기를 거절하였고 이것이 반유대주의를 만들어냈다. 특히 상업에서 경쟁관계에 있던 그리스인들과의 반목이 더해져만 갔는데 다신교를 믿으며 헬레니즘 문화의 영향으로 세계시민주의를 지향하던 그리스인들에게 유대교인들은 화합할 여지를 두지 않는 특이한 사람들로 여겨졌을 것이다.

결국 알렉산드리아와 팔레스타인 지역에서 이런 갈등이 결국 현실화되었다. 발생한 분쟁 중 하나는 로마가 총독을 파견하여 직접 통치하던 팔레스타인 지역에서도 있었는데, 당시의 로마 총독이 폭동을 제압하는 과정에서 예루살렘 신전을 모독하였고, 그에 분노한 유대인들이 폭동을 일으켰다. 이는 곧 제압되었으나 곧바로 대규모 반란으로 이어졌고 그간 쌓였던 반유대주의와 함께 폭발하여 끔찍한 참상을 만들어냈다. 대 항쟁시기에 알렉산드리아와 팔레스타인 지역에 있던 유대인 인구수는 로마 제국의 10%에 해당하는 7~8백만이었다고 하니 경제력까지 갖춘 유대인들의 저항력은 상당했을 것이다.

당시 로마의 황제는 네로였는데, 예루살렘에서 로마군이 전멸하자 사태를 심각하다고 판단하고 대군을 투입하여 공격하여 결국 70년 예루살렘을 무력으로 가혹하게 점령하고 그 과정에서 성전이 완전히 파괴된다. 이때 파괴되지 않고 남아있는 서쪽 벽이 그 유명한 '통곡의 벽'이다.

한편 로마에서는 예루살렘 함락을 기념한 최초의 개선문인 티투스 개선문이 만들어진다. 1차 유대전쟁이라 불린 이 전쟁에서 포로로 잡힌 유대인만 10만 명이었다고 하는데 이들이 지은 것이 콜로세움이라고 한다. 그 뒤로도 유대인에 대한 박해는 계속되어 132년 2차 유대전쟁도 벌어지고 135년에는 국민의 1/3밖에 남지 않아서 결국 역사의 무대에서 사라지며 2,000년간의 유랑생활을 또다시 하게 되지만 유대인이라는 정체성 유지를 위한 노력을 통해 현재까지 이르게 된다.

기독교의 시작은 모두 아는 바와 같이 예수로부터 시작하는데, 기원전 4년이다. 기독교는 유대교의 한 분파로 시작한 종교였으나, 유대인만을 위한 종교를 온 인류의 종교로 만든 그 영향력이 지대하여 현재 전 세계 인구의 1/3이 기독교인이라고 한다. 로마제국시대 중 기원전 37년부터 서기 6년 사이 로마는 팔레스타인 지역의 자치통치를 허락하고 로마에 의해 왕이 임명되는데 그가 바로 헤롯이다.

조로아스터교의 영향이었을까 로마의 통치 아래에 있던 팔레스타인 거주 유대인들에게는 이미 메시아 사상이 있었는데, 메시아를 그리스어로는 크리스토스라고 하며 예수 그리스도의 유래가 된다. 당시 자치중이던 팔레스타인 지역 왕인 헤롯은 이 메시아 사상을 믿었고, 2살 이하의 아이를 모두 죽이라 명하지만 아기 예수는 이집트에 있었기 때문에 화를 면했다. 장성한 예수는 예루살렘으로 돌아와 복음을 펼치는데, 유대인임에도 불구하고 기존의 유대교 선민사상이 아닌 '모두가 하나님의 자녀이고 신의 사랑은 무한하며, 죄를 지어도 회개만 하면 구원받을 수 있으니 신이 우리에게 사랑을 베풀 듯 우리도 이웃에게 사랑을 베풀라'고 설파하였다. 당시의 유대교는 신앙의 본질보다는 율법의 형식에 얽매여 있었기 때문에 이렇게 형식화된 율법주의와 선민사상에 대한 비판이기도 하였다. 그의 가르침은 가난한 사람, 병든 사람 혹은 죄를 짓고 멸시 받는 사람들[97]에게 영향력을 미쳤고, 제사장이나 율법학자들처럼 군림하지 않고 신분 고하를 막론하고 거리낌 없이 어울렸다고 한다. 이로써 하느님은 유대인만의 것이 아닌 온 인류의 것이 된 것이다.

하지만 유대교 입장에서 이는 큰 잘못이었고, 예수가 점점 더 유명해질수록 기존의 유대교 신념이 깨져나가는 것을 지켜볼 수는 없었다. 결국 유대인들은 예수를 십자가에 못박아 죽음으로 내몰았는데, 당시 십자가형은 정치범에게 내려지는 형벌이었다고 한다. 어디를 가나 대규모 집회를 하고, 백성들의 환호를 받는 예수는 당시 로마 입장에서도 언제든 민중을 선동하여 민란을 일으킬 수 있는 인물로 판단되었기 때문이다. 하지만 많은 복음서에서는 유대인의 압박에 못 이겨 예수를 처형한 것으로 기술되어 있어서 기독교인들과 유대인간 갈등의 씨앗이 된다.

사실 여부를 떠나, 어쨌든 예수가 다시 부활하자 예수를 따르던 제자들은 그가 하느님의 아들임을 확신하고 죽음을 불사한 전도를 하게 된다. 그 중에서도 로마 시민이면서 유대인이었던 (한 번도 예수를 만나보지 못한) 사도 바울은 '인격적 신'을 체계화해 교리를 세움으로써 기독교를 성립시켰다.

이후 313년 당시 서로마 황제였던 콘스탄티누스가 밀라노 칙령을 통해 종교의 자유를 선포하여 당시 탄압받던 기독교를 공인하였고 후에는 교회를 후원하면서 결국 자신이 교회를 다스리기로 하며 '가톨릭'이라는 용어가 쓰이기 시작했다고 한다. 315년에는 교회법이 국법되고 330년에는 비잔티움을 종

---

97) 당시 종교에서는 상선벌악 의식이 강하였기 때문에, 장애나 질병 등의 괴로움을 겪는 사람들도 죄를 지어서 벌을 받는 것이라고 생각했다.

395년 동로마와 서로마

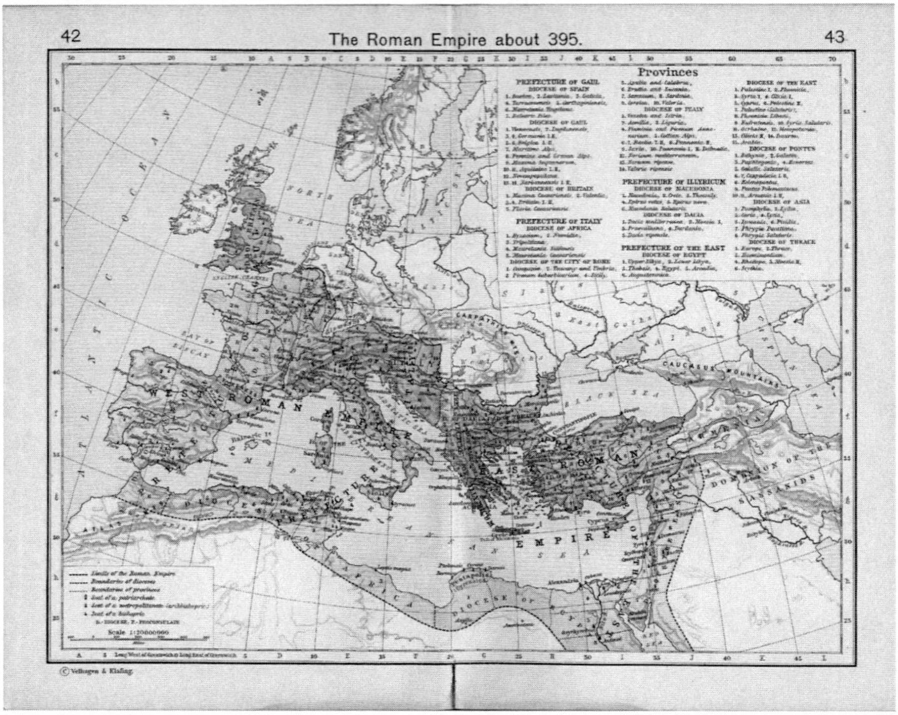

출처: Wikipedia

교도시로 만들어 로마의 수도를 아예 이전함으로써 비잔티움 시대를 여는데, 이 도시가 바로 현재의 이스탄불인 콘스탄티노플이다. 세계적인 종교로 성장하는 기틀을 마련된 것이다. 392년 신실한 기독교도였던 테오도시우스 황제(379－395 통치)가 기독교를 로마제국의 국교로 채택한다.

황제가 사망하고 내분이 일자 395년 동로마와 서로마로 분열되었고, 서로마는 476년 훈족[98]의 압박으로 밀려난 게르만족[99]에 의해 망한다. 그 뒤로는 동로마제국(비잔티움제국)이 확장해나간다. 1,000년대가 되면 우상숭배와

98) 아틸라가 이끄는 스탭지역의 훈족이 이동한 이유로 유라시아 스텝의 기후가 건조해지면서 더 이상 말먹이를 충당할 수 없자 더 좋은 목초지로 이동하였기 때문이라는 이론이 있다.

99) 공공재산이나 사유재산을 고의적으로 파괴하거나 해를 끼치는 Vandalism의 어원은 로마를 약탈하던 반달족(Vandals)의 약탈 및 파괴행위를 어원으로 한다.

교황의 수위권[100] 등으로 인해 하나의 교회에서 콘스탄티노플을 중심으로 한 정교회와 로마교회로 분리된다.

1517년 로마 가톨릭(교회)의 부패와 타락을 비판하며 독일인 마틴 루터가 종교개혁을 일으켜 로마 교회는 구교와 신교로 구분된다. 마틴 루터도 처음에는 유대인에 대해 우호적이었으나 후에 과격한 반대파로 돌변한다. 한편 1640년대 일어난 영국 청교도 혁명의 사상적 지주가 된 프랑스인 장 칼뱅은 상인들을 지지했고, 당시 상인(Merchant)은 유대인과 같은 뜻으로 쓰였다고 하는데, 해상 무역에 직간접적으로 종사하는 유대인을 Merchant라고 불렀기 때문이라고 한다. 따라서 당시 상업이 활발했던 네덜란드를 중심으로 칼뱅파가 널리 퍼졌다. 칼뱅은 5% 한도 내의 이자를 받는 대부업도 찬성했다고 하는데 이는 영국의 청교도들에게도 영향을 미쳐 후에 영국 및 네덜란드에서 금융업을 기반으로 상업이 비약적으로 발전하는 발판이 된다.

이슬람교는 다른 종교보다 훨씬 늦은 서기 610년에 탄생했다. 무함마드[101]가 메카에서 태어난 570년 전후는 이란 지역의 사산조 페르시아와 동로마(비잔틴)제국 사이의 분쟁이 한창이던 때였다. 이 100년간의 전쟁 때문에 동방과 서방의 무역로가 자주 폐쇄되자 상인들은 아라비아 반도를 통하기 시작한다. 이때 중심이 된 곳이 바로 메카인데 이슬람교의 창시자인 무함마드가 장사를 하며 여러 종교를 접한 곳이다.

아라비아 반도 무역로가 활발해지기 이전에 아랍인들은 대부분 혹독한 기후 탓에 한곳에 정착하지 못하고 오아시스를 옮겨다니며 낙타와 양떼를 모는 유목민이었다고 한다. 어쨌든 상인의 가족으로 할아버지와 작은아버지를 따라다니던 무함마드는 유대교 및 기독교를 접하여 심취하게 된다. 그의 나이 마흔 때인 610년 15년간의 긴 명상과 수행의 노력 덕분일까. 드디어 히라 동굴에서 명상을 하던 중 알라로부터 첫 계시를 받았고 그때 하느님의 메시지

---

100) 교황이 가진 권한을 의미하며, 전 세계 가톨릭교회의 규율, 정치, 신앙 등의 문제를 관할하는 절대권

101) '은총을 받은'이라는 의미이며, 본명은 무함마드 이븐 압둘라 이븐 압둘무탈리 이븐 하심이다. 쿠라이시 부족의 하심 가문의 사람이다.

를 엮은 코란을 만든다. 이슬람교에서 무함마드는 아브라함, 모세, 다윗, 예수 등과 함께 하느님의 메시지를 전달하는 예언자가 된다.

613년 무함마드는 이제 공적인 자리에서 가르침을 설파하게 되고 신도수를 늘려가게 된다. 당시 메카의 지배 세력은 쿠라이시 부족이었고 그는 부족의 두 번째 서열이었던 하심 가문출신이었기 때문에 두 번째 가문 출신인 무함마드가 사회 정의와 평등을 주창하는 것이 지배가문인 압두 알-샴스(우마위야) 입장에서는 불편할 수밖에 없었다. 따라서 늘어나는 신도수와 영향력을 위협으로 느낀 그들은 무함마드를 제거하려고 하였고, 결국 622년 그는 메카에서 메디나로 터전을 옮긴다. 메디나에서 무함마드는 포교활동을 통해 더욱 세력을 키웠는데, 그는 메디나에서 부족 간 분쟁을 종식시키고 이슬람교의 특징인 정교일치의 신정체계를 바로잡아 신정국가 체계인 움마를 건설한다. 이제 무함마드는 사실상 종교 및 정치의 군주로 등극한다. 이런 이슬람교 공동체를 유지하기 위해서는 생존 수단 확보가 필요했는데, 이를 위해 무슬림들은 '지하드(성전)'이라는 약탈전을 자행한다. 무함마드는 지하드를 통해 624년부터 3년간 메카를 공격하여 정복하고 유일신 알라 외에는 다른 신은 존재하지 않는다는 '우상숭배 금지'를 공포한다.

무함마드는 아라비아 반도 무역로에서 상인으로 일하면서부터 유대교 및 기독교를 친숙하게 접하고, 유대인들에게도 관대했지만 정작 유대교인 및 기독교인들은 이슬람교를 창시한 무함마드가 아브라함이나 예수와 같은 예언자로 인정하는 것을 거부한다. 이에 분노한 무함마드는 기도의 방향을 예루살렘에서 메카로 변경하고, 유대교에 대한 종교적 반격을 시작하는 한편 아브라함의 아들 이삭이 적자가 아니라 하갈이 낳은 이스마엘이 적자이며, 아브라함은 이스마엘의 자손인 아랍인 가운데에서 사도가 나오길 기도하여 자신이 세상에 나왔다는 주장한다. 632년 무함마드가 62세에 영면하면서 이후 정통 칼리프 시대(632-661)를 거쳐 이슬람교가 급속히 팽창하게 되는데, 이는 정치와 종교가 합치된 공동체의 강력한 힘 덕분이었다.

무함마드가 아들을 남기지 못하고 세상을 떠나자 이슬람교의 장로 중에서 칼리프(후계자)를 선출하게 되는데, 초대 칼리프이자 무함마드의 장인이었던 아부 바크르는 당시 강대한 동로마와 사산조 페르시아와의 전쟁에서 큰 승리를 거두며 이슬람 제국 건설의 기반을 마련한다. 그 이후 2대 칼리프인 우마르가 집권하면서 635년에는 다마스쿠스, 638년에는 팔레스타인, 640년엔 시리아, 641년에는 이집트를 점령하여 세력을 확장한다. 642년에는 사산조 페르시아를 격파하고 알렉산드리아를 점령하여 이슬람교 도시로 만들면서 지중해 패권을 장악하지만 644년 암살당하여 사망한다. 그 다음 3대 칼리프로 우스만이 추대되는데 우스만은 원래 메카에서 무함마드 가문을 박해했던 압두 알 샴스(우마위야) 가문출신이었다. 무함마드가 메카로 돌아와 이 가문을 시리아로 쫓아냈지만 그 중 가문의 일부는 메카에 남아서 이슬람을 받아들였다고 한다. 과거의 기억 탓이었을까. 우스만은 우마위야 가문 중심의 족벌정치를 펴 정치적 반발을 야기하였고, 이에 반발한 가문에 의해 암살당한다. 그 후 4대이자 마지막 칼리프로 알리가 집권한다.

시아파와 수니파의 갈등은 3, 4대 칼리프를 선정하는 과정에서 시작된다. 당시 일부 사람들은 3대 칼리프로 당연히 무함마드의 사촌동생이자 사위였던 알리 이븐 아비가 될 것으로 예상했다. 하지만 훌륭한 리더십과 통치력을 인정받은 이슬람교 원로 중 하나인 상인 출신 우스만이 3대 칼리프가 되었고, 그의 통치기간 동안 이슬람 세력은 인도의 인더스강 서쪽의 이집트까지 광활한 영토를 확보하였으나 656년 다른 부족에 의해 암살당한다. 우스만의 추종자들은 3대 칼리프가 되지 못해 불만을 품고 있었을 알리를 배후세력으로 여기며, 당시 시리아를 다스리던 우마위야 가문의 수장인 무아위야[102]를 중심으로 다시 뭉치는 결과를 낳는다. 반면 혈통을 내세워 알리를 지지던 세력은 그제서야 4대 칼리프로 알리를 내세웠는데 원래 청빈하고 도덕성이 강

---

102) 무함마드에 의해 시리아로 쫓겨난 우마위야 가문의 야지드는 시리아 다마스쿠스의 총독으로 임명되고 비잔틴 제국에 맞서도록 하였다. 3대 칼리프 우스만은 그의 동생인 무아위야를 총독으로 임명한다.

했던 알리가 자기의 반대세력인 무아위야와 화해를 하자,[103] 이 협상에 불만을 품은 알리 강성 지지세력이 그를 661년에 암살하면서 정통 칼리프시대가 막을 내리고, 무아위야가 왕위에 올라 우마위야 왕조가 시작된다.

무아위야가 죽고 그의 아들인 야지드가 세습 칼리프에 오르자, 후세인 알리가 이를 부정하며 쿠파로 돌아와 추종자를 모아 봉기 계획을 세우는데, 당시 쿠파의 총독인 우베이둘라는 이를 인정하지 않고 680년 후세인 알리를 공격하고 일가를 괴멸시킨다. 이에 분노한 시아파[104]는 정식으로 수니파로부터 분파한다. 시아파들은 메카와 메디나를 떠나 이라크에 정착함으로써 시아파의 또 다른 역사를 이어간다. 혈통을 중시하는 시아파와 인품 및 능력을 중시하는 수니파로 갈라진 이 시기는 현대까지 이어진다.

시아파와 수니파를 구분하는 중요한 특징 중 하나는 시아파의 경우 혈통을 중시하는 입장이기도 하고, 오랜 억압을 극복하기 위한 강력한 리더십을 요구되었기 때문에 정치와 종교가 일치되는 사회가 필요하였고 따라서 이란의 호메이니와 같이 정치 및 종교적인 지도자를 두지만, 수니파의 경우 무함마드 이후 종교적/정치적 반발세력을 두지 않으려는 전통과 함께 능력을 중시하기 때문에 종교적인 지도자들은 종교적인 범위 안에서 머물 뿐 사회적인 리더십은 발휘하지 않는다는 점이다.

비록 시아파와 수니파의 갈등이 제3세력에 의해 정치적으로 이용되기도 했지만 이 갈등[105]이 중요한 이유는 (비록 최대 산유국인 미국에 의해서 중동산 원

103) 더 정확하게는 무아위야가 알리의 지도력을 의심하여 반란은 일으켰으나, 무아위야의 전세가 불리해지자 중재인을 내세워 협상을 벌이는데 이때 알리는 동과 서로 영역을 양분하는 협정을 체결한다. 알리의 이 나약한 결정에 실망한 추종자들이 그를 떠나는데 그때 떠난 추종자들 중 하나인 하와지리파가 후에 그를 암살한다.

104) '시아'라는 단어 자체가 누구를 따르는 사람이란 뜻이어서, 정식 명칭은 '알리를 따르는 사람들', 즉 '시아 알리'이지만, 편의상 시아파라고 통일하였다.

105) 예루살렘에서 유대교, 기독교와 이슬람교가 한데 모여 살았던 시기가 있었던 것처럼, 수니파 및 시아파도 같은 곳에서 출발하였기 때문에, 무조건 반목하는 사이는 아니지만 이를 정치적으로 이용하는 세력이 있을 뿐이다. 특히 영국이 이라크를 식민통치하면서 이 둘의 갈등을 조장했다는 의견이 많고, 2003년 이라크 전쟁에서도 미국 등 다국적군이 수니파와 시아파의 갈등을 부추겨 후세인 세력을 제거하고자 하였다고도 평가한다.

수니파와 시아파의 분포

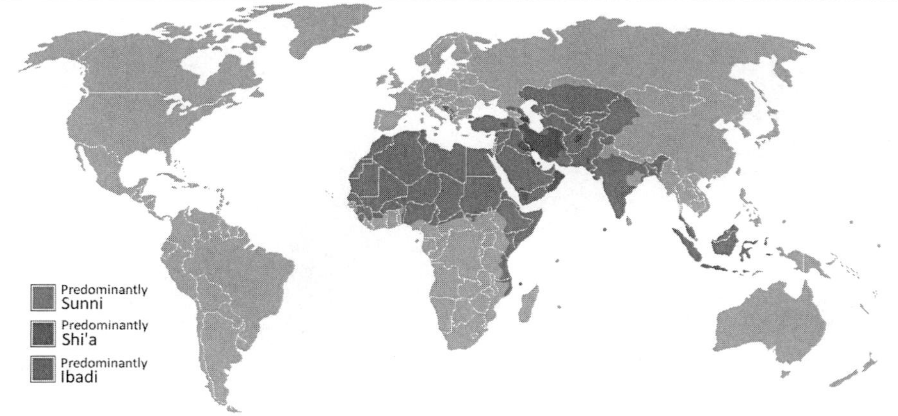

출처: Wikipedia

유의 중요도가 낮아지고 있는 것은 사실이지만 그럼에도 불구하고) 석유라는 중요한 에너지 자원의 매장지가 시아파와 수니파의 구분과 무관하게 분포하고 있다는 점이다. 석유 및 가스의 주요매장지가 이란과 사우디 사이의 페르시아만 주위에 집중되어 있고, 사우디만 보더라도 주요 가스파이프라인 및 매장지 인근에 시아파가 거주하고 있어, 시아파와 수니파의 갈등은 자칫 에너지 생산에 영향을 미칠 수 있기 때문이다.

또한, 사우디가 서남쪽 끝의 도시인 Jizan에서 추진중인 주요 석유화학단지 프로젝트도 인근 예멘의 시아파의 영향에서 자유로울 수 없기 때문에, 해당 지역에서 발생하는 금융 프로젝트에는 시아파의 공격에 의한 자산의 손·망실에 대한 조항을 포함하기도 한다.

칼리프 시대를 지나, 무아위야 및 우마위야 왕조를 거치면서 이슬람교는 아라비아 반도를 벗어나 697년 동로마제국의 최후 거점인 카르타고를 함락시키고 700년경에는 북아프리카 및 대서양 연안으로 세력을 키우면서 사실상 동방세계 및 지중해에 대한 통제권이 기독교에서 이슬람교로 넘어오게 된다. 이 시기에 자연스럽게 유대인들은 무슬림 지도자들의 환심을 얻어 상업과 교역에 종사한다. 무슬림들 입장에서 유대인은 같은 아브라함의 자손으로 인정하고 우호적인 입장이었다. 이슬람교의 창시자인 무함마드 역시도 스스로 상

622년부터 750년까지 이슬람의 영토확장

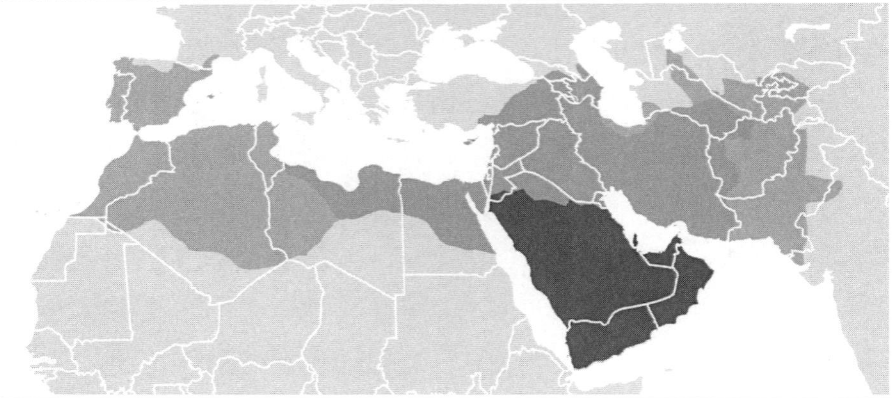

출처: Wikipedia

인이었을 당시 유대교의 영향을 많아 받았으며 유목민 눈에 유대인은 우수한 지식인으로 여겨졌기 때문이다. 한편으로는 당시 이베리아 반도의 유대인들은 종교적인 박해를 받고 있었는데, 이슬람교가 이베리아 반도를 지배하면서 그런 정치적인 압박에서 해방된 것도 큰 영향을 미쳤다.

720년 우마위야 왕조는 현재 스페인이 있는 이베리아 반도를 넘어 피레네 산맥 너머의 프랑크 왕국까지 침입했으나, 당시의 프랑크 왕궁 재상 칼 마르텔의 저지로 더 이상 진출하진 못하였고, 11세기 초 시작된 십자군 전쟁 및 '레콩키스타'과 같은 기독교 세력의 확대에 따라 이베리아 반도에서 800년을 머물다 물러나게 된다.

한편 이라크와 바그다드 지역에서는 다른 일이 일어나고 있었다. 8세기 무렵 무함마드의 일족인 아바스 가문이 시아파 및 이란 이슬람교도와 협력하고 우마위야 왕조를 타도하여 아바스 왕조(압바시야 왕조)를 연다. 이들은 바그다드[106]에 수도를 건설하고 중앙집권제를 확립하였는데, 여기서 쫓겨난 우마위야 사람들은 이베리아로 탈출하여 후우마위야 왕조 재건에 기여한다. 아바스 왕조는 출신과 상관없이 무슬림이면 누구나에게 평등하였는데, 그 때문에

106) 공식명칭은 마디나 알 살람(Madinat al－Salam)으로 평화의 도시라는 뜻이었고, 페르시아어로는 '신이 부여한'이라는 의미의 바그다드(Bagdad)로 불렸다.

1,000년대 셀주크 투르크의 영토

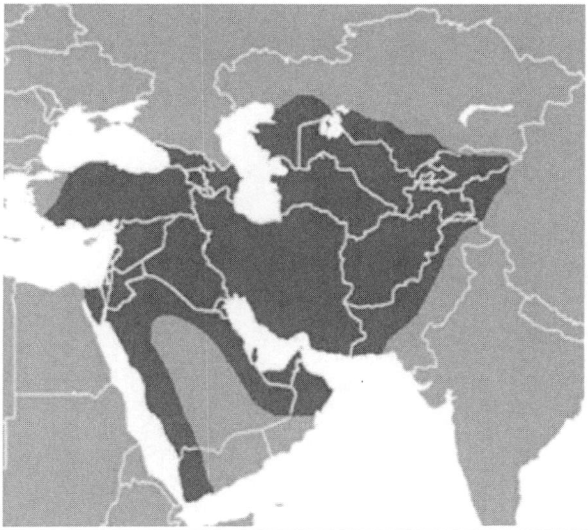

출처: Wikipedia

바그다드는 실크로드의 한 축이 되었고, 이 도시에서 유대인들은 상인이자 은행가로서 동서양 무역을 연결하고 이슬람 왕실에 협조하여 번영을 누리게 한다.

후기 우마위야 왕조의 수도였던 코르도바(Córdoba) 역시 유대인 상인들을 중심으로 번영하여 당시 유럽 내 에서는 동쪽의 콘스탄티노플과 함께 최대의 도시로 성장하였다고 한다. 후우마위야 왕조는 북쪽의 스페인 왕국에 밀려 1010년 세비아로 수도를 이전하고 그 후에 마지막 칼리프가 폐위되면서 막을 내리는데, 이미 당시 이베리아 반도의 이슬람세력들은 파편화되어서 군주들끼리도 기독교 세력의 힘을 빌려 싸우고 있었다고 한다. 결국 이슬람세력은 북아프리카로 밀려나게 된다.

이 시기 동쪽에서는 960년부터 실크로드의 남쪽길이었던 텐샨 산맥 남북로, 현재는 신장위구르자치구 지역에 있던 투르크족이 대거 이슬람을 받아들이면서 아랍족 및 이란인에 이어 이슬람세력의 패권이 투르크족으로 넘어가게 된다. 이 셀주크투르크 족은 1037년 기존의 중동 이슬람제국을 침공하여 멸망시키고 제국을 건설하는데, 1071년 만지케르트 전투에서 셀주크 왕이 비잔틴 황제를 생포하는 대승을 거둠으로써 동부 지중해의 무역 교두보를 마련하고 동서양을 잇는 무역로를 장악함으로써 막대한 국가 수입을 이루게 된다. 이 당시 셀주크투르크 제국의 수도는 이스파한이었고 현재 이란의 주요 관광도시 중 하나이다.

이렇게 11세기 동쪽에서 자신들의 영토가 투르크족에게 밀리자, 아프리카 및 아라비아 반도에서는 이슬람 재건활동이 발생하는데, 이때 참여한 이슬람 근본주의자들은 유대인들을 박해하였고, 그 결과 유대인들은 다시 이베리아 반도로 흘러 들어가게 된다. 이 유대인들에 의한 상업활동은 다시 스페인을 강성하게 만들어, 레콩키스타와 같이 이슬람을 아라비아 반도에서 물러나게 하는 원동력이 된다. 이미 파편화된 이베리아반도의 이슬람세력이 힘을 잃어가는 가운데 11세기부터 흘러 들어간 유대인 상인세력은 당시 스페인의 레온, 카스티야 왕국의 부흥을 돕고, 두 나라를 동시에 통치하던 알폰소 6세가 1085년 톨레도를 함락시키면서 '레콩키스타'의 시작을 알리게 된다. 알폰소 6세는 기독교와 무슬림의 동등한 처우를 약속했다고 하고, 후에 알폰소 10세는 대규모 유대인들을 받아들이고 호의적인 태도를 취했다고 한다.

이렇게 무함마드 이후 동방무역 등과 함께 급성장한 이슬람 세력은 셀주크투르크 시대(1038~1194) 십자군전쟁과 같은 기독교 세력의 부흥으로 자리를 내주고, 한편 명목만 유지하던 아바스왕조도 1258년 몽골의 침략으로 바그다드가 함락되는 등 쇠퇴함에 따라 시대의 초점은 대항해시대인 유럽으로 넘어가게 된다. 이 시기는 과격 이슬람주의의 아버지라고 할 수 있는 이븐 타미야(1263~1328)가 등장한 시기이기도 하다.

4세기 훈족 및 13세기 몽골 등 이른바 스텝(Steppe)지역을 주 활동무대로 하는 유목민들은 기마 민족으로서 기동성은 좋았지만 넓은 스텝지역의 광활한 초원에서 말먹이를 구해야 하는 제약조건도 존재하였다. 반면 농촌 정착지는 많은 인구를 부양하기에는 유리하였지만 말먹이를 구하는 데는 효율적이지 않았기 때문에 유목민들은 중국이나 유럽의 농촌 정착지를 침략하여 전리품을 챙긴 후 다시 자신들의 목초지로 돌아가거나, 아니면 생활방식을 정착민으로 변경해야만 했다.

13세기 몽골의 침략은 이슬람국가에 큰 영향을 미쳤지만 유럽국가는 온전하게 남겨둔 덕에 권력의 균형이 유럽으로 넘어가는 이유 중 하나가 되었지만 그 이후 스텝 지역의 유목민 기마병들은 머스킷과 대포 등 화약을 사용하는 무기로 조직적인 훈련을 받은 군대에 더 이상 기를 펼 수 없어 역사의 중심에서 멀어지게 된다.

몽골에 의해 이슬람 제국이 무너지는 모습을 본 이븐 타미야는 이 몰락의 원인이 무슬림들이 올바른 길을 벗어났기 때문이며, 지하드 역시 자격을 갖춘 이슬람학자들에 의해서만 판단되는 방어적인 의무가 아니라 평범한 일반인이 판단하기에 정상적이라면 불의를 적시하고 지하드를 공격적으로 전개할 의무가 있다는 주장을 폈다. 그의 대표적인 저서는 〈순나의 길〉인데 중세 유럽지역까지 널리 읽힐 정도였다고 한다. 그가 써내려 간 학파가 후에 이븐 압둘 와하브의 철학으로 연결된다.

1347년 스탭지역에서 흑사병이 발병하여 중국과 콘스탄티노플에 퍼져나가 유럽 및 중국인의 1/3이 사망하고, 1369년 명나라에 의해 원나라가 멸망하는 등 몽골제국이 쇠퇴하던 13~14세기경, 중동에서는 오스만 1세가 현재의 터키 동쪽인 아나톨리아 북서부에서 오스만 제국을 건국한다. 오스만튀르크족 역시 몽골족의 침략에 의해서 어쩔 수 없이 아나톨리아로 이동할 수밖에 없었던 것이다.

오스만제국은 몽골 및 아바스 왕국의 전통을 계승한 무슬림 국가였고, 유럽식 전쟁 방식을 받아들이며 정착생활과 요새화에 의존하였는데 그 이후 600년 해당 지역을 통치하였다가 현재의 터키(튀르키예)에 이르게 된다. 1차 세계대전의 참전국 중 하나이기도 하다. 오스만제국의 전성기는 16~17세기이며, 메흐메트 2세가 1453년 난공불락의 콘스탄티노플(현재의 이스탄불)을 함락시키고 동로마제국을 역사 속으로 지우는데 이는 〈오스만 제국의 꿈〉이라는 다큐 드라마로 제작되었다.

1634년 오스만 제국의 영토

출처: Wikipedia

19세기에 이르러 산업혁명으로 강성해진 유럽 국가들이 속속 이슬람권을 공격하기 시작하는데, 1798년 나폴레옹의 이집트 침공을 전환점으로 결국 오스만 제국으로 대표되는 이슬람 세력은 다시 쇠퇴기에 들어가면서 많은 영토를 잃게 되었고, 시간이 지나며 자원 부족 및 다른 열강의 제국주의에 밀리다가 독일 및 오스트리아와 함께 1차 세계대전에 참전하면서 다시 역사에 등장한다.

한편 오스만제국의 오른쪽에서는 14세기 티무르라는 이름의 수니파 이슬람 제국이 만들어졌고, 16세기 티무르 제국의 왕자인 바부르가 인도에 침입하여 무굴제국(페르시아어로 몽골인)을 건국하여 현재의 인도 북부, 아프가니스탄, 파키스탄 등을 통치하였다. 이후 1501년 시아파를 받아들인[107] 사파비드 왕조(1501–1736)가 이란을 통치하면서 팽창하였으나 오스만제국의 영역을

107) 알리 세력이 우마위야 왕조에 의해 680년 괴멸되고, 시아파들이 이라크로 넘어와 정착하지만 내내 억압당하다가 1500년이 되어서야 사파비드(Safavid) 왕조의 국교로 인정받는다.

넘지 못하였고, 투르크계 카자르 왕국(1781~1925)을 건국하여 테헤란을 수도로 150년간 존속하다 1925년 팔레비왕조가 들어서면서 현재의 이란이 된다. 강남에 있는 테헤란로도 1977년 팔레비왕조 치하의 테헤란 시장이 방한하면서 양국의 우호를 다지고자 명명된다.

현대 이슬람 근본주의자와의 전쟁

IS의 잔혹한 방송이나 현재 진행중인 팔레스타인 지역의 분쟁 등 2001년 이후로 우리나라에서도 이슬람 국가 혹은 이슬람 근본주의 관련 뉴스를 접하게 되는 경우가 많아진 것 같다. 이슬람 근본주의자들이 항상 IS나 하마스와 같이 이런 대규모 무력시위를 한 것은 아니다. 다만 자신들이 속한 집단이 위기에 직면하였을 때 그 위기의 원인으로 사람들이 더 이상 이슬람의 근본을 따르지 않았기 때문이라고 주장하는 사람들이 힘을 얻고, 주변 세력을 폭력적으로 진압한 혹은 주변 세력에 의해 폭력적으로 진압된 역사만이 있을 뿐이다.

중세에서 근세, 근대로 넘어오는 동안 오스만투르크를 제외한 중동의 이슬람세력이 다시 세계무대에 등장하게 된 것은 1차 세계대전 때인데 아랍계 이슬람 국가들이 쇠퇴한 뒤 그때까지 사실상 버려졌던 아라비아반도가 사우드 가문에 의해 통일되었을 때이기도 하다. 비록 아라비아 반도가 그동안 주목받지 못했던 것은 사실이지만 여기에는 여전히 유목민족이 거주하고 있었는데, 사우드 가문은 이슬람의 성지인 메카와 메디나를 연결하는 육로인 네지드 지역의 유목민 부족이었다. 1744년 사우드 가문의 수장인 무함마드 빈 사우드는 당시 박해받던 무함마드 이븐 압둘 와하브[108]라는 이슬람 율법학자와 동맹을 맺는데 일종의 정치와 종교의 만남이었다.

---

108) 와하브는 무슬림들은 진정한 이슬람을 배신하였기 때문에 신의 버림을 받아 몽골의 침략 등으로 쇠퇴하게 된 것이기에 선지자 무함마드 시절의 진정한 본래의 모습으로 돌아가야 하며 이를 모든 무슬림들이 실천해야 한다는 종교적인 입장을 가지고 있었다. 그는 '지하드'를 무슬림의 의무로 규정하였는데 그의 '지하드' 개념을 방어적인 것이 아닌 확장을 위한 적극적 투쟁도 불사하는 것이었다. 따라서 그는 우상숭배 금지 등 엄격한 이슬람 율법을 강요하였는데, 이것이 오히려 와하브 세력을 위태롭게 만들었다.

사우드-와하브 동맹군은 순교도 불사하지 않는 전투력으로 다른 부족들을 압도하였고, 통치세력의 부패에 지친 일반 주민들의 지지도 이끌어 냈다. 그들은 저항하는 부족에게 "개종하라, 개종하라, 개종하라"고 세 번 외치는 개종요구를 하고 이를 거절하면 죽였다고 한다. 이들은 1810년대까지 점점 세력을 넓혔으나 1815년 터키의 황제 술탄이 임명한 이집트 총독 무함마드 알리에게 진압되었고, 그들 중 몇몇은 살아남아 '와하브파'로서 세력을 이어갔다.

1차 세계대전 때 영국은 독일편에 선 오스만투르크를 견제하기 위해서 아라비아 반도의 부족 세력을 지원하였는데 그 중 대표적인 것이 사우드 가문과 하시미테 가문이었다. 사우드 가문이 터키에게 진압된 이후엔 과거의 영광을 잃고 이곳저곳에서 난민생활을 이어가고 있었는데, 사우드 가문의 '이븐 사우드'는 자신의 가족, 친척들과 남은 부족민 그리고 와하브 세력을 규합하여 1901년 자신들의 근거지인 리야드에 대한 성전을 선포하여 장악하게 된다. 이 소식이 아라비아 반도에 퍼지자 더 많은 지원자들이 몰려 1912년 결국 기존의 통치영토인 네지드 지역을 탈환한다. 이븐 사우드와 함께한 와하브파는 과거와 마찬가지로 엄격한 율법을 강조하였고, 형제라는 이름의 '이크완'이라는 조직도 창설된다. 이것이 현재 사우디아라비아 왕국의 시작이고, 영국이 아라비아 반도 부족 세력에게 접근한 때이다.

1915년 사우드 가문은 영국과 조약을 통해 영국으로부터 오스만투르크와 동맹을 맺은 알라시드 부족[109]을 견제할 수 있도록 지원을 받는 한편, 영국은 사우드 가문에게 후에 사우디 국가 영토를 만들어주겠다는 약속을 한다. 또한 영국은 하시미테 가문과도 동일한 내용의 이중 약속을 하게 되고 이는 결국 화근이 된다. 1917년 영국 외무장관 아서 밸푸어(Balfour)가 유대인 은행가 라이오넬 로스차일드에게 팔레스타인땅에 유대 국가를 건립하는 '시오니즘' 운동을 인정하는 밸푸어 선언(Balfour Declaration)[110]을 한 것과도 같이 모

109) 알라시드 부족은 사우드 가문의 근거지인 리야드를 빼앗은 부족이기도 했다.

110) 팔레스타인에 유대인이 점차 증가하고 사회적인 갈등이 거세지자, 1947년 11월 유엔 총

두 중동 분쟁의 씨앗이 된다.

결과적으로 사우드 가문은 오스만투르크와의 전쟁 없이, 숙적인 알라시드 가문을 제압하고 1924년에는 하시미테 가문까지 제압함으로써 아무도 신경쓰지 않던 아라비아 반도 내륙의 사막지대를 중심으로 영토를 공고히 한다. 이후 이곳은 세계 최대의 유전지대로 확인된다. 하지만 현대적인 국가로 탈바꿈하고자 하는 이븐 사우드에게 트럭조차 몰지 못하게 하는 이크완은 점점 불편한 존재가 되어갔다. 결국 이븐 사우드는 이크완의 지도자를 폐위시켰고 현대 무기로 이크완 세력을 제압한 뒤, 1932년 사우디아라비아 왕국을 선포하여 자신을 왕으로 추대하는데 다만 여전히 왕국의 시민들은 대부분 와하브파였기 때문에 와하브파의 교리로 통치하겠다는 내용도 선포한다.

사우디에서 이크완의 반발이 고조되던 1928년 이집트 이스마일리아(Ismailia)에서는 무슬림 소년들의 방과후 활동이었던 무슬림형제단이 만들어진다. 이스마일리아는 수에즈 운하에 사업을 하러 온 외국인들과 돈이 넘쳐났지만 한편으로는 운하지역 노동자로서 이집트 하층민도 다수 공존하는 양극화된 지역이었는데, 이곳 초등학교 교사였던 하산 알 반나(Hassan al-Banna, 1906-1949)는 무슬림 소년들에게 고유의 문화와 자존감을 키우고자 다분히 민족주의적인 성격을 띠고 일종의 교육센터인 무슬림형제단을 만들었다. 그 후 소년들에서 그의 형제들, 더 나아가선 성인들까지 이곳에 와서 교육을 들으면서 점차 성인 남성을 위한 무슬림 운동 결사단으로 바뀌었고, 창단 10여 년 만에 20여 만 명의 회원을 확보하였으며 1936년에는 이집트에서 영국 통치 반대운동을 전개하기도 했다. 1948년 이스라엘이 팔레스타인 지역에서 건국되었을 때, 무슬림형제단은 분쟁에 적극 개입하는 범아랍권 이슬람 정치운동체가 되었다.

한편 무슬림형제단의 창시자인 반나의 동년배이자 지적 라이벌이었던 이집트인 쿠틉은 정부의 지원으로 미국 유학중이었는데, 1948년 반나가 암살될

회에서는 팔레스타인을 아랍국가와 유대인국가로 분할하여 독립시키자는 제안을 했고, 이스라엘이 이를 수용하면서 1948년 5월 국가 수립을 선언하였으나, 이는 곧바로 1차 중동전쟁으로 이어진다.

즈음, 미국식 자본주의에서는 이집트 및 무슬림 전체의 고난에 대한 해답이 없다는 생각을 품고 〈이슬람에서의 사회정의〉를 출판하게 된다. 미국 유학생활은 그로 하여금 이슬람의 고난의 원인이 서구 현대화 문명에 의한 오염과 타락에서 비롯되었다는 근본주의적 사상을 공고히 하는 시간이 되었다.

1952년 이집트에서 나세르의 쿠데타가 성공하여 혁명정부가 설립되고 쿠틉을 위원회 고문으로 초청하였으나, 쿠틉이 보기엔 나세르의 현대화 평등주의 역시 코란의 가르침에 위배되고 또한 그의 민족주의 성향이 무슬림의 단결을 저해한다고 판단하여 고사한다. 1954년 나세르는 혁명정부에 자꾸 잔소리를 하는 무슬림형제단 및 쿠틉 등 이슬람주의 세력을 탄압하고, 여러 정치적 혐의를 씌워 종신형을 내리는데, 수감 중 쿠틉은 〈쿠란의 그늘에서〉라는 제목의 논평집을 내며 이슬람 사상가로서 자리매김한다. 후에 그는 현대 이슬람주의 무장 운동의 이론적 기원이 되는 〈진리를 향한 이정표〉를 집필함으로써 혁명적 무장 투쟁을 지하드의 개념으로 재탄생시켜 이슬람운동에서 '지하드주의'의 물결을 만들어 낸다. 1966년 쿠틉이 교수형이 처해졌을 때, 그의 제자이자 변호사인 마푸즈 아잠이 그의 마지막을 지켰고, 아잠의 조카였던 아이만 알 자와히라는 쿠틉의 순교를 아잠으로부터 반복적으로 들음으로써 청소년 자와히라의 마음속에 쿠틉이 자리잡게 된다.

한편 이집트의 혁명정부 수장 나세르 역시 민족주의자로서 이집트를 위해 노력하고 있었다. 그는 10%의 수익만 배분받던 수에즈운하를 국유화하고 그 자금으로 아스완 댐을 건설하여 산업에 기여하면서도 서구의 식민주의에 저항하고자 하였다. 또한 시리아와 함께 범아랍 공화국까지 꿈꾸었지만 시리아에서 쿠데타가 발생하면서 물거품이 되었고 오히려 시리아의 바스당이 나세르의 지도력을 시험하며 경쟁자로 등장한다.

시리아가 이스라엘 상대로 전투를 진행하면서 이집트를 대신해 아랍 세계의 대의를 획득해나가자 1967년 결국 나세르도 이스라엘을 상대로 전쟁을 개시하였다. 하지만 개전초기 이스라엘의 공군력에 의해 완전히 제압당하면서 6일 만에 전쟁이 종료되는데 이것이 제3차 중동전쟁이었다. 이로써 대중

전세계 원유 가격과 소비 그래프

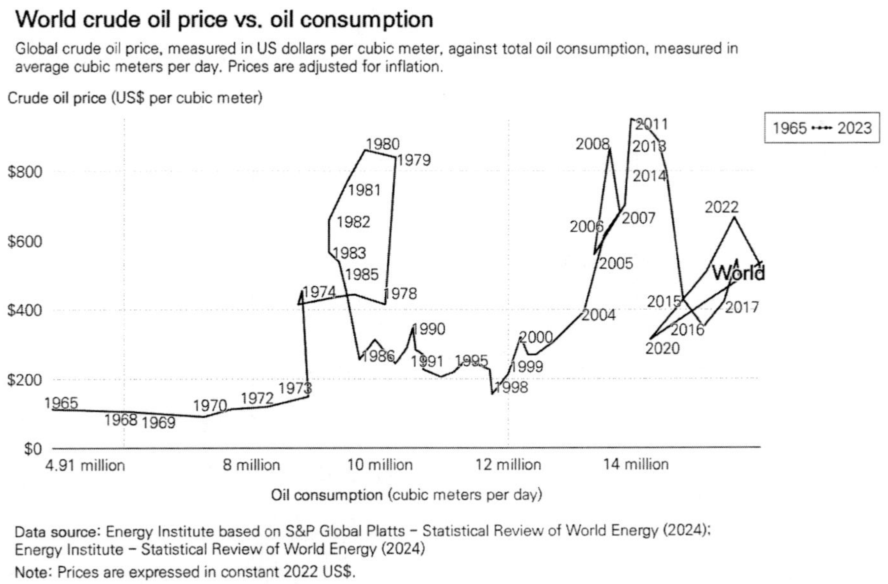

출처: Our World in Data

은 나세르로 대표되는 세속주의 근대화 세력에 실망하고 다시 그 공백을 이슬람주의세력이 차지하게 되었으며 쿠틉의 지하드 이론을 근거로 급진화된다. 이제 이들에게 지하드는 기도, 순례, 단식. 자선, 유일신앙이라는 이슬람의 5개 기둥과 함께 또 하나의 의무가 된다.

이후에 아프가니스탄에서 지하드를 추진하는데 핵심적인 역할을 한 팔레스타인 출신의 압둘라 아잠이 이 운동을 주도하게 된다. 세속주의 세력은 그들의 약해진 정신적 기반을 보충하기 위해 점점 독재화 되었고, 이스라엘이 점차 팽창하면서 팔레스타인 문제는 점점 더 어려워지자 팔레스타인해방기구(PLO)가 사실상 팔레스타인 임시정부 역할을 하면서 1973년 제4차 중동전쟁이 발발한다. 전쟁 초반 이집트와 시리아가 이스라엘 방어선을 뚫고 잠시 승리하였으나, 바로 이스라엘에 밀려났고 3주 만에 유엔 중재로 휴전하였으나 이 과정에서 미국의 공개적인 이스라엘 지지[111]는 아랍권을 분노하게 했다.

닉슨 대통령 시절(1969~1974)이다. 아랍권은 바로 미국에 대한 석유 금수를 단행하였고, 1973년 1차 석유파동이 일어난다.

석유가격이 급등하자 사우디 왕가에 오일머니가 모였고, 사회간접자본시설 건설 및 모스크 등 종교시설에 투자된다. 이런 종교시설에 대한 투자는 사우디의 와하브파(와하비즘)의 확대로 이어지고, 투자 확대는 인근 국가의 이슬람 지식인들 및 노동자들을 사우디로 불러모았다. 우리나라 1호 중동 건설수주인 삼환기업의 사우디아라비아의 알울라–카이바 고속도로 공사(1973)가 이때이다.

우리나라에 테헤란로라는 이름이 들어섰던 1977년, 이란에서는 팔레비 체제를 반대하는 세속주의 성향의 이란 중산층 지식인들의 반대운동이 증가한다. 하지만 이들은 광범위한 대중을 장악할 카리스마가 없었기 때문에 결국 정신적 지도자가 필요했고 이때 등장한 것이 시아파 이슬람 성직자 아야톨라 호메이니이다. 처음에는 시아파 교단도 호메이니의 혁명적 신학을 꺼려하였으나, 팔레비 체제가 점차 현대화를 추진하는 과정에서 종교의 사회적 영향력이 줄어들자 정부와 마찰이 생긴다. 결국 종교집단의 재산권까지 침해되자 호메이니는 정부가 신식민주의자와 공산주의자에게 나라를 팔아먹는다며 분노하였는데 이 주장이 무슬림과 세속주의적 중산층의 호응을 이끌어내고 결국 1979년 팔레비 왕조가 이란을 떠나면서 혁명이 완수되어 이슬람 공화국이 만

---

111) 〈The Israel lobby and U.S. foreign policy〉에서 저자는 미국의 이스라엘 지지가 국익보다는 내부 로비스트의 영향이 크다는 주장한다. 미국 내 강성 시오니즘(Zionism)세력이 기독교의 세대주의(Dispensationalism)와 결합하였고, 1967년 6일 전쟁을 통해 그 신념이 강화되었다는 것이다. 그들은 이스라엘의 팔레스타인 지역 점령을 정당화하는 한편 이스라엘의 지원이 미국의 국익에 도움이 된다고 주장한다. 미국 내 친이스라엘 세력은 상대적으로 친아랍 세력보다 미국에 먼저 정착하여 관련된 네트워크가 풍부하고 정치적, 경제적으로도 영향력을 더 확보하고 있다는 점도 작용했다. 2001년 부시 행정부는 아랍지역의 평화를 위한 Road Map을 계획하고 이스라엘과 팔레스타인을 공평하게 대하려고 노력하였으나 결국 로비세력에 밀려 몇 년 후 이런 방향성을 철회하게 된다. 소련 및 리비아, 이란, 세르비아 등 국익에 도움이 되는 방향성을 지속 유지하여 관철해 왔던 미국의 역사를 볼 때, 이런 모호한 대이스라엘–팔레스타인 정책은 미국의 국익에도, 아랍지역의 평화에도 도움이 되지 않는다고 말한다. 2006년부터 힘이 생긴 팔레스타인 하마스(Hamas) 세력은 역설적이게도 미국의 지원을 받은 이스라엘의 압박을 통해 저항의 명분을 얻고 있다.

1912년 중앙의 아프가니스탄을 두고 러시아(북) 영국(남)이 대립하는 그레이트 게임

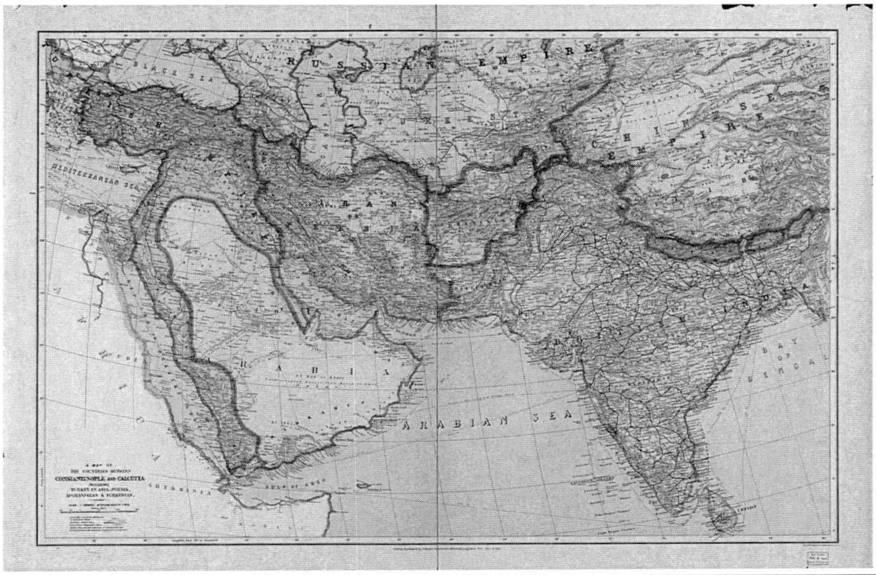

출처: Wikipedia

들어진다. 동일한 시기 시아파에 의한 혁명이 완성되는 것을 본 수니파의 수장인 사우디도 이슬람 문화를 결집할 어떤 이벤트가 필요하였고, 파키스탄에서도 고질적인 빈곤과 비효율적인 통치로 평가받는 세속주의 지도부의 무능을 타파하고자 이슬람주의 세력이 득세를 하게 된다. 이렇게 들끓는 이슬람주의 세력의 분출구가 된 것이 공교롭게도 냉전체제가 격돌한 아프가니스탄이다.

1979년 소련의 아프가니스탄 전쟁은 현대적인 이슬람 근본주의자 무장투쟁의 기점이 된다. 19세기 중동지역, 특히 아프가니스탄을 두고 영국과 러시아가 각각 식민지 패권을 두고 분쟁했던 것과 같이 20세기에는 미국과 소련이 냉전의 연장으로 이데올로기적 패권 싸움을 하고 있었다. 소련은 미국이 아프간을 넘어 중앙아시아로 진출하는 것을 걱정하였고, 반대로 미국은 러시아가 아프간을 건너 석유가 묻힌 최고 전략지인 걸프만에 영향력을 확장하는 것을 경계하였다. 지미 카터 대통령은 이 침공이 세계 석유 공급의 상당 부분을 지배하기 위한 포석이라고 단정지었다고 한다. 결국 이 우려는 1979년 소련이 아프간 국경을 넘어 침공함으로써 실현되었는데, 소련의 확장을 저지하

고자 미국은 이슬람주의 세력을 지원하였고, 그것이 돌고 돌아 2001년 다시 미국을 향하게 된다.

소련이 아프가니스탄 침공을 결정하게 된 계기는 침공 1년 전인 1978년 소련의 도움으로 쿠데타에 성공하여 세워진 사회주의정부가 결국 부족세력 및 이슬람주의 세력의 반란을 유도했다는 점이었다. 사회주의 정부는 이들의 반란을 진압하기 위해 이슬람을 탄압하고 사회주의를 강요하였는데, 반대로 1979년 이슬람 혁명을 이룩한 이란－아프가니스탄 접경지역에서는 이란의 이슬람 혁명의 여파가 밀려오고 있었고, 결국 소련은 이런 민족주의적/종교적 반란을 잠재울 군사활동이 필요하다고 느끼게 된 것이다.

한편 미국, 특히 CIA[112]는 이런 상황에서 사회주의에 대항하고자 은밀하게 아프간 반정부세력을 지원하는 비밀공작을 펼치게 되고, 현지에서 근무하던 현장요원들의 요청에 따라 파키스탄 옵션이 제안된다. 당시 파키스탄 군사정부는 소련의 영향력을 제지하기 위한 지원을 요청한 상태였다. 실제 소련이 아프간을 침공하자 미국 CIA는 아프가니스탄 저항세력 및 이를 지원해줄 파키스탄에 무기와 기술지원, 더 나아가서는 핵무장까지 시켜야 한다는 보고서를 지미 카터 대통령에게 제출한다. 1980년 지미 카터 대통령이 이를 승인하였고 이후 로널드 레이건 대통령도 재승인한다.[113]

한편 아프가니스탄에 침공한 소련은 신속하게 수도로 진입하여 기존 정부의 정부군을 지원함으로써 반군에 대처하고자 하였고, 정부도 기존에 탄압

---

112) 당시 CIA는 워터게이트 등 국가권력 남용에 따른 국민적 반감에 따라 닉슨 대통령의 하야 운동이 벌어지는 등 입지가 불안한 상태였으며, 다음 대통령인 제럴드 퍼드나 지미 카터 대통령도 CIA의 활동을 통제하고 있었기 때문에 CIA는 자신들의 영향력을 입증할 어떠한 활동이 필요한 시점이었다고 한다.

113) 냉전체제 심화와 함께 1947년 창설된 CIA는 처음에 정보부 역할만 수행하였지만 이후 타국 정권에 직접적인 영향력을 끼치기 위한 활동도 수행하게된다. 1953년 모사데그 쿠데타가 대표적인데 넷플릭스 다큐멘터리 〈터닝포인트: 핵무기와 냉전〉에 따르면, 선진국 에너지기업에 의해 착취당하던 이란 내 석유설비를 국유화하겠다는 모사데그 총리의 민족주의적 활동은 공산주의로 평가받았고, 이후 M16과 CIA의 견제를 받게 되어 결과적으로 축출되었고 이후 보다 친미주의인 팔레비왕조가 자리잡게 되는 결과를 낳았다고 말한다. 이 다큐에서는 CIA의 이런 활동은 단순히 반공산주의적을 넘어서 원자재 생산국가에 대한 통제를 강화하려는 선진국의 다분히 경제적인 이유도 작용했다고 주장한다.

1979년 소련의 아프간 침공

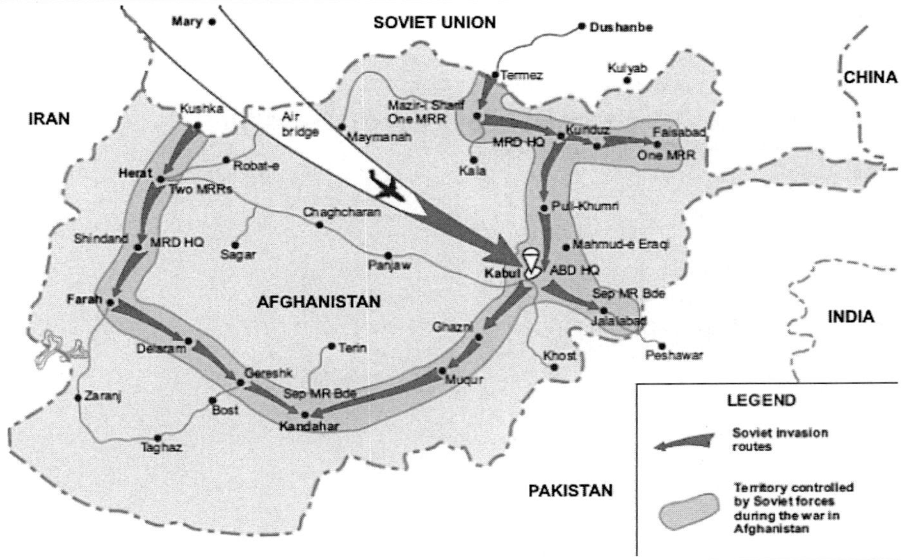

출처: Wikipedia

하던 이슬람세력과 화해하고자 죄수 석방 및 이슬람에 대한 정부차원의 충성 선언, 부족과 성직자로부터 압수한 재산의 반환 등을 추진하였다. 하지만 이런 대응은 이미 사회주의 정부에 등을 돌린 아프간 부족 및 이슬람주의 세력으로부터 공감을 얻지 못하였고 소련군의 침공은 민족주의적 감정만 더욱 자극할 뿐이었다. 결국 침공 1년 만에 저항 부족세력은 본격적인 반군으로 진화하여 "성전을 수행하는 사람들"이라는 뜻의 무자헤딘(mujahideen)이 된다. 소련군은 카불까지의 주요 도로망만 통제할 뿐 사실상 전 국토는 무자헤딘의 활동영역이 된다.

소련의 아프간 침공 중 중요한 사건 중 하나는 판지시르(Panjshir) 계곡 전투인데, 수도 카불 북쪽 70km에 위치한 소련의 주요 수송망으로 전략적 요충지인 살랑 고개와 인접해 있었다. 이곳은 마수드[114]의 게릴라 부대 근거지

114) 마수드(Ahmad Shah Massoud)는 2001년 미국이 아프가니스탄 전쟁을 개시하기 전 카불의 신속한 탈환을 위해 CIA가 접촉한 현지 反탈레반 세력인 북부동맹(Northern Alliance)의 구성원 중 하나이기도 하였다. 반공산주의자로서 소련 및 아프가니스탄 내 공산주의

이기도 했는데 1980년부터 1985년까지 소련의 9차례 공세에도 결국 이 게릴라 부대는 미국과 파키스탄의 지원 덕분에 무너지지 않았다. 전 세계에 재고로 남아있던 구식 무기가 이곳으로 전달되었다고 한다.

동시에 사우디도 파키스탄에 대해, 이슬람 세력 지원이라는 명목으로 재정적 지원을 강화하는 동시에 무슬림들을 지하드 전사로 만드는 작업에도 착수한다. 친미 세력인 사우디가 보기에도 사회주의의 확장을 막고 걸프만까지 영향력이 오지 않게 하는 데 있어서 파키스탄의 역할이 중요해 보였기 때문이다. 무슬림형제단 같이 중동국가에서 들끓던 이슬람주의 세력뿐만 아니라 서방 세계에 거주하는 일부 아랍인들도 무자헤딘에 가입하여 아프가니스탄으로 모였다. 이들은 아랍아프간으로 불렸는데 쿠틉으로부터 영감을 받은 자와히리가 활동한 무슬림형제단만으로는 부족했던 시기, 팔레스타인의 압둘라 아잠이 글로벌 지하드의 아버지로서 이 아랍아프간인들을 아프가니스탄에 모으는 데 큰 역할을 한다. 대규모 오일머니를 포함하여 이슬람세력에서 모인 자카트(기독교의 십일조 같은 기부 의무)도 이슬람 성전을 지원하고자 이들에게 전달되었다. 정확한 시기까지 파악되지는 않지만 사우디에 있던 오사마 빈 라덴도 킹 압둘아지즈 대학에서 교수로 활동하며 종교적 영향력을 펼치던 아잠에게 매료되어 이때 파키스탄으로 넘어가서 사우디-파키스탄 가교 역할을 개시했다고 한다.

최초의 무자헤딘은 이슬람주의자나 지하드주의자가 아니라 단지 자신들의 생활 터전을 잃고 전쟁으로 내몰린 사람들이었으나, 새로 유입된 아랍아프간[115) 무자헤딘은 순수한 지하드와 순교를 목적으로 하면서 저항의 성질이 바뀌기 시작한다. 1986년 초 전 세계에서 모인 자금과 물자가 넉넉해지고 아프간 국경지대에 파키스탄 정보부가 설치한 대규모 게릴라 비밀 훈련시설[116)

세력에 대항하였으며, 무슬림이지만 反이슬람근본주의자이기도 하여서 탈레반 저항세력 중 하나였지만 9·11테러 2일 전 폭탄테러로 사망하였다.

115) 이들 모두가 전투에 참가하지는 못했다고 한다. 다만 아프간 전장을 배회하며 자기들끼리 논쟁을 벌이고 그 과정에서 지하드주의가 더욱 과격하게 다듬어져 조직화되는 계기가 되었다고 한다. 그 중 하나가 1980년 중반에 결성된 '알 카에다'이다.

에서 새로운 무자헤딘들이 지하디스트로서 고등 훈련을 받는다. 이들은 성전이라는 이름 아래 현지에서 자신들의 종교적 이념을 설파하였고 더 나아가 (일부 아랍 조직들은) 파키스탄 정보부와 무관하게 전 세계적으로 참전 지원자를 모집하고 훈련시켰다.

이런 조직들 중 대표적인 단체 중 하나였던 이슬람구호단체(Islamic Salvation Foundation)를 만들어 지원한 것이 오사마 빈 라덴이다. 그는 1986년 중반부터 이슬람구호단체를 본격적으로 만들고, 건설 사업을 벌이면서 무자헤딘 모집과 지원에 관여했다고 한다. 그는 1987년 (소련에게는 전술적 후퇴였을 뿐 아프간 전쟁 전체에선 큰 의미가 없었던) 자지 전투를 통해 글로벌 지하디스트로 유명세를 얻기 시작한다.

1989년 2월 소련군은 결국 아프간 땅에서 철수하였지만 아프가니스탄에 남겨진 무자헤딘 세력들은 공백이 생긴 권력을 쟁취하기 위해 서로 반목하여 내전을 치르고 그 과정에서 많은 민간인들이 피해를 입는다. 이 당시 권력과 이권을 위해 경쟁하던 주요 무자헤딘 세력은 마수드와 헤크마티아르였는데 미국은 마수드를, 파키스탄 정부와 사우디는 헤크마티아르를 지지하고 있었다. 공동의 적인 소련이 없어지니 자신에게 보다 유리한 입장을 보일 세력을 지원하게 된 것이다. 하지만 계획과는 다르게 (자신들에게 적대적인 북부 타지크족 출신의) 마수드 군벌의 세력이 더 커지게 되자, 파키스탄 정부는 지원의 방향을 '학생들'이라는 의미의 탈레반(Taliban)으로 옮겼고 남부 지역부터 평정해 간다.

결국 탈레반은 1996년 수도 카불을 함락시키고 아프가니스탄에서 정권을 잡게 되는데, 이를 사우디아라비아에서 추방당하고 수단에 있던 빈 라덴[117]도 1996년 탈레반 품으로 돌아와 反미, 反사우디 입장을 공식화하면서

116) 아잠 역시 지하드를 중요하게 여기긴 했지만 그래도 무슬림의 단합을 우선시하였다. 따라서 전 세계에서 모인 자금을 파키스탄 국경에 창고와 군사훈련장 만드는 데 쓰이는 것은 파키스탄이 후원하는 무자헤딘만을 위한 혜택으로 생각했으며, 이는 후에 무자헤딘 간의 갈등의 원인이 된다.

117) 1989년 소련이 철수한 후 빈라덴은 사우디아라비아로 돌아온다. 다음해 이라크의 후세인

자신이 과거에 만든 알카에다와 함께 성전의 지도자로서 자리매김한다. 이런 활동은 미국으로 하여금 빈 라덴을 추적하게 만들었다. 5년 뒤 2001년 빈 라덴이 9·11테러를 실행하자 곧바로 미국의 '테러와의 전쟁'의 목표가 되었고, 미국은 그해 알카에다 해체 및 탈레반 정권 축출을 위해 아프가니스탄 전쟁을 시작하여 2003년에는 이라크까지 침공한다.[118] 이라크인들 눈에 미군은 "점령군"이었고, 미국의 전략이었던 수니－시아파의 갈등은 지하드 세력 및 실업자가 된 젊은이들과 합쳐지면서 거센 저항이 된다. 영화 〈아바타〉를 제치고 아카데미 작품상을 수상한 2008년 〈허트로커〉의 배경이 이라크 전쟁이다. 탈레반의 도움을 받아 파키스탄 국경지역까지 숨은 빈 라덴은 결국 9·11테러 10년 뒤인 2011년 사살되지만 전쟁은 10년 더 지속되어 2021년이 되어서야 미군이 철수하고 탈레반 정권의 승리로 마무리된다. 그 뒤 알카에다의 이라크 지부격인 이라크이슬람국가가 시리아와 이라크의 이슬람주의 무장세력을 통합하고 IS가 된다.

중동에서 발생하는 다양한 분쟁을 모두 이슬람 근본주의자들에 의한 활동으로 규정하고 그 틀 안에서만 해석하는 것은 옳지 않다. 일부에서는 현재의 중동국가 대부분이 유럽의 식민지배에 있다가 2차 세계대전 이후 갑자기

이 쿠웨이트를 침공하면서 걸프전이 발발하자, 이에 놀란 사우디 왕족은 아프간에서 활동 중인 아랍전사들을 동원하자는 빈라덴의 조언을 거부하고 미군 주둔을 허용한다. 이 결정으로 정부와 빈라덴 사이가 벌어졌고 1992년 결국 사우디아라비아는 빈라덴을 추방하기에 이른다. 그는 직후 수단으로 갔다가, 이집트 무바라크 대통령 암살기도가 밝혀지면서 1995년 수단에서도 추방당한다.

118) 2003년 미국의 이라크 침공은 이스라엘의 지원보다는 석유 자원과 관련된 중동지역 영향력 확대가 미국 국익에 도움이 되었기 때문이라는 주장도, 아니라는 주장도 있다. 왜냐하면 미국 국익은 산유국의 정치적 소요 등으로 생산량이 감소했을 때 영향을 받는데 이미 사우디아라비아라는 최대 산유국과 좋은 관계였고, 이라크는 오히려 석유를 팔고 싶어할 뿐 생산량 조절을 할 상태가 아니었으며 이라크 전쟁은 미국 에너지 기업으로부터의 지지도 받지 못했기 때문이다. 91년도 이라크의 쿠웨이트 침공과는 상황이 다르다는 것이다. 이미 널리 알려진 바와 같이 미국의 이라크 전쟁은 부시 행정부의 실수였고 이를 통해 미국은 단순히 장기간의 전쟁에 의한 미군 병력의 소모뿐만 아니라, 중동 내 반미세력을 확대하는 명분을 제공한다. 한편으론 이라크 전쟁의 장기화는 미군이 해당 지역을 정리하지 못한 채 빠른 철수 시 오히려 중동 지역 내 홀로 위치한 이스라엘의 안보위기를 고조시킬 수 있었기 때문에 이스라엘 로비스트들이 반대했을 것이라는 해석도 있다.

독립한 국가라는 점을 지적한다. 오스만 제국의 쇠퇴와 함께 중동지역이 제국주의 국가들의 식민지로 변모하자, 독일 및 오스트리아와 함께 오스만제국도 1차 세계대전에 참전하면서 자신들의 분노를 표출하게 된다.

이후 1918년 10월 오스만제국이 항복하지만 이미 1915~1916년 사이 프랑스와 영국이 러시아 제국의 동의에 따라 사이크스-피코[119] 협정(Sykes-Picot Agreement)을 맺고 중동 지역도 현재의 아프리카와 마찬가지로 국경을 임의로 나누게 된다. 임의의 국경에 따라 급조된 국가 안에서 다양한 민족과 부족, 종파가 자연스럽게 분리되지 않은 채 분쟁의 씨앗이 된 것이다. 이런 상황에서 새로 집권한 정부는 강력한 중앙집권적인 통치를 할 수밖에 없었고, 이는 결국 독재로 이어지게 된다. 그 결과 상당수의 아랍국가 국민들이 장기집권 현상뿐만 아니라 경제적으로 발전하지 못한 것에 대한 불만을 갖게 된다. 이러한 사회 환경 속에서 생겨난 반정부 민심은 결국 이슬람 종교를 찾게되고, 그 중에서도 이슬람 제국이 가장 부흥했던 정통 칼리프시대를 떠올리는 사람들이 늘어서 "이슬람의 근본으로 돌아가자"는 논리가 퍼져나가게 된 것이다. 또 한편으로는 과격주의자든 온건주의자든 반정부 혹은 반외세를 표방하는 세력 입장에서 이슬람주의는 가장 쉽게 많은 지지를 이끌어낼 수 있는 이념이어서 이를 정치적인 수단으로 이용하는 경우도 많다고 한다.

중동의 분쟁을 경제적으로 이용하고 있는 세력이 있다는 주장도 있다. 십자군 전쟁이 단순한 종교적인 성전이 아니듯, 중동의 분쟁 역시 이를 경제적으로 이용하고자 하는 에너지 및 군수 관련 로비스트 및 이를 정치/종교 혹은 경제적으로 이용하고자 하는 이스라엘 자금 로비스트들이 있다는 것이다. 이들에게 있어서 전쟁 자체 및 그에 따른 에너지 가격의 변동성은 실물 및 금융시장에서 돈을 벌 수 있는 좋은 기회이기 때문이다. 시카고 대학의 존 미어

---

119) 소아시아협정(Asia Minor Agreement)으로도 알려져 있다. 오스만제국을 격파한 후, 승전국인 영국(지중해 해안과 요르단, 이라크 남부 등)과 프랑스(터키남부, 이라크 북부, 시리아, 레바논), 러시아(이스탄불, 터키 해협, 아르메니아 등)가 영토를 나눠서 통치하게 된 협정이다. 1917년 밸푸어 선언과 함께, 현재 중동에서 발생하는 많은 문제들에 큰 영향을 미친다.

1916년 영국과 프랑스의 국경협정(사이크스 피코 협정)

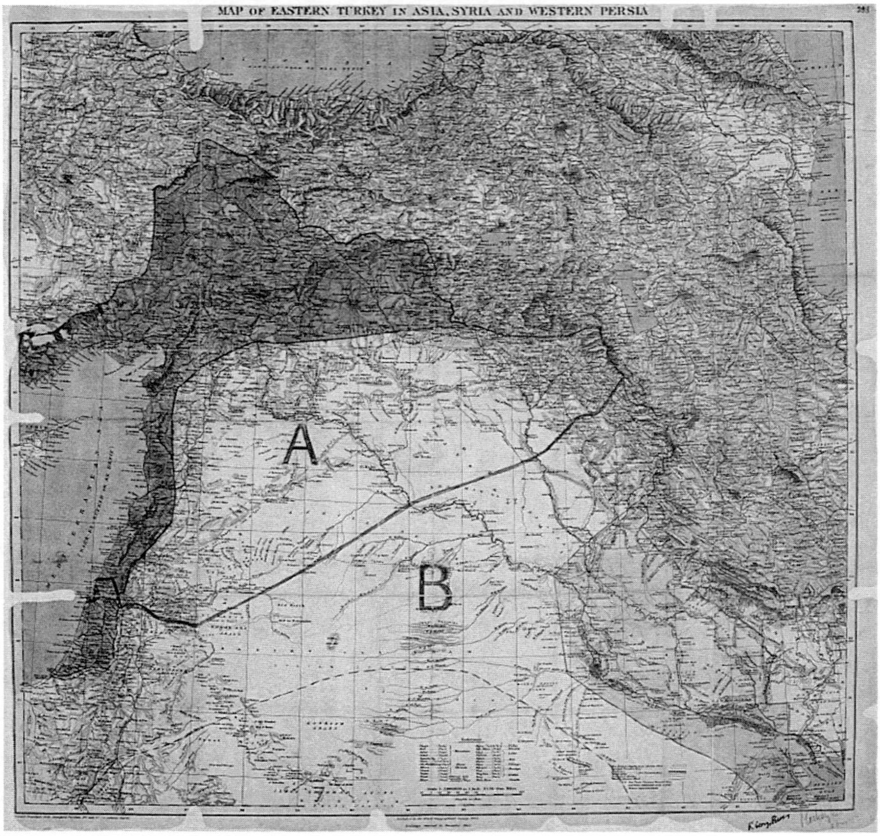

출처: Wikipedia

즈하이머 교수나 하버드대의 스티븐 월트 교수 등이 이렇게 이스라엘 로비스트에 끌려 다니는 미국 정치를 비판하였고, 최근 하버드를 비롯한 유수 대학의 총장들도 반유대주의 발언을 했다가 물러나는 사례도 발생하였다.

이란의 부상 및 그에 대한 제재 역시 같은 틀에서 이해할 수 있다. 이란이 국제 시장에 다시 등장하는 것은 아랍 및 이스라엘 입장에서도 부담이 되는데, 왜냐하면 이란도 사우디아라비아에 이어 세계 2위의 석유 및 가스 매장량을 보유하고 있으며, 구리 및 철광석 등 자원도 풍부하고, 인구도 8,000명에 육박하여 걸프협력회의(GGC 6개국 – 바레인, 쿠웨이트, 오만, 카타르, 아랍에미

국제 원유 생산량(상) 및 매장량(하)

Oil production

Measured in terawatt-hours.

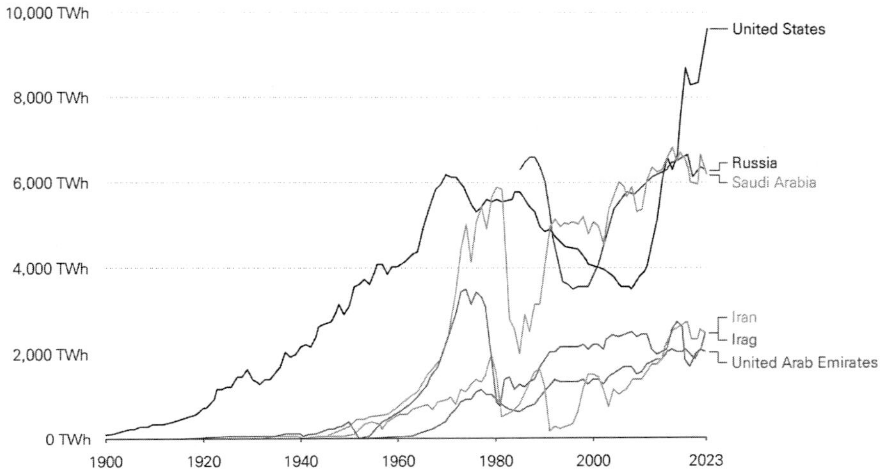

Data source: Energy Institute – Statistical Review of World Energy (2024); The Shift Data Portal (2019)

Oil reserves, 1980 to 2020

Shown are the total proven reserves of oil, in tonnes. This is oil that we know with reasonable certainty can be recovered in the future under existing economic and operating conditions. Proven reserves decrease when we extract oil, and increase as new resources are discovered or become economically viable to extract.

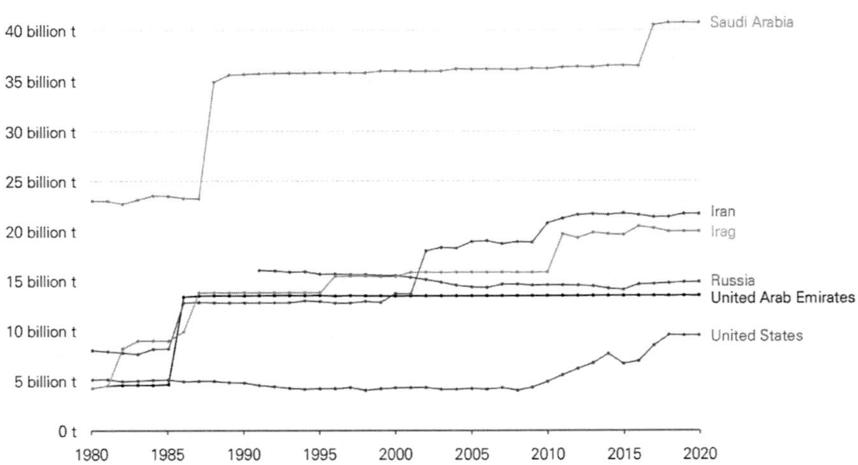

Data source: Energy Institute – Statistical Review of World Energy (2024)

출처: Our World in Data

리트, 사우디아라비아)의 전체 인구수를 넘기 때문이다. 또한 수자원도 풍부하여 식량 자급자족도 가능하고, 군사적으로도 터키와 이스라엘에 이어 중동 세 번째이며, 이란에 접한 카스피해도 향후 에너지 부존 자원이 매우 많아서 인접한 국가간에 영해 확정 협의도 지속되고 있다.

이란은 북한과 다르게 핵도발 등 호전적 외교정책을 활용하는 경우도 적지만[120] 여러 측면에서 위협적인 이란의 등장을 불편하게 생각하는 국가들 때문에 아직도 국제사회에 제대로 등장하지 못한 채 30년이 지나고 있다.[121] 다만, 분명한 것은 이란의 핵개발에 따른 중동지역의 긴장은 종교적 영향이나 지정학적, 자원적 중요도 때문에 예측하기 어려워 미·소 냉전시대의 억지력과 같이 해석할 수는 없다는 의견도 상당하다는 점이다.

석유를 통해 확보한 대규모 자본이 있음에도 불구하고 중동 국가들이 충분한 경제성장을 하지 못하는 것에 대해서는 '지대추구형(Rent-Seeking) 국가모델'을 지적하는 경우가 많다. 지대추구는 석유 생산보다는 석유에서 나오는 지대, 즉 정부 수익의 몫을 챙기는 것을 더 중요하게 생각한다는 것을 의미하는데, 국가가 자원을 팔아 벌어들인 돈이 너무 많아서 이를 국민들에게 분배할 뿐, 우리나라처럼 자생하기 위해서 기술을 개발하거나 제조업을 활성화하는 등의 노력을 하지 않는다는 것이다.

석유화학 산업이 발달한다고 해도 이는 자본집약적 산업이어서 '좋은 일자리'는 만들지만 '많은 일자리'는 만들지 못한다. 이는 특히 산유국에 해당되는 문제인데 유전 개발 과정만 봐도 광구를 개발하기 위해 국제 에너지회사의 입찰을 받고, 이들이 개발한 원유의 상당부분을 국가가 가져가는 형태이니

120) 이란의 핵개발은 1950년대 친미 정권인 팔레비 왕조와 함께 미국의 "평화를 위한 원자력"의 영향으로 소규모에서 시작하였지만, 1980년 이란-이라크 전쟁중 호메이니 정권이 핵무기 개발을 결정하였고, 2010년에는 우라늄235를 20%까지 농축했다고 발표하기도 한다. 20% 수준은 의학용이기는 하나, 일단 20%까지 농축이 가능하다면 원자폭탄을 위한 90% 농축도 가능하다는 의미이다.

121) 이런 역사적인 배경이 있어서 이란이 이스라엘에 저항하는 시리아의 헤즈볼라를 지원하거나, 이스라엘이 이란 본토를 공격하고 그에 응전할지의 여부, 이란 내부적으로 개방적인 성향의 대통령이 당선되었다는 사실들이 종합적으로 향후 중동지역 정세에 영향을 미칠 수 있어 관심이 집중되고 있는 것이다.

큰 노력과 기술 없이도 큰 돈을 벌 수 있었던 것이다. 그 과정에서 창업 풍토, 혁신, 근면, 경쟁 지향적인 성장, 경제 개발 등이 희생되고 변화에 대한 적응 능력이 사라져 결국 보조금과 통제 및 규제, 관료주의, 대형 프로젝트 및 돈의 분배와 관련된 부패가 남게 되는 것이다. 1980~1990년대 베네수엘라가 겪은 고통이기도 하다.

애덤 스미스가 이야기한 대로 국부라는 것이 다수의 경제 활동들이 돌아가면서 여기에 참여하는 사람들이 자신의 이익을 위해 활동하고, 그 과정에서 자원을 효율적으로 활용하는 것이 필요한데, 중동에서는 그런 환경이 만들어지지 않은 것이다. 또한 제대로 된 1, 2차 산업을 만들어보지 못한 상태에서 역사적으로 무함마드가 있던 시기부터 무역을 통해 발전한 역사를 가지고 있다보니 중동, 특히 아라비아 반도에서는 시간과 공을 들여 무엇을 만들기보다는 그 사이에서 거래를 통해 수익을 만드는 것에 더 익숙하고, 또 더 낫다는 인식이 지배적이라는 것이 지역 전문가들의 의견이기도 하다.

민주주의에서 가장 중요한 전제는 민간의 생산능력이 국가의 생산능력보다 절대적으로 커야 한다는 점이다. 그로 인해서 소유권이 발생하고 자본주의가 확대될 수 있기 때문이다. 이는 앞서 본것과 같이 민주주의적 요구를 이끌어내기도 한다. 하지만 중동(특히 산유국)은 국가가 소유한 자원으로 벌어들인 수익이 분배되어 민간의 생산능력이 만들어지지 못한 나라는, 아무래도 국가의 강력한 통치를 벗어나기 어려운 면이 있다.

이슬람 금융: 리바와 가라르

무슬림 국가가 아닌, 우리가 접할 수 있는 이슬람 금융에서 기존의 금융과 본질적으로 다른 무엇을 찾을 수 있을 것이라고 기대하지는 않는다. 실무적으로도 이슬람 금융 기반의 약정서를 보면, 표현하는 방법이나 형태만 다를 뿐 실질적인 경제적 효과는 다른 금융과 동일하게 구현되기 때문이다. 사실 생각해보면 그럴 수밖에 없는 것이 이슬람금융과 일반적인 현대 금융을 두고 한쪽이 과도하게 편리하거나 저렴하게 자금을 조달할 수 있다면 자연스럽게 한쪽 시장만 더 많이 쓰이게 될 것이고, 반대쪽도 이를 따라가게 될 것이기 때문이다. 다만 현실적으로 이슬람 금융의 활용가능성이나 이슬람 금융시장의 확대 가능성을 떠나서, 기본적으로 이슬람 금융은 샤리아를 따르기 때문에 샤리아에서 추구하는 목표를 통해 현대 금융의 문제점을 고민해 볼 수 있다는 점에서 의미가 있다고 생각한다.

많은 전문가들은 이슬람 금융의 시작을 1963년, 이집트의 경제학자였던 아흐메드 엘나가르 박사가 이집트의 미트 가므르(Mit Ghamr)에서 세운 저축은행이라고 생각한다고 한다. 이 저축은행은 이자를 부과하지 않고 오직 실물경제라 불리는 거래만 취급하는 실험적인 제도를 도입하였다고 한다. 교역과 산업 부분에 돈을 지원하고 여기서 발생한 수익을 예금자와 나눠 갖는 구조였는데, 현대 금융에서 예금자에게 무조건 이자를 지급하고 또 이 예금 이자를 지급하기 위해 대출을 실행해야 하는 것과 다르게 사실상 저축과 투자 및 배당으로 이루어진 구조라는 점에서 차이가 있다.

이후 이슬람 금융의 계보는 1975년에 세워진 이슬람 금융 전문 기관인 두바이 이슬람 은행 등 사우디, 아랍에미리트, 쿠웨이트 등에서 설립된 이슬람 은행으로 이어진다. 당시는 석유파동의 효과로 자금이 크게 유입되면서 보다 효율적으로 자금을 관리하고 사용하기 위한 당연한 조치였다. 현재 가장 큰 이슬람 은행은 사우디아라비아 소재의 Al Rajhi Bank로 샤리아를 준수한 보유자산이 미국 달러기준으로 2,030억 달러 수준이다. 그 외에도 쿠웨이트의 Kuwait Finance house나 UAE의 Dubai Islamic Bank, 말레이시아의 MayBank 등이 전부 혹은 일부의 자산(이를 window라고 한다)을 샤리아에 맞춰 운용하는 대표적인 이슬람 은행들이다.

이슬람 금융은 기본적으로 샤리아 율법을 따르기 때문에, 돈이 돈을 낳는 이자(리바, riba)는 금지된다. 기독교 및 천주교의 과거 교리와 유사하게 이자를 불로소득이며 부당한 이익이자, 착취로 보는 견해이다. 이는 이슬람 금융의 성장을 막는 요인이 되기도 했지만 한편으로는 빚과 이자를 통해서만 움직이는 현대 금융시장의 생리를 되돌아보고 '정말 무조건 이자 수취해야만

수쿡의 발행 구조

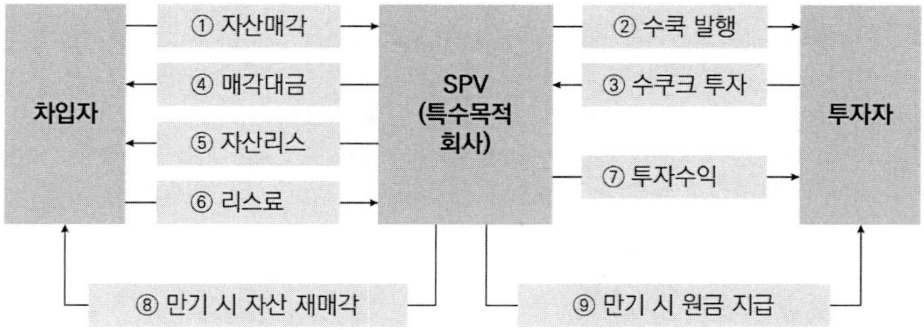

*자산을 매매하고 리스료를 지급하는 과정에서 양도세, 취득세, 등록세, 부가가치세 등이 발생.

출처: 외교부

금융이 유지될 수 있는 것인가? 모인 자금을 투자하고, 리스크를 분담하여 수익을 나눠 가져가는 형태는 안 되는 것인가?'라는 질문을 던지게 하는 부분이다. 물론 모든 이슬람 금융이 항상 동일하게 샤리아 율법을 해석하는 것은 아니였다. 말레이시아를 중심으로 확장되었던 수쿡(Sukuk)은 이슬람식 채권으로서 율법을 교묘하게 해석하여 고정된 쿠폰(이자)을 지급하였는데, 글로벌 투자 은행들이 다국적 고객에게 판매하여 자금을 조달하기도 하였다.

수쿡의 활용 구조를 보면 우리나라 부동산 PF와 크게 다르지 않다. 소유주가 건물을 특수목적법인에게 매각하는 대신 고정적으로 임대료를 지급[122]하고, 이 고정 임대료를 기초자산으로 한 유동화증권을 시장에 판매함으로써 건물 매입 자금을 조달하는 방식이다. 다만, 임대방식 자체가 율법상 '이자라'나 '무라바하'에 해당하고, 수쿡은 순수하게 이 자산에만 투자하도록 되어 있기 때문에 율법상 성립이 가능하였다. 이후에 유명한 샤리아 율법학자가 이슬람 금융기관을 위한 회계감사기구(AAOIFI)[123]연례 총회에서 "현재의 수쿡 구조는 실제 신규 사업절차에 따른 리스크 공유도 그에 따른 보상도 공유하지

122) Sales & Lease back이라고도 한다.

123) AAOIFI의 설립 목표는 이슬람 금융기관과 이슬람 금융산업을 위해 회계, 감사, 관리, 윤리, 샤리아 표준 등을 정비하는 것인데, 따라서 율법학자의 판단은 샤리아에서 금지하는 것들과 맞물려 이슬람 금융에서 중요한 역할을 하게 된다.

이슬람 금융 주요 용어

구분	내용
무라바하 (Murabaha)	– 은행이 상품을 구입한 뒤, 고객에게 전매하는 형태의 거래이며 전매 대금에 일정금액의 마진을 얹음으로써 은행의 수익확보 – 이슬람 금융의 대부분을 차지하는 상품으로 자동차나 기계, 원자재 등 폭넓게 이용됨
이스티스나 (Istisna)	– 무라바하의 변형된 형태이며, 계약시점에 제품이 완성되지 않은 경우에 적용, 즉 은행이 발주함으로써 제품/건물 등의 제작/건설을 시작하고, 이후에 최종 구매자/고객에게 마진을 더하여 회수하는 방식 – 대규모 자원개발이나 프로젝트 파이낸싱에서 활용되는 기법
이자라 (hijara)	– 리스계약과 유사한 방식으로 은행이 제품을 구입한 다음, 고객에게 전매하는 것이 아니라 리스를 함으로써 일정 기간에 걸쳐 대금 수취
무다라바 (mudaraba)	– 투자신탁과 유사한 형태이며, 출자자(다리부)가 은행에게 자금을 공급하고, 은행은 이를 사업가(무다리부)에게 지급하여 운용하게 함으로써 이를 통한 배당을 수취하는 방식
무샤라카 (Musharaka)	– 무다라바의 변형된 형태이며 경영참여형 펀드 방식 – 출자자 및 사업가가 공동출자하여 운영하고 배당을 받는 방식
수쿡/수쿠크 (Sukuk)	– 이슬람 채권을 의미하며 일반적인 채권과 동일하나 샤리아 적용을 위한 제약사항이 존재하는데, 수쿡으로 모인 자금은 무라바하나 무다라바 샤리아에 적합한 금융 거래에 쓰이는 등 거래목적이 명확해야 함

않는다."라고 인터뷰를 했다가 '수쿡은 샤리아에 부합하지 않는다'고 기사화 되었던 적도 있는 것을 보면 국가마다 혹은 율법학자마다 해석상 차이가 있는 것도 사실이다.

율법을 기반으로 후일 상법의 성문화를 이끌어 낸 유명한 샤리아 학자 중 하나가 아부 하니파인데 무함마드가 세상을 떠난 뒤인 8세기에 태어났다. 그가 살던 시기는 한창 4대 칼리파에 의한 이슬람 세계가 확장중이었기 때문에 당연히 정통주의를 따르는 사람이었다. 따라서 그에게 신은 지극히 합리적이기 때문에 코란과 순나에 심어져 있는 기본 교리가 상충되지 않는 것을 추구하였다고 한다.

세상이 복잡해지고 유럽-중동 무역거래가 점차 활발해지면서 유럽과 중동의 아랍 상인 간 교역을 활성화시키고 거래를 돕고자 현지에 있는 대리인에 의해 신용장을 현금화하는 방식이 발달한다. 이 과정에서 '대리인'의 개념이 정립되고 유럽 민법의 발전을 가져왔지만 그 이후 유럽의 금융기법이 독립적으로 발달하면서 현재의 자본주의로 발전하였다. 그러나 율법에 의한 이슬람 금융은 그것이 가지고 있는 장점에도 불구하고 퇴색하였다고 한다. 아부 하니파의 생각을 20세기 다시 불러온 것이 미트 가므르였다.

이렇게 정통 이슬람주의자들이 바라보는 현대 금융시장은 기본적으로 '돈을 거래할 수 있는가?'에 대한 의문을 낳게 한다. 코란에서 이야기하는 것은 인간은 서로에게 선행(자카트)을 베풀어야 하고, 서로 어떤 계약 관계든 공평하고 평등해야 하며 상호 이익을 추구(무샤라카 Musharaka, 무다라바 Mudaraba)해야 한다는 것이었다. 그 과정에서 돈이 수단으로서 사용될 수는 있지만, 현대 금융과 같이 돈을 이용해 돈을 만드는 것이 과연 말이 되는 것인가에 대한 의문인 것이다. 샤리아에 따르면 돈은 물건을 얻는 수단일 뿐 물건 자체는 아니기 때문이다. 무슬림 상인들은 지중해 교역을 통해 얻은 이윤을 정해진 방식대로 자신들의 출자자와 나누었고 이를 '무다라바'라고 불렀는데, 미트 가므르에서도 모인 자금으로 실물 경제에 투자할 뿐, 이것으로 MBS와 같은 파생상품에 투자하거나 빚과 신용의 확대를 유도하는 금융상품을 창조하지는 않았다.

이러한 인식의 본질은 현대 금융시장에 대한 분노라기보다는 이슬람 법리상 거래의 전제조건이 되는 '판매자는 거래 대상물의 소유권을 갖는다. 거래라는 것은 어떤 생각을 갖고 한쪽의 소유권을 다른 쪽으로 이동시키는 것이다.'라는 개념에서 시작된다고 보아야 할 것이다. 따라서 실체가 없는 돈을 거래하는 것도 이율배반적이요, 판매자가 리스크를 감수하고 있지 않은 재화를 이용해 이득을 취할 수 없다는 교리와 연결되어 율법에서 금지하는 것들

(하람, haram)[124] 중 리바(이자)와 가라르(불확실성)에 귀결되기 때문이다. 이들의 눈에는 실체가 없는 돈을 이용하여 돈을 버는 행위도 문제이고, 갖고 있지 않는 것을 파는 공매도 역시 문제가 되는 행위였다. 이는 불확실성(가라르)이기도 하다. 따라서 이슬람 금융에서는 파생상품이나 헤지펀드 같이 (어쩌면 금융 위기를 몰고올 수 있는) 지극히 금융적인 상품과 시장이 활성화 되지 못했다.

그럼 일각에서는 이렇게 이야기할 수 있다. 상호동의를 통해 그러한 권리를 주고 받겠다고 하는 것만으로도 가능한 것 아닌가? 이것은 사인(私人) 간의 계약에서 사적자유를 보장하는 현대 법치주의 근간이기도 하다. 다만 이슬람에서는 "양자가 합의를 하였다고 하더라도, 마약이나 뇌물과 같이 사회의 이익에 도움이 되지 않는 것은 불법인 것처럼, 율법에서 비윤리적으로 금지된 것은 허용돼서는 안 되기 때문"이라고 말할 것이다.

해리스 이르판의 〈이슬람 은행에는 이자가 없다〉에서는 신용위기의 네 가지 원인으로 돈이 더 이상 교환의 매개가 아닌 것, 무형의 계약으로 거래하여 통제가 불가능해졌다는 것, 빚을 판매하는 행위가 비난받지 않는다는 것, 마지막으로 아무도 소유하지 않은 자산을 판매하여 가격 폭락을 촉발했다는 점을 꼽는다.[125]

이슬람 금융이 현대 금융자본주의 대안이 될 수 있다고 생각하지는 않는다. 이를 전 세계적으로 유지하기 위해서는 무슬림들에 의한 독실한 종교적 신념이 필요한데, 과거 십자군전쟁이나 911테러 이후의 세상을 봐도 알겠지만, 하나의 종교가 전 세계를 지배하는 것도 불가능하고 역사적으로 종교적 신념의 차이는 언제나 인간 사이의 분쟁을 만들기 때문이다. 신이 죽인 사람수보다 신을 믿는 사람이 죽인 사람수가 더 많다고 하지 않는가.

그럼에도 불구하고 이슬람 금융은 과연 '돈으로 돈을 만드는 현대금융이 올바른 것인지?', '돈의 본질은 무엇이며 실물경제와 유리되어 있는 인플레이

---

124) 하람은 허용되는 것(할랄)의 반대되는 표현으로, 하람 중 대표적인 것이 돼지고기를 먹지 말라는 것이다.

125) 해리스이르판. 『이슬람 은행에는 이자가 없다』. 강찬구(역). 처음북스, 2015. p.254.

(왼쪽부터) 두바이 워터프런트, 팜 제벨 알리, 팜 주메이라, 더 월드, 팜 데이라이다

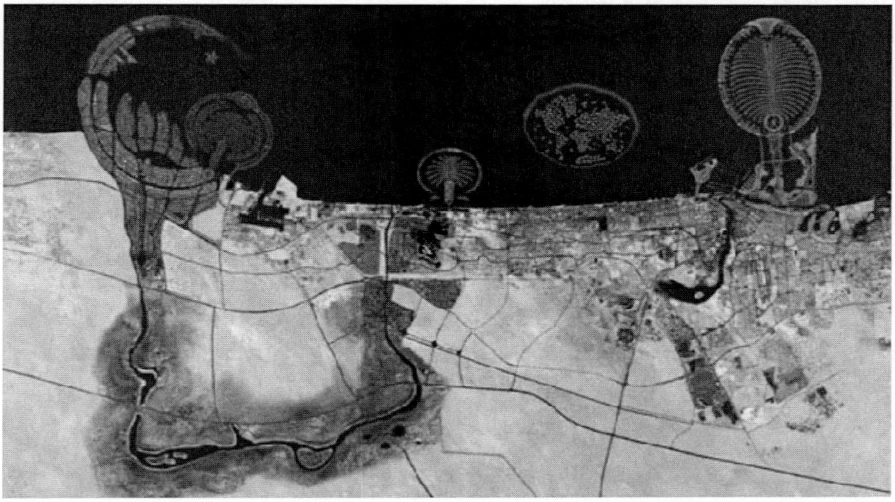

션이나 실업률과 같은(어떻게 보면 인간의 하루하루 삶에 영향을 미침으로써 투표권에 영향을 주고 결과적으로 정치와 관련이 되는)지표들이 경제의 전부인 것처럼 논의되는 것이 과연 건강한 것인지?'와 같은 질문들을 떠올리게 한다. 무작정 혁명을 일으킬 수도,[126] 단순히 옳지 않다는 생각에 현재의 세상을 거부할 수도 없기 때문에 단지 하루를 살아가며 주어지는 많은 선택에서 '우리는 무엇을 택할지', '어떤 가치관으로 판단할지' 등 쉽게 던져볼 수 있는 질문을 하는 것 자체로 의미가 있다고 생각한다.

이러한 고민들은 무슬림사회 내부적으로도 하고 있는 듯하다. 1999년 파키스탄 대법원은 리바를 불법화하자는 논의에 대해서 '리바는 필요에 의해 만들어졌고, 현재 그 어떤 국가도 이자 없이는 살아갈 수 없기 때문에 리바를

126) 사회를 변화시키기 위해서는 혁명밖에 방법이 없을까? 영국의 철학자 포퍼는 어떤 정치적 행위도 무의도적인 결과를 가져오기 때문에 점진적 사회 개혁이 적합하다고 생각했다고 한다. 관찰 대상들을 물리적이고 객관적인 특성에 따라 분류할 수 있는 자연과학에 비해 사회과학은 인간들이 타인들(사물들)에 대하여 갖는 태도, 견해, 신념과 같은 것들이며 개개인들의 정신 작용을 통해서 산출되는데 이는 어떠한 인간도 이성으로 예측할 수 없는 '인간 이성의 구성주의적 무지의 한계성'일 것이다.

두바이 부동산 실질 가격지수(2004~2024)

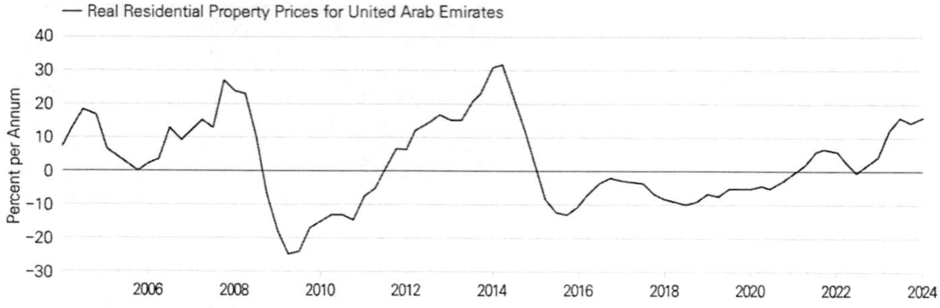

Source: Bank for International Settlements via FRED®

출처: BIS Residential Property Price database, http://www.bis.org/statistics/pp.htm)

전면 불법화하는 것은 어렵다.'고 하면서도 아직 걸음마 단계인 수익-손실 공유의 이슬람 금융을 키우기 위해 노력해야 한다는 내용도 더했다고 한다. 이들에게도 현대의 자본주의를 거스를 수 없는 실존적인 불안감이 존재하는 것이다.

2001년 착공하여 2006년 처음으로 입주를 받은 팜 주메이라나, 2004년 착공하여 2010년 개장한 부르즈 할리파(Burj Khalifa)도 율법과 자본주의 사이의 결과물인 것 같다. 당시 두바이 부동산 가격이 바닥을 치고 급등하던 시기였는데 많은 부동산개발업자들이 아직 완공되지 않은 부동산에 가격을 얹어 파는 "플리핑"이 유행했다고 한다. '강남불패'와 같이 부동산 가격이 꺼지지 않을 것이라는 믿음이 근간에 있었던 듯하다.

대표적인 프로젝트였던 팜 주메이라는 두바이에 건설된 최초의 인공섬이었는데 관광업을 키우고자 했던 정부의 의지가 가득 담긴 프로젝트였다고 한다. 나크힐이라는 개발사와 그 뒤에서 자금을 지원해주는 왕족의 비전과 자금력도 있었다. 이 야심찬 프로젝트도 본질은 부동산 분양업이었기 때문에, 대규모의 자본을 들여 토지 및 인프라를 갖추고 분양대금을 회수함으로써 대출의 상환재원 및 개발자의 수익을 창출해야 했다. 하지만 금융위기 발생 1년 후인 2009년 두바이 정부는 기자회견을 통해 장기 채권프로그램 증액이 필요하다고 발표함으로써 사업을 위한 자금이 부족하다는 뉘앙스를 비치기 시작하는데 이때 등장한 채권이 수쿱이고 당시 필요했던 금액은 50억 달러 규모였다고 한다. 이 돈이 두바이 금융지원펀드(DFSF)에 모였다.

하지만 문제는 두바이 정부가 두바이 금융지원펀드로 하여금 나크힐과 그 모회사인 두바이 월드에 대한 금융지원을 보류하고 대출 만기를 연장하는 한편 구조조정을 할 권한을 승인한다는 후속발표였는데, 나크힐 사업을 위한 수쿱의 상환을 지연하겠다는 의미였던 것이다. 당시 두바이의 국가 신용부도 스와프가 당시 경제파탄 수준이었던 아이슬란드를 훨씬 초과하여 급등하였다고 한다. 그럼 사업자금 목적의 수쿱을 가지고 있는 기존 채권자는 어떻게 되는 것인가? 무엇으로 상환받을 수 있는 것인가? 일반적으로 채권이 만기에 상환되지 않으면 회사는 파산하는 것인데, 수쿱은 어떻게 되는 것인가? 무엇에 근거하여 채권을 보전할 것인가?에 대한 이슈가 당시 금융시장에 크게 일었다고 한다.

이 나크힐 수쿡의 근간은 '이자라'로 일종의 임대 계약인데, 특수목적법인이 아직 완공되지 않은 프로젝트에 관련된 50년간의 임대권을 갖도록 되어 있었다고 한다. 당시 평가된 임대자산의 가치는 155억 디르함. 달러로는 42억 달러로 수쿡 발행가인 35억 달러를 상회하였다고 한다. 2006년 투자계약서상 내용이다. 수쿡 발행을 통해 특수목적법인이 확보한 자금을 나크힐에게 지급하여 프로젝트를 완성하면, 해당 자산을 특수목적법인에게 판매한 뒤 임차하여 임대료를 지급한다. 한편 특수목적법인은 자신이 발행한 수쿡의 소유주들에게 6개월 주기로 쿠폰(이자)을 지급하는 그 재원은 나크힐이 지급한 임대료가 된다.

만기가 되면 특수목적법인은 다시 수쿡을 발행하여 자금을 확보한 뒤, 앞서 발행한 수쿡을 다시 인수함으로써 기존 투자자에게 원금을 돌려주는 방식이었다. 수쿡 자체로도 최초의 자본시장 상품이었고 이를 통해 개발 프로젝트에 자금을 지원하는 의미있는 조달방식이었으며 그 투자 대상도 이슬람 금융이 요구하는 유형 자산이면서도 실물 경제와 관련이 있었다. 하지만 나크힐이 채무상환을 하지 못하게 되자 채권자는 이제서야 채권자로서 자신이 어떤 자산을 담보로 확보하고 있는지 의문을 갖게 된다.

채권을 발행한 특수목적법인은 아랍에미리트의 자유무역지대에 설립된 법인이고 주식은 주식 신탁관리자가 소유하고 있어 관련 법에 따라서 신탁관리자는 수쿡 소유주의 대리인이 되는 일반적인 형태였다. 심지어 수쿡 증서와 신탁 계약은 영국법을 준거법으로 하고 있었다고 한다. 신탁 관리자는 수쿡 소유주의 대리인으로써 활동하면 되고 나크힐과 두바이 월드(공기업)가 이 채권에 대한 지급보증을 통해 정부수준의 신용보강이 되어 있었다.[127)]

하지만 갑자기 정부가 지급보증을 유예하겠다는 선언을 하니 공기업이 신용보강하는 대규모 사업도 공중에 붕 뜨게 된 것인데 그 누구도 예상하지 못했을 것이다. 어쨌든 수쿡의 투자자들은 계약적으로 임대에 기반한 두 개의 담보대출인 이자라에 최종적인 권리가 있음을 확인하였지만, 추가적인 검토를 통해 애당초 해외 투자자들은 이 자산에 물권법적으로 접근할 수 없다는 것을 알게 된다. 두바이 법상 외국회사는 영구적으로 자유토지보유권을 확보할 수 없고 용익권[128)]만 인정되었는데 이는 아랍에미리트연방 민법에도 명시되어 있는 개념이었다. 다만 민법에 따르면 세입자는 임대로는 부동산 권리를 가질 수 없고, 집주인과 세입자간 계약을 통해서만 계약서상 권리를 취득할 수 있었는데, 수쿡이 출시되는 시점에서 수쿡의 기초가 되는 부동산 임대의 정식 등록 절차가 이루어지지 않은 상태였다고 한다. 더 정확히는 임대 등록을 위한 공식절차가 마련되지 않았다고 한다.

결국 실제 부동산 권리와 계약서상 권리의 차이가 있었던 것이다. (담보에서 물권이 중요한 이유이기도 하다) 두바이 이슬람 은행이 이 프로젝트에서 담보 대리인 역할을 하였지만 대리인은 대리인일 뿐 수쿡 투자자의 채권자는 아니였기 때문에 투자설명서에는 이를 "담보대리인 협상 관련 처리에서 분명

127) 공기업인 두바이월드도 결국 다른 자회사들의 집합이었기 때문에 각각 자회사들의 영업 현금흐름에도 영향을 받게 되지만, 이 내용이 투자자 설명서에 이미 리스크로 기술되어 있었고 두바이의 공기업이 채무보증을 하는데 이를 의심할 투자자도 몇 없었을 것이다.

128) 부동산의 '소유'보다는 '이용'할 수 있는 권리를 의미한다.

한 사법적, 입법적 방향이 주어지지 않을 시, 담보대리인 협정이나 어떠한 시행 과정 혹은 절차에 따라 담보 대리인은 담보 대출 실행 권리를 보장할 수 없다."는 리스크가 적시되어 있었지만 말이다. 사실 이 수쿡은 두바이 정부가 보증한다고 포장되어 있었지만 내재된 법률 리스크가 큰 고위험 상품이었던 것이다.

이렇게 글로벌 투자시장에서 수쿡의 신뢰성에 대한 의심이 커지자 바로 다음달인 2009년 12월 더 큰 형님인 아부다비정부가 두바이 월드의 수쿡을 상환하겠다고 발표하였고, 부르즈 두바이의 이름은 아부다비 통치자의 이름을 따 부르즈 칼리파가 된다. 결국 유동성 광풍속에서 이슬람 금융도 서구식 금융과 같은 위기에 놓일 수밖에 없는 것 같다.

세계를 놀라게 했던 대규모 토목사업과 이를 통해 수익을 창출하려던 참여자들에게 있어서 동양의 '과유불급'이라는 사자성어와 '우리의 부는 궁극적으로 우리의 통제 밖에 있기 때문에 이를 가지기 위해 편법을 쓰더라도 결과적으로는 얻는 것에 영향을 주지는 못한다'는 이슬람의 가르침이 느껴지는 사례이다.

한때 이슬람은 지중해 무역을 장악하는 거대한 문화권이었고 지식이나 문화적인 영향력도 상당하였지만, (어쩌면) 스텝지역의 기후 변화에 따라 운이 나쁘게 유럽지역보다 먼저 쇠퇴함으로써 유럽 경제는 운이 좋게도 홀로 성장할 시간적 여유가 주어졌다. 또한 종교적으로도 이슬람은 변동성(가라르)과 이자(리바)를 금지함으로써 서구세계와 같은 다양한 금융상품이 만들어지는 것을 제한한, 속칭 '재미없는' 금융시장으로 평가받게 되었다. 하지만 과연 거품과 붕괴를 반복하면서 경기침체와 많은 사회적 폐해를 만들어내고 또 그런 변동성에서 소수는 거대한 수익을 창출할 수 있는 서구식의 금융시장보다 뒤쳐진다고만 평가할 수 있는 것일까?

미국의 정치철학자인 마이클 왈처의 〈정의의 영역들〉에서는 각 사회영역이 다르면 정의의 원칙도 달라져야 한다고 말한다. 각각의 영역은 작동 원리가 다르고 따라서 중요시하는 재화의 종류가 다르기 때문에 자원(재화)을 공평하게 분배하는 방법을 정의하는 원리도 각각 다르다는 것이다. 그 재화가 돈이든 사랑이든 말이다. 우리가 이슬람 국가와 이슬람 금융을 바라볼 때, 서로 다른 사회영역에서 출발하여 현재에 이르렀음에도 불구하고 너무 서구식 자본주의의 시선으로만 바라보고 있는 것은 아닌지, 그게 비단 이슬람뿐만 아니라 바로 옆 국가, 옆 동네, 옆 사람에게도 그러고 있는 것은 아닌지 생각해볼 가치가 있는 듯하다.

맺음말

우리가 사는 세상은 물리학적인 측면에서 일반상대성이론과 양자역학으로 해석이 가능하다. 많은 과학적 문제들이 이 현대 물리학의 양대 축으로 풀이되고 응용되었고, 더 나아가 이 둘을 연결하기 위한 과학적 노력이 지속되고 있다. 그 과정에서 발견한 수많은 이론 덕분에 우리는 반도체를 만들고 컴퓨터를 쓰며, 태양광 및 풍력, 원자력 발전을 하고 우주로 로켓을 쏘아 올린다.

실제 세상이 원자와 파동(혹은 진동하는 입자들의 상호관계)으로 이루어져 있을지 모르지만, 우리가 하루하루 희로애락을 느끼며 살아가는 (사회적인) 세상에서는 돈이 원자이자 파동인 것 같다. 우리가 보는 모든 사물은 영원히 실재하는 것이 아니라 단지 상호작용속에서 잠시 형체를 유지하고 있다는 양자역학의 지혜는 잠시 모였다 흩어지는, 즉 '유동성'이라고 표현되는, 돈의 흐름과도 비슷한 듯하다. 돈이 모여 건물이 되고 그 안에서 많은 사람들이 돈을 벌고, 건물의 값을 지불하다가 낡고 고장나면 부수고 다시 새로운 건물이 들어선다. 우리가 하루하루 먹은 음식도 돈으로 만들어졌는데, 우리는 또 다른 돈인 월급으로 음식을 사서 영양분을 섭취하고, 재충전한 뒤 다음날 다시 월급을 벌기 위해 일터로 나간다. 그렇기 때문에 영화 〈매트릭스〉에서 각성한 네오가 세상을 프로그램 배열로 보게 된 것과 같이, 물리학자들이 세상을 진동하는 입자로 보듯이, 금융인뿐만 아니라 일반인들도 세상이 돈과 자본주의로 만들어져 있다고 이해하는 것 자체가 세상을 이해하는 하나의 방식으로서 중요하다고 생각한다.

이 책은 물리학을 통해 세상을 이해하려는 노력 못지않게 중요한, 우리의 하루하루 삶을 이해하기 위한 개인적인 고민과 생각을 정리한 것이다. 머리말에서는 뭔가 거창하게 썼지만 나는 그저 기사나 뉴스로 나오는, 파편적인 세상 이야기들을 '조합'하기보다는 과거에서부터 이어지는 어떠한 통찰력으로 이런 정보들을 '해석'하고 싶었다. 그래서 이것저것 알아보다 여기에 이르게 되었는데 뒤돌아보면 세상에는 이미 공부할 수 있는 지식들이 차고 넘쳐나기 때문에 결국 '나'라는 사람이 이해하는 세상의 범위와 경계선은 내 지식범위와 같을 수밖에 없다는, 더 쉽게는 '아는 만큼 보인다는' 뻔한 결말에 도달한 듯하다.

따라서 이 책은 단지 나의 경계선을 대충 한 번 '그어보는' 현재진행형적 노력일 뿐 그 이상 이하도 아니라고 생각한다. 이 책을 읽는 누군가는 좋고 나쁨이나 확실한 주장이 없는, 회색주의자적이라고 비난할 수 있으나, 최소한 나는 F. 스콧 피츠제럴드의 에세이 〈Crack－up〉에서 한 말처럼 두 가지 상반된 생각을 동시에 품으면서도 여전히 제대로 작동하는 능력[129)]을 갖고 싶었는지도 모르겠다.

모두 다 알지만 다시 한 번 드는 의심은 역시 '경제라는 것을 예측하는 것 자체가 처음부터 불가능한 것은 아닌가?' 하는 점이다. 결국 춥고 배고프면 죽게 되는 나약한 인간들이 모여사는 세상이기 때문에 아무리 복잡한 금융기법이나 경제논리로 예측하더라도 결국 대세흐름은 '사람', 더 고상하게는 '정치'로 귀결할 수밖에 없는 것은 아닌가 하는 생각도 들었다.

〈신호와 소음〉에서 언급한 바와 같이 노벨상 수상 경제학자 로버트 루카스는 1976년에 어떤 경제 모델도 결국 당시의 정책 결정에서 비롯된 것이고, 현재 입안자들이 어떤 결정을 내릴지 확신할 수 없다는 점이 경제 불확정성을 만든다고 주장했다. '굿하트의 법칙'에 따라 정책입안자들이 특정 변수를 목표로 삼으면 그 순간 그 변수는 경제지표로서 가치를 잃기 시작한다는 내용과도 일맥상통하고, 토마스 소웰도 경제와 정치가 나뉠 수 없다는 점을 지적하면서, 정치와 경제의 차이 중 하나는 정치인은 현재의 의사결정에 있어서 선거 이후의 미래는 생각할 필요가 없기 때문에 '현재가치'가 없다는 점이라고 말한다.

---

129) 원문은 다음과 같다. "The test of a first－rate intelligence is the ability to hold two opposed ideas in the mind at the same time, and still retain the ability to function."

그럼에도 불구하고 여전히 많은 경제학자나 경제 유튜버들은 과거의 지표를 기준으로 현재를 해석하려고 노력한다. 그나마 그게 우리가 할 수 있는 가장 논리적인 접근이기 때문일 것이다. 〈신호와 소음〉의 저자가 언급한 베이즈 정리에 따르면 결국 세상은 불확실성이 높아서 확률로만 해석이 가능한데, 그것도 사건이 발생할 때마다 반복적으로 확률을 갱신해야만 더 정확한 예측이 가능하다고 한다. 문제는 점점 세상에는 정보가 넘쳐나고 (심지어 AI에 의해 거짓 정보도 그럴싸하게 생산되고 있고) 실제로는 인과관계가 없을 수 있음에도 불구하고 적절한 우연으로 조합된 가설들이 차고 넘쳐서 이제는 이런 가설들 모두를 매번 검증할 수 없다는 점[130]이다. 정보가 많다고 해서 더 많은 진리가 만들어지는 것이 아니고, 단지 소음들로 가득차고 있다는 저자의 주장이 크게 공감된다. 한편으로는 양자역학과 같이 세상을 확률로 설명하는 베이즈 정리를 보며, 어쩌면 자연과학이든 사회과학이든 '세상 모든 것을 관통하는 단 하나의 진리가 있는 것은 아닌지'라는 생각이 들기도 하다.

〈사피엔스〉에서 저자는 실제 인간으로서의 능력은 동일하고 문명의 발전 수준은 아시아가 더 앞섰음에도 불구하고 왜 유럽이 먼저 식민지를 개척하고 현대 자본주의까지 헤게모니를 가져가게 되었는지에 대한 설명으로 그들이 '무지를 인정'했기 때문이라고 주장한다. 모험을 떠난 과학자든 군인이든 이들은 앞선 모험가들이 남긴 '여백이 있는 지도'를 들고 항해를 시작했고 그 너머 무엇이 있는지 잘 모르지만, 자신들은 새로운 발견을 위해 떠나야 한다는 일종의 강박관념이 있었기에 결국 역사적 헤게모니를 가져갈 수 있었다고 말이다. 어쩌면 서양인으로써 자신들의 역사를 긍정적으로 해석하고 싶은, 편견 가득한 해석일 수도 있겠지만 그렇다고 틀렸다고 할 수도 없는 것 같다. 내가 속한 '이미 만들어진' 세계도 아직 모르는 부분이 많기 때문에, 혹은 처음부터

---

130) 통계학 측면에서 봐도, 상관관계가 인과관계를 의미하는 것은 아니다. 다만 복잡한 세상에서 만들어진 정보들의 상관관계는 자주 인과관계로 해석되기도 하고, 이를 인과관계인지 확인하기 위한 연구 과정은 더 많은 시간과 노력을 필요로 한다.

세상은 확률에 의할 뿐 예측할 수 없는 것이기 때문에 그저 무지를 인정하고 여백을 채우기 위해 길을 찾고자 앞으로 나아가는 수밖에 없는 듯하다.

노력하다 보면 언젠가 스스로 만든 나만의 틀을 가지고 세상을 보게 되지 않을까? 각자 서로 다른 틀을 가지고 있기 때문에 잡음이 있을지언정 세상은 발전하고 문제는 해결될 것이라고 생각한다. 2014년 영화 〈인터스텔라〉의 마지막 대사인 “We will find a way. We always have”처럼...

에필로그

이 책의 출판을 고민하면서 여러 사람들과 이야기를 나누었는데 대부분 '이 책이 시장에서 팔릴 만한 책인지'에 대한 의문으로 귀결하였다. 이 책을 통해 세상에 어떤 화두를 던지고 싶은지, 작가로서 내가 이 책을 통해 전하고 싶은 이야기가 무엇인지, 그것이 과연 상품성이 있는지 등 말이다.

그런 이야기를 듣게 되면 옹졸한 자존심 때문에라도 나는 '책을 많이 팔고 유명해지거나 돈을 많이 벌지는 못하더라도 최소한 되도록 많은 사람들이 내 이야기를 접할 수 있고 공감할 수 있다면, 무엇인가 신선한 메시지를 전달할 수 있다면 그것만으로 충분한 것 아닌가'하는 생각을 해보지만 한편으로는 '사람들이 내 책을 접하려면 시장성이 있어야 하는데, 어떻게 하면 보다 멋드러지고 있어 보이게 만들 수 있을지'를 속으로 고민하기도 한다. 소위 '킥'이 있어서 딱히 한 문장의 셀링 포인트를 잡아내고 싶었지만, 머리말에도 언급한 것처럼 이 책은 얽혀 있던 나의 세계관을 정리하고 복잡한 세상을 '단순하지만은 않게' 보기 위한 것이라서 이 '복잡함'을 단순한 '킥'으로 변환하기 참 어려웠다.

이런 아무도 알아주지 않는 고민을 반복하다 보니 결국 '나의 이야기를 상품성 있도록 변형시켜, 많은 사람들에게 노출시키겠다는 의도 자체가 맞는 것인지'에 대한 의문이 들기 시작했다. 내 이야기가 되도록 많은 사람들에게 읽히게끔 하고 싶다고 해서 꼭 대중의 입맛에 맞출 것을 고민만 하는 것이 맞는지말이다. 이 책을 판다고 〈해리포터〉의 조앤 롤링이 되는 것도 아니지 않은가. 봉준호 감독은 "가장 개인적인 것이 가장 창의적인 것이다."라고 하는데 굳이 내 개인적인 관점을 일부러 벗어 던질 필요까지 있을까? (물론 그런 의미에서 대중성과 작품성을 모두 유지하는 것은 놀라운 재능인 것 같다)

내가 이 책에서 전달하고 싶은 이야기는 어떤 매력적인 한 문장으로 세상에 던지는 메시지가 아니다. 나는 어떻게 세상이 굴러가고 있는지를 여러

방면에서 보고 싶었고 그걸 기록한 것일 뿐이다. 그렇기 때문에 어떠한 화두를 던지기 위해 지금까지 써온 것을 왜곡하거나 조작하고 싶지 않았고, 내가 이해하고 있는 그대로를 남기고 싶었다. 비록 그것이 상업성이 없고 다른 사람의 관심을 받지 못해도 말이다. 그게 뭐 중요한가, 내 머릿속에 있는 것을 남기고 전하기 위해 누군가는 영상을 남기고 누군가는 편지를 쓰듯 나는 단지 책으로 만든 것뿐인데... (그런 의미에서 출판사에는 죄송할 따름이다)

어느 영화감독은 '우리는 타인의 인생을 하이라이트로 보지만 결국 우리 자신의 인생은 다큐이기 때문에 재미가 없다.'고 말했다. SNS에 올라오는 타인 삶의 하이라이트들과 다큐인 내 삶을 비교하니 당연히 초라해지고 재미없어 보이는 것은 당연하다. 인류의 삶도 마찬가지다. 채 100년을 살지 못하는 우리가 '역사'라는 이름으로 요약해서 보는 1,000년은 뭔가 짧은 사이에 엄청 급변한 것처럼 느껴지지만 그 당시 사람들의 24시간은 지금 우리의 24시간과 동일하다. 따라서 아무리 과학이 발전하고 세상이 급변한다고 하더라도 현재 우리 삶은 그 당시에 사람들처럼 천천히 움직일 것이다. 따라서 깊이와 상관없이 개인이 만든 하나의 세계관은 그 개인의 인생에 있어서 충분하다고 생각한다. 이 책에서 표현한 나의 세계관을 가지고 누구와 싸워볼 마음은 없다. 다만 나의 세계관이 앞으로도 보다 넓어지고 싶어지기를 바라본다.

QR코드를 스캔하시면 참고문헌을 확인할 수 있습니다.

김재연

고려대학교에서 사회환경시스템공학을 전공하고 대림산업 토목사업본부에 입사하여 해외 인프라사업의 견적 및 입찰, 사업개발 및 영업 업무를 담당하였다. 다양한 국가의 다양한 사업과 사람들을 만나면서 현업에 대한 재미와 함께 한계도 느끼던 중 모교에서 진행하는 글로벌건설엔지니어링 석사과정을 밟았고, 이후 좋은 기회로 삼성증권 IB으로 적을 옮겨 국내외 인프라 투자업무를 담당하였다.
석사과정과 삼성증권을 거치며 엔지니어링 데일리를 통해 '인프라를 설명하는 남자들'과 '건설과 금융' 연재 및 <민간협력사업(PPP)의 개요와 이해> 번역본 출간을 하였고, 이후 대림산업에서의 견적업무와 삼성증권에서의 해외 인프라 투자업무를 하며 고민한 내용을 <인프라 돈 이야기>로 정리하여 출간하였다. 현재는 신한은행에서 국내외 에너지 인프라 자산에 대한 PF업무를 담당하고 있으며, 그동안 경험하고 느낀 것들을 다시 정리하여 이번 책에 담게 되었다.

자본의 얼굴

초판발행 2026년 1월 10일

지은이 김재연
펴낸이 노 현

편 집 전채린
기획/마케팅 허승훈
표지디자인 권아린
제 작 고철민·김원표

펴낸곳 ㈜ 피와이메이트
서울특별시 금천구 가산디지털2로 53, 210호(가산동, 한라시그마밸리)
등록 2014. 2. 12. 제2018-000080호
전 화 02)733-6771
f a x 02)736-4818
e-mail pys@pybook.co.kr
homepage www.pybook.co.kr
ISBN 979-11-7279-181-0 93320

정 가 22,000원